Manual of
Structural
Kinesiology

改訂版

身体運動の機能解剖

Fourteenth Edition

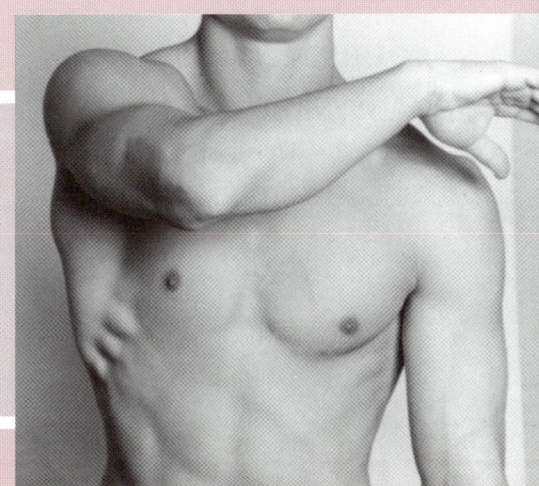

Thompson ● Floyd

翻 訳 中村 千秋 MPE, ATC
　　　 竹内 真希 ATC

医道の日本社

Manual of Structural Kinesiology

R.T. Floyd Ed. D., ATC, CSCS

Director of Athletic Training and Sports Medicine
Professor of Physical Education and Athletic Training
Chair, Department of Physical Education and Athletic
  Training
The University of West Alabama
(formerly Livingston University)
Livingston, Alabama

Clem W. Thompson Ph. D., F.A.C.S.M.

(deceased)
Professor Physical Education, Emeritus
Mankato State University
Mankato, Minnesota

FOURTEENTH EDITION
with 187 illustrations

MANUAL OF STRUCTURAL KINESIOLOGY, 14/e by Clem W. Thompson, R.T. Floyd.
Original edition Copyright © 2001, 1998, 1994, 1989, 1985, 1981, 1977, 1973, 1969, 1965, 1961, 1956
1951, 1948 by The McGraw-Hill Companies, Inc.
All rights reserved.
Japanese translation rights arranged with The McGraw-Hill Companies, Inc. through Japan UNI Agency, Inc.,
Tokyo.
Japanese edition copyright © 2002 by IDO-NO-NIPPON-SHA, Inc., Kanagawa.
All rights reserved.

序

　本書の改訂にあたっては各章ごとの一貫性をさらに増し、テキストブックとしての完全性と正確性を高めるよう努力しました。前回の改訂と同様、1961年から1989年にかけて故Clem Thompson博士が完成させた、実に上手な情報提供の方法はそのまま生かしました。私自身、本書を学生時代に使い始め、その後、本書を教科書として解剖学を教えてきました。本書の構成とThompson博士のスタイルに大いに敬意を抱いてきた私は、この本の時を越えた効果的な内容を残しながら、しかし現在のスポーツ人口の増大に伴う本書への期待に応えるべく新しい情報を加えてきました。私が仕事を通して得た応用範囲の広い情報が、簡潔にしかも明快にまとめられていると読者のみなさんに感じていただけるようであれば、それは望外の喜びです。

　本書の出版から53年が経ち、その間幾多の版を重ねてきました。私の中での最終目標は、本書の内容を日々の身体活動に可能な限り有効に使えるものとし、同時に、学生にとって理解しやすく活用しやすいものとすることです。本書内のイラストには一貫性をもたせてきましたし、動きの方向を示す矢印も多く用いました。キネシオロジーの学生やプロフェッショナル達に本書を読んでいただき、内容通りの動きができるか、また、それが正しいかどうかを確認しました。学生は本書の内容通りに関節を動かし、収縮している筋肉や動いている関節を触ってみることをお勧めします。それができたなら次に、同じことを友人を使って実践してみて下さい。そうすることで解剖学の楽しさを発見でき、正常な動きのみならず、傷害を負った身体との差を識別できるようになります。

本書の対象者

　運動学者、アスレティック・トレーナー、コーチ、体育教師、理学療法士、フィットネスクラブのインストラクター、ストレングス＆コンディショニング・コーチ、パーソナル・トレーナー、マッサージ師、医師など、筋力や筋持久力あるいは柔軟性を高めたり維持するために働く人々にも、学生同様に本書が役立ちます。

　実に多種にわたる身体活動の増加に伴い、それを指導する側には今までになく情報量の多さや正確さが求められるようになってきました。エクササイズ・マシン、テクニック、筋力増強プログラム、柔軟性プログラムおよびトレーニング方法等は日々進化を続けていますが、私達の筋骨格系の基本構造は変化しません。身体活動のゴールや使用するプログラムにかかわりなく、人間の体の中身は同じなので、身体全般にわたって理解し、パフォーマンスを最高に引き上げるとともに怪我の可能性を低くおさえることが肝心です。どんなに高度な運動科学といえども、身体に関する基本的な構造や機能の理解なしには成立しないのです。にもかかわらず、残念ながらスポーツにかかわる人々はこれらのことを十分に学んでいるとはいい難いようです。

　身体活動の指導にかかわる人々にとって本書は、人間の動きに関するあくことのない知的欲求や探求心を満たしてくれるものと信じています。

改訂にあたって

　改訂の主なポイントは、いくつかのイラストを変更したことと題材を広げたことです。筋肉のイラスト中に関節の動きの方向を示す矢印を加えたり、筋肉の起始と停止を示す印を移動させました。より理解しやすいようにいくつかのイラストは省きました。もちろん改訂前にあった不正確な印は完全に修正しました。第6章と第11章の動きの分析における記述はさらに正確性を増し、筋肉と関節をグループ化しました。

　前述したように多くのイラストを改訂しましたが、特に第4章の肘と橈尺関節、第5章の手首と手の関節、第7章の股関節と骨盤帯、そして第10章の体幹と脊柱にあるイラストを新しくしました。一方、第12章での身体運動のバイオメカニクスにはほとんど手を加えませんでした。索引にはこの版で使われる新しい用語を多く入れました。また、学習に役立つウェブ・サイトの情報を各章末に加えました。

謝　辞

　多くのコメント、アイデア、そして示唆をいただいた6名の監修者に、この場を借りて感謝の意を表わします。

　　Gail Arnold（University of Massachusetts-Boston）

　　Sandra Cole（Stephen F. Austin State University）

　　Tibor Hortobagyi（East Carolina University）

　　Msrianne McAdam（Eastern Kentucky University）

　　Virginia Overdorf（William Paterson University）

　　Carole Zebas（University of Kansas）

　ウエスト・アラバマ大学の Brad Montgomery, MAT, ATC；Kurt Behrhorst, MAT, ATC；Alex Dibbley, ATC；Stephen Guthrie, ATC および Jake Jordan, ATC にも多くのアドバイスをいただいたのでお礼を申し上げます。彼らの助けは大いに役立ちました。アラバマ州バーミンハムとリビングストンの John Hood と Lisa Floyd には素晴らしい写真を提供していただきました。また、バーミンハムの Linda Kimbrough に多くのイラストをお願いしました。Marcus Shapiro, Zina Pruitt そして Darrell Locket にはモデルとして活躍していただきました。最後になりましたが改訂版の出版にあたって多大なる助言と協力をいただいた McGraw-Hill 社の Melissa Martin, Vicki Malinee および Mary Powers に心より感謝いたします。

R. T. Floyd

翻訳者序

　1997年3月に原著12版〝Manual of Structural Kinesiology〟を翻訳し、『身体運動の機能解剖』として世に出しました。以来、本テキストは版を重ね、2万冊以上が読者の手元に渡りました。出版当初はみなさんの反応が心配でしたが、おかげさまで各方面から高くご評価いただき、翻訳者として望外の喜びを感じております。

　原著12版を私達が初めて使用したのは、アメリカの大学においてアスレティック・トレーナーになるべく教育を受けた際で、その簡潔さと明快さに目を見張ったことを今でもよく覚えています。帰国後、スポーツ系の専門学校で機能解剖学を教えるにあたって適切なテキストが見当たらず、また従来のテキストでは、学生が十分に基本を習得できないなどの問題に直面しました。そこでこのテキストを翻訳、出版したのですが、読者のみなさんから期待した以上のご評価をいただくことになり、多くの専門学校や大学で教科書採用されるに至りました。

　今回の改訂版テキストは原著14版の翻訳で、その内容は前版に比べ格段に充実しました。特に細かい各関節の構造や靭帯および内在性筋肉のイラストや説明が豊富になり、これまでのテキストではどうしても別刷りのプリントを用意しなければならなかった箇所が補強されています。この補強によって、機能解剖学の基礎レベルのテキストとしてはほぼ完全なものになったと考えています。また、前版に引き続き一貫性のある記述様式、印象深いイラスト、漢字へのふりがな、動作分析、豊富な用語解説および索引が本テキストの変わらない特徴になっています。これから機能解剖学を学ぼうとする学生にとって本書が親しみやすく、お役に立つことを切に願っております。

　翻訳にあたりましては日立アメリカンフットボール部ヘッド・トレーナーの高本昌彦 MS, ATC、Physiotherapy Associates in Arizona アスレティック・トレーナーの渡部賢一 MS, ATC の両氏にご協力をいただきました。原稿のタイプアウトではトライ・ワークスの漆原みゆきさんに助けていただきました。心よりお礼申し上げます。最後になりましたが、編集にあたられた医道の日本社の坂川慎二さんに深く感謝いたします。

2002年3月

中村　千秋 MPE, ATC
竹内　真希 ATC

Manual of Structural Kinesiology

目 次

Illustration credits

CHAPTER 1

1.1, Van de Graff KM : *Human anatomy*, ed 4, 1995, McGraw-Hill Companies, Inc., New York. ; **1.2**, **1.3**, Thibodeau GA : *Anatomy and physiology*, St. Louis, 1987, Mosby ; **1.4**, Arnheim DD, Prentice WE : *Principles of athletic training*, ed 10, 2000 McGraw-Hill Companies, Inc., New York ; **1.5 through 1.8, 1.10**, Booher JM, Thibodeau GA : *Athletic injury assessment*, ed 4, 2000, McGraw-Hill Companies, Inc., New York ; **1.13**, Booher JM, Thibodeau GA : *Athletic injury assessment*, ed 3, St. Louis, 1994, Mosby ; **1.9**, Seeley R, et al : *Anatomy and physiology*, ed 3, St. Louis, 1995, Mosby ; **1.11**, Arnheim DD, Prentice WE : *Principles of athletic training*, ed 9 ; St. Louis, 1997, McGraw-Hill Companies, Inc., New York., **1.12**, R. T. Floyd ; **1.14**, John Hood.

CHAPTER 2

2.1, **2.2**, **2.9**, Linda Kimbrough ; **2.4**, Hall SJ : *Basic biomechanics*, ed 3, 1999, McGraw-Hill Companies, Inc., New York. ; **2.3**, John Hood ; **2.4 through 2.8**, Ernest W. Beck.

CHAPTER 3

3.1, **3.7**, **3.9**, Linda Kimbrough ; **3.2**, **3.3**, **3.5**, John Hood ; **3.4**, Booher JM, Thibodeau GA : *Athletic injury assessment*, ed 2, St. Louis, 1989, Mosby ; **3.6**, **3.8**, **3.14 through 3.16**, Ernest W. Beck ; **3.10 through 3.13**, Ernest W. Beck with inserts by Linda Kimbrough.

CHAPTER 4

4.1, **4.2 A**, **4.6 through 4.13** Linda Kimbrough; **4.2 B**, Van de Graff KM : *Human anatomy*, ed 4, 1995, McGraw-Hill Companies, Inc., New York. : **4-3**, John Hood ; **4.4**, **4.5**, Thibodeau GA : *Anatomy and physiology*, St. Louis, 1987, Mosby.

CHAPTER 5

5.1, Anthony CP, Kolthoff NJ : *Textbook of anatomy and physiology*, ed 9, St. Louis, 1975, Mosby ; **5.2**, **5.20**, Van de Graff KM : *Human anatomy*, ed 4, 1995, McGraw-Hill Companies, Inc., New York. : **5.3**, **5.5 through 5.19**, Linda Kimbrough ; **5.4**, John Hood.

CHAPTER 6

6.1, R. T. Floyd ; **6.2 through 6.4**, **6.6**, Lisa Floyd ; **6.5**, John Hood ; **6.7 A—C**, **6.8 A—B**, **6.9 A—B**, Ron Carlberg.

CHAPTER 7

7.1, **7.3**, **7.6 through 7.22**, Linda Kimbrough ; **7.2**, **7.24**, Anthony CP, Kolthoff NJ : *Textbook of anatomy and physiology*, ed 9, St. Louis, 1975, Mosby ; **7.4 A—F**, **7.5 A—D**, John Hood ; **7.23**, Ernest W. Beck.

CHAPTER 8

8.1, Anthony CP, Kolthoff NJ : *Textbook of anatomy and physiology*, ed 9, St. Louis, 1975, Mosby ; **8.2 A—D**, John Hood ; **8.3 through 8.8**, Linda Kimbrough.

CHAPTER 9

9.1, **9.2**, **9.4**, Anthony CP, Kolthoff NJ : *Textbook of anatomy and physiology*, ed 9, St. Louis, 1975, Mosby ; **9.3**, **9.18**, Van de Graff KM : *Human anatomy*, ed 4, 1995, McGraw-Hill Companies, Inc., New York. : **9.5**, Seeley R, et al : *Anatomy and physiology*, ed 3, St. Louis, 1995, Mosby ; **9.6 A—F**, John Hood ; **9.7 through 9.13**, **9.15 through 9.17**, Ernest W. Beck ; **9.14**, Linda Kimbrough.

CHAPTER 10

10.1, **10.11**, Seeley R, et al : *Anatomy and physiology*, ed 3, St. Louis, 1995, Mosby ; **10.2 E—F**, Anthony CP, Kolthoff NJ : *Textbook of anatomy and physiology*, ed 9, St. Louis, 1975, Mosby ; **10.2 A—D**, **10.10**, **10.13 through 10.16**, **10.18 through 10.21**, Linda Kimbrough ; **10.3**, Hole J : *Human anatomy and physiology*, ed 6, 1993, McGraw-Hill Companies, Inc., New York., **10.4**, **10.7**, Lindsay D : *Functional anatomy*, ed 1, St. Louis, 1996, Mosby, **10.5**, Thibodeau GA, Patton KT : *Anatomy and physiology*, ed 9, St. Louis, 1993, Mosby ; **10.6 A—H**, John Hood ; **10.8**, **10.12**, Van de Graff KM : *Human anatomy*, ed 4, 1995, McGraw-Hill Companies, Inc., New York. ; **10.9**, **10.17**, Ernest W. Beck.

CHAPTER 11

11.1, **11.3 through 11.6**, Lisa Floyd ; **11.2**, John Hood ; **11.7**, Efi Medical Systems, San Diego, CA ; **11.8**, **11.9 A—B**, **11.10 A—B**, Ron Carlberg.

CHAPTER 12

12.1, **12.6**, Hall SJ : *Basic biomechanics*, ed 3, 1999, McGraw-Hill Companies, Inc., New York. ; **12.2**, **12.3**, **12.4**, Booher JM, Thibodeau GA : *Athletic injury assessment*, ed 2, St. Louis, 1989, Mosby, Hall SJ : *Basic biomechanics*, ed 3, 1999, McGraw-Hill Companies, Inc., New York.

1 機能解剖学の基本的な知識

Foundations of structural kinesiology

この章を学習することで

- 人体の骨格と筋肉についての概要がわかります。
- 関節の動きと身体の部位を表現するための用語がわかります。
- 身体の動きと人体の基本面が理解できます。
- 関節の種類と特徴について知ることができます。
- 具体的な関節の動きを知ることができます。
- 筋肉の収縮様式と関節の動きにかかわる筋肉の働きについて知ることができます。
- 関節の動きと筋肉の働きに関する神経筋機能の基本的概念について知ることができます。

機能解剖学は身体の動きを筋肉の働きから科学的に分析する学問で、骨格と筋肉の構造もこれに含まれます。ご存じのように、私達の身体には様々な大きさの骨があり、各骨は関節において特に形が変化しています。また、筋肉も大きさや形、そして構造が身体の各部位で大きく違っています。

人体には約600もの筋肉がありますが、そのほとんどは手や足の中にあるとても小さな筋肉なので、みなさんがそれらすべての筋肉を覚える必要はありません。しかし、コーチ、看護婦、体育教師、理学療法士、あるいはアスレティック・トレーナーといった健康にかかわる仕事をする人達には大きな筋肉に関しての十分な知識と理解が必要です。それによって、どうすれば体を鍛えたり健康を維持することができるのかを指導できるようになるからです。

この本では、たくさんある筋肉のうちでも特に身体活動に重要と思われる約100の筋肉について解説し、他の小さな筋肉は思い切って省略しました。

機能解剖学を学ぶ学生は、しばしば木ばかりを見て森を見落とすという誤りを犯します。すなわち個々の筋肉ばかりに目を奪われてしまって、身体の中で多くの筋肉がいかにシステマティックに働いているかについては注意を払っていないのです。身体活動を理解し、スキルやパフォーマンスの向上にそれを応用するためには、1つの関節といえども多くの筋肉によって動かされ、そしてコントロールされているのだという視点で機能解剖学を学習していただきたく思います。たしかに筋肉の付着部の詳細について学ぶことは極めて重要なことではありますが、機能解剖学の知識を実際に応用できること

の方がより大切なのです。もしも知識を役立てられるようにさえなれば、特殊な細目を理解することは思ったよりも容易なものとなります。

人体の骨格と筋肉

　前面と後面より見た人体の骨組み（骨格）が図 1-1 に描かれています。人体の骨格は 206 個の骨から成り立っています。骨格によって人体の他の器官が保護されていますし、筋肉がそれぞれの骨に付着することでその付近の関節に動きを与えています。骨のその他の役割は、ミネラルの貯蔵と骨髄での血球生産にかかわる造血作用です。骨格は大きく軸骨格と付属肢骨格に分けられます。軸骨格は頭蓋、脊柱、肋骨、胸骨から構成されるのに対して、付属肢骨格は付属骨である上肢骨、下肢骨、肩甲帯、下肢帯より構成されています。この本を読んでいるほとんどの学生は人体解剖をすでに習っているでしょうが、機能解剖学の勉強を始める前に簡単な復習をすることが望ましいです。詳しい個々の骨については他の章で取り上げます。

　図 1-2 と図 1-3 はそれぞれ人体の表層にある筋肉を前面と後面から見たものです。もちろん人体にはこれら表層だけでなく、もっと深い場所にも多くの筋肉があります。この本ではそれら多くの筋肉を 1 つ 1 つ取り上げてその機能を解説していきます。

　これらは大まかな人体の骨格筋の図なので、後の章で個々の詳しい説明やイラストを紹介します。

基準となる肢位

　機能解剖学を学ぶ学生にとって筋骨格系、動きの基本面、関節の種類、関節の動きに関しての用語をよりよく理解するために、基準となる肢位を知ることは極めて重要なことです。関節の動きを表すために基準となる 2 つの肢位が使われます。このうち解剖学的肢位（解剖学的基本姿勢）は最も広く使われます。図 1-2 はこの姿勢を表しており、立位で顔は正面を向き、足は平行に立ち、手のひらは前方に向いています。一方、基本的肢位は本質的に解剖学的肢位と同じですが、腕が体側にあり、手のひらが体幹に向いています。

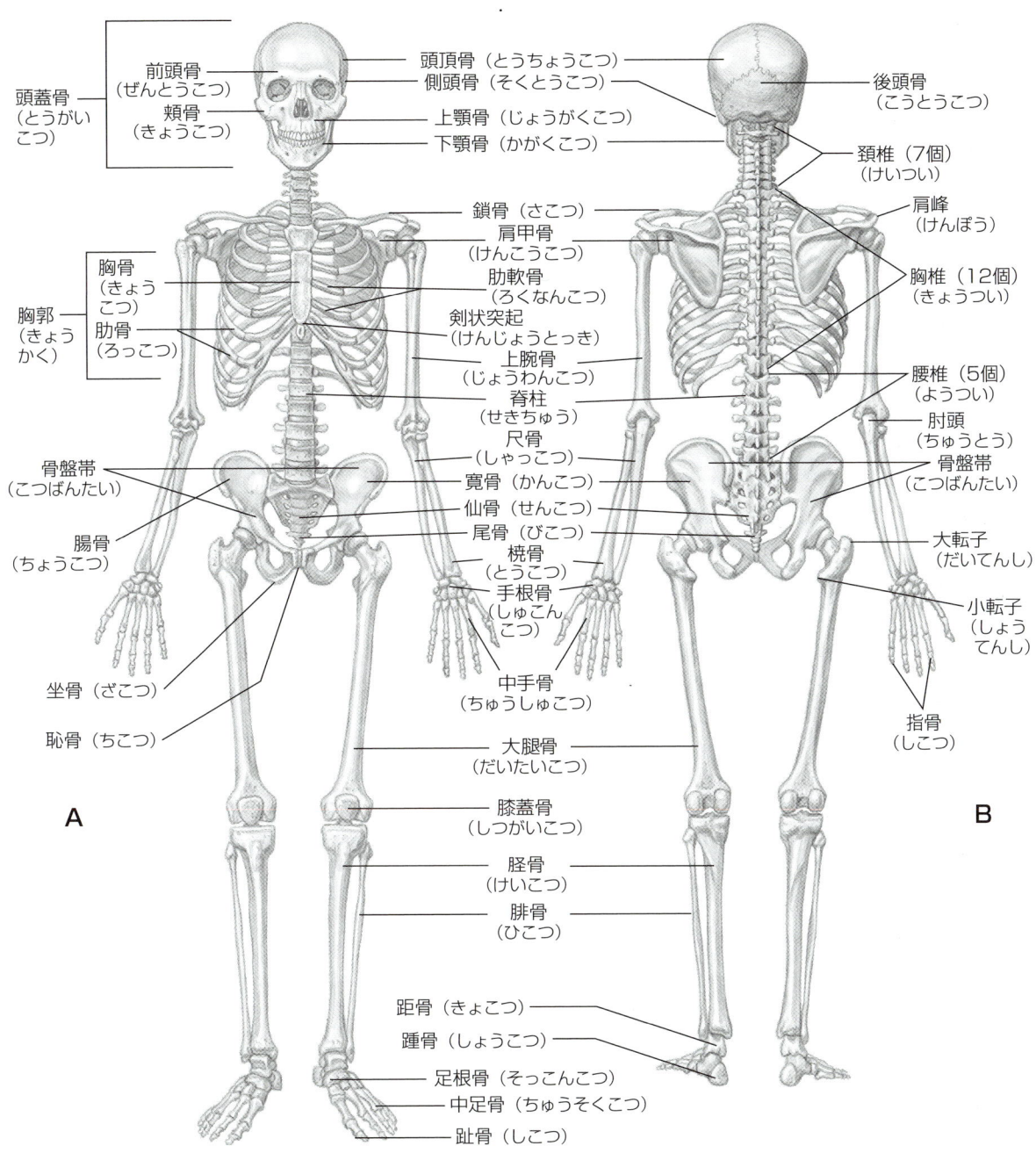

図 1-1　骨格　A. 前面　B. 後面
（Van De Graff KM : *Human Anatomy*, ed 4, 1995, McGraw-Hill Companies, Inc., New York. より）

頭蓋骨
（とうがい
こつ）

前頭骨
（ぜんとうこつ）

頬骨
（きょうこつ）

頭頂骨（とうちょうこつ）

側頭骨（そくとうこつ）

上顎骨（じょうがくこつ）

下顎骨（かがくこつ）

後頭骨
（こうとうこつ）

頚椎（7個）
（けいつい）

肩峰
（けんぽう）

鎖骨（さこつ）

肩甲骨
（けんこうこつ）

肋軟骨
（ろくなんこつ）

剣状突起
（けんじょうとっき）

上腕骨
（じょうわんこつ）

脊柱
（せきちゅう）

尺骨
（しゃっこつ）

寛骨（かんこつ）

仙骨（せんこつ）

尾骨（びこつ）

胸椎（12個）
（きょうつい）

腰椎（5個）
（ようつい）

肘頭
（ちゅうとう）

骨盤帯
（こつばんたい）

大転子
（だいてんし）

小転子
（しょう
てんし）

胸骨
（きょう
こつ）

肋骨
（ろっこつ）

胸郭
（きょう
かく）

骨盤帯
（こつばんたい）

腸骨
（ちょうこつ）

坐骨（ざこつ）

恥骨（ちこつ）

橈骨
（とうこつ）

手根骨
（しゅこん
こつ）

中手骨
（ちゅうしゅこつ）

指骨
（しこつ）

大腿骨
（だいたいこつ）

膝蓋骨
（しつがいこつ）

脛骨
（けいこつ）

腓骨
（ひこつ）

距骨（きょこつ）

踵骨（しょうこつ）

足根骨（そっこんこつ）

中足骨（ちゅうそくこつ）

趾骨（しこつ）

A

B

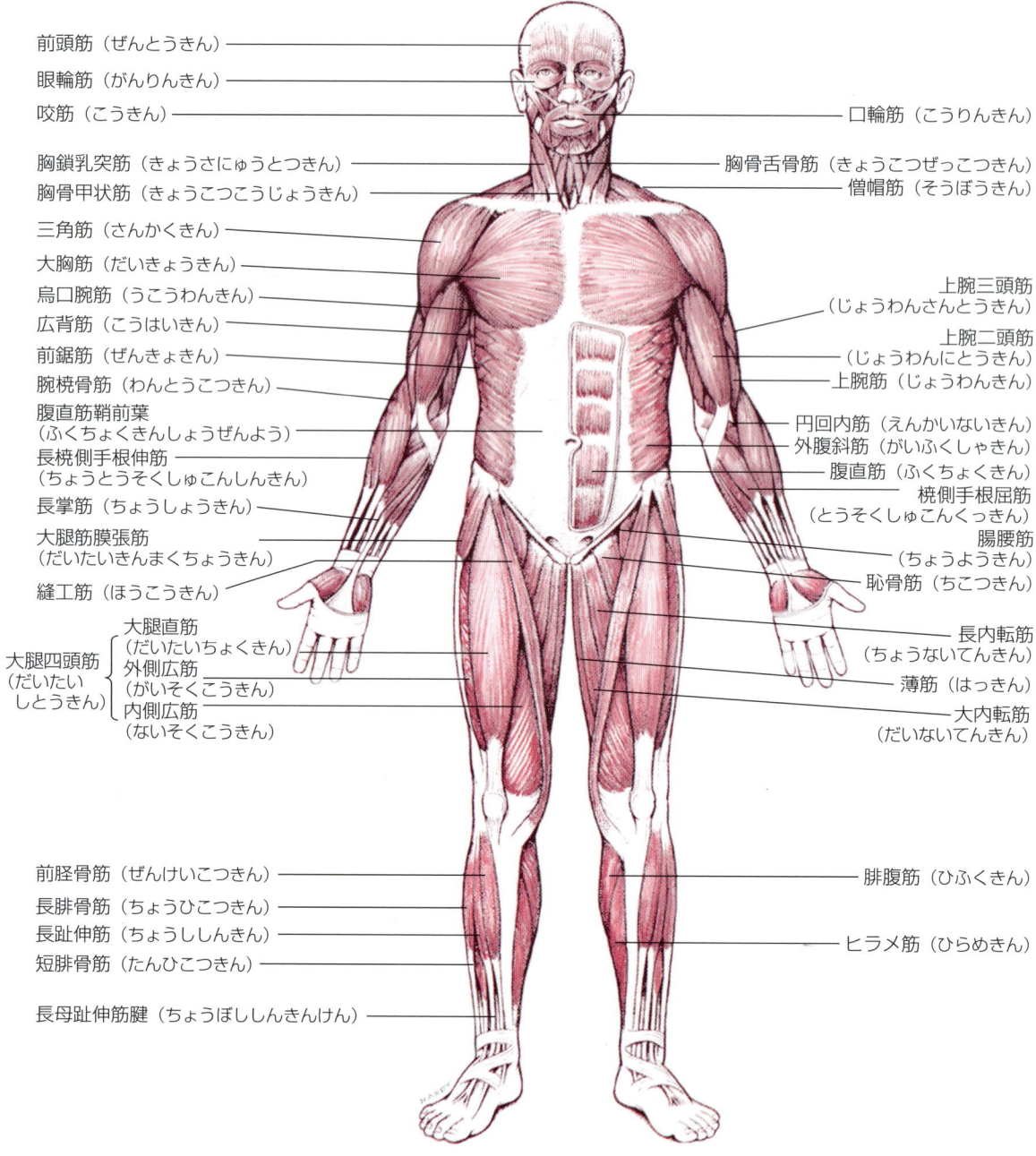

前頭筋（ぜんとうきん）

眼輪筋（がんりんきん）

咬筋（こうきん）

胸鎖乳突筋（きょうさにゅうとつきん）

胸骨甲状筋（きょうこつこうじょうきん）

三角筋（さんかくきん）

大胸筋（だいきょうきん）

烏口腕筋（うこうわんきん）

広背筋（こうはいきん）

前鋸筋（ぜんきょきん）

腕橈骨筋（わんとうこつきん）

腹直筋鞘前葉
（ふくちょくきんしょうぜんよう）

長橈側手根伸筋
（ちょうとうそくしゅこんしんきん）

長掌筋（ちょうしょうきん）

大腿筋膜張筋
（だいたいきんまくちょうきん）

縫工筋（ほうこうきん）

大腿四頭筋
（だいたい
しとうきん）

大腿直筋
（だいたいちょくきん）

外側広筋
（がいそくこうきん）

内側広筋
（ないそくこうきん）

口輪筋（こうりんきん）

胸骨舌骨筋（きょうこつぜっこつきん）

僧帽筋（そうぼうきん）

上腕三頭筋
（じょうわんさんとうきん）

上腕二頭筋
（じょうわんにとうきん）

上腕筋（じょうわんきん）

円回内筋（えんかいないきん）

外腹斜筋（がいふくしゃきん）

腹直筋（ふくちょくきん）

橈側手根屈筋
（とうそくしゅこんくっきん）

腸腰筋
（ちょうようきん）

恥骨筋（ちこつきん）

長内転筋
（ちょうないてんきん）

薄筋（はっきん）

大内転筋
（だいないてんきん）

前脛骨筋（ぜんけいこつきん）

長腓骨筋（ちょうひこつきん）

長趾伸筋（ちょうししんきん）

短腓骨筋（たんひこつきん）

長母趾伸筋腱（ちょうぼししんきんけん）

腓腹筋（ひふくきん）

ヒラメ筋（ひらめきん）

図 1-2　人体の筋肉（前面）

（Thibodeau GA : *Anatomy and physiology*, St. Louis, 1987, Mosby. より）

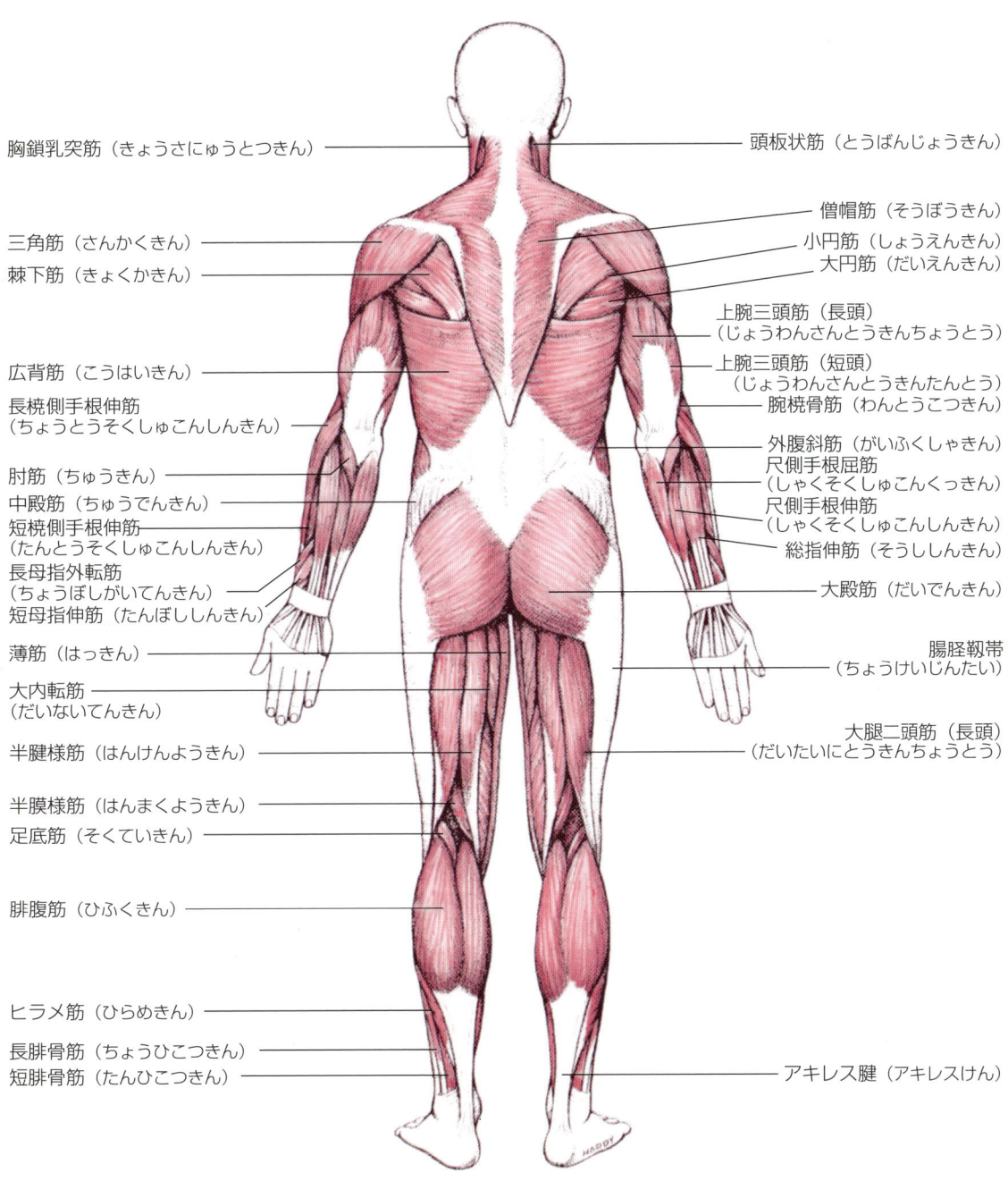

胸鎖乳突筋（きょうさにゅうとつきん）

三角筋（さんかくきん）
棘下筋（きょくかきん）

広背筋（こうはいきん）
長橈側手根伸筋
（ちょうとうそくしゅこんしんきん）

肘筋（ちゅうきん）
中殿筋（ちゅうでんきん）
短橈側手根伸筋
（たんとうそくしゅこんしんきん）
長母指外転筋
（ちょうぼしがいてんきん）
短母指伸筋（たんぼししんきん）

薄筋（はっきん）
大内転筋
（だいないてんきん）

半腱様筋（はんけんようきん）

半膜様筋（はんまくようきん）
足底筋（そくていきん）

腓腹筋（ひふくきん）

ヒラメ筋（ひらめきん）

長腓骨筋（ちょうひこつきん）
短腓骨筋（たんひこつきん）

頭板状筋（とうばんじょうきん）

僧帽筋（そうぼうきん）
小円筋（しょうえんきん）
大円筋（だいえんきん）

上腕三頭筋（長頭）
（じょうわんさんとうきんちょうとう）
上腕三頭筋（短頭）
（じょうわんさんとうきんたんとう）
腕橈骨筋（わんとうこつきん）

外腹斜筋（がいふくしゃきん）
尺側手根屈筋
（しゃくそくしゅこんくっきん）
尺側手根伸筋
（しゃくそくしゅこんしんきん）
総指伸筋（そうししんきん）

大殿筋（だいでんきん）

腸脛靱帯
（ちょうけいじんたい）

大腿二頭筋（長頭）
（だいたいにとうきんちょうとう）

アキレス腱（アキレスけん）

図 1-3　人体の筋肉（後面）

（Thibodeau GA : *Anatomy and physiology*, St. Louis, 1987, Mosby. より）

方向を表す解剖学用語 （図1-4）

内側 （Medial）
　正中線（身体の中心線）により近い方

外側 （Lateral）
　正中線により遠い方

上方 （Superior）
　より上の方

下方 （Inferior）
　より下の方

前方、前面 （Anterior）
　前、前の方、前面

前内側 （Anteromedial）
　前方でしかも正中線により近い方

前外側 （Anterolateral）
　前方でしかも正中線により遠い方

前上方 （Anterosuperior）
　前方でしかも上方

前下方 （Anteroinferior）
　前方でしかも下方

前後方 （Anteroposterior）
　前方でしかも後面

後方、後面 （Posterior）
　後ろ、後ろの方、後面

後内側 （Posteromedial）
　後方でしかも正中線により近い方

後外側 （Posterolateral）
　後方でしかも正中線により遠い方

後上方 （Posterosuperior）
　後方でしかも上方

後下方 （Posteroinferior）
　後方でしかも下方

近位 （Proximal）
　四肢において体幹や起始により近い位置

遠位 （Distal）
　四肢において体幹や起始からより遠い位置

腹側、腹面 （Ventral）
　より腹に近い方

背側、背面 （Dorsal）
　より背に近い方

同側 （Ipsilateral）
　同じ側

対側、反対側 （Contralateral）
　反対側

腹臥位、伏臥位 （Prone）
　腹を下にして寝た状態

背臥位、仰臥位 （Supine）
　背中を下にして寝た状態

尾方 （Caudal）
　尾骨に近い方

頭方 （Cephalic）
　頭部に近い方

深部 （Deep）
　表面下または表面より下方（筋肉や組織の相対的な深さあるいは位置を表す）

浅部 （Superficial）
　表面近く（筋肉や組織の相対的な深さあるいは位置を表す）

掌側 （Volar）
　手のひらや足の裏を表す

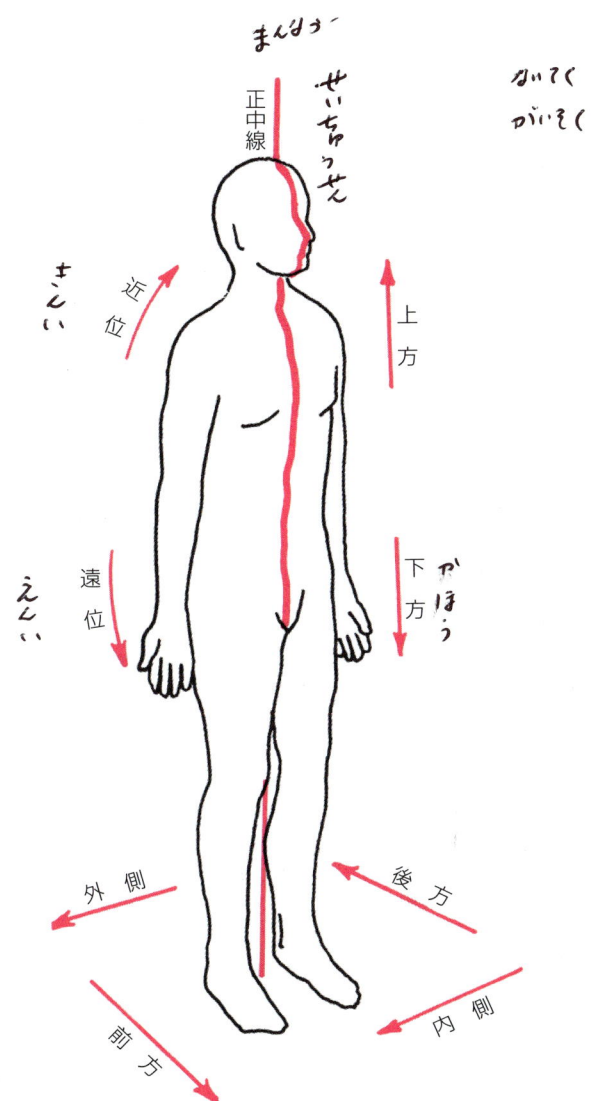

図 1-4　方向を表す用語
（Arnheim DD, Prentice WE : *Principles of athletic training,* ed 9, St. Louis, 1997, WCB/McGraw-Hill より）

動きの基本面 （図1-5）

　〝動きの基本面〟にそって人体の動き、すなわち関節の動きをとらえると、それらの動きを理解したり分析するのにとても役立ちます。

　人体には3つの基本面があり、すべての関節はいずれかの基本面にそって動きます。そして関節が基本面にそって動くとき、その動きの中心となる軸は基本面に直交しているといえます。しかし、実際に私達の関節はただ1つの基本面にそってのみ動いているわけではなく、通常は2つ以上の基本面を組み合わせた方向に複雑に動いているのです。また、関節の動きは三次元の空間で生じているとも表現できます。

矢状面 （Anteroposterior or sagittal plane）

　矢状面（しじょうめん）という基本面は人体を前後に貫き、人体を左右に分ける面です。関節の動きは屈曲と伸展がこの面にそって生じます。上腕二頭筋を鍛えるバイセプス・カール、大腿四頭筋を鍛えるニー・エクステンション（膝の伸展運動）、腹直筋を鍛える腹筋運動などでは矢状面にそって肘、膝、体幹が動きます。

前額面 （Lateral or frontal plane）

　前額面（ぜんがくめん）は人体を前後に分ける面で、この面にそって関節は内転と外転という動きをします。たとえば股関節や肩関節が前額面にそって動くとき、その動きは内転、外転という動きで表現されます。また、体幹の側屈もその面にそってなされます。

水平面 （Transverse or horizontal plane）

　水平面によって人体は上下に分けられます。回内、回外という関節の動きや脊柱の回旋運動は、この面にそって生じます。

対角面あるいは斜面 （Diagonal or oblique）

　対角面あるいは斜面は2つ以上の基本面の組み合わせです。実際のスポーツ活動における動きのほとんどは、前述の基本面に対して平行、あるいは垂直というよりもむしろ斜めの面で生じています。

動きの基本軸 （図1-5）

　ある面で運動が生じると、関節はその面に対して90°の位置関係にある軸を中心に動きます。基本軸は回転の方向に基づいて名づけられています（図1-5）。表1-1は基本面と基本軸についてまとめたものです。

前額軸 （Lateral, frontal or coronal axis）

　前額軸（ぜんがくじく）は、前額面と同じ方向で、矢状面に対して垂直に走っています。

矢状軸 （Anteroposterior or sagittal axis）

　矢状軸（しじょうじく）は、矢状面と同じ方向で、前額面に対して垂直に走っています。

垂直軸 （Vertical or longitudinal axis）

　垂直軸は、頭上よりまっすぐ下方に走り、水平面に対して垂直に走っています。

表1-1　基本面と基本軸の関係

基本面	基本軸
矢状面	前額軸
前額面	矢状軸
水平面	垂直軸

ex 手をふる／よこあるき
　　ないてん　中心からちかい
　　がいてん　中心からとおく

くっきょく：骨ちかくなる
しんてん　〃とおる

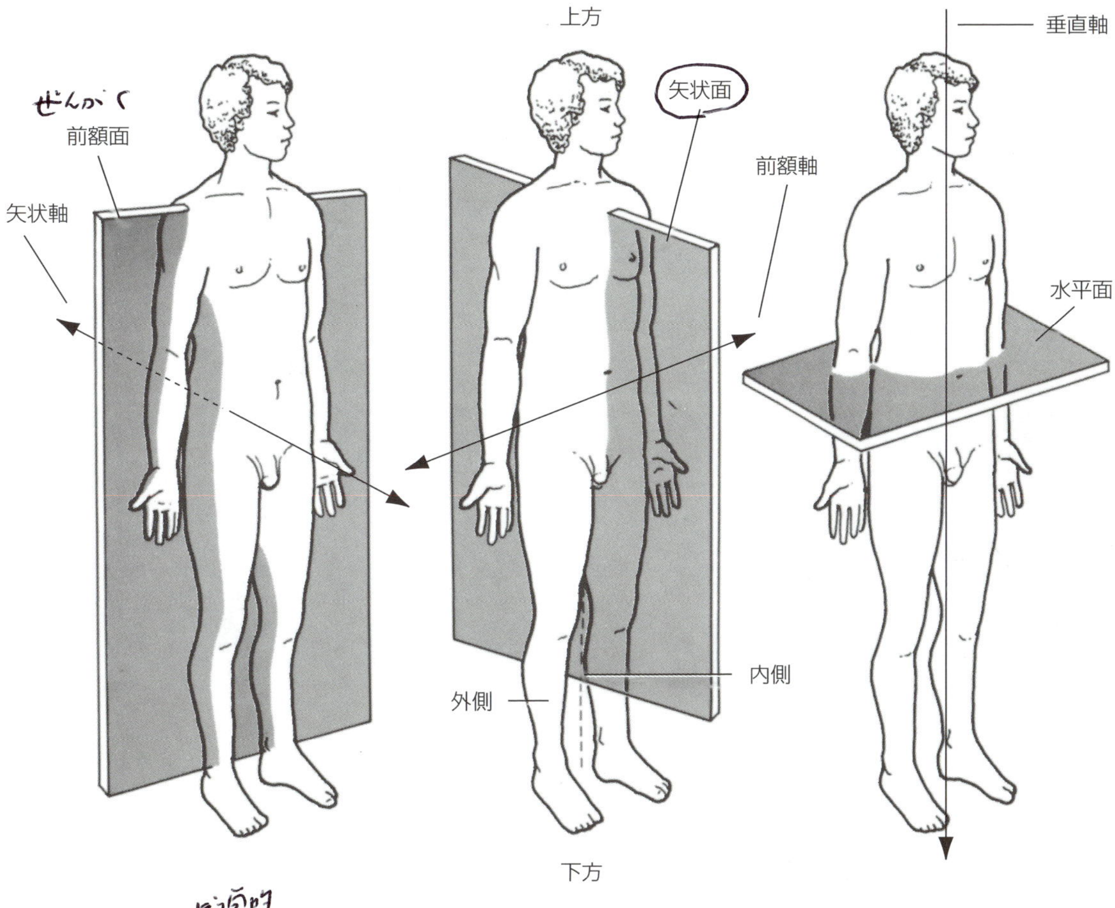

ぜんがく
前額面

上方

矢状面

前額軸

垂直軸

矢状軸

水平面

外側

内側

下方

かいぼう学的
正位

かいせん　内へまわす
がいせん　外へ

図 1-5　動きの基本面
（Booher JM, Thibodeau GA : *Athletic injury assessment*, ed 3, St. Louis, 1994, Mosby. より改変）

骨の種類 （図1-6）

骨は形状と大きさにより、大きく5種類に分類されます。

長（管）骨 （ちょう〔かん〕こつ）

長い管状の骨幹と比較的幅のある突出した骨端からなる骨です。骨幹の中には骨髄が入っています。例としては、指骨、中足骨、中手骨、脛骨、腓骨、大腿骨、橈骨、尺骨、上腕骨です。

短骨 （たんこつ）

通常1つ以上の骨と関節を構成するために、比較的大きな関節面を持った小さくて、中空でない立方形の骨です。短骨は衝撃吸収にある程度かかわります。例としては手根骨や足根骨があげられます。

扁平骨 （へんぺいこつ）

通常、弯曲した面をもち、腱が付着するような厚いものから薄いものまである板状の扁平な骨で、一般的に臓器を保護する目的をもちます。例としては、腸骨、肋骨、胸骨、鎖骨、肩甲骨などがあります。

不規則形骨 （ふきそくけいこつ）

不規則な形をした骨で多様な目的をもっています。例としては、椎骨、坐骨、恥骨、上顎骨などです。

種子骨 （しゅしこつ）

筋腱単位の機械的効率を上げるために腱の中に埋め込まれた小さな骨です。膝蓋骨は種子骨ですが、他に足や手の母指の屈筋腱の中にもみられます。

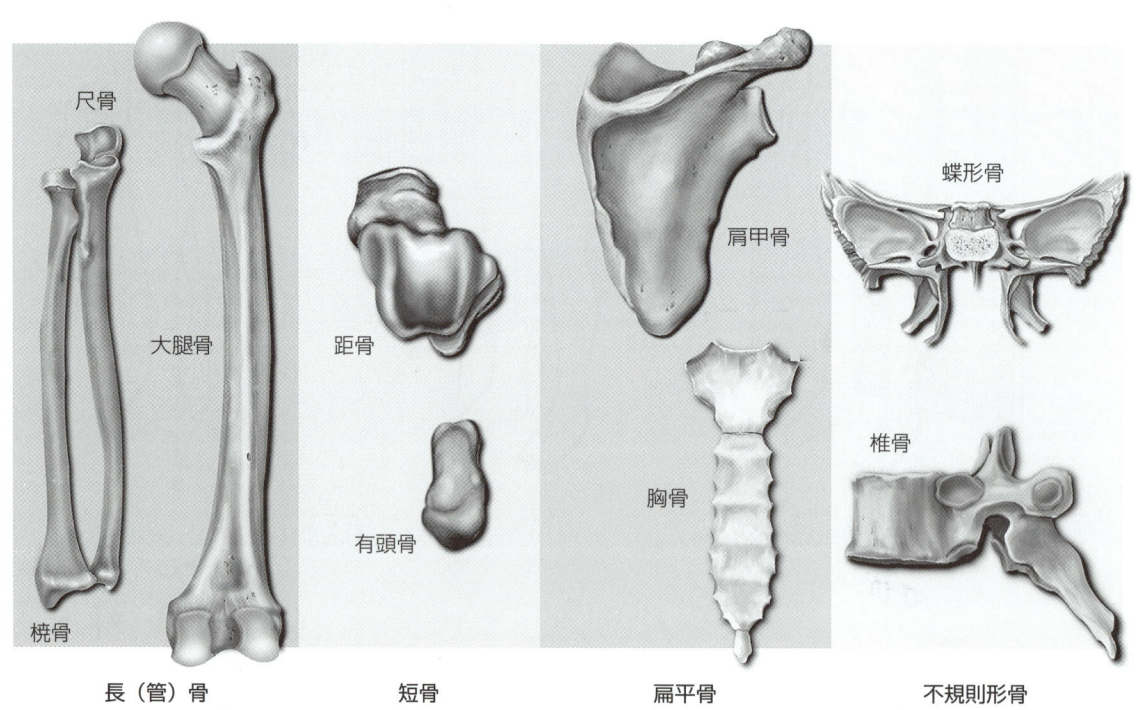

尺骨　大腿骨　橈骨	距骨　有頭骨	肩甲骨　胸骨	蝶形骨　椎骨
長（管）骨	短骨	扁平骨	不規則形骨

図1-6　骨の形状による分類

関節の種類

　関節は2つ、あるいはそれ以上の骨が組み合わさってできており、様々な動きが可能ですが、動きの大きさや種類は組み合わされる骨の構造や特徴によって決まります。すなわち、非常に大きく動く関節もあれば、ほとんど動かないタイプの関節もあるわけです。各関節の動きの種類はすべての人間で同じですが、動きの大きさ（可動域）は靱帯と筋肉によって制限されるため、個人差があります。

　関節はその動きの大きさによって、次のように3つに分類されます。

不動関節（図1-7）

　頭蓋骨（とう〔ず〕がいこつ）の縫い合わせや歯根と下顎骨の関節は不動関節です。

半関節（図1-8）

　この関節は構造上2つに分類されます。

A）線維結合の関節

　靱帯のような組織によって骨同士が強く結合している関節で、ほとんど動きがありません。烏口鎖骨関節や遠位脛腓関節は線維結合している半関節です。

B）軟骨結合の関節

　線維軟骨によって結合している関節でわずかな動きがあります。肋骨と肋軟骨の間の関節や恥骨結合は軟骨結合している半関節です。

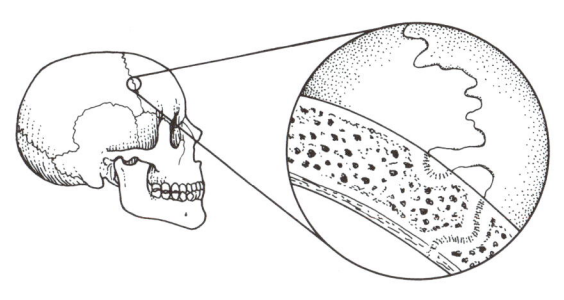

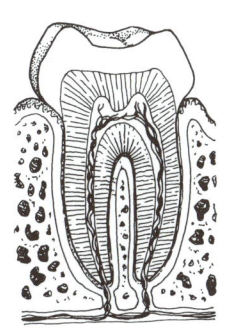

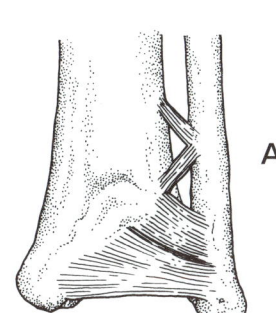

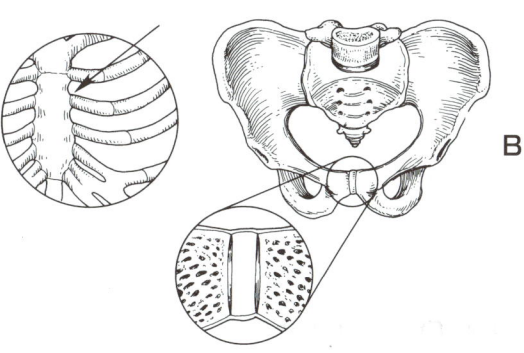

図1-7　不動関節

（Booher JM, Thibodeau GA : *Athletic injury assessment*, ed 3 St. Louis, 1994, Mosby より改変）

図1-8　半関節　A．線維結合の関節
**　　　　　　　　　B．軟骨結合の関節**

（Booher JM, Thibodeau GA : *Athletic injury assessment*, ed 3 St. Louis, 1994, Mosby より改変）

可動関節 (図1-9)

滑膜性関節（かつまくせいかんせつ）とも呼ばれる可動関節は運動性が大きく、関節包として知られる結合組織が〝さや〟のように関節を形成する骨端をつつみ込んでいます。この関節包の内面は滑膜に覆われており、滑膜からは滑液が分泌され、関節腔が満たされています。関節包の一部は異常な関節の動きに対して、より強い支持を与えている非弾性の靭帯を形成するために分厚くなっています。個々の関節でこれら靭帯の位置や大きさや強度などは異なります。

多くの関節では、関節包とは直接つながっていない靭帯がより強い支持を与えています。関節腔内の骨端の関節面は関節軟骨によって覆われており、この弾力性のある軟骨は衝撃を吸収し骨を保護しています。関節面が非荷重であったり引き離されるとき、この関節軟骨は滑液を小量吸収し、荷重時や圧迫時にはゆっくり滑液を放出します。また可動関節によっては、関節面の間に線維軟骨性の円板を含むものもあります。構造的に可動関節は図1-10が示すように6種類に分類されます。

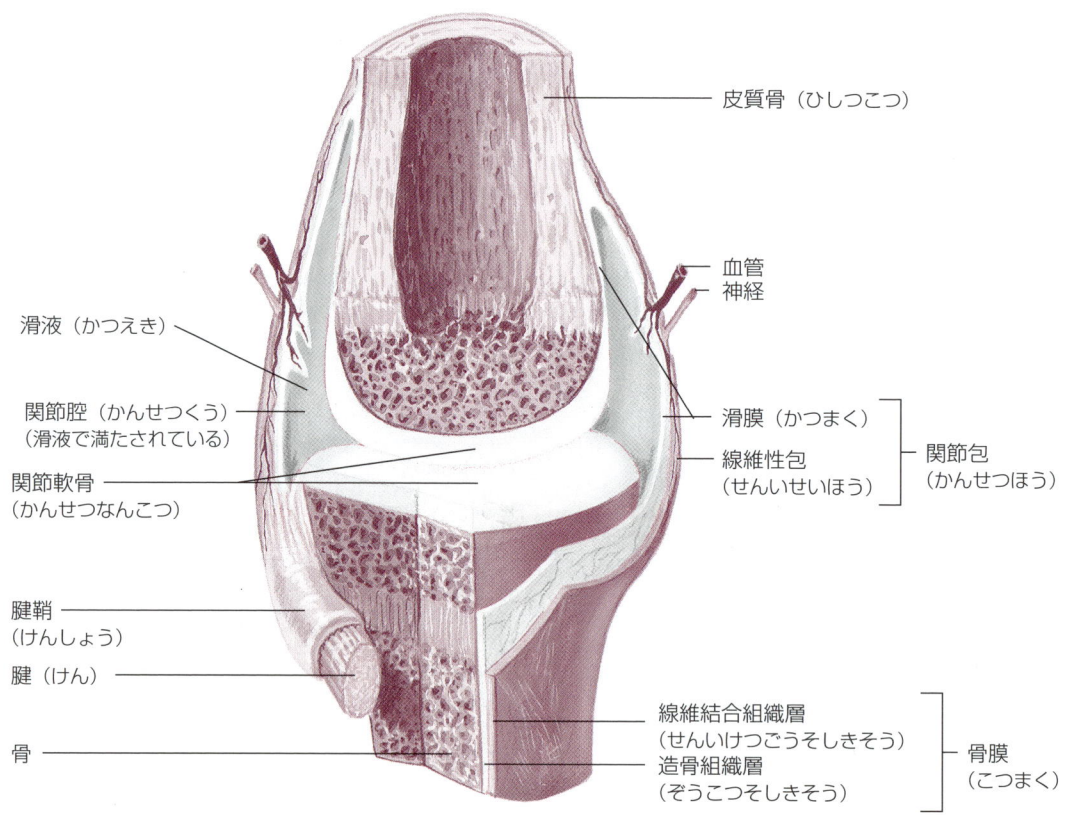

図 1-9　滑膜性関節の構造
(Seeley RR, Stephens TD, Tate P : *Anatomy & physiology*, ed 3, St. Louis, 1995, Mosby-Year Book. より)

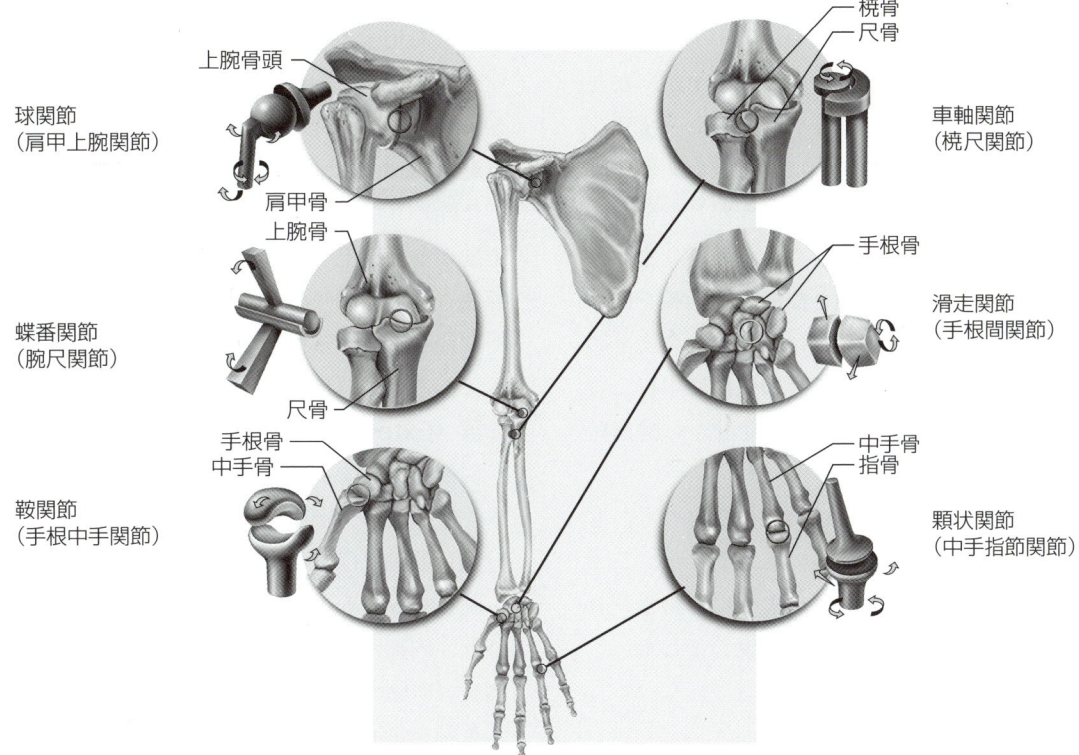

図 1-10　種々の可動関節

滑走関節（かっそうかんせつ）

　骨の平たんな面同士で構成され、単純でわずかな動きが可能な関節です。手根骨間の関節や足根中足関節はこの関節です。

顆状関節（かじょうかんせつ）

　この関節では平たんな面が組み合わさっており、2つの基本面での動きはできますが、軸を中心とした回旋は生じません。橈骨と手根骨の関節や第2・3・4・5中手指節関節は顆状関節です。

球関節（きゅうかんせつ）

　この関節では球状の骨頭が相手の凹部にはまっており、すべての基本面での動きが可能です。肩（肩甲上腕）関節は球関節です。股関節は球関節と同じ仲間の臼状関節です。

蝶番関節（ちょうつがいかんせつ）

　肘関節（腕尺関節）、足関節、膝関節のように、この関節は1つの基本面での動きしかできませんが、大きな可動域をもっている関節です。

鞍関節（あん〔くら〕かんせつ）

　この関節は母指の手根中手関節だけにみられ、非常によく動く関節ですが、回旋ができません。

車軸関節（しゃじくかんせつ）

　この関節では、長軸を中心とした回旋が可能で、第1頚椎と第2頚椎の組み合わさったこのタイプの関節では回旋が生じ、その結果、首が回ります。

関節の動き

　関節の多くは様々な動きができますが、なかには屈曲と伸展しかできない関節もあります。この差は関節の構造の違いにあるといえます。

　関節の可動域は、角度計という器具を使って関節角度の変化を測定することでわかります。測定はまず、角度計の軸と関節の運動軸を同一に合わせます。関節が動くにつれて、角度計の両腕を関節を構成している骨の長軸に平行に合わせます。図1-11のように角度計から関節角度を読みとります。

　関節の動きを表す用語は関節に特有のものもあり（図1-12）、一見複雑に思えますが、ここではみなさんが理解しやすいように、動きや身体の部位でグループ分けして解説しました。

□一般用語

内転（Adduction）

　体幹の中心に向かって近づく動き（例：上腕が前額面上で体幹へ近づく動き）

外転（Abduction）

　体幹の中心から外側方向に遠ざかる動き（例：上腕が前額面上で体幹から離れる動き）

屈曲（Flexion）

　関節を構成する2つの骨のなす角度がより小さくなる動き（例：肘が曲がる動き）

伸展（Extension）

　関節を構成する2つの骨のなす角度がより大きくなる動き（例：肘が伸びる動き）

分回し運動（Circumduction）

　腕をぐるぐると振り回す動きで、屈曲、伸展、外転、内転が組み合わさった複合運動

内旋（Internal rotation）

　長軸を中心にして、その骨が内側に向かって回る動き

外旋（External rotation）

　長軸を中心にして、その骨が外側に向かって回る動き

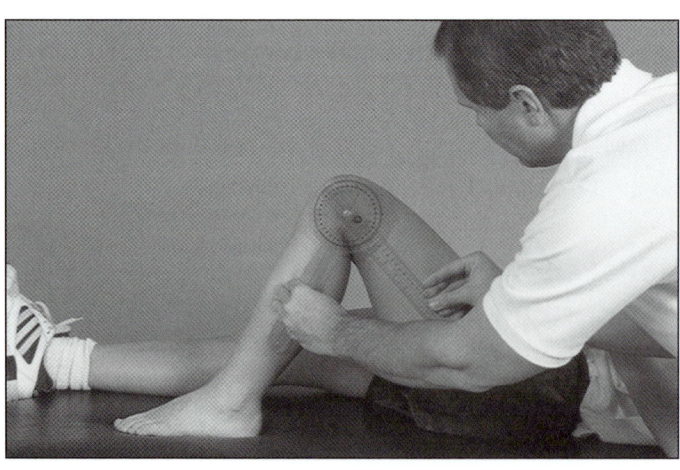

図1-11　関節角度計を用いた膝関節屈曲角度の測定

（Arnheim DD, Prentice WE：*Principles of athletic training*, ed 9, St. Louis, 1997, WCB/McGraw-Hill. より）

対角線上での内転（Diagonal adduction）

四肢が対角線上で正中線へ向かう動き

対角線上での外転（Diagonal abduction）

四肢が対角線上で正中線から離れる動き

□足関節（足首）と足

内反（Inversion）

つま先と足の底が内側に向かい、同時に足部の外縁で立つような動き

外反（Eversion）

つま先と足の底が外側に向かい、同時に足部の内縁で立つような動き

底屈（Plantar flexion）

足のつま先が脛骨の前面から離れるような足首の動き

背屈（Dorsal flexion, Dorsiflexion）

足のつま先が脛骨の前面の方へ向かうような足首の動き

□橈尺関節

回内（Pronation）

前腕の長軸を中心にして前腕が内側へ回る動き

回外（Supination）

前腕の長軸を中心にして前腕が外側へ回る動き

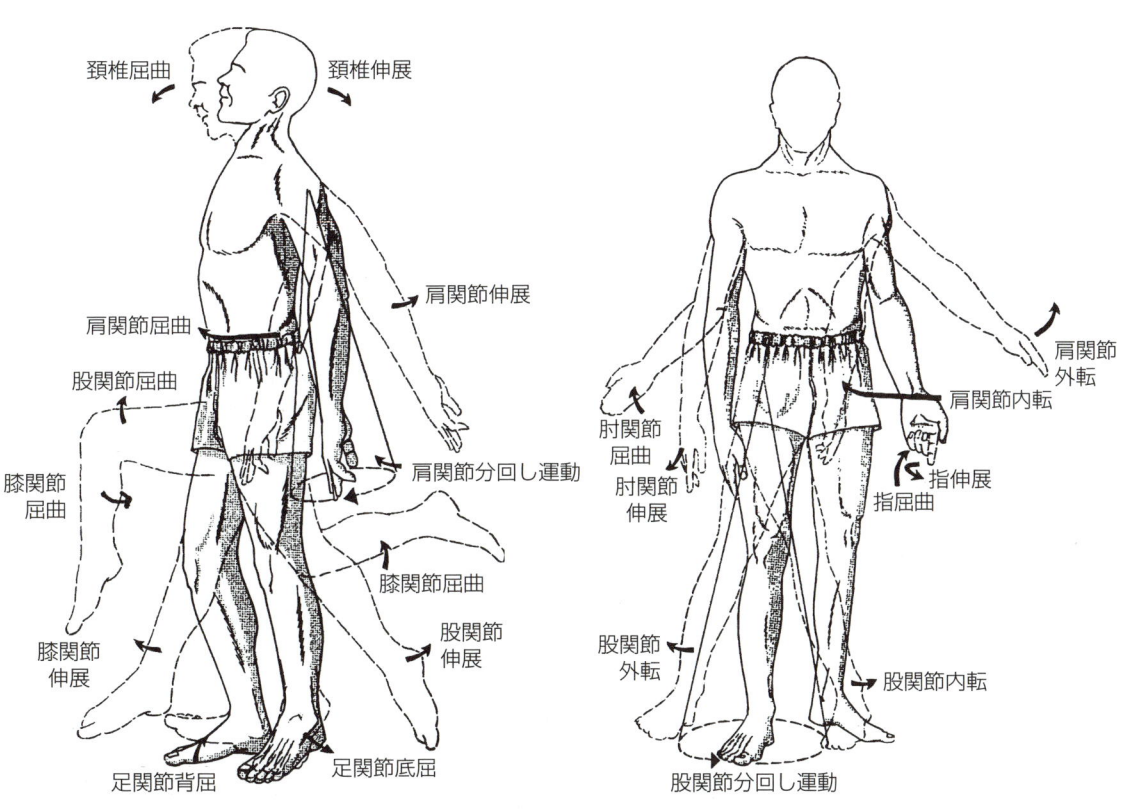

図 1-12　関節の動き

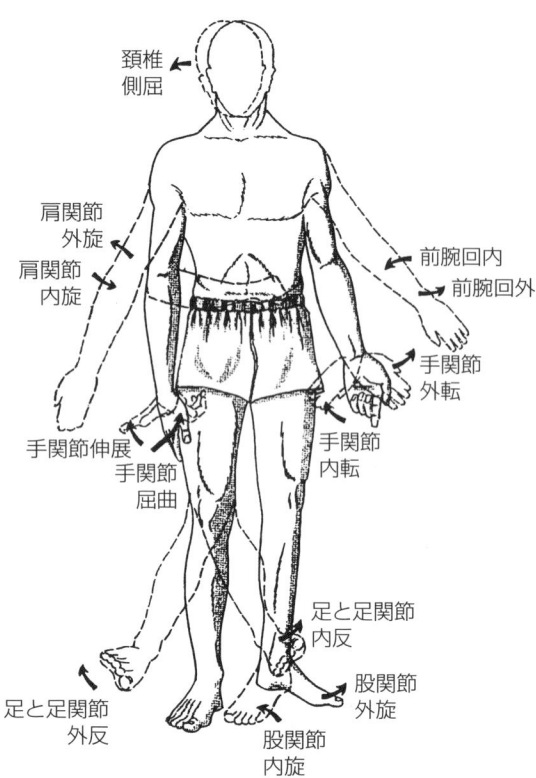

図1-12　関節の動き（つづき）

□肩甲帯（肩甲骨）と肩関節
挙上（Elevation）
きょじょう
　肩甲骨が上方へ引き上げられる動き
下制（Depression）
かせい
　肩甲骨が下方へ引き下げられる動き
肩甲骨の内転（Retraction, Adduction）
　肩甲骨が内側へ向かって脊柱へ近づく動き
肩甲骨の外転（Protraction, Abduction）
　肩甲骨が外側へ向かって脊柱から離れる動き
上方回旋（Upward rotation）
じょうほうかいせん
　肩甲骨の下角が外側と上方へ同時に向かう動き

下方回旋（Downward rotation）
かほうかいせん
　肩甲骨の下角が内側と下方へ同時に向かう動き
水平伸展（Horizontal abduction）
　上腕が水平面上で後方へ向かう肩関節の動き
水平屈曲（Horizontal adduction）
　上腕が水平面上で前方へ向かう肩関節の動き

□脊　　柱
側屈（Lateral flexion, Side bending）
そっくつ
　腰部や頚部が身体の中心から（左右へ）曲がる動き
復元（Reduction）
ふくげん
　側屈の状態から直立の状態へと戻る動き

□手関節（手首）と手
掌屈（Palmar flexion）
しょうくつ
　手のひらが矢状面上を前腕の方向へ曲がる動き
橈屈（Radial flexion）
とうくつ
　手首が橈骨の方向に曲がる動き
尺屈（Ulnar flexion）
しゃっくつ
　手首が尺骨の方向に曲がる動き
母指の対立（Opposition of the thumb）
ぼしたいりつ
　手の母指が掌側で他の4本の指とそれぞれ触れる動き

　以上の基本的な動きについては各関節の章でさらに詳しく説明します。また、通常はこれらの基本的な動きが単独で行われることは少なく、ほとんどの身体活動（関節の動き）は複数の基本的な動きが組み合わさります（例：屈曲と外転、伸展と内転）。

筋肉に関する用語

筋肉が収縮して力を出すと関節が動きますが、筋肉の働きを理解するために知っておくべき用語がいくつかあります。

内在筋（固有筋：Intrinsic muscle）

通常、機能が作用する身体部位だけに属する筋肉を表す用語。例としては手の中に起始する手の筋肉。

外在筋（外来筋：Extrinsic muscle）

通常、筋の機能が作用する身体部位の外（近位部）より起始する筋肉に用いられる。例としては、上腕骨遠位部に起始し、指に停止する前腕の筋肉。

ある特定の筋肉が収縮すると、筋肉の中央すなわち筋腹に向けて両付着部が引っぱられます。したがってどちらの付着部もしっかりと固定されているならば、関節は動かないのですが、通常はどちらかの骨が一方の骨に比べてしっかりと固定されているので、結果として相対的に固定されていない方の骨が固定されている方に向って動きます。

起始（部）（Origin）

筋肉における付着部のうち、近位側の付着部を起始と呼び、通常はこちらに近い関節はあまり動かないか、もしくはまったく動きません。

停止（部）（Insertion）

筋肉における付着部のうち、遠位側の付着部を停止といいます。一般的に、停止に近い関節はその筋肉の収縮に伴って大きく可動します。

筋肉の起始と停止は最もよく使われる用語です。筋肉はある骨から始まって、他の骨に付着しています。つまり2つの付着部を持っています。この2つの付着部のうち、近くにある関節の動きがより小さい方を起始と呼びます。また、より身体の中心部に近い方の付着部、すなわち近位の付着部を起始と呼ぶこともあります。反対に、筋肉の停止は身体の中心からより遠い、すなわち遠位の付着部で、筋肉の停止に近い関節はもう一方に比べてより大きく動きます。たとえば、上腕二頭筋では、より動きの小さい肩甲骨側の付着部を起始と呼び、より動きの大きな橈骨側の付着部を停止と呼びます。ただし、動きを特殊に制限すると、起始側の関節が停止側の関節よりも大きく動くこともあります。

各章の筋肉に関して、それらの起始と停止を示しました。

3・2

筋収縮の種類（様式）

筋肉の収縮様式は<u>アイソメトリック（等尺性）</u>収縮と<u>アイソトニック（等張性）</u>収縮に大きく分けられます。アイソメトリック収縮では筋肉は収縮して力を出しますが、関節には動きがなく（関節角度が変化しない）、筋肉の長さも変化しません。そのようなわけで、アイソメトリック収縮は静的収縮とも呼ばれ、筋肉は関節が動かないよう固定するために大きな力を発揮します。

一方、アイソトニック収縮では筋肉は短くなったり、逆に引き伸ばされながら力を発揮するので、関節角度は小さくなったり大きくなったりします。アイソトニック収縮はさらにコンセン

トリック（短縮性）収縮とエキセントリック（伸張性）収縮に分類されます。図1-13A はアイソトニック収縮を、図1-13B はアイソメトリック収縮を説明しています。ここで注意すべき重要なことは、筋収縮がまったくなくても関節の動きは生じうるということです。この運動は他動運動と呼ばれ、筋肉が弛緩しているとき、外力、たとえば人による力、物、抵抗、または重力によって生じる動きです。

コンセントリック収縮では筋肉が短くなりながら力を発揮するのに対して、エキセントリック収縮では筋肉が引き伸ばされながら力を発揮します。実際、「収縮」という用語はエキセントリック収縮に関してはいくぶん矛盾しているように思えます。なぜなら相当な力が発揮され

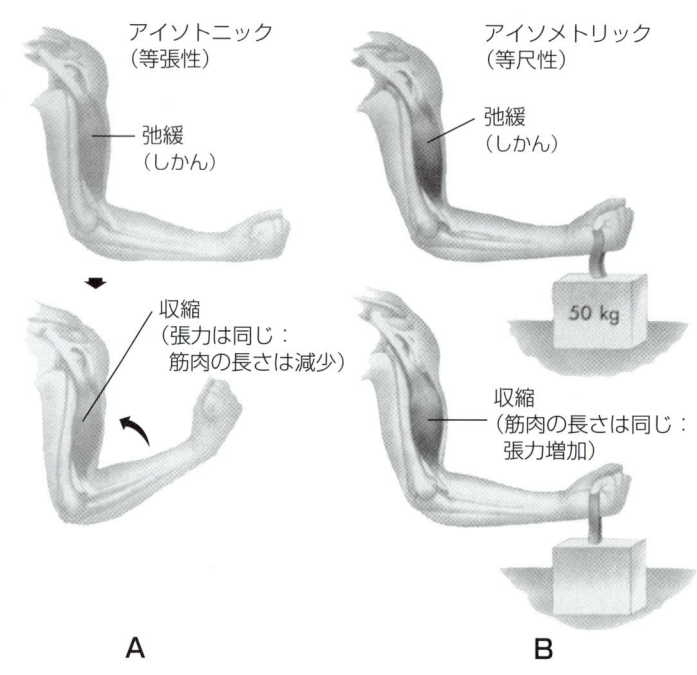

図1-13　アイソトニックとアイソメトリック収縮　A. アイソトニック収縮では筋肉の長さは短縮し、関節の動きがみられる　B. アイソメトリック収縮では張力は増すが筋肉の長さは変わらず、関節は動かない
(Booher JM, Thibodeau GA : *Athletic injury assessment*, ed 3, St. Louis, 1994, Mosby. より)

ているにもかかわらず、筋肉は実際には引き伸ばされているからです。エキセントリック「筋活動」と呼ぶのがおそらくは適切だと思われます。

アイソメトリック（等尺性）収縮

アイソメトリック収縮は静的収縮とも呼ばれ筋肉は張力を発生しますが、関節角度や筋の長さは変化しません。また筋の出力は負荷に等しくなります。

アイソトニック（等張性）収縮

アイソトニック収縮は動的収縮とも呼ばれ、コンセントリック（短縮性）収縮とエキセントリック（伸張性）収縮とに分類されます。コンセントリック収縮では筋肉は短くなりながら、一方でエキセントリック収縮では筋肉は引き伸ばされながら、それぞれ力を発揮します。筋の出力は負荷より大きい場合も小さい場合もあります。

コンセントリック（短縮性）収縮

コンセントリック収縮では、筋肉は短くなりながら力を発揮し、課せられた重量負荷に対抗するのに十分な力を発生したときに起こります。この収縮は重力や負荷重量に対して力を発揮するので、ポジティブ・コントラクション（正の収縮）とも呼ばれます。筋出力は負荷よりも大きく、関節角度は筋が力を作用させた方向に変化し、重力や外力に対して体の一部を動かします。

エキセントリック（伸張性）収縮

エキセントリック収縮では、筋肉は引き伸ばされながら力を発揮し、重力負荷による下降をコントロールするよう筋肉の緊張を徐々にゆるめるときに生じます。負荷は筋肉の収縮能力を超えているように思われますが、下降の動きをコントロールできなくなるまでにはいたりません。エキセントリックな筋活動では重力や重量負荷による動きをコントロールするので、ネガティブ・コントラクション（負の収縮）とも呼ばれます。筋出力は重量負荷より小さく、その外力の方向に関節角度の変化が生じ、重力や外力の方向に体の一部が動きます。専門家のなかには「収縮」の代わりに「筋活動」と解釈する人達もいます。なぜなら筋肉は短縮せずに引き伸ばされているからです。

表1-2は収縮の様式と関節の動きについて説明しています。用語の定義なども含まれています。

種々の運動は筋肉の発達を目的として、1つあるいはすべての収縮の様式を利用します。トレーニングマシンの発達は、アイソキネティック（等速性）というもうひとつ別のタイプの運動を生み出しました。アイソキネティックは一部の専門家が言うような、もうひとつ別の収縮の様式ではありません。むしろ、1つあるいはすべての収縮の様式を使った特定の運動様式といえます。アイソキネティックは動的な運動で、運動の速度は一定、筋収縮（理想的には最大収縮）が全可動域に生じ、コンセントリックまたはエキセントリック収縮を利用した運動の一様式です。バイオデックス（Baiodex）、サイベックス（Cybex）、リド（Lido）、その他の機器は、このアイソキネティックの運動を可能にするように設計されています。

機能解剖学をしっかりと勉強した学生は、身体の筋肉を発達させるための運動を処方できるようになるべきです。運動の性質について理解したり、運動を観察してどの筋肉が最も重点的に使われているか理解できるようになりましょう。次に、関節運動における筋肉の機能についての用語説明に移ります。

筋肉の役割

主働筋（Agonist）

　主働筋（しゅどうきん）は一般的に、コンセントリック収縮を起こした際に、動きの基本面上において関節を動かす筋肉で、主力筋とも呼ばれます。

拮抗筋（Antagonist）

　拮抗筋（きっこうきん）は主働筋が関与する関節の反対側に位置する筋肉で、主働筋とは反対の機能を持っています。拮抗筋が弛緩し主働筋が収縮することで動きは生じます。拮抗筋がコンセントリック収縮を起こすと、主働筋とは反対方向の関節に動きが生じます。

固定筋（スタビライザー、Stabilizer）

　固定筋（こていきん）は関節や身体の部位の周囲を取り巻き、他の体肢や体節が力を発揮し続けるようにその部位を固定または安定させる筋肉です。安定化筋とも呼ばれ、運動を起こすときに、より遠位の関節が動けるよう、相対的に堅固な基盤を確立する重要な筋肉です。

共働筋（Synergist）

　共働筋（きょうどうきん）は主働筋の作用を補助する筋肉で、協動筋とも呼ばれ、洗練された動きを補助し、望ましくない動きを除外します。

中立筋（Neutralizers）

　中立筋（ちゅうりつきん）は望ましくない運動を防ぐため、他の筋肉の作用に反作用したり、あるいは中立化する筋肉。特定の筋肉の作用に対し抵抗するように収縮します。

　主働筋作用のある複数の筋肉は同時に収縮するとき、その作用すべてをなし遂げるよう機能します。筋肉は現時点の作業を遂行するのにはどの作用が適切かは決定できません。実際、遂行される作用はいくつかの要素、たとえば動員される運動単位、関節の位置、筋肉の長さ、その関節に作用する他の筋肉の収縮または弛緩の状態などによります。ある場合に2つの筋肉は、1つの共通の作用をなし遂げるため、相反する作用に反作用することで協調して働きます。

　前述したように、主働筋はたとえば、ボールを蹴るときでは股関節屈曲と膝関節伸展に主要に関与する筋肉といえます。この例では、大腿四頭筋が主働筋で、ハムストリングが拮抗筋となり、ハムストリングが弛緩することによって蹴ることが可能になります。ただしこれは、股関節周囲の他のすべての筋肉が関与していないということではありません。

　蹴る動作の正確さは多数の他の筋肉がいかに関与するかで決まります。下肢が前方に振り出されるにつれ、ボールとのインパクトまでの軌跡と次に起こる角度は、股関節の外転筋、内転筋、内旋筋、外旋筋の連続的、相対的な収縮あるいは弛緩の結果によって決まります。これら主働筋以外の筋肉は、正確に下肢を導くため協調して作用します。すなわちそれらは膝関節伸展および股関節屈曲に主だって作用するのではなく、全体の動きの正確さをつくりだすのです。これらの共働筋は蹴る動作を洗練し、無関係な動きを防ぐわけです。さらに反対側の股関節と骨盤周囲の筋肉は、蹴る側の股関節の屈筋［注：関節を屈曲させる筋肉を屈筋と呼ぶ］群が収縮できるように骨盤を固定または安定させ、緊張状態にならなければなりません。ボールが蹴られるとき、股関節屈筋群の他に、恥骨筋と大腿筋膜張筋という、内転筋と外転筋が関与します。外転と内転の作用はそれぞれで中立化され、2つの筋肉の共通の作用として股関節屈曲が生じるわけです。

　実践的な観点からすれば、たとえば懸垂における肘関節屈筋群（上腕二頭筋、上腕筋、腕橈

骨筋）で、それぞれによって発揮されている正確な筋出力について知ることは重要なことではありません。むしろこの筋群が肘関節屈曲の主働筋であることを知ることが重要なのです。また同様に、これらの筋肉が顎がバーの方に引き上げられるときはコンセントリック収縮を起こし、体がゆっくりと下ろされるときはエキセントリック収縮を起こすということを理解するほうが大切なのです。

拮抗筋は主働筋の作用とは逆の作用を生じます。たとえば、肘関節の伸展を生じる筋肉は肘関節屈曲を生じる筋肉に対して拮抗します。それぞれの拮抗筋群を発達させるために、特定の運動が処方される必要があることを理解するこ

表1-2 筋収縮と運動

定義的および記述的な要素	収縮様式			収縮なしでの動き
	アイソメトリック	アイソトニック		
		コンセントリック	エキセントリック	
主働筋の長さ	目に見えるほどの変化なし	短縮 ➡◀	伸張 ◀➡	もっぱら重力や外力により支配される
拮抗筋の長さ	目に見えるほどの変化なし	伸張 ◀➡	短縮 ➡◀	もっぱら重力や外力により支配される
関節角度の変化	目に見えるほどの変化なし	筋出力の方向	外力の方向（重力負荷）	もっぱら重力や外力に支配される
体の部位の方向	固定した物や外力と一致（重力負荷）	重力や外力（重量負荷）に対して	重力や外力（重量負荷）とともに	重力や外力と合致している
動き	力は加えられるが、結果として動きはない	動きが生じる	動きが生じる	動きは生じないが、重力や外力により他動的に生じる
特徴	静的固定	動的短縮正の働き	動的伸張負の働き	他動弛緩
発揮された力対重力負荷	力＝重力負荷	力＞重量負荷	力＜重量負荷	力はない。すべて重量負荷
重力または慣性も含めた課せられた重量負荷に関連した速度	課せられた重量負荷と同等	重量負荷の慣性より速い	重量や重力負荷の慣性よりも遅い	課せられた外力の慣性、重力速度と合致
加速/減速	加速ゼロ	加速↗	減速↘	ゼロ。あるいは加速が課せられた外力と合致
記述的記号	（＝）	（＋）	（－）	（0）

とは重要なことです。懸垂後、ぶらさがっている状態から元へ戻る動作は肘関節の伸展ですが、しかし上腕三頭筋と肘筋という肘関節の伸筋［注：関節を伸展させる筋肉を伸筋と呼ぶ］が強化されるわけではありません。なぜなら、肘関節屈筋群のコンセントリック収縮が起き、それに続き、同じ筋のエキセントリック収縮が起きているからです。

図1-14Aは、上腕二頭筋が肘を曲げるためにコンセントリック収縮を起こすことで、主働筋となっていることを示しています。この例では、上腕三頭筋が肘関節の屈曲に対して拮抗筋となり、円回内筋が上腕二頭筋に対しての共働筋とみなされます。もし上腕二頭筋がゆっくりと引き伸ばされ、肘関節の伸展がコントロールされたならば、肘が伸展方向に動いているとはいえ、上腕二頭筋はなお主働筋でありエキセントリック収縮を起こしているのです。

図1-14Bは、上腕三頭筋が肘を伸ばすためにコンセントリック収縮することで、主働筋となっていることを示しています。この例では、上腕二頭筋が肘伸展に対して拮抗筋となってい

ます。もし上腕三頭筋がゆっくりと引き伸ばされ、肘関節の屈曲がコントロールされたならば、上腕三頭筋はなお主働筋であり、エキセントリック収縮を起こしているのです。

これら両方の例において、三角筋、僧帽筋およびその他の肩周囲筋は肩関節周辺の固定筋として働いています。

神経筋の概念

全か無かの法則

ある特定の筋肉が収縮するとき、その収縮は実際には、ある一定の運動単位内の筋線維レベルで生じます。典型的な筋収縮において、その筋肉内で収縮している筋線維数は、活性化された運動単位内の筋線維の数により、比較的少数からほとんど全筋線維まで大きく異なります。ただし、関与する数にかかわらず、ある一定の運動単位内の個々の筋線維は、興奮して最大収縮するか、まったく収縮しないかのどちらかです。これが「全か無かの法則」と呼ばれるものです。ある筋肉が大きな力を出したり、小さな力を出したりするときの差は、動員される筋線

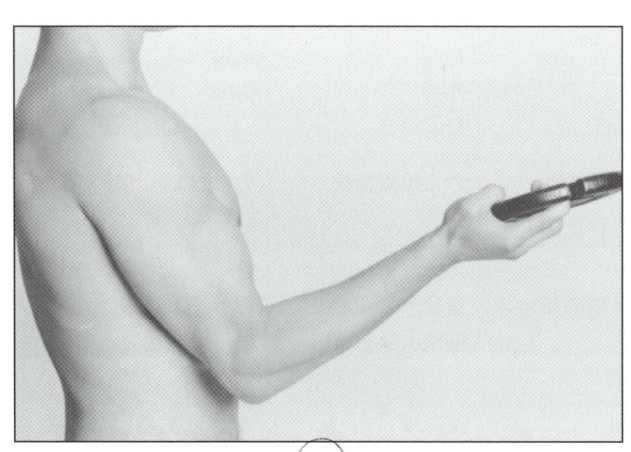

図1-14　主働筋−拮抗筋の関係
Ａ．肘関節屈曲時には上腕二頭筋が主働筋
Ｂ．肘関節伸展時には上腕三頭筋が主働筋

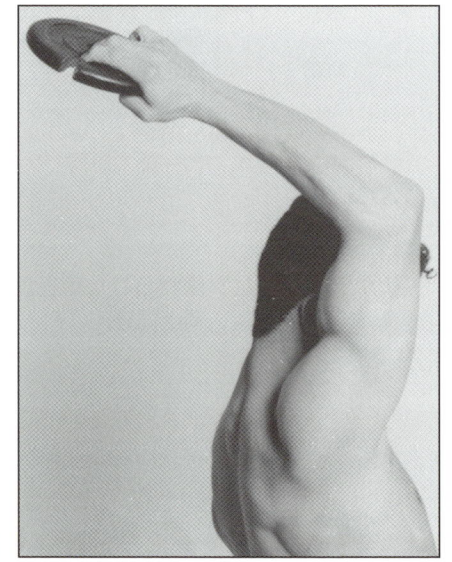

B

維数によるのです。動員される筋線維数は、より多くの筋線維を含む運動単位が活性化されるか、より多くの運動単位が活性化されるか、あるいは運動単位の活性化の頻度が増すことによって増加します。

筋長－張力の関係

張力を生じ、力を発揮する筋の最大能力は、収縮時の筋の長さにより異なります。一般的に関与する筋肉にもよりますが、最大の張力は、筋肉がリラックスしている状態の長さの100%から130%の長さに伸張されたときに発生します。しかし、筋肉がこの範囲を越えて伸張されると、発揮できる力は著しく減少します。同様に筋肉が短縮されても、張力を発生する能力は比例的に減少します。筋肉がリラックスしている状態の長さの約50%から60%に短縮されると、筋肉が張力を発生させる能力は本質的にゼロとなります。ジャンプするためにコンセントリック収縮を起こす前に、少しだけしゃがんでふくらはぎ、ハムストリング、大腿四頭筋を伸張するとき、私達はこの原則を利用しているのがわかります。

またある筋肉を分離しようとするときも、この原則が利用できます。たとえば、股関節伸展位で膝関節を屈曲させてハムストリングを最大限に収縮させれば、ハムストリングの股関節伸筋としての機能を減少させることになり、結果的に股関節伸筋である大殿筋の作用を分離できるわけです。

二関節筋と多関節筋

二関節筋とは2つの異なる関節をまたいで作用する筋肉です。いろいろな要素により、二関節筋は収縮してどちらか1つあるいは両方の関節で運動を起こします。二関節筋は単関節筋に比べ2つの長所があります。二関節筋は1つ以上の関節で動きを生じたりコントロールでき、

そして一方の関節が〝短縮〟し、もう一方の関節が〝伸張〟することによって比較的一定の筋長を維持することができます。もっとも二関節筋は一方の関節で短縮し、他方の関節で伸張するということはありません。二関節筋はこのように筋肉の起始と停止が近づいて筋力を発揮しにくくなるので、一方の付着部が他方へ近づこうと短縮するときは、他方の付着部は他の筋肉によって引っぱられ、近づいてくる付着部から離れます。それによって筋長を比較的一定の長さに維持できれば、筋肉は力を発揮し続けることができることになります。

股関節と膝関節にかかわる二関節筋は2つの異なる作用をする好例です。もしも膝関節が伸展し股関節が屈曲したならば、大腿直筋はその筋長が極端に短くなり、他の大腿四頭筋同様張力を失います。しかし、股関節が伸展方向へ動くならば、大腿直筋の筋長は膝関節の伸展に伴って短くはならず、結果としていつまでも張力を発揮し続けることができるのです。ボールを蹴る際、下肢の前方への移動期では、大腿直筋は股関節を屈曲し、同時に膝関節を伸展するためにコンセントリック収縮を起こします。その結果、ボールをキックするフォロー段階では、大腿直筋は短くなりすぎて大きな力を出せなくなるのです。

多関節筋は、起始と停止の間にある、3つまたはそれ以上の関節に作用します。二関節筋に関してすでに述べた原則が、多関節筋にも同様に当てはまります。

相反性神経支配 （そうはんせいしんけいしはい）

前述したように、主働筋が収縮するとき、拮抗筋は弛緩（リラックス）して引き伸ばされなければなりません。これは、相反性の神経支配によって拮抗筋に相反抑制という制御がかかるために自動的に生じます。すなわち、主働筋の

運動単位が活動すると拮抗筋の運動単位の活動が抑制されるのです。この運動単位の活動を抑制する効果によって拮抗筋はリラックスし、引き伸ばされやすくなります。このことは、ハムストリングをストレッチする際に、ハムストリングの拮抗筋である大腿四頭筋を意識的に強く収縮させれば、ハムストリングが自動的にリラックスしてストレッチしやすくなるという経験からも実感できます。大腿四頭筋を収縮させない方法と比較して下さい。

自動機能不全と他動機能不全

すでに述べたように、筋肉が極端に短縮すると力を発揮する能力が減少します。筋肉が自動的（自発的）な張力を発生もしくは維持できなくなるところまで短縮したとき、自動機能不全に達したといいます。拮抗筋がもはやこれ以上伸張できず、動きを起こさせることができないところまで引き伸ばされたとき、他動機能不全に達したといいます。これらの原理は、二関節筋あるいは多関節筋において、その筋肉が横切るすべての関節において全可動域の動きを試みるときに、容易に観察できます。

この例は、大腿直筋が同時に股関節の屈曲と膝関節の伸展を行うためにコンセントリック収縮を起こすときにみられます。一度にどちらか1つの作用しか行わないのであれば、問題はありませんが、二関節同時に全可動域を得ようとすると自動機能不全が起こります。同様にハムストリングも股関節最大屈曲と膝関節最大伸展の両方を同時に行うとしたら、十分には引き伸ばされないので、他動機能不全が生じます。つまり、股関節の最大屈曲時に膝関節を意識的に最大伸展させること、あるいはその逆を行うことは実際には非常に難しいことなのです。

ウェブ・サイト

解剖・生理学：

www.gwc.maricopa.edu/class/bio201/index.htm

神経・筋肉・骨格ウェブ：

www.sohp.soton.ac.uk
＊特に筋骨格についての解剖が詳しい

キネシオロジー（運動学）：

www.kinesiology.org
＊キネシオロジーに関する一般的な解説

アーカンソー大学医学部生のための一般解剖学：

anatomy.uams.edu/htmlpages/anatomyhtml/gross.html
＊遺体解剖、図譜、他サイトへのリンク

ワーク・シート

授業や宿題の課題として、またテストとしても264ページと265ページのワーク・シートが活用できます。

・後面から見た骨格のワーク・シート（No. 1）
・前面から見た骨格のワーク・シート（No. 2）

これらのワーク・シート上に骨の名前を記入しましょう。また重要な解剖学上のポイント（大転子など）も記入しましょう。

実習と復習問題

1. 図1-2と図1-3で学習した筋肉をお互いのパートナーの身体上から触れ、位置と大きさを確かめましょう。

2. 様々な種類の関節をお互いのパートナーの身体で確かめ、その動きを観察しましょう。

3. 様々な関節の名前と位置を自分自身とお互いのパートナーの身体で確かめ、その動きを観察しましょう。

4. 体の動きに関する用語は、3つの動きの基本面で説明されます。すなわち屈曲・伸展

は矢状面、外転・内転は前額面、回旋は水平面です。これらを頭に入れて、26ページの関節の動きの表を完成させましょう。

5. 以下の動きの基本面のそれぞれにおいて、どの関節でどんな動きが可能であるか調べてみましょう。

　a．矢状面

　b．前額面

　c．水平面

6. 以下の運動が生じる動きの基本面を調べましょう。また、それぞれの運動について運動の基本軸を描いてみましょう。

　a．階段を昇る

　b．ドアノブを回す

　d．うなずく

　e．首を横にふる

　f．後ろをふり返る

7. 適当にいくつか異なった身体の部位を選び、適切な方向を表す解剖学用語を使ってその位置を表現しましょう。

8. 閉じられたドアの前に立ち、手を伸ばしてドアノブを握ってノブを回し、ドアを手前に広く開けます。この運動において関与したすべての関節をあげて下さい。そしてそれぞれの関節の動きを書き出しましょう。

9. パートナーと可動関節を1つ選び、以下の問題をやってみましょう。

　a．その関節の種々の動きを書き出しましょう。

　b．9aで書き出した動きのそれぞれの関節についてどの筋肉や筋群が関与するか調べてみましょう。

　c．9bでそれぞれの動きに関して書き出した筋肉や筋群はどんな様式の筋収縮を起こしているか調べましょう。

　d．9bにおいて同じ運動をコントロール

するため反対の筋肉が収縮するには、どのように重力あるいは重量負荷を変化させたらよいですか。収縮様式も答えましょう。

　e．9bで書き出した同じ筋肉が反対の動きをコントロールするよう収縮するには、どのように運動、重力、あるいは重量負荷を変化させたらよいですか。

10. 次のページの関節の種類と動きの基本面チャートを完成させましょう。

　a．各関節の種類を書きましょう。

　b．それらの関節が基本面にそって動くときの動きの名前を書き込みましょう。

　c．動きの後に、それぞれの動きの基本軸をカッコにくくって書き込みましょう。

関節運動に関する用語の表

　左の欄の各々の特定の動きに対して、右の欄に、屈曲、伸展、外転、内転、外旋、内旋といった基本の動きを表す適切な用語を書き込み、下記の用語表を完成させましょう。

特定の動き	基本の動き
外反	
内反	
背屈	
底屈	
回内	
回外	
側屈	
橈屈	
尺屈	

関節の種類と動きの基本面チャート

関節	種類	動きの基本面		
		矢状面	前額面	水平面
肩甲帯				
肩関節				
肘関節				
橈尺関節				
手関節（手首）				
中手指節関節と中足趾節関節				
近位指（趾）節間関節				
遠位指（趾）節間関節				
頚椎				
脊柱				
股関節				
膝関節				
足関節（足首）				

■参考文献■

Anthony C, Thibodeau G : *Textbook of anatomy and physiology*, ed 10, St. Louis, 1979, Mosby.

Booher JM, Thibodeau GA : *Athletic injury assessment*, ed 4, Dubuque, IA, 2000, McGraw-Hill.

Goss GM : *Gray's anatomy of the human body*, ed 29, Philadelphia, 1973, Lea & Febiger.

Kreighbaum E, Barthels, KM : *Biomechanics : a qualitative approach for studying human movement*, ed 4, Boston, 1996, Allyn & Bacon.

Lindsay DT : *Functional human anatomy,* St. Louis, 1996, Mosby.

Luttgens K, Hamilton N : *Kinesiology : scientific basis of human motion,* ed 9, Madison, WI, 1997, Brown & Benchmark.

Norkin CC, Levangie PK : *Joint structure and function—a comprehensive analysis,* Philadelphia, 1983, Davis.

Northrip JW, Logan GA, McKinney WC : *Analysis of sport motion : anatomic and biomechanic perspectives*, ed 3, 1983, McGraw-Hill Companies, Inc., New York.

Prentice WE : *Rehabilitation techniques in sports medicine*, ed 3, 1999, McGraw-Hill Companies, Inc., New York.

Rasch PJ : *Kinesiology and applied anatomy*, ed 7, Philadelphia, 1989, Lea & Febiger.

Smith LK, Weiss EL, Lehmkuhl LD : *Brunnstrom's clinical kinesiology*, ed 5, Philadelphia, 1996, Davis.

Stedman TL : *Stedman's medical dictionary*, ed 23, Baltimore, 1976, Williams & Wilkins.

Steindler A : *Kinesiology of the human body*, Springfield, IL, 1970, Charles C Thomas.

2 肩甲帯

The shoulder girdle

この章を学習することで

● 肩甲帯の主な骨格の名前と構造がわかります。
● 肩甲帯の骨格上の重要なポイントを示せるようになります。
● 肩甲帯（肩甲骨）の動きに関与する筋肉の位置を示せるようになります。
● 肩甲帯（肩甲骨）の動きをチャート上で矢印を使って示すことができます。
● 肩甲帯（肩甲骨）の動きを人体を使って実際に表現することができます。
● 肩甲帯の動きに関与する筋肉を人体上で触れて確認することができます。
● 肩甲帯の関節の可動域を人体を使って確認できます。

　はじめに肩甲帯の重要な骨格について簡単に説明しますが、それによって骨格の構造や筋肉との関係についても、より深く理解できると思います。

骨　格（図2-1、2-2）

　肩甲骨と鎖骨の2つの骨が肩甲帯を構成します。また、これら2つの骨は別々ではなく、一般的に1つのユニットとして動きます。骨による軸骨格への唯一の連絡は、鎖骨が胸骨と関節を形成するところだけです。

関　節（図2-1、2-2）

　肩甲帯の動きを理解するには、胸鎖関節では動きが大きく、反対に肩鎖関節では動きが小さいために、肩甲骨は胸郭の上を動くことに注目する必要があります。

胸鎖関節

　胸鎖関節は滑走関節で、肩甲帯の外転と内転に伴いそれぞれ15°前後方に動きます。また肩甲帯の挙上に伴って45°上方に、下制に伴って5°下方に動きます。関節は前方では前胸鎖靱帯に、後方では後胸鎖靱帯により支持されています。さらには、肋鎖靱帯と鎖骨間靱帯によって鎖骨が上方へずれないように支持されています。

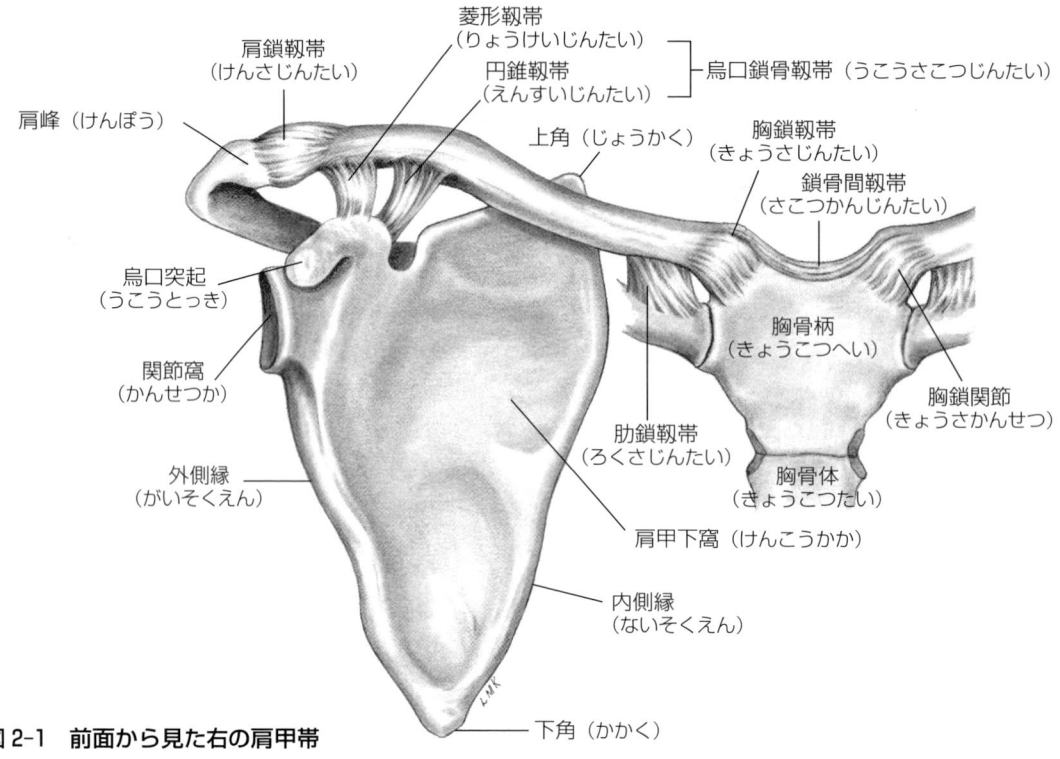

図2-1　前面から見た右の肩甲帯

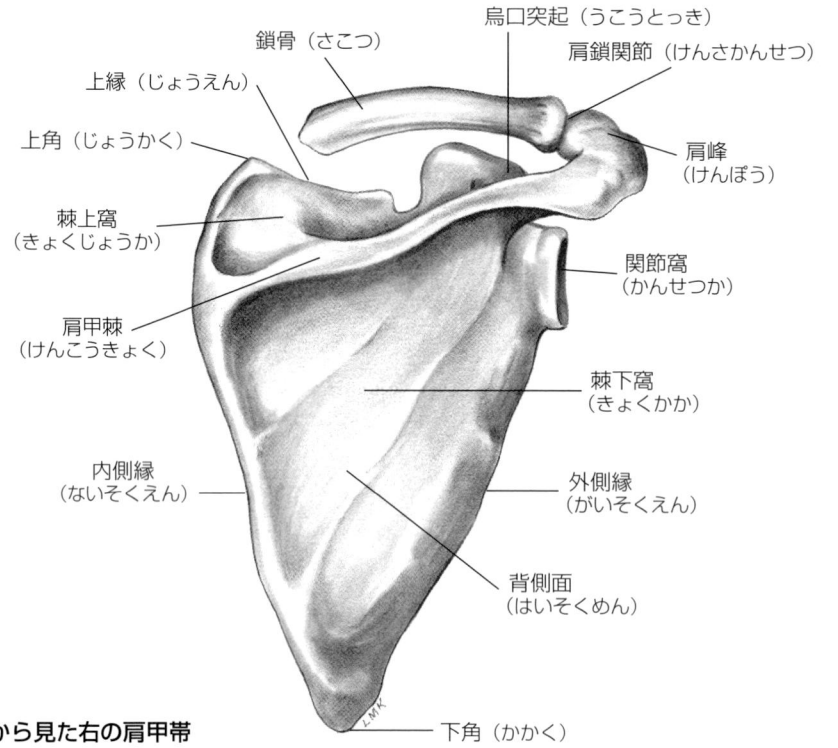

図2-2　後面から見た右の肩甲帯

肩鎖関節

　肩鎖関節は滑走関節で、肩甲帯や肩関節の動きに伴って 20〜30°滑りながら回旋します。靭帯結合による連結と分類される烏口鎖骨靭帯（菱形靭帯と円錐靭帯）による強靭な支持に加えて、上肩鎖靭帯と下肩鎖靭帯が、しばしば損傷を受けやすいこの関節に安定性を与えています。

肩甲胸郭関節（滑動部）

　肩甲胸郭関節は関節包をもった関節ではなく、その動きは胸鎖関節と肩鎖関節の動きに大きく依存しています。肩甲骨の動きは胸鎖関節と肩鎖関節の動きに伴って生じるといえますが、実際には肩甲骨が外転・内転で 25°、上方回旋・下方回旋で 60°、そして挙上・下制で 55°動きます。この関節は滑膜性ではないのが特徴で、肩甲胸郭関節は筋肉によって支持され、靭帯性の支持はありません。

肩甲帯（肩甲骨）の動き （図2-3）

　はじめに、肩甲帯の動きは肩甲骨の動きとしてとらえると理解しやすくなります。いいかえれば、肩甲帯にある筋肉は肩甲骨を動かす筋肉なのです。また、肩甲骨の動きを理解するには、肩甲骨の下角、関節窩、そして肩峰などの骨格上の目印に注目すると大変役立ちます。さらに、肩甲帯の動きの中心（軸）は鎖骨と胸骨が接している胸鎖関節であることも忘れないでください。

外転：外転は肩甲骨が脊柱から外側へ向かって離れる動き。

内転：内転は肩甲骨が脊柱の方向へ近づく動き。

下方回旋：下方回旋では肩甲骨の下角が、内側と下方へ向かって同時に働きます。

上方回旋：上方回旋では肩甲骨の下角が、外側と上方へ向かって同時に動き、関節窩も上方へ動きます。

挙上：肩甲骨を引き上げる動きで、肩をすくめる動きが挙上になります。

下制：いわゆる肩を引き下げる動きで、肩甲骨が下方に動きます。

　肩甲骨と肩関節は上肢の動きに対応して（同時に）動きます。肩関節と肩甲帯が連動することによってはじめて、腕の自由な動きが可能になります。ここでは、肩甲骨を動かす筋肉と肩関節を動かす筋肉は異なっていることに注意する必要があります。しかし、肩甲帯の筋肉は肩甲骨の安定性にとって不可欠で、それにより肩関節の筋肉にしっかりとした土台ができ、上腕骨のパワフルな動きを生み出すことができるわけです。したがって、肩甲帯の筋肉は、いろいろな肩関節の動きのために肩甲骨を比較的安定した位置に維持するよう収縮します。肩関節がより可動域の終末まで動くに伴い、肩甲帯の筋肉は、肩甲骨を動かすとともに上肢全体の可動域を増すために収縮します。肩関節の動きに伴う肩甲骨の動きについては第3章の表3-1にまとめてあります。

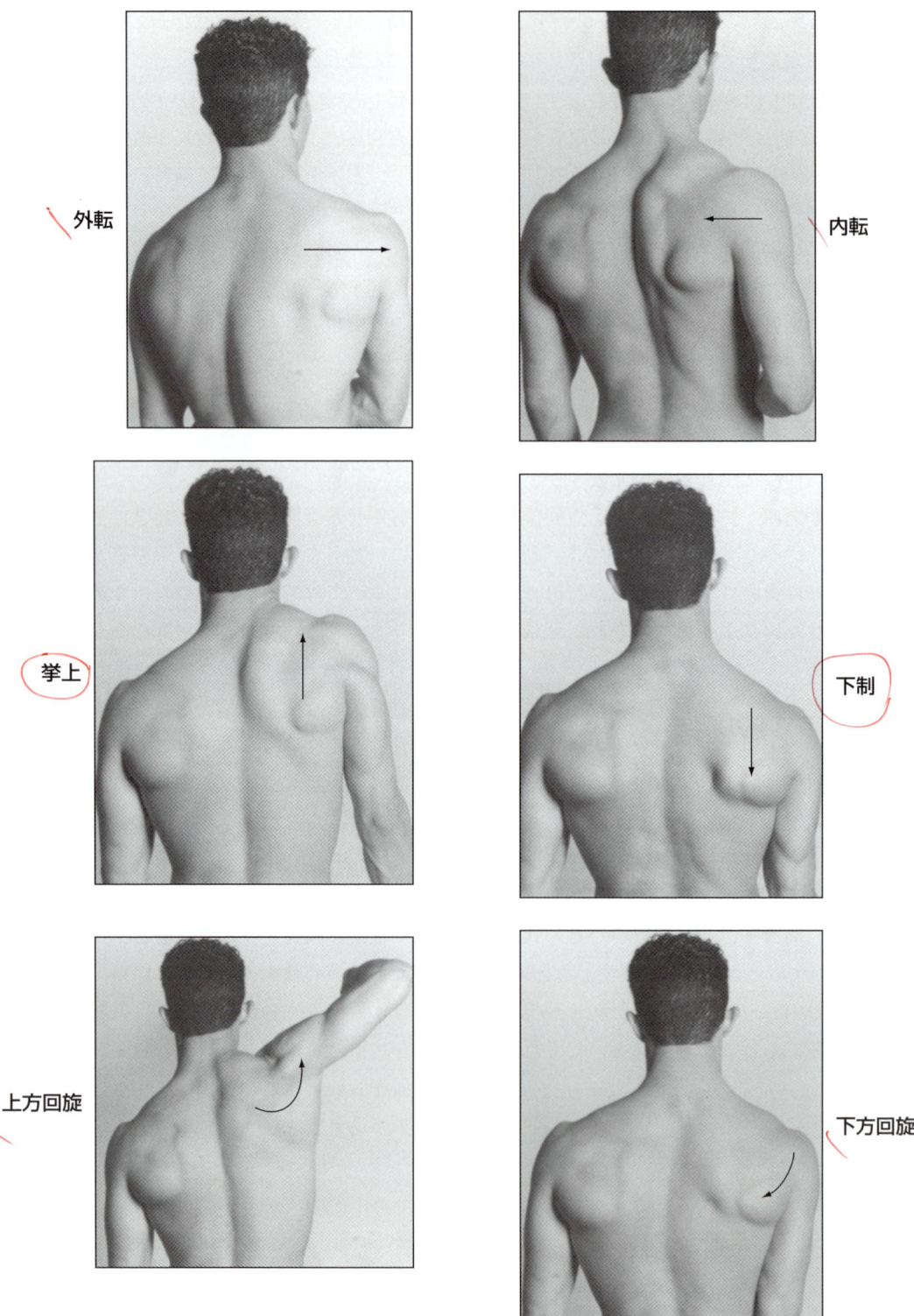

外転

内転

挙上

下制

上方回旋

下方回旋

図2-3 肩甲骨の動き

筋　肉

肩甲骨の動きには主に5つの筋肉が関与しています。混乱を避けるために肩関節に関与する筋肉を分けて考えた方がよいでしょう。鎖骨下筋もこの筋群に含まれますが、これは肩甲骨のどの動きにとっても主働筋ではありません。5つの筋肉の起始は脊柱もしくは肋骨にあり、停止は肩甲骨か鎖骨、あるいはその両方にあります。肩甲帯の筋肉のいずれも上腕骨には付着していないので、これらの筋肉は肩関節の動きには直接関与してはいません。小胸筋、前鋸筋そして鎖骨下筋は前方に位置し、僧帽筋、菱形筋そして肩甲挙筋は後方に位置します。

肩甲帯の筋肉は肩甲骨の動的安定性にとって不可欠で、投球やバッティングのような肩関節の動きをサポートするために大切な役目をしています。

肩甲骨の動きに関与する筋肉
（位置による分類）
前方
　動き：主に肩甲骨の外転と下制
　筋肉：小胸筋
　　　　前鋸筋
　　　　鎖骨下筋
後方
　動き：肩甲骨の内転と挙上
　筋肉：僧帽筋
　　　　菱形筋
　　　　肩甲挙筋

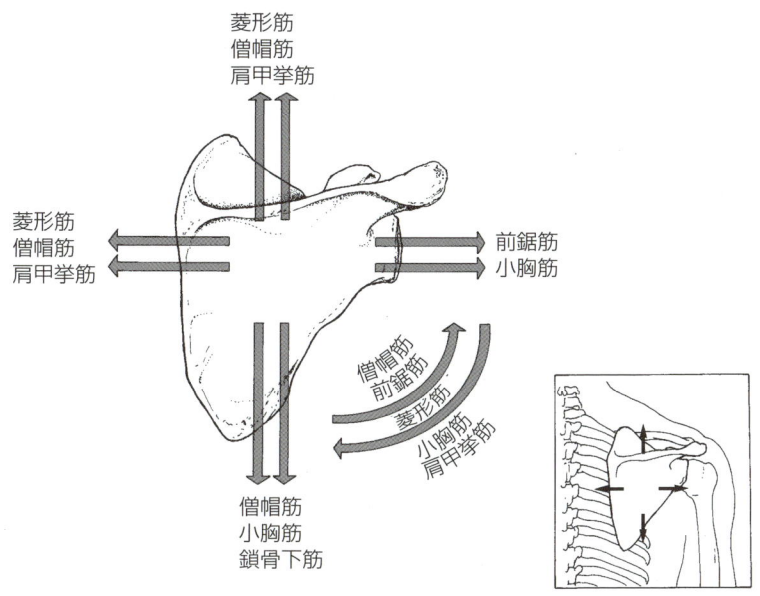

図 2-4　肩甲骨の動きに関与する筋肉

僧帽筋 （そうぼうきん）（図2-5）

起　　始

上部：後頭骨と項靱帯

中部：第7頸椎と第1〜第3胸椎の棘突起

下部：第4〜第12胸椎の棘突起（きょくとっき）

停　　止

上部：鎖骨の外側後面1／3

中部：肩峰内側縁と肩甲棘上縁

下部：肩甲棘内端

機　　能

上部：肩甲骨の挙上、上方回旋、内転の補助

中部：肩甲骨の内転

下部：肩甲骨の下制、上方回旋、内転の補助

触　　診

頸から第12胸椎にかけての脊柱から肩甲骨に及ぶ範囲で触れることができます。

神経支配

副神経、頸椎神経（C3・4）

機能解剖、筋力強化、ストレッチング

僧帽筋は上部、中部、下部に分けられます。上部は薄くて比較的力が弱いので、首の動きに関してはさほど重要ではなく、鎖骨の引き上げ（肩甲骨の挙上）と上方回旋に関与します。中部は厚くて力も強く、肩甲骨を内転させます。下部は肩甲骨を下制、上方回旋させます。また、上部、下部ともに肩甲骨の内転を補助します。

3つの部分の僧帽筋が一緒に働くと肩甲骨は上方回旋と内転を同時にします。僧帽筋の重要な働きは、三角筋の働きを助けるために肩甲骨を安定させることであるともいえます。僧帽筋が肩甲骨を継続して上方回旋させることによってのみ、手を頭の上まで上げることができるのです。また、この筋肉は重いものを持つときに、肩甲骨が下へ引っ張られないようにする働きもします。三角筋によって上腕骨が肩の高さで真横（水平）に支持されるときに、肩甲骨は僧帽筋によってしっかりと固定されます。この筋肉は手で物を持ち上げたり、肩に物を担いで運ぶときにもよく働きます。

僧帽筋の上部を鍛えるためにはショルダー・シュラッグ（肩をすくめる動作）というエクササイズが最も効果的です。次に中部と下部を鍛えるためにはベント・オーバー・ローイングやベント・オーバー・サイド・レイズ（p.286）が効果的です。

僧帽筋をストレッチするには、3つの部分それぞれについて行う必要があります。上部は、ストレッチする側と同じ側の手をテーブルの下に引っかけ肩甲骨の下制を維持している間、反対側の手で頭と首を屈曲または若干側屈させることによってストレッチされます。中部は、上部の要領である程度ストレッチされますが、パートナーに完全外転位で引っ張ってもらい、他動的に行うことでより一層ストレッチされます。下部は側臥位で、パートナーが肩甲骨の外側縁と下角を持ち、他動的に最大挙上や外転位に持っていくことによってストレッチできます。

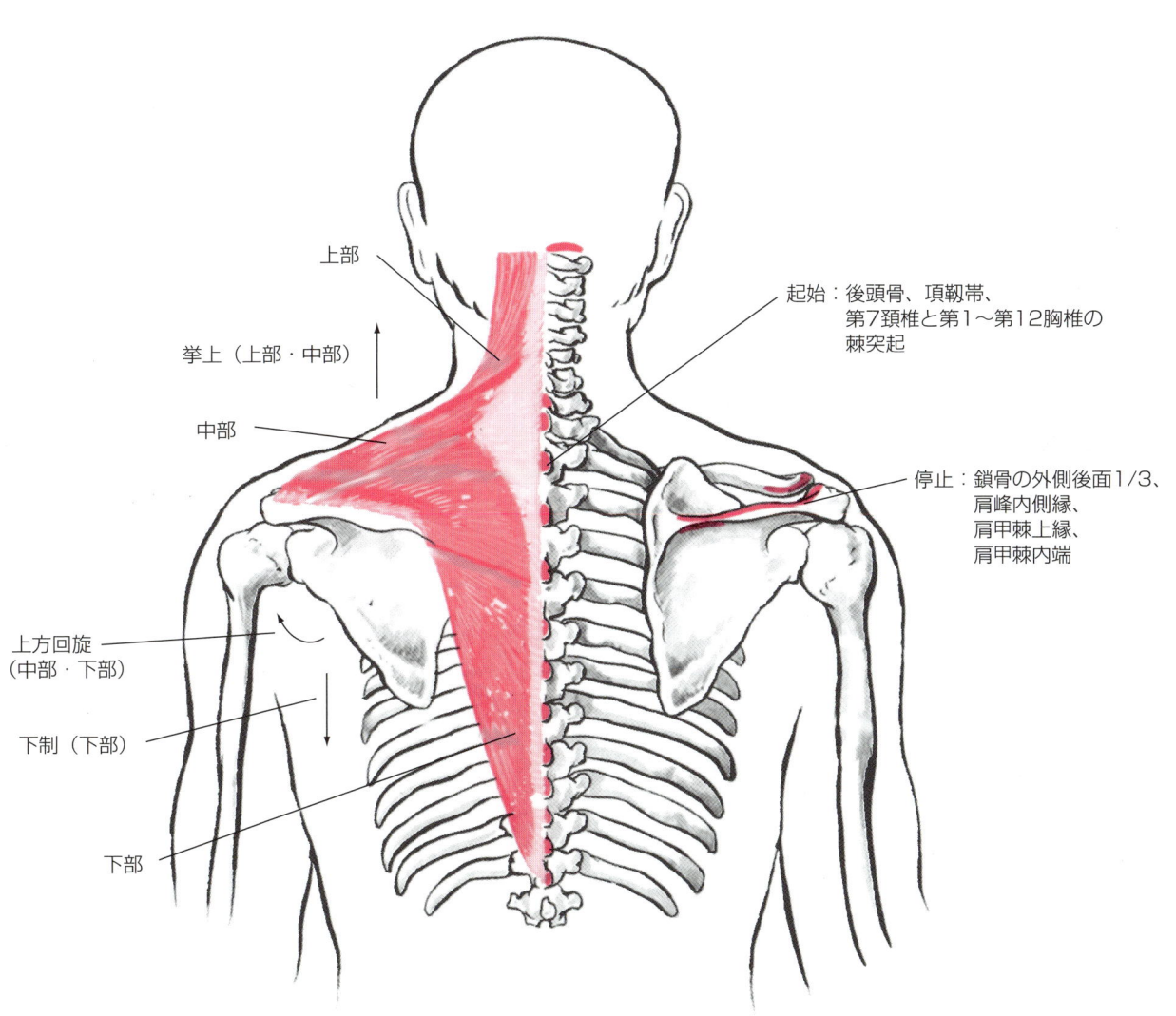

上部

挙上（上部・中部）

中部

起始：後頭骨、項靱帯、
第7頚椎と第1〜第12胸椎の
棘突起

停止：鎖骨の外側後面1/3、
肩峰内側縁、
肩甲棘上縁、
肩甲棘内端

上方回旋
（中部・下部）

下制（下部）

下部

図2-5　僧帽筋（Trapezius muscle）

肩甲挙筋 （けんこうきょきん）（図2-6）

起　始
第1〜第4頚椎の横突起 （おうとっき）

停　止
肩甲骨上角と肩甲骨内側縁上部

機　能
肩甲骨の挙上

触　診
この筋肉は僧帽筋の下にあるので触れること
はできません。

神経支配
肩甲背神経 （C3・4・5）

機能解剖、筋力強化、ストレッチング

　ショルダー・シュラッグ（肩をすくめる動作）
では肩甲挙筋が僧帽筋と一緒に働きます。逆に、
小胸筋によって肩甲骨が固定された場合、左右
の肩甲挙筋が同時に働けば首が伸展（頭が後ろ
へ傾く）し、左右どちらか一方の肩甲挙筋が働
けば首は左右のいずれかに側屈します。

　肩甲挙筋は、肩甲骨をリラックスさせる下制
位を維持しながら、頭をストレッチする側とは
反対側に約45°回旋させ、頚椎を自分で屈曲さ
せることによって、最もよくストレッチできま
す。

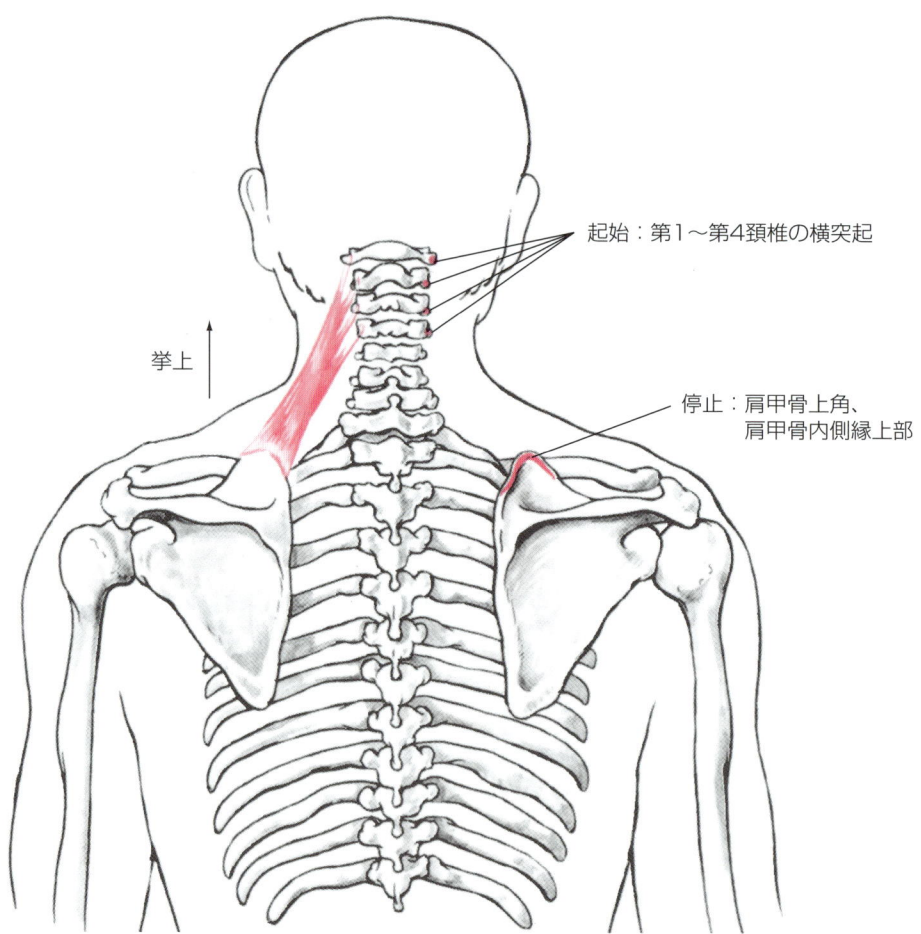

挙上

起始：第1〜第4頚椎の横突起

停止：肩甲骨上角、
　　　肩甲骨内側縁上部

図2-6　肩甲挙筋 （Levator Scapulae muscle）

菱形筋(りょうけいきん)(大菱形筋・小菱形筋)

(図 2-7)

起　始
　　第 7 頚椎と第 1～第 5 胸椎の棘突起

停　止
　　肩甲骨の内側縁

機　能
　　大菱形筋と小菱形筋は一緒に働きます。
　　肩甲骨の内転：脊柱に向かって内側へ、かつ、
　　　わずかに上方へも引っ張られる動き
　　肩甲骨の下方回旋：肩甲骨を上方回旋の位置
　　　から下方回旋させる動き
　　肩甲骨の挙上：肩甲骨の内転を伴う、わずか
　　　な上方への動き

触　診
　　僧帽筋の下にあるので触れることはできません。

神経支配
　　肩甲背神経（C 5）

機能解剖、筋力強化、ストレッチング

　菱形筋は肩関節が外転するとき、すなわち腕が外側に向かって動くときに、肩甲骨を内転位に保つ働きをします。この筋肉は懸垂のような運動で特に力を発揮します。鉄棒にぶら下がって腕をまっすぐに伸ばした状態では、肩甲骨は最も上方回旋していますが、いったん懸垂を始めれば、肩甲骨は菱形筋によって下方に回旋（下方回旋）されつつ、脊柱に向かって引っ張られます。

　僧帽筋と菱形筋が一緒に働くと、肩甲骨はわずかに挙上しながら内転します。この肩甲骨のわずかな挙上を防ぐためには、広背筋の働きが必要となります。

　懸垂やディッピングは菱形筋を鍛える大変よいエクササイズです。菱形筋をストレッチするためには、肩甲骨を下制させたまま他動的に肩甲骨を外転させます。また、上方回旋させながらストレッチをしても効果的です。

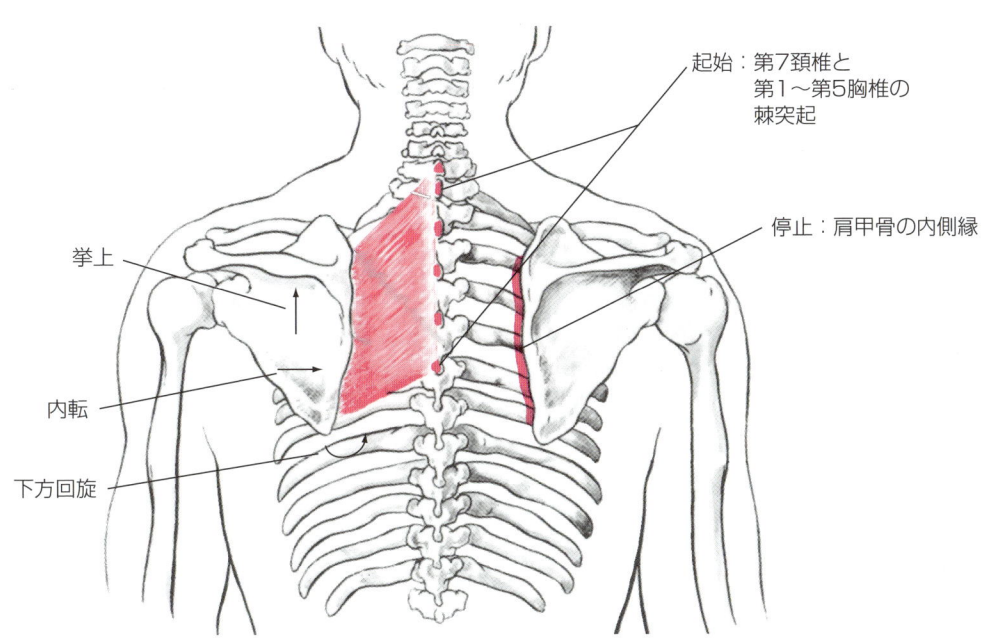

起始：第7頚椎と
第1～第5胸椎の
棘突起

停止：肩甲骨の内側縁

挙上

内転

下方回旋

図 2-7　菱形筋（大菱形筋と小菱形筋）（Rhomboid muscles/major and minor）

前鋸筋 （ぜんきょきん）（図2-8）

起　始

　　第1～第9肋骨の外側

停　止

　　肩甲骨の内側縁前方

機　能

　　肩甲骨の外転：肩甲骨の内側縁を脊柱から遠
　　　　ざけるように引っ張る動き

　　肩甲骨の上方回旋：前鋸筋のより下方の長い
　　　　部分が肩甲骨の下角付近をさらに脊柱か
　　　　ら遠ざけるように働くために、肩甲骨は
　　　　わずかに上方回旋する

触　診

　　第5・6肋骨より下の胸郭前外側で触診でき
　　ます。

神経支配

　　長胸神経（C5・6・7）

機能解剖、筋力強化、ストレッチング

　前鋸筋は野球のボールを投げたり、バスケットボールをシュートしたり、アメリカンフットボールでタックルするときに、肩甲骨をわずかに上方回旋させながら外転させる働きをします。特に投球時には、前鋸筋は大胸筋と一緒に働きます。

　前鋸筋は腕立て伏せの、特に肘を伸ばす最後の5～10°のところでよく使われます。ベンチ・プレス（p.117）やオーバー・ヘッド・プレスはこの筋肉を鍛えるとてもよいエクササイズです。肩甲骨が後方に突き出る翼状肩甲骨は前鋸筋の機能が弱っている証拠です。

　前鋸筋は部屋の角に向いて立ち、それぞれの手を肩の高さに上げ、2つの壁につけてストレッチします。鼻を壁のコーナーにつけるように上体を前傾させるにしたがい、肩甲骨は内転位にもっていかれ、前鋸筋がストレッチされます（ウォール・プッシュ・アップ）。

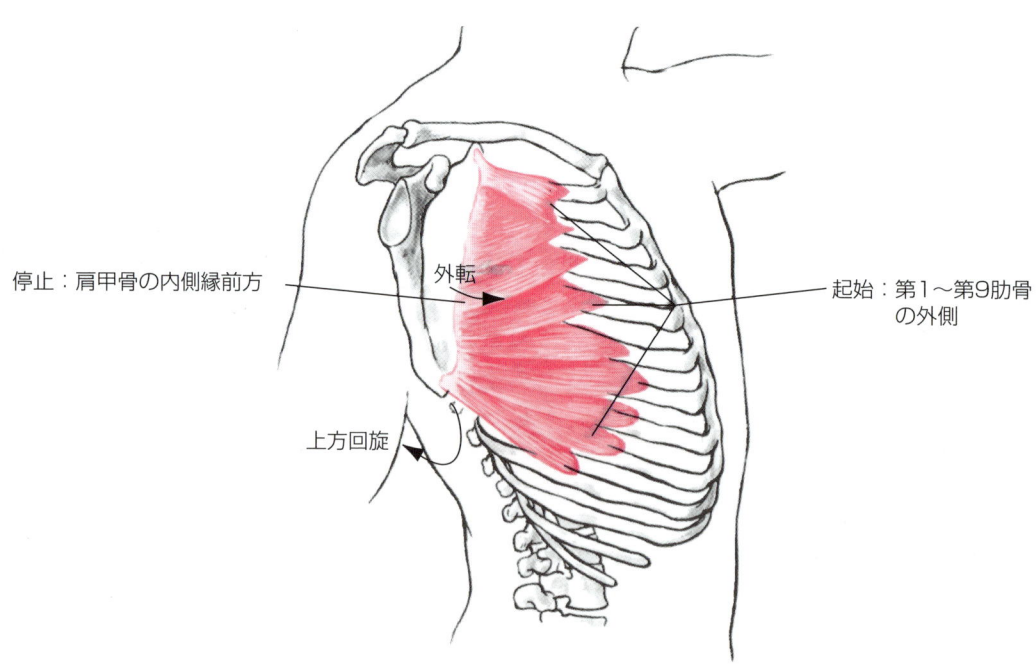

停止：肩甲骨の内側縁前方　　　外転　　　起始：第1～第9肋骨の外側

上方回旋

図2-8　前鋸筋（Serratus anterior muscle）

小胸筋 （しょうきょうきん）（図 2-9）

起　始
　第 3・第 4・第 5 肋骨の前面

停　止
　肩甲骨の烏口突起

機　能
　肩甲骨の外転：肩甲骨の下角を浮き上がらせ
　　　ながら、肩甲骨を外転させる動き
　肩甲骨の下方回旋：肩甲骨の外転に伴って下
　　　方回旋させる動き
　肩甲骨の下制：肩甲骨が上方回旋するとき、
　　　それに伴って肩甲骨を引き下げる動き

触　診
　小胸筋は肩甲骨を力強く引き下げたとき、烏
口突起の下で触れることができますが、大胸筋
に覆われているので触診は困難です。

神経支配
　内側胸筋神経（C 8、T 1）

機能解剖、筋力強化、ストレッチング

　小胸筋は回旋を生じさせずに肩甲骨を外転さ
せるとき、前鋸筋と一緒に働きます。この働き
は特に腕立て伏せのような腕を前方に突き出す、
肩甲骨の外転だけを行う運動でみられます。前
鋸筋が肩甲骨を外転させながらもわずかに上方
回旋させるのに対し、小胸筋は肩甲骨を外転さ
せながらわずかに下方回旋させます。したがっ
てこの 2 つの筋肉が同時に働くことで、上方回
旋と下方回旋の 2 つの動きは相殺され、結果と
して単純な肩甲骨の外転という動きだけが生じ
るわけです。小胸筋はディッピングで体を上方
へ押し上げるときのように、肩甲骨が上方回旋
位から下方回旋するとき、最もよく使われます。
前鋸筋のストレッチで使われたウォール・プッ
シュ・アップは、小胸筋の柔軟性を向上させる
のにも役立ちます。また仰向けの状態（背臥位）
で丸めたタオルを直接、胸椎の下に入れ、パー
トナーが左右の肩甲骨を内転位に押すことでも
ストレッチできます。

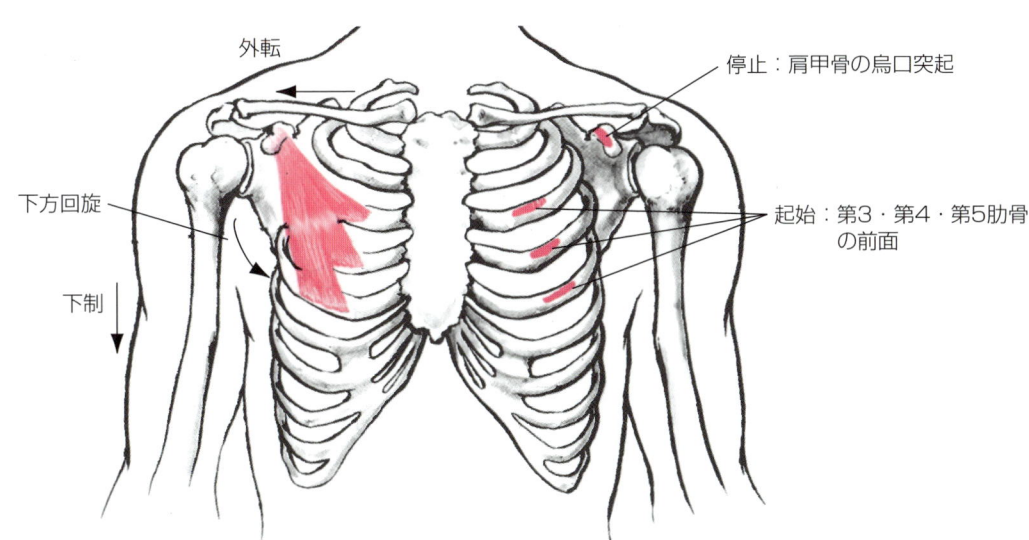

図 2-9　**小胸筋**（Pectoralis minor muscle）

鎖骨下筋 （さこつかきん） （図2-10）

起　始

第1肋骨上面の肋軟骨接合部

停　止

鎖骨中央部下窩

機　能

胸鎖関節の安定化と保護

肩甲骨の下制

触　診

触診できません。

神経支配

C5・6からの神経枝

機能解剖、筋力強化、ストレッチング

鎖骨下筋は鎖骨を胸骨に向けて下方に引きます。鎖骨と肩甲骨を下制するのを補助する働きに加えて、上肢の運動中、胸鎖関節を保護し安定させる重要な役割をはたしています。筋力では、たとえばディッピングのような下制運動を行うことで強化されます。肩甲骨を過度に挙上すると、鎖骨下筋がストレッチされます。

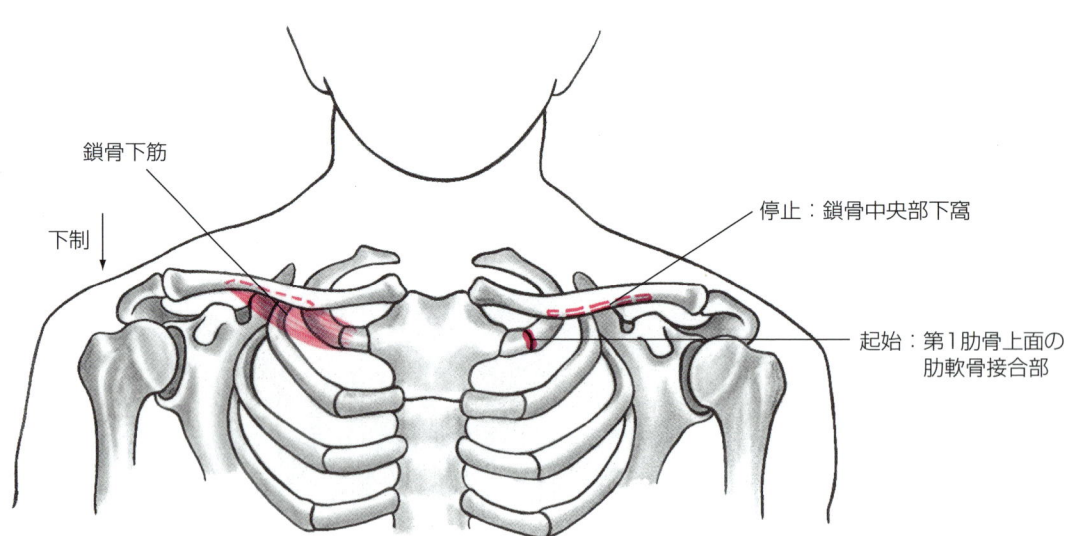

鎖骨下筋

下制↓

停止：鎖骨中央部下窩

起始：第1肋骨上面の肋軟骨接合部

図2-10　鎖骨下筋 （Subclavius muscle）

ウェブ・サイト

解剖・生理学：

www.gwc.maricopa.edu/class/bio201/
index.htm

手の手術の教科書：

http://www.e-hand.com/default.htm
＊上肢の筋骨格解剖に関するスライドとイラスト

レントゲン像による解剖：

radlinux1.usuf1.usuhs.mil/rad/iong/
index.html
＊多くのレントゲン写真を用いた筋骨格系の解剖

アーカンソー大学医学部生のための一般解剖学：

anatomy.uams.edu/htmlpages/
anatomyhtml/gross.html
＊遺体解剖、図譜、他サイトへのリンク

ロヨラ大学付属医学センター・人体の構造：

www.meddean.luc.edu/lumen/MedEd/
GrossAnatomy/GA.html
＊多くのスライドや遺体解剖を用いた人体解剖学習
のための良質なサイト

Wheeless の整形外科学：

www.medmedia.com/
＊このサイトは骨折、関節、筋肉、神経、外傷、投
薬、医学的トピックス、医学テストに関するサイト
へのリンク検索ができ、整形外科学の学術誌や整形
外科以外の分野へのリンクも可能

肩の解剖：

anatome.ncl.ac.uk/tutorials/shoulder/

プレミア医学検索エンジン：

www.medsite.com
＊このサイトからは医学のあらゆる分野へできるだ
けでなく、関連文献を見つけるためのサイトを探す
こともできる

ヴァーチャル・ホスピタル（仮想病院）：

www.vh.org
＊多くのスライドと患者情報のサイト

ワーク・シート

　授業中や宿題の課題として、またテストとしても 266 ページと 267 ページのワーク・シートが活用できます。

・骨格のワーク・シート（No. 1）

　下の筋肉をワーク・シート中に描きましょう。

　ａ．僧帽筋

　ｂ．菱形筋

　ｃ．前鋸筋

　ｄ．肩甲挙筋

　ｅ．小胸筋

　ｆ．鎖骨下筋

・動きのワーク・シート（No. 2）

　矢印で示されている動きは次のどの動きでしょうか○印に書きましょう。

　ａ．内転

　ｂ．外転

　ｃ．上方回旋

　ｄ．下方回旋

　ｅ．挙上

　ｆ．下制

実習と復習問題

1. 自分の身体やお互いの身体で、次の解剖学
　上の重要なポイントを触診しましょう。

　　ａ．肩甲骨

　　　（1）内側縁

　　　（2）下角

　　　（3）上角

　　　（4）烏口突起

　　　（5）肩甲棘

　　　（6）関節窩

　　　（7）肩峰

　　　（8）棘上窩

　　　（9）棘下窩

b．鎖骨

　　　（1）胸骨端

　　　（2）肩峰端

　　c．関節

　　　（1）胸鎖関節

　　　（2）肩鎖関節

2．お互いの身体のどの部位でどのようにすれ
　　ば、次の筋肉を触ることができますか。

　　a．前鋸筋

　　b．僧帽筋

　　c．菱形筋

　　d．肩甲挙筋

　　e．小胸筋

　　各筋肉のおおまかな位置をもう一度この本
　　で確かめて触れてみましょう。次に各筋肉
　　に主要な動きをさせてみましょう。たとえ
　　ば僧帽筋なら、肩甲骨を内転させながら上
　　方回旋させます。その時に硬くなって力を
　　出している筋肉が僧帽筋ということになり
　　ます。

3．次にあげる肩甲骨の動きを実際に試しなが
　　ら、胸鎖関節と肩鎖関節の動き、そして各

動きに関与する筋肉を手で触れてみましょ
う。

　　a．内転

　　b．外転

　　c．上方回旋

　　d．下方回旋

　　e．挙上

　　f．下制

4．次の肩甲骨の動きに主として関与する筋肉
　　を書き出しましょう。

　　a．内転

　　b．外転

　　c．上方回旋

　　d．下方回旋

　　e．挙上

　　f．下制

5．下記の関節の動きの分析チャートに、肩甲
　　骨のそれぞれの動きに関与する主要な筋肉
　　の名前を入れましょう。

6．次のページの拮抗筋の作用チャートに、主
　　働筋の動きに関係する拮抗筋の名前を書き
　　込みましょう。

関節の動きの分析チャート・肩甲帯（肩甲骨）

肩甲帯（肩甲骨）	
外転	挙上
内転	下制
上方回旋	下方回旋

拮抗筋の作用チャート・肩甲帯（肩甲骨）

主働筋	拮抗筋
前鋸筋	
僧帽筋（上部）	
僧帽筋（中部）	
僧帽筋（下部）	
菱形筋	
肩甲挙筋	
小胸筋	

■参考文献■

Andrews JR, Wilk KE : *The athlete's shoulder*, New York, 1994, Churchill Livingstone.

Andrews JR, Zarins B, Wilk KE : *Injuries in baseball*, Philadelphia, 1998, Lippincott-Raven.

Hislop HJ, Montgomery J : *Daniels and Worthingham's muscle testing : techniques of manual examination,* ed 6, Philadelphia, 1995, Saunders.

McMurtrie H, Rikel JK : *The coloring review guide to human anatomy*, 1991, McGraw-Hill Companies, Inc., New York.

Norkin CC, Levangie PK : *Joint structure and functional comprehensive analysis*, Philadelphia, 1983, Davis.

Rasch PJ : *Kinesiology and applied anatomy*, ed 7, Philadelphia, 1989, Lea&Febiger.

Smith LK, Weiss EL, Lehmkuhl LD : *Brunnstrom's clinical kinesiology*, ed 5, Philadelphia, 1996, Davis.

Sobush DC, et al : The Lennie test for measuring scapula position in healthy young adult females : a reliability and validity study, *Journal of Orthopedic and Sports Physical Therapy* 23 : 39, January 1996.

Soderburg GL : *Kinesiology-application to pathological motion*, Baltimore, 1986, Williams&Wilkins.

3 肩関節

The shoulder joint

この章を学習することで

- 肩関節の主要な骨格の名前と構造がわかります。
- 肩関節の骨格上の重要なポイントを示せるようになります。
- 肩関節に関与する筋肉の位置を示せるようになります。
- 肩関節の動きを人体を使って実際に表現することができます。
- 複合体としてとらえた場合、肩関節の動きと肩甲骨の動きがどのような関係にあるかを知ることができます。
- 肩関節の動きにかかわる筋肉とその拮抗筋を確認できます。
- 肩甲帯と肩関節の複雑な動きを統合して理解することができるようになります。

肩関節は単に鎖骨を通して胸鎖関節の位置で胸骨と接しているにすぎません。したがって肩関節の動きは非常に大きくしかも多方向です。加えて、肩甲骨の動きなくしては肩関節の動きはないといっても過言ではありません。たとえば肩関節が屈曲して外転するとき、肩甲骨は挙上、上方回旋および外転します。また、肩関節が内旋し水平屈曲するときには、肩甲骨は外転します。逆に、肩関節が外旋して水平伸展するときには、肩甲骨は内転します（表3-1を参照）。

肩関節はあらゆる方向において非常に大きな可動域をもっている反面、大変不安定な関節であるともいえます。したがって肩関節ではローテーター・カフ（回旋筋腱板）のインピンジメント（骨との間ではさまれる傷害）や亜脱臼、あるいは脱臼がしばしば生じます。一般的に、より大きな可動域をもつ関節は不安定で、より小さな可動域しかもたない関節は安定していると考えられます。

骨　格

肩関節の動きに関与する筋肉は肩甲骨、鎖骨そして上腕骨に付着しています。各骨の部位別の位置やその重要性について学ぶことは、肩複合体の機能を理解する上で非常に重要です。肩甲骨で目安となる箇所としては、棘上窩、棘下窩、肩甲下窩、肩甲棘、関節窩、烏口突起、肩峰、下角などがあります。上腕骨では、上腕骨頭、大結節、小結節、結節間溝、三角筋粗面などがあります（図2-1復習、図3-1参照）。

関　節

　肩関節は肩甲上腕関節とも呼ばれ、可動関節の中でも特に可動性の高い球関節という多軸関節です。この高い可動性のために肩関節は不安定ですが、関節窩の回りを取り囲む軟骨状の輪である関節唇（かんせつしん）や関節上腕靱帯によって安定性が高められています。

　非常に薄い後関節包靱帯は、肩関節の内旋、屈曲、水平屈曲で緊張するのに対し、前関節上腕靱帯は外旋、伸展、外転、水平伸展で緊張します。近年、下関節上腕靱帯は前方および後方の安定性を与えているということで、その重要

性が注目されています。しかしながら、注目すべき最も重要なことは、肩甲上腕関節（肩関節）が広範な可動域をもつため、可動域の最終地点に到達するまで、靱帯はゆるい状態にあるということです。すなわち、可動性を得るために安定性が犠牲にされているのです。

　投球やタックルは、腕を横に広げてから行いますし（肩関節の外転）、屈曲や伸展という動きも懸垂や腕立て伏せといった動作のなかにみられます。

　肩関節のいろいろな方向での可動域を完璧に測定するのは大変に難しいことです。なぜならば、肩関節の動きには必ず肩甲帯の動きが伴う

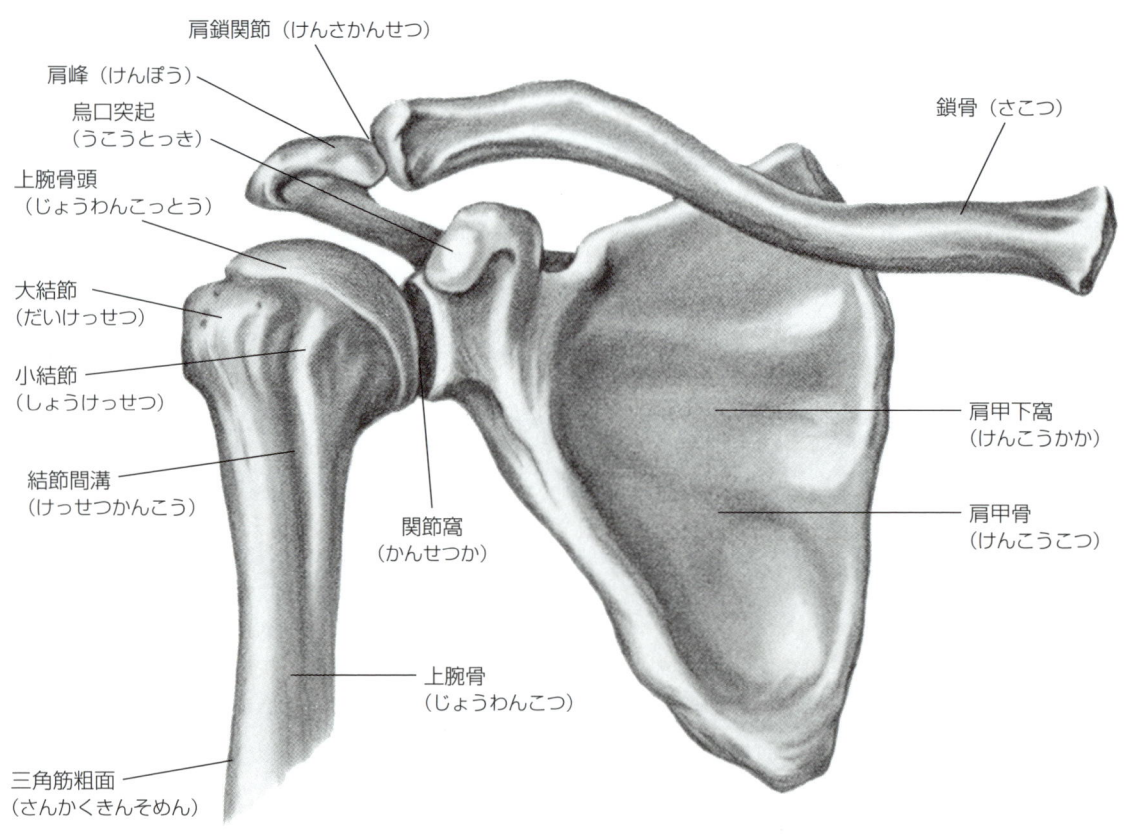

図 3-1　右の肩関節（前面）（Right glenohumeral joint）

からです。とはいえ、肩関節はほぼ次のような可動域をもっています。外転は 90〜95°、内転は体幹の前面で 75°、伸展は 40〜60°、屈曲は 90〜100°、内旋、外旋は、70〜90°、水平伸展は 45°、そして水平屈曲は 135°です。

　先ほども述べましたが、肩関節はその解剖学上の構造のために傷害を受けやすくなっています。その理由としては、関節窩が浅いこと、靱帯によるサポートが緩いこと（代償として大きな可動域が保証される）、そして肩関節の動的安定性にとって必要不可欠な筋力や筋持久力が弱いことなどがあげられます。その結果、肩甲上腕関節前方または前下方への亜脱臼や脱臼が、運動時では日常的によく起こります。後方脱臼が発生するのはかなりまれですが、後方不安定性による肩周辺で問題が起こることはめずらしくありません。

　特に棘上筋、棘下筋、肩甲下筋そして小円筋の腱によってつくられるローテーター・カフ（回旋筋腱板）と呼ばれる組織はしばしば損傷を受けます。このローテーター・カフの筋肉は小さく、上腕骨頭の前部、上部そして後部に停止しているので、上腕骨頭は自由に回旋することができます。そして、さらに重要なことは、ローテーター・カフの筋群がその可動域において上腕骨をよりパワフルに動かしている間、上腕骨頭が関節窩に常に正しく接するように、重要な役割をはたしているということです。

表 3-1　肩関節と肩甲帯（肩甲骨）の対になる動き

肩関節	肩甲帯（肩甲骨）
外転	上方回旋
内転	下方回旋
屈曲	挙上／上方回旋
伸展	下制／下方回旋
内旋	外転
外旋	内転
水平伸展	内転
水平屈曲	外転
対角伸展	内転／挙上／上方回旋
対角屈曲	外転／下制／下方回旋

肩関節の動き (図3-2)

外転：上腕が体幹より外側、上方に向かって離れる動き

内転：上腕が体幹の方へ向かって近づく動き

屈曲：上腕が前方へ向かう動き

伸展：上腕が後方へ向かう動き

水平屈曲：上腕が水平な位置において胸の方へ向かう動き

水平伸展：上腕が水平な位置において胸から離れていく動き

外旋：上腕がその長軸を中心に外側へ回る動き

内旋：上腕がその長軸を中心に内側へ回る動き

対角伸展：対角面において上腕骨が正中線より離れていく動き

対角屈曲：対角面において上腕骨が正中線に向かっていく動き

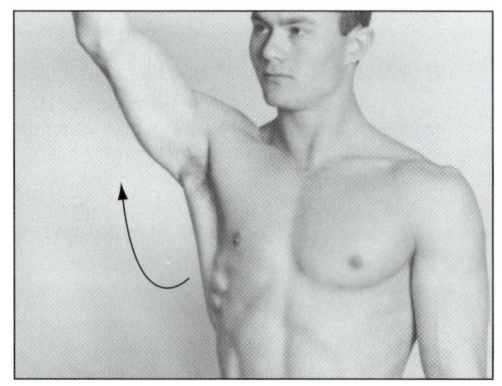

屈曲

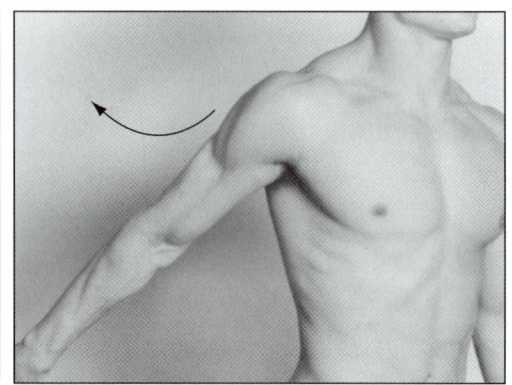

伸展

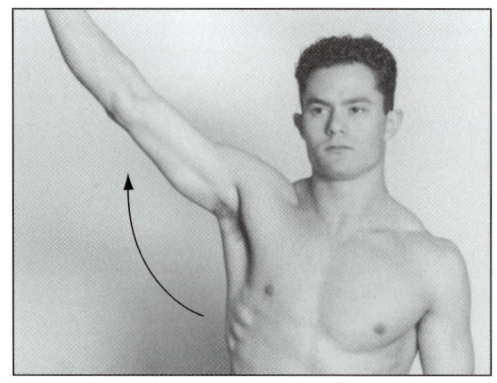

外転

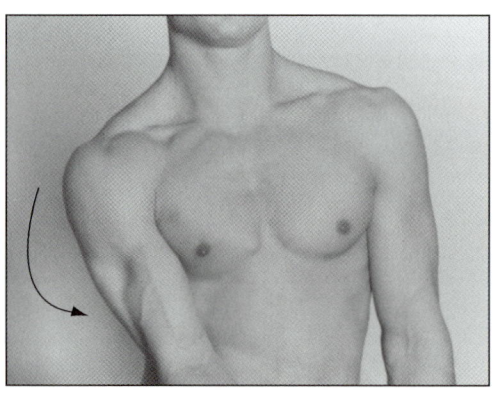

内転

図3-2　肩関節の動き

内旋

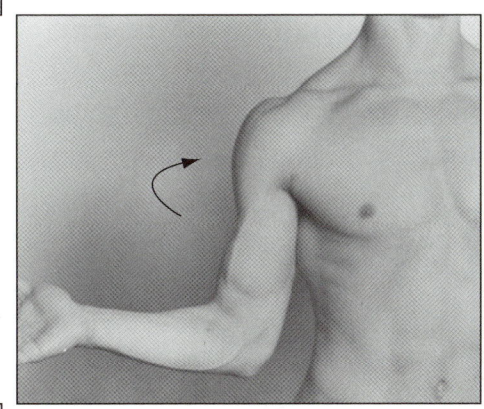

外旋

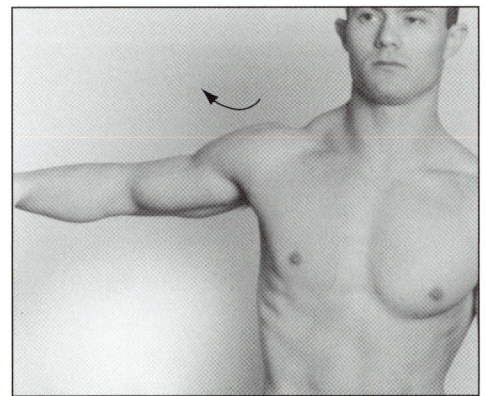

水平伸展

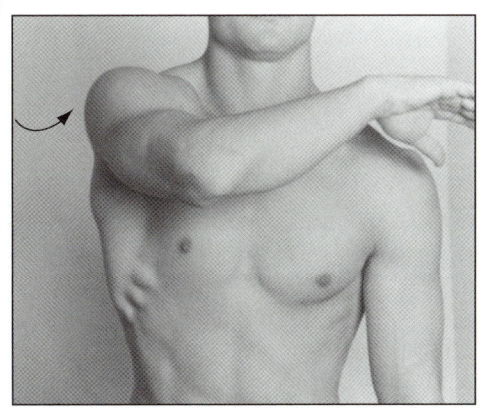

水平屈曲

筋　肉

　肩関節の筋肉について学習し理解するにあたって、位置や機能によって筋肉をグループ化すると非常に都合がよいでしょう。肩甲骨と鎖骨に起始をもつすべての筋肉は肩関節の内在性の筋肉として分類され、三角筋、烏口腕筋、大円筋、およびローテーター・カフの筋群（肩甲下筋、棘上筋、棘下筋、小円筋）がこのグループに入ります。一方、肩関節の外在筋は広背筋と大胸筋です。また、筋肉を一般的な位置に従って分類することも一助となります。大胸筋、烏口腕筋、肩甲下筋は前方に位置しますし、三角筋と棘上筋は上方に位置します。広背筋、大円筋、棘下筋、小円筋は後方に位置しています。

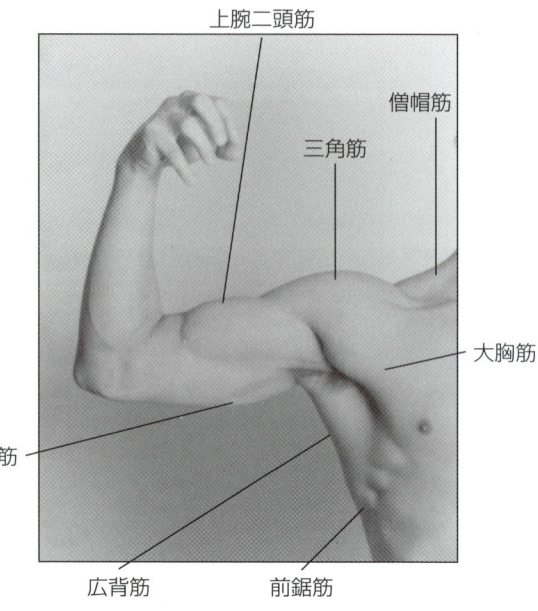

図 3-3　肩関節と肩甲帯（前面）

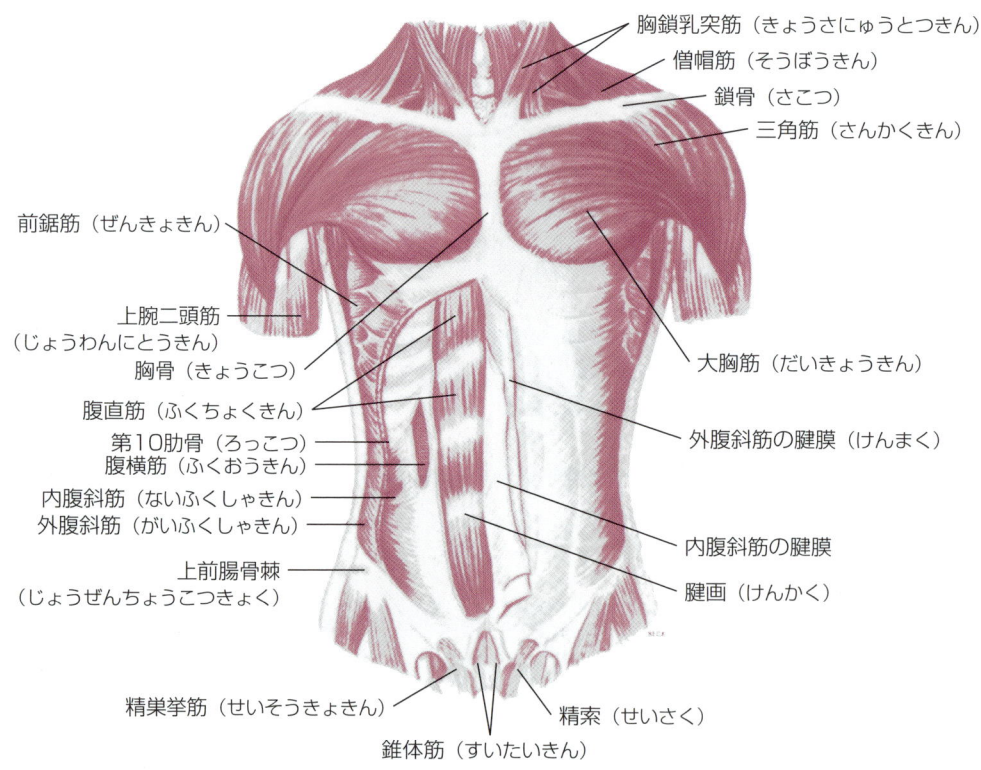

図 3-4　人体前面の筋肉

（Booher JA, Thibodeau GA : *Athletic injury assessment,* ed 2, St. Louis,1989, Mosby. より）

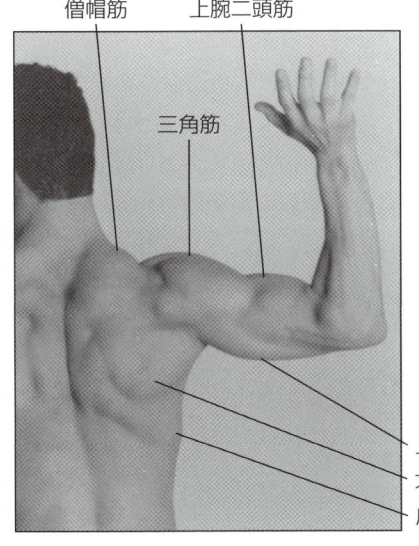

僧帽筋　　上腕二頭筋

三角筋

上腕三頭筋
大円筋
広背筋

図 3-5　肩関節と肩甲帯（後面）

上腕二頭筋と上腕三頭筋（長頭）も肩関節の動きにかかわっています。主に上腕三頭筋の長頭は伸展と水平伸展を補助するのに対して、上腕二頭筋は屈曲と水平屈曲を補助します。

肩関節に関与する筋肉（位置による分類）

前方

　大胸筋、烏口腕筋、肩甲下筋

上方

　三角筋、棘上筋

後方

　広背筋、大円筋、棘下筋、小円筋

筋肉の確認

図 3-3 と図 3-5 で、肩関節と肩甲帯に関与する筋肉の位置と名前を確認してみましょう。また、図 3-3 と図 3-4、図 3-5 と図 3-6 を比較してみましょう。

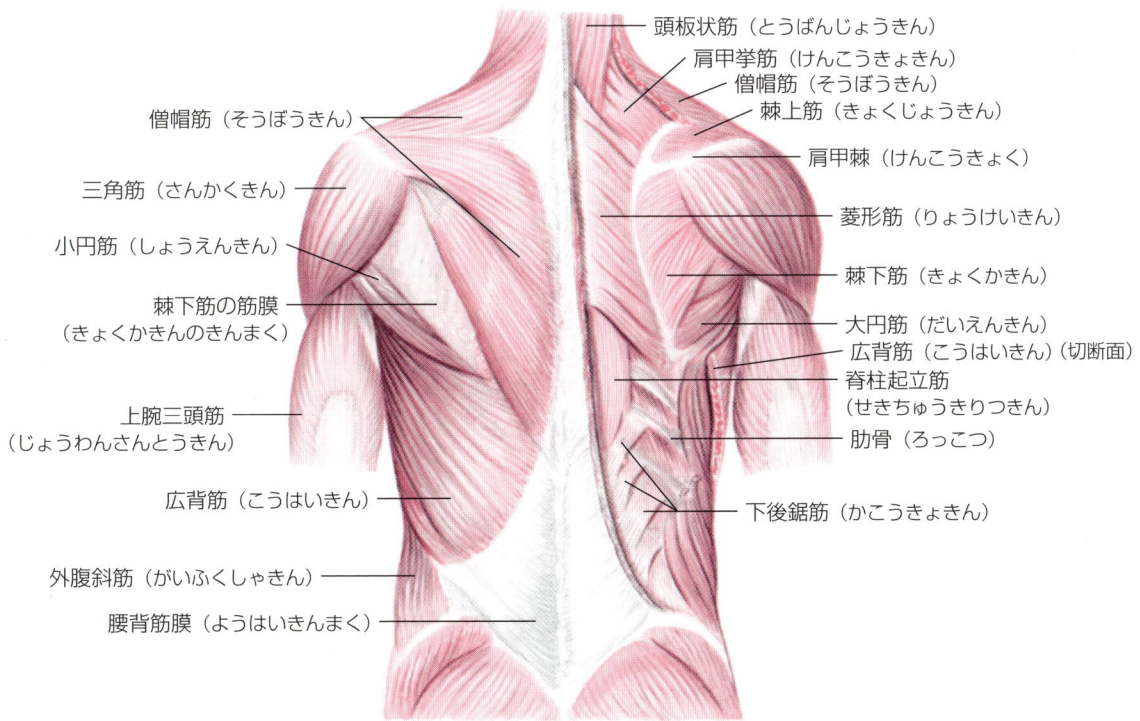

頭板状筋（とうばんじょうきん）
肩甲挙筋（けんこうきょきん）
僧帽筋（そうぼうきん）
棘上筋（きょくじょうきん）
肩甲棘（けんこうきょく）
菱形筋（りょうけいきん）
棘下筋（きょくかきん）
大円筋（だいえんきん）
広背筋（こうはいきん）（切断面）
脊柱起立筋
（せきちゅうきりつきん）
肋骨（ろっこつ）
下後鋸筋（かこうきょきん）

僧帽筋（そうぼうきん）
三角筋（さんかくきん）
小円筋（しょうえんきん）
棘下筋の筋膜
（きょくかきんのきんまく）
上腕三頭筋
（じょうわんさんとうきん）
広背筋（こうはいきん）
外腹斜筋（がいふくしゃきん）
腰背筋膜（ようはいきんまく）

図 3-6　人体後面の筋肉

ローテーター・カフ

図 3-7 はすでに述べたように、上腕骨頭を関節窩の適切な位置に維持するのに最も重要な<u>ローテーター・カフ</u>（回旋筋腱板）を図解しています。また、これら棘上筋・棘下筋・小円筋・肩甲下筋には、それぞれの名称のラテン語の頭文字から <u>SITS</u> という文字が使われます。これらの筋肉は三角筋や大胸筋と比べてあまり大きくないために、十分な筋力のみならず、とりわけ反復性のオーバーヘッド動作（たとえば投動作

や水泳など）において適切な機能を維持できるだけの十分な筋持久力をもたなければなりません。そういった運動が未熟な技術や筋疲労時に、あるいは不十分なウォーム・アップやコンディショニング下で行われるとき、ローテーター・カフ、とりわけ棘上筋は関節窩に上腕骨頭を動的に安定させる機能を失い、たとえば肩峰下腔内における腱炎やローテーター・カフ・インピンジメント（骨との間ではさまれる傷害）などを引き起こしてしまいます。

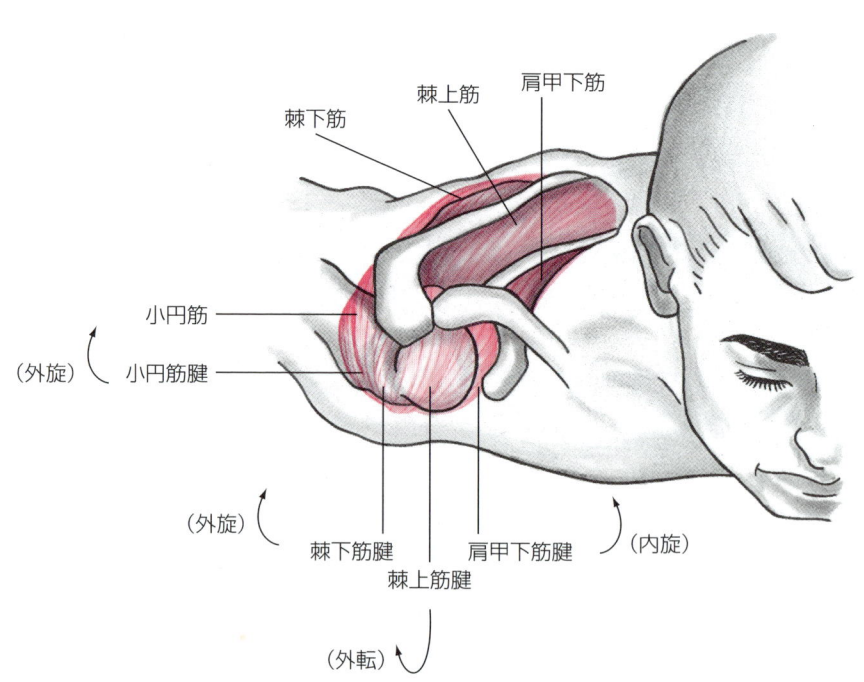

図 3-7　ローテーター・カフ（Rotator Cuff muscles）

50

三角筋 （さんかくきん）（図 3-8）

起 始

前部：鎖骨の外側 1/3

中部：肩峰

後部：肩甲棘

停 止

上腕骨中部外側の三角筋粗面

機 能

三角筋前部：肩関節の外転、屈曲、水平屈曲、内旋

三角筋中部：肩関節の外転

三角筋後部：肩関節の外転、伸展、水平伸展、外旋

触 診

上腕骨頭の前方、外側および後方部ではっきりと触れることができます。

神経支配

腋窩神経（C5・6）

機能解剖、筋力強化、ストレッチング

三角筋は物を持ち上げる動作で使われます。

三角筋が上腕骨を引っ張るときは、僧帽筋が肩甲骨をしっかりと固定します。三角筋の前部は肩関節を屈曲、内旋させ、逆に後部は肩関節を伸展、外旋させます。また、前部は肩関節を水平屈曲させ、後部は肩関節を水平伸展させます。

肩関節を外転させる方向に腕を持ち上げるときは、三角筋全体が使われます。

肩関節の外転は三角筋の最も重要な働きですが、このような動きをするサイド・アーム・ダンベル・レイズ（p. 284）というエクササイズは特に三角筋の中部を鍛えるのに適しています。肩関節を30°水平屈曲させてダンベル・レイズ・エクササイズを行うと三角筋の前部を、また30°水平伸展させて行えば後部を特に鍛えることができます。

三角筋のストレッチは、ストレッチする部位により異なる姿勢が要求されます。前部は上腕骨を過度の水平伸展に、あるいは過度の伸展と内転位にもっていくことでストレッチされます。中部は、上腕骨を背中の後ろへ過度の内転位にもっていくことでストレッチされます。後部は、水平屈曲によりストレッチされます。

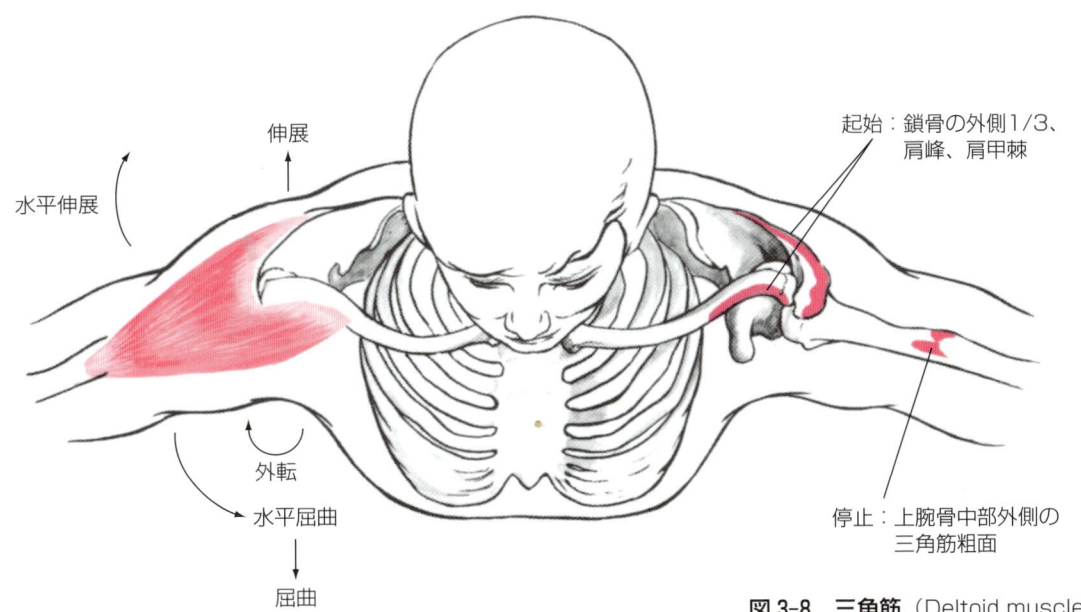

伸展
水平伸展
外転
水平屈曲
屈曲

起始：鎖骨の外側1/3、
肩峰、肩甲棘

停止：上腕骨中部外側の
三角筋粗面

図 3-8　三角筋（Deltoid muscle）

烏口腕筋 （うこうわんきん）（図 3-9）

起　始

　肩甲骨の烏口突起

停　止

　上腕骨中部の内側

機　能

　肩関節の屈曲：上腕骨が体幹から前方へまっ
　　　　すぐに離れる動き

　肩関節の内転：上腕骨が体幹へ向かって内側
　　　　方向へ近づく動き

　肩関節の水平屈曲：90°外転位にある上腕が
　　　　水平面上で胸の方へ向かう動き

触　診

　触診は困難です。

神経支配

　筋皮神経（C 5・6・7）

機能解剖、筋力強化、ストレッチング

　烏口腕筋は決して大きな力を発揮する筋肉で
はなく、むしろ肩関節の屈曲と内転を補助する
働きをし、水平屈曲において重要な役目をはた
します。たとえばベンチ・プレスのように肩関
節を水平屈曲させるエクササイズは烏口腕筋の
訓練には最適です。また、ラット・プル・ダウ
ン（p. 120）でも鍛えられます。

　烏口腕筋は肩関節の過度の伸展によってもス
トレッチされますが、過度の水平伸展によって
最もよくストレッチされます。

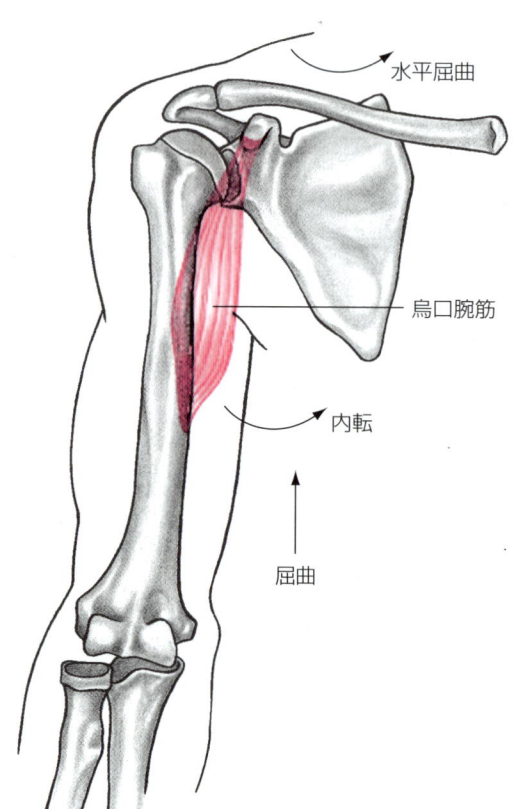

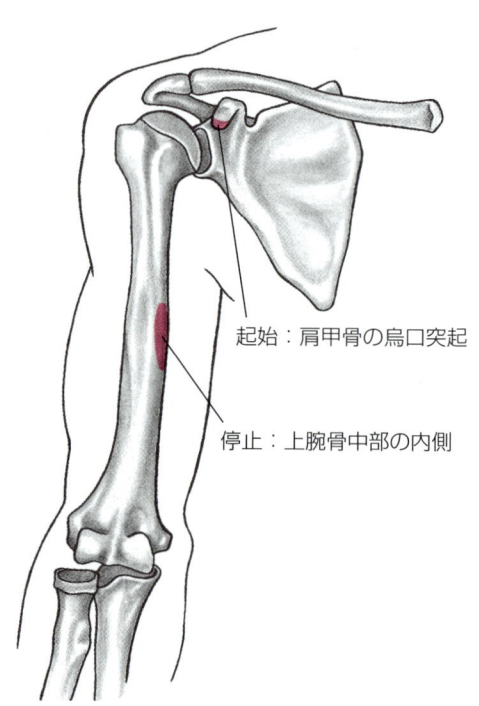

図 3-9　烏口腕筋（前面）（Coracobrachialis muscle）

棘上筋（きょくじょうきん）（図3-10）

起　始

肩甲骨棘上窩の内側 2/3

停　止

上腕骨大結節の上端

機　能

肩関節外転の補助と上腕骨頭を関節窩に近づけての安定

触　診

遠位部では三角筋の下に、近位部では僧帽筋の下に位置するため、触れられません。

神経支配

肩甲上神経（C 5）

機能解剖、筋力強化、ストレッチング

棘上筋には上腕骨の骨頭を関節窩に近づけておくという大切な働きがあります。ボールを投げるとき、上腕骨は強く引っ張られて肩甲骨から離れようとするので、棘上筋が働いて上腕骨頭を関節窩に近づけて動的安定性を保ちます。たとえば、投球時の準備期では上腕骨頭は前方に、また、フォロースルー期では後方にそれぞれ抜けようとしますが、これに抵抗しているのが棘上筋といえます。

棘上筋は他のローテーター・カフのなかで最も傷害を受けやすい筋肉です。肩関節自体がとても損傷を受けやすいのですが、特に棘上筋は軽度から中程度の筋挫傷や完全断裂といった損傷を、投球動作の繰り返しや水泳によって受けます。棘上筋の損傷や筋力低下は、肩甲骨を挙上させた状態で肩関節を外転させる動きをさせることによって見つけることができます。抵抗下での肩関節の外転力が弱かったり、まったく外転できないようであればこの筋肉に問題があると考えられます。

棘上筋は三角筋の中部が働く際に、同時に力を発揮します。〝エンプティ・カン・エクササイズ〟という運動はとくにこの筋肉を鍛えるのに有効です。缶ジュースの中身を捨てるような動作なのでこのように呼ばれるのですが、肩関節を90°外転させ、腕をまっすぐに伸ばして肩関節を内旋させた状態で行います。

肩を内旋および伸展位で、腕を背後で内転すると棘上筋がストレッチできます。

図 3-10　棘上筋
(Supraspinatus muscle)

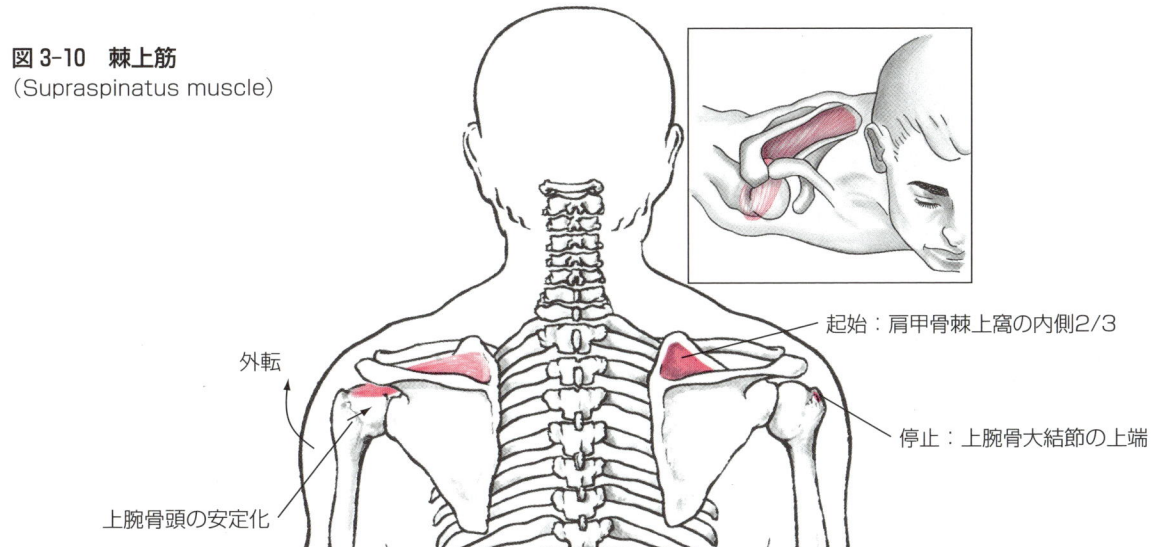

外転

起始：肩甲骨棘上窩の内側2/3

停止：上腕骨大結節の上端

上腕骨頭の安定化

棘下筋 （きょくかきん）（図 3-11）

起　　始

　　肩甲骨後面の棘下窩内側

停　　止

　　上腕骨大結節の後部

機　　能

　　肩関節の外旋：上腕骨がその長軸を中心に外
　　　　　　側へ回る動き

　　肩関節の水平伸展：90°外転位にある上腕が
　　　　　　水平面上で後方へまっすぐ離れる動き

触　　診

　　肩甲棘のすぐ下で三角筋後部の下部に触れる
ことができます。

神経支配

　　肩甲上神経（C5・6）

機能解剖、筋力強化、ストレッチング

　棘下筋と小円筋は菱形筋が肩甲骨の動きを制
限している（止める）ときに、効果的に働きま
す。上腕骨がこれらの筋肉によって外側に回る、
すなわち肩関節が外旋をするとき、菱形筋は肩
甲骨を背中で平らになる位置に固定するので、
さらに肩関節は外旋しやすくなります。

　棘下筋は肩関節の後方の安定性にとって非常
に大切な筋肉です。また、肩関節の外旋筋とし
て最も強力で、ローテーター・カフの筋群では
2番目によく損傷を受ける筋肉でもあります。

　懸垂やロープ・クライミングなどのエクササ
イズのように、腕を下へ引き下ろす動作をする
と、棘下筋、小円筋そして広背筋がよく働きま
す。また、棘下筋と小円筋は肩関節 0°または
は 90°外転位でアイソメトリックな抵抗下で外
旋させるとよく鍛えられます。

　棘下筋のストレッチは肩関節の内旋と過度の
水平屈曲が効果的です。

図 3-11　棘下筋
(Infraspinatus muscle)

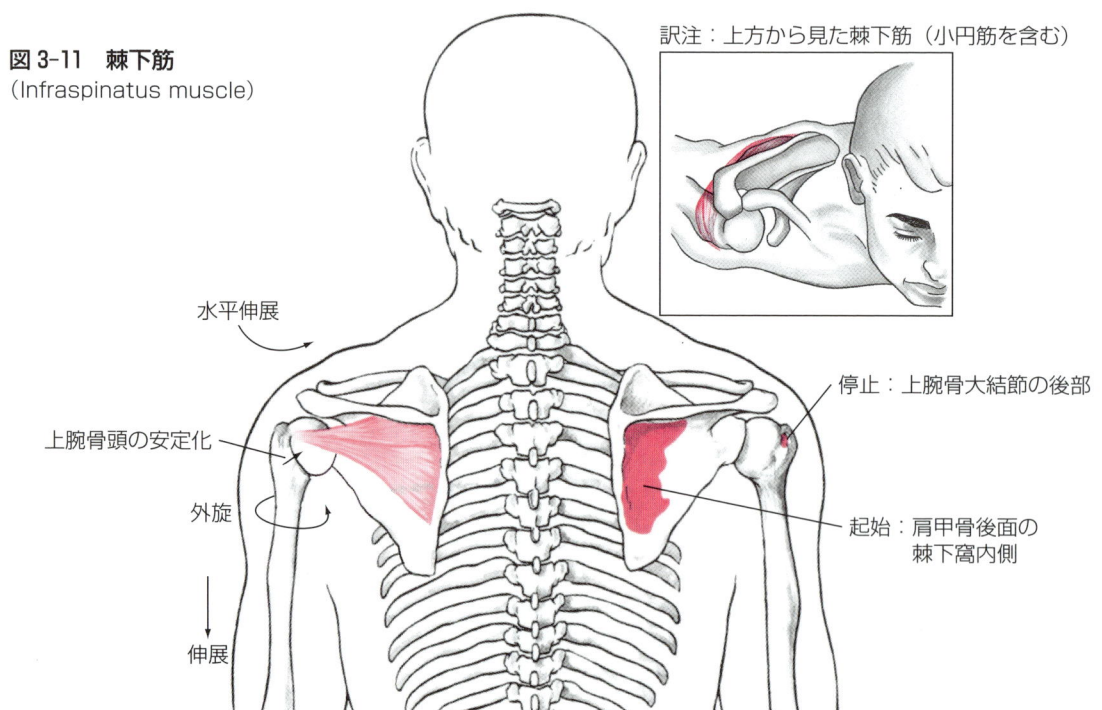

訳注：上方から見た棘下筋（小円筋を含む）

水平伸展

上腕骨頭の安定化

外旋

伸展

停止：上腕骨大結節の後部

起始：肩甲骨後面の
棘下窩内側

小円筋 （しょうえんきん）（図 3-12）

起　始

　肩甲骨外側縁の中部後面

停　止

　上腕骨大結節の後部

機　能

　肩関節の外旋：上腕骨がその長軸を中心に外
　　　　側へ回る動き

　肩関節の水平伸展：90°外転位にある上腕が
　　　　水平面上で後方へ向かう動き

　肩関節の伸展：上腕骨が後方へまっすぐ離れ
　　　　る動き

触　診

　三角筋後部と肩甲骨外側縁の間で触れること
ができます。

神経支配

　腋窩神経（C 5・6）

機能解剖、筋力強化、ストレッチング

　小円筋の機能は、肩関節後方の動的安定性に
役立つという点で棘下筋と似ており、これら 2
つの筋肉は同時に働くといえます。したがって、
小円筋を強くするエクササイズも棘下筋のそれ
と同じです。

　小円筋は棘下筋と同様に、肩関節を過度の水
平屈曲にして内旋することでストレッチされま
す。

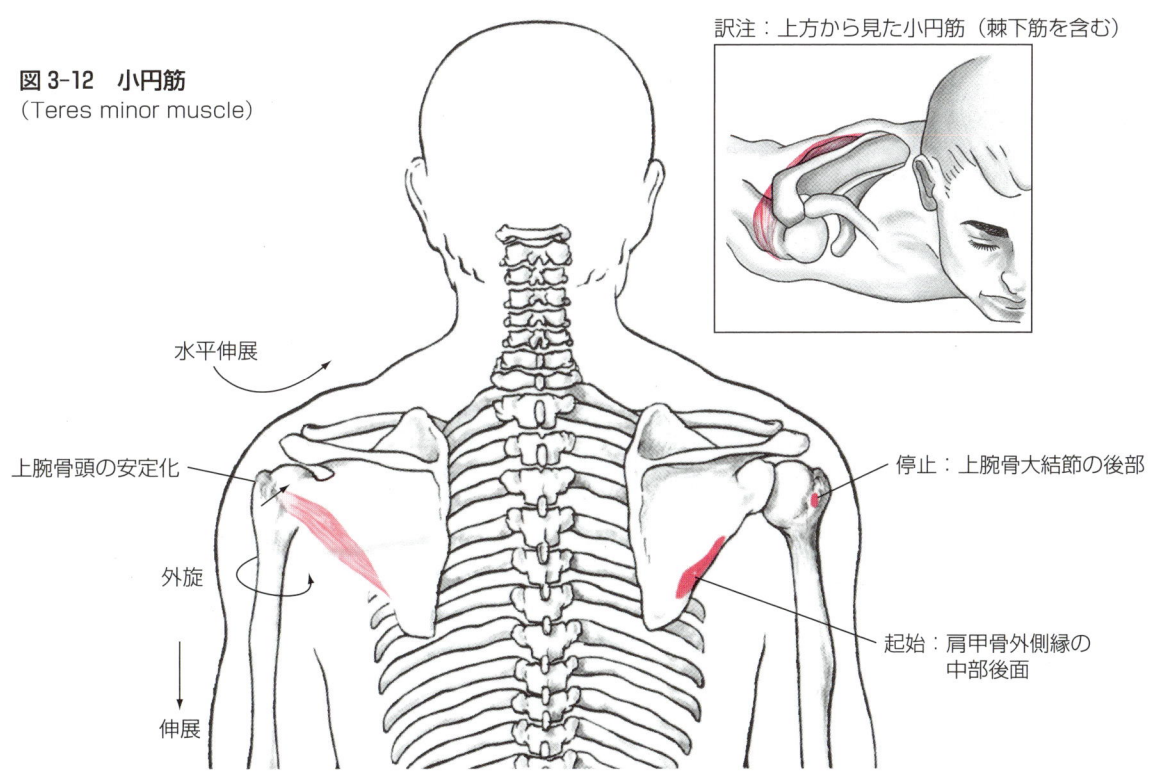

訳注：上方から見た小円筋（棘下筋を含む）

図 3-12　小円筋
(Teres minor muscle)

水平伸展

上腕骨頭の安定化

外旋

伸展

停止：上腕骨大結節の後部

起始：肩甲骨外側縁の
　　　中部後面

肩甲下筋 （けんこうかきん）（図 3-13）

起　　始
　肩甲骨前面の肩甲下窩

停　　止
　上腕骨の小結節

機　　能
　肩関節の内旋：上腕骨がその長軸を中心に内
　　　　　　　　側へ回る動き
　肩関節の内転：外転位から上腕骨を体幹へ向
　　　　　　　　かって引き寄せる動き
　肩関節の伸展：上腕骨が後方へまっすぐ離れ
　　　　　　　　る動き

触　　診
　触診はできません。

神経支配
　肩甲下神経（C 5・6）

機能解剖、筋力強化、ストレッチング

　ローテーター・カフを構成する筋肉の1つで
ある肩甲下筋は、上腕骨を前方から引っ張りな
がら関節窩に近づけて安定させています。肩甲
下筋は広背筋や大円筋とともに働きますが、そ
の力はさほど強くありません。なぜなら他の2
つの筋肉に比べ、停止部が肩関節により近いた
めです。また、この筋肉が有効に働くためには
菱形筋が肩甲骨をしっかりと固定しておく必要
があります。ラット・プル・ダウンやロープ・
クライミングのような広背筋や大円筋を鍛える
エクササイズで、肩甲下筋も鍛えることができ
ます。肘を体幹につけた、すなわち肩関節0°
外転位で肩関節を内旋させるエクササイズをす
れば、特に肩甲下筋に負荷をかけることができ
ます。

　腕を体側で外転、外旋することによって肩甲
下筋をストレッチできます。

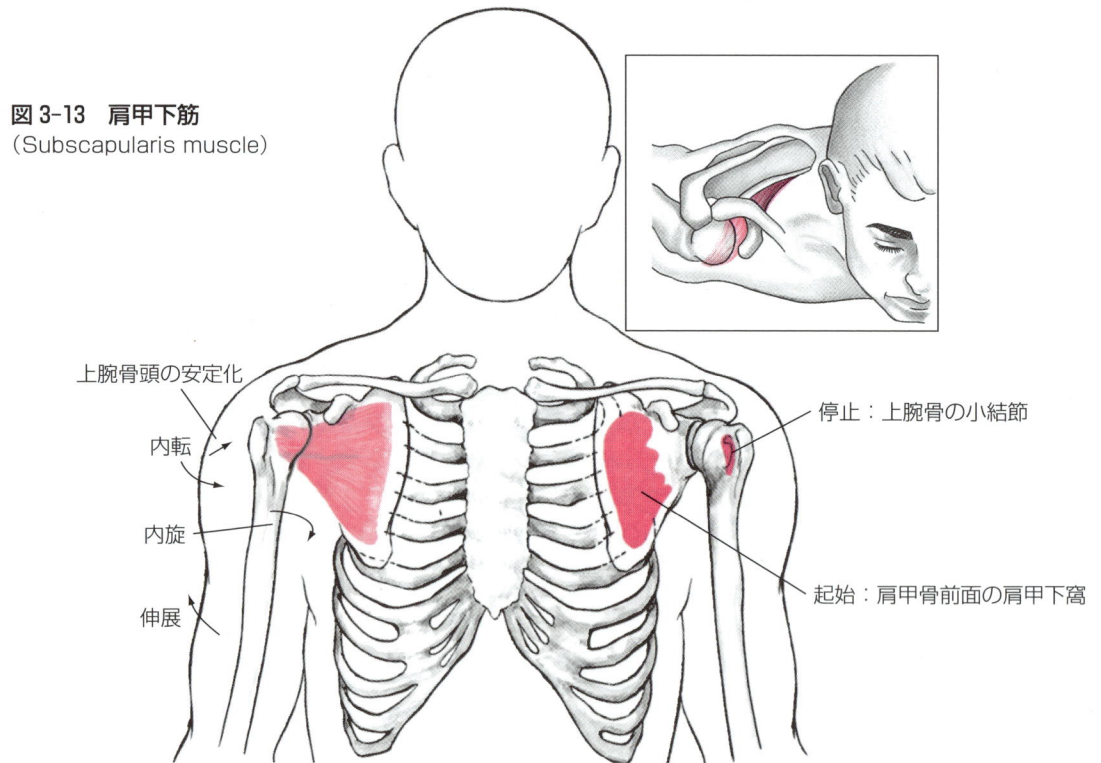

図 3-13　肩甲下筋
（Subscapularis muscle）

上腕骨頭の安定化

内転

内旋

伸展

停止：上腕骨の小結節

起始：肩甲骨前面の肩甲下窩

大円筋（だいえんきん）（図 3-14）

起　始

　肩甲骨下角後面

停　止

　上腕骨の小結節稜（しょうけっせつりょう）

機　能

　肩関節の伸展：上腕骨が後方へまっすぐ離れ
　　　　　　　る動き

　肩関節の内旋：上腕骨がその長軸を中心に内
　　　　　　　側へ回る動き

　肩関節の内転：外転位から上腕骨を体幹へ向
　　　　　　　かって引き寄せる動き

触　診

　肩甲骨の下角の後面より上腕骨にかけての対
角線上で触れることができます。

神経支配

　肩甲下神経（C5・6・7）

機能解剖、筋力強化、ストレッチング

　大円筋は菱形筋によって肩甲骨がしっかりと
固定されているか、あるいは下方回旋している
ときにのみ効果的に働きます。

　この筋肉は広背筋と一緒に働くと力を発揮し
ますが、働きとしては広背筋、大胸筋そして肩
甲下筋によって肩関節が内転、内旋、伸展する
のを補助します。したがって大円筋は〝広背筋
の小さなヘルパー〟とも呼ばれます。懸垂やロー
プ・クライミング、それに肩関節の内旋運動に
よって大円筋が鍛えられます。

　90°外転位で肩関節を外旋することによって
大円筋はストレッチされます。

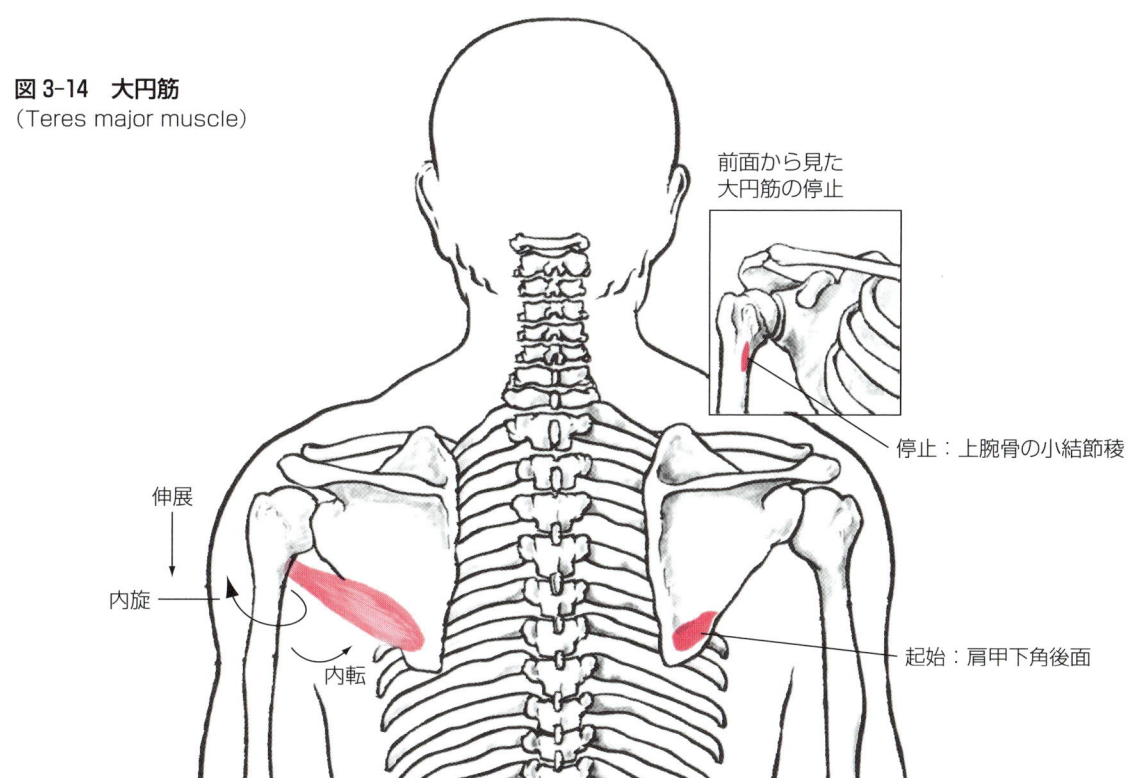

図 3-14　大円筋
（Teres major muscle）

前面から見た
大円筋の停止

停止：上腕骨の小結節稜

伸展

内旋

内転

起始：肩甲下角後面

広背筋 （こうはいきん）（図 3-15）

起　始

　腸骨稜後面、仙骨後面、および第 7 胸椎から第 5 腰椎にかけての棘突起と第 10・第 11・第 12 肋骨

停　止

　上腕骨の小結節稜

機　能

　肩関節の内転：上腕骨が外転位から体幹または正中線に向かう動き

　肩関節の伸展：上腕骨が屈曲している状態から後方へ向かう動き

　肩関節の内旋：上腕骨がその長軸を中心に内側へ回る動き

　肩関節の水平伸展：上腕骨が水平面上で胸から離れて後へ向かう動き

触　診

　上腕骨の付け根の下から体幹の後部外側の広い範囲で触れることができます。

神経支配

　胸背神経（C 6・7・8）

機能解剖、筋力強化、ストレッチング

　広背筋は肩関節を内旋させながら内転させる強力な筋肉で、かつ肩関節の伸筋群の中で最も重要な筋肉の 1 つです。

　懸垂やロープ・クライミングのように、腕をまっすぐに伸ばした状態から身体を引きつけるエクササイズでよく鍛えられ、平行棒を利用したディッピングも効果的な広背筋のエクササイズです。また、ダンベルやバーベルを用いたローイングやプル・オーバーなども広背筋を発達させるのによいエクササイズです。ラット・プル・ダウンの〝ラット〟は広背筋という意味で、したがってこのラット・プル・ダウンは広背筋を鍛える最も代表的なエクササイズといえます。

　広背筋は大円筋とともに、肩関節を 90°外転位で外旋することによりストレッチされます。このストレッチは 180°外転位を保持しながら肩関節を外旋し、それから体幹を反対側に側屈して回旋させることでさらに効果が上がります。

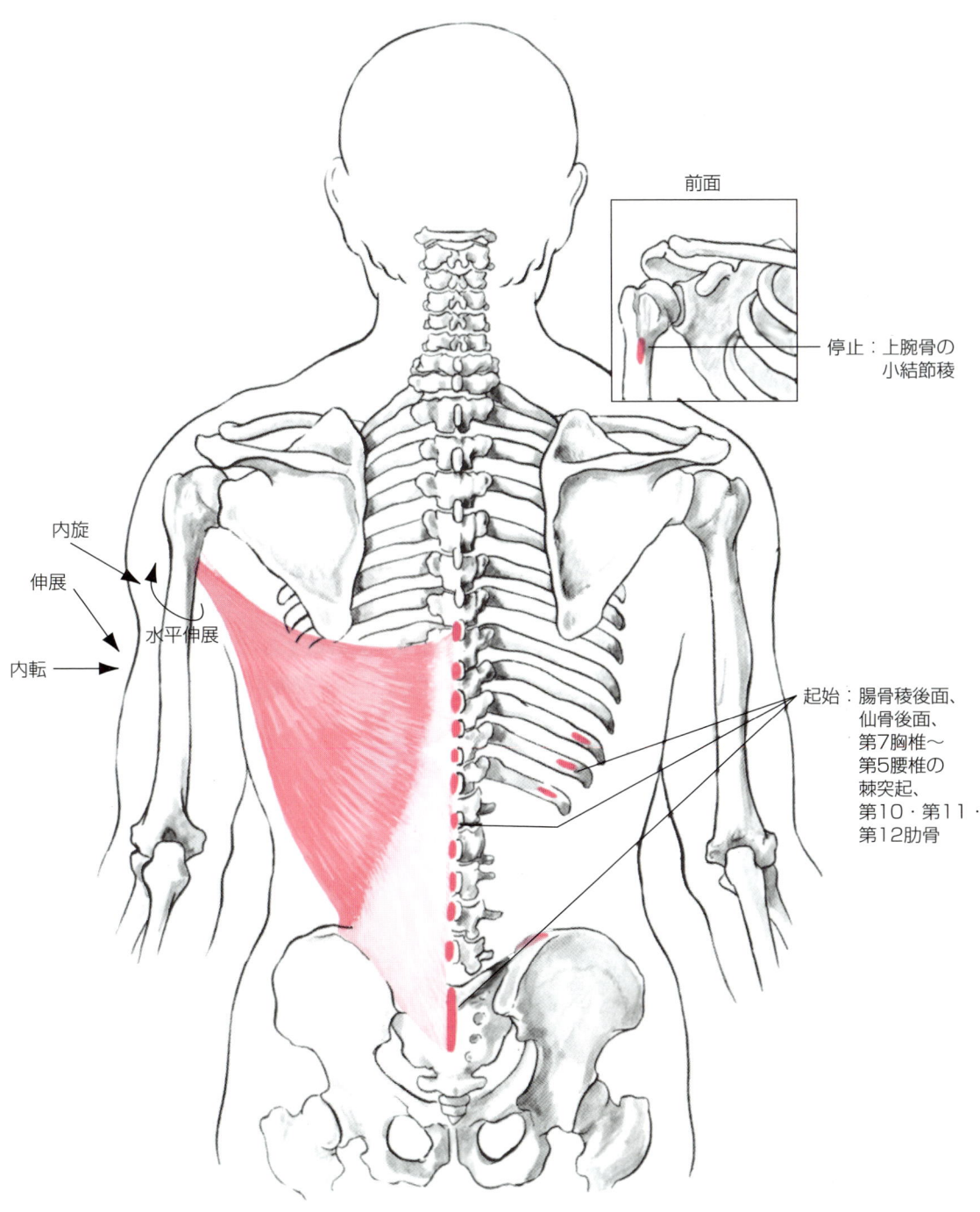

前面

停止：上腕骨の
小結節稜

内旋
伸展
水平伸展
内転

起始：腸骨稜後面、
仙骨後面、
第7胸椎〜
第5腰椎の
棘突起、
第10・第11・
第12肋骨

図 3-15 広背筋（Latissimus dorsi muscle）

大胸筋（だいきょうきん）（図 3-16）

起　　始

上部(鎖骨頭)：鎖骨の内側前方 1/2

下部(胸骨頭)：第 1〜第 6 肋骨の肋軟骨の前面とその胸骨部分

停　　止

大胸筋の腱が平たく 5〜7 cm の幅で上腕骨の大結節稜に付着

機　　能

上部(鎖骨部)：肩関節の内旋、水平屈曲、屈曲、外転（90°以上の外転で上部はさらなる外転を補助する）、内転（90°以下の外転において）

下部(胸肋部)：肩関節の内旋、水平屈曲、伸展、内転

触　　診

鎖骨から第 6 肋骨にかけての胸部の広い範囲で触れることができます。

神経支配

上部：外側胸筋神経（C 5・6・7）

下部：内側胸筋神経（C 8、T 1）

機能解剖、筋力強化、ストレッチング

　大胸筋は肩関節を屈曲と内旋させることによって、前鋸筋が肩甲骨を前方に引き出す、すなわち外転させることを助けます。投球動作などはこのよい例ですが、そのときは肩関節が屈曲しながら内旋します。

　大胸筋と三角筋の前部は一緒に働きます。この筋肉は腕立て伏せ、懸垂、投球あるいはテニスのサーブ時にも使われます。ベンチ・プレスではベンチの上に背臥位になって、バーベルを胸の上で上げ下げしますが、肩関節を水平屈曲させてバーを上げる際にも、大胸筋が大変よく働きます。したがって、ベンチ・プレスは大胸筋を鍛える最も有効なエクササイズの 1 つだといえます。

　上腕を体側で内転位において肩関節を外旋させると、大胸筋全体をストレッチできますが、肩を水平伸展してもストレッチできます。肩関節を完全に外転すると大胸筋の下部をストレッチでき、完全に伸展すると大胸筋上部のストレッチになります。

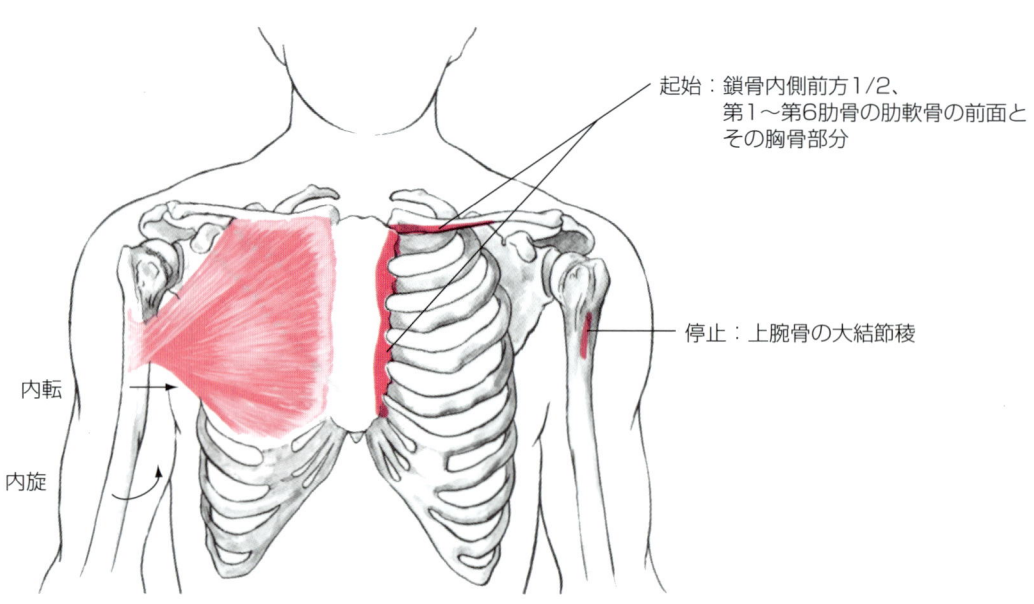

起始：鎖骨内側前方1/2、第1〜第6肋骨の肋軟骨の前面とその胸骨部分

停止：上腕骨の大結節稜

内転

内旋

図 3-16　大胸筋（Pectoralis major muscle）

ウェブ・サイト

解剖・生理学：

www.gwc.maricopa.edu/class/bio201/
index.htm

手の手術の教科書：

http://www.e-hand.com/default.htm

レントゲン像による解剖：

radlinux1.usuf1.usuhs.mil/rad/iong/
index.html

アーカンソー大学医学部生のための一般解剖学：

anatomy.uams.edu/htmlpages/
anatomyhtml/gross.html

ロヨラ大学付属医学センター・人体の構造：

www.meddean.luc.edu/lumen/MedEd/
GrossAnatomy/GA.html

Wheeless の整形外科学：

www.medmedia.com/

プレミア医学検索エンジン：

www.medsite.com

関節鏡ドット・コム：

www.arthroscopy.com/sports.htm
＊四肢での様々な筋骨格系の問題に関する患者情報

肩の解剖：

anatome.ncl.ac.uk/tutorials/shoulder/

ヴァーチャル・ホスピタル（仮想病院）：

www.vh.org

ワーク・シート

授業や宿題の課題として、またテストとしても 268 ページと 269 ページのワーク・シートが活用できます。

・骨格のワーク・シート（NO. 1）

ワーク・シート上に次の筋肉をスケッチしてみましょう。

　a．三角筋
　b．棘上筋
　c．肩甲下筋
　d．大円筋
　e．棘下筋
　f．小円筋
　g．広背筋
　h．大胸筋
　i．烏口腕筋

・動きのワーク・シート（No. 2）

次にあげる肩関節の動きを矢印で示してみましょう。

　a．外転
　b．内転
　c．屈曲
　d．伸展
　e．水平屈曲
　f．水平伸展
　g．内旋
　h．外旋

実習と復習問題

1. 人体の骨格模型やパートナーの身体で次の骨格上のポイントを探ってみましょう。

　a．大結節
　b．小結節
　c．上腕骨骨幹部
　d．結節間溝
　e．内側上顆
　f．外側上顆
　g．上腕骨滑車
　h．上腕骨小頭
　i．棘上窩
　j．棘下窩
　k．関節窩

2. パートナーの身体で次の筋肉を触診してみましょう（大胸筋を例にとって、どのような動きをさせれば大胸筋をはっきりと触診

できますか）。

a．三角筋

b．大円筋

c．棘下筋

d．小円筋

e．広背筋

f．大胸筋（上部と下部）

3. 次の肩関節の動きに関与する主な筋肉は何ですか？ また、実際に関節を動かしながらその筋肉に触れてみましょう。

a．外転

b．内転

c．屈曲

d．伸展

e．水平屈曲

f．水平伸展

g．外旋

h．内旋

4. 次の肩関節の動きはどの基本面で生じますか。また、そのときの基本軸は何ですか。

a．外転

b．内転

c．屈曲

d．伸展

e．水平屈曲

f．水平伸展

g．外旋

h．内旋

5. 肩回りの筋肉が前方と後方で等しく発達しなくてはならないのはどうしてですか。どちらかがかたよって発達するスポーツには何がありますか。また、等しく発達するスポーツは何ですか。

6. 肩峰下のスペースと上腕骨大結節の関係が次の場合、どのようになるかを肩の骨格模型を用いて確かめましょう。

a．肩関節を外旋しての屈曲と内旋しての屈曲

b．肩関節を外旋しての外転と内旋しての外転

c．肩関節を外旋しての水平屈曲と内旋しての水平屈曲

7. 質問5であげられたスポーツにおいて次のような問題が生じた場合、どのように対処しますか。

a．ローテーター・カフが疲労や筋力・筋持続力不足のために機能していない。

b．肩甲骨の固定筋（スタビライザー）が疲労や筋力・筋持久力不足のために機能していない。

8. 2人でペアになり、肩甲骨が外転しないように肩甲骨外側縁を内側に引っ張った状態で肩関節を外転させてみて下さい。どこまで外転がスムーズにできますか。また、それはどのような理由からですか。次に、肩甲骨の下角が浮いてこないように下角を肋骨へ押しつけておいて肩関節を内旋させましょう。内旋の可動域に制限を感じますか。また、それはどのような理由からでしょうか。

9. 次にあげるエクササイズをするときの肩甲骨と肩関節の動きをそれぞれ分析して下さい。

a．懸垂（チンニング）

b．ボール投げ

c．バッティング

d．腕立て伏せ

10. 肩関節に作用する筋肉に拮抗する筋肉あるいは筋肉の一部を次のページの拮抗筋の作用チャートに書き出しましょう。

11. 64ページの関節の動きの分析チャートを完成させましょう。

拮抗筋の作用チャート・肩関節

主働筋	拮抗筋
三角筋（前部）	
三角筋（中部）	
三角筋（後部）	
棘上筋	
肩甲下筋	
大円筋	
棘下筋／小円筋	
広背筋	
大胸筋（上部）	
大胸筋（下部）	
烏口腕筋	

関節の動きの分析チャート・肩甲骨と肩関節

肩甲骨	肩関節
内転	伸展
外転	屈曲
挙上	水平屈曲
下制	水平伸展
上方回旋	外転
下方回旋	内転
	外旋
	内旋

■参考文献■

Andrews JR, Wilk KE : *The athlete's shoulder*, New York, 1994, Churchill Livingstone.

Andrews JR, Zarins B, Wilk KE : *Injuries in baseball*, Philadelphia, 1988, Lippincott-Raven.

Garth WP, et al : Occult anterior subluxarions of the shoulder in noncontact sports, *American Journal of Sports Medicine* 15 : 579, November-December 1987.

Hislop HJ, Montgomery J : *Daniels and Worthingham's muscle testing : techniques of manual examination,* ed 6, Philadelphia, 1995, Saunders.

Perry JF, Rohe DA, Garcia AO : *The kinesiology workbook,* Philadelphia, 1992, Davis.

Rasch PJ : *Kinesiology and applied anatomy,* ed 7, Philadelphia, 1989, Lea&Febiger.

Sieg KW, Adams SP : *Illustrated essentials of musculoskeletal anatomy,* ed 2, Gainesville, FL, 1985, Megabooks.

Smith LK, Weiss EL, Lehmkuhl LD : *Brunnstorm's clinical kinesiology,* ed 5, Philadelphia, 1996, Davis.

Stacey E : Pitching injuries to the shoulder, *Athletic Journal* 65 : 44, January 1984.

4 肘関節と橈尺関節

The elbow and radioulnar joints

この章を学習することで

- 人体の肘関節と橈尺関節に関する骨格についての大まかな様子がわかります。
- 重要な解剖学上のポイントを骨格チャート上に示すことができます。
- 関節に関与する筋肉を骨格チャート上にスケッチすることができます。
- 人体を使って筋肉を正しく触ることができるようになります。
- 動きの基本面と基本軸について知ることができます。

上肢のほとんどすべての動きに、肘関節と橈尺関節（とうしゃくかんせつ）が関与しているといっても過言ではありません。この2つの関節は解剖学的にも非常に近くにあるのでほぼ同時に動き、それゆえ学習者にとっては混乱を招く場所でもあります。さらに、橈尺関節の動きはしばしば手関節の動きとも混同されてしまいます。したがって、みなさんはここで肘関節（肘）と橈尺関節、橈尺関節と手関節（手首）はそれぞれ独立した関節であることを頭に入れておく必要があります。

骨　格 （図4-1）

肩甲骨と上腕骨は肘関節の屈曲や伸展に関与する筋肉の近位の付着部となっており、橈骨あるいは尺骨が遠位の付着部となっています。前腕の回内と回外に関与する筋肉の近位の付着部は肩甲骨や上腕骨および尺骨に、一方、遠位の付着部は橈骨にあります。

関　節 （図4-1）

肘関節は蝶番関節なので、動きは屈曲と伸展に限られます。この関節の動きは主に上腕骨の上腕骨滑車と尺骨の滑車切痕の間で生じます。橈骨の骨頭は上腕骨の小頭と接しますが、その面積は小さなものです。肘関節を完全に伸展すると尺骨の肘頭が上腕骨の肘頭窩にカチッと受けとめられ、それ以上伸展できなくなりますが、これによって肘が完全に伸展したときの安定性が保たれるのです。

肘関節は0°の伸展位から約140〜150°まで屈曲します。肘関節が20°以上屈曲した状態では、骨格による安定性がやや低下し、肘関節は外側と内側の方向にやや不安定となります。したがって、このときの安定性は内側（尺側）側副靱帯と外側（橈側）側副靱帯に依存します（図4-

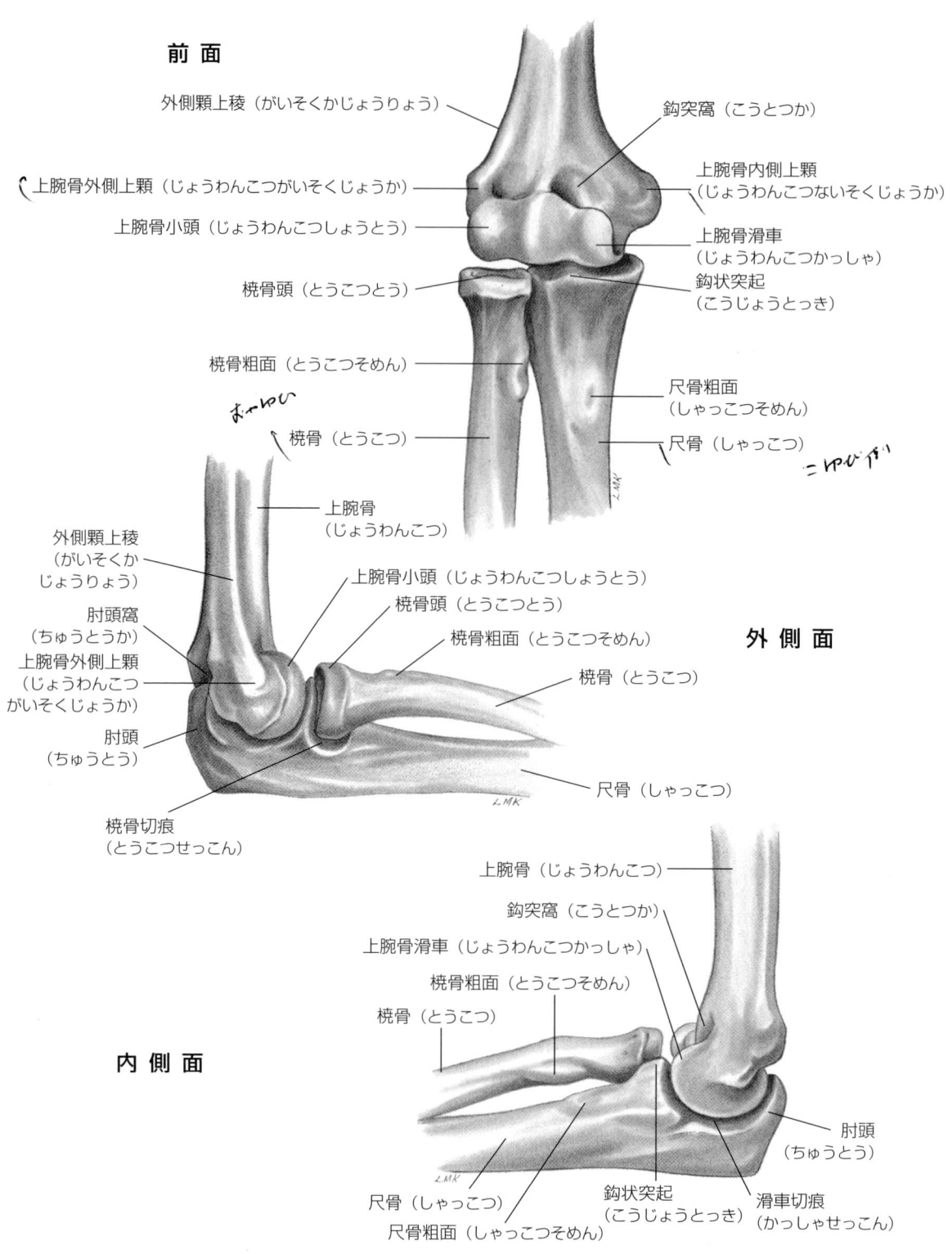

前 面

外側顆上稜（がいそくかじょうりょう）

鈎突窩（こうとつか）

上腕骨外側上顆（じょうわんこつがいそくじょうか）

上腕骨内側上顆
（じょうわんこつないそくじょうか）

上腕骨小頭（じょうわんこつしょうとう）

上腕骨滑車
（じょうわんこつかっしゃ）

橈骨頭（とうこつとう）

鈎状突起
（こうじょうとっき）

橈骨粗面（とうこつそめん）

尺骨粗面
（しゃっこつそめん）

あ〜ゆび

橈骨（とうこつ）

尺骨（しゃっこつ）

こゆびがわ

上腕骨
（じょうわんこつ）

外側顆上稜
（がいそくか
じょうりょう）

上腕骨小頭（じょうわんこつしょうとう）

橈骨頭（とうこつとう）

外 側 面

肘頭窩
（ちゅうとうか）

橈骨粗面（とうこつそめん）

上腕骨外側上顆
（じょうわんこつ
がいそくじょうか）

橈骨（とうこつ）

肘頭
（ちゅうとう）

尺骨（しゃっこつ）

橈骨切痕
（とうこつせっこん）

上腕骨（じょうわんこつ）

鈎突窩（こうとつか）

上腕骨滑車（じょうわんこつかっしゃ）

橈骨粗面（とうこつそめん）

橈骨（とうこつ）

内 側 面

肘頭
（ちゅうとう）

尺骨（しゃっこつ）

鈎状突起
（こうじょうとっき）

滑車切痕
（かっしゃせっこん）

尺骨粗面（しゃっこつそめん）

図 4-1　肘関節と橈尺関節

2)。尺側側副靱帯は、運動時のストレスで肘が外反する（前腕が外側へ曲がる：肘にとっては正常な動きではない）のを防ぐように、内側の支持を与える上で大変重要です。多くのコンタクト・スポーツ、とりわけ投動作を伴うスポーツでは肘関節の内側面にストレスがかかるので傷害に結びつきます。反対側の橈側側副靱帯は外側に安定性を与え、めったに損傷しません。加えて、（橈骨）輪状靱帯が外側に位置し、橈骨頭を巻き込み尺骨へとつないで、安定性を確保しています。

橈尺関節は車軸関節で、近位では橈骨頭が尺骨頭上で回転します。この近位での橈骨頭の回転運動によって、遠位では橈骨頭が尺骨の周囲を回ります。橈尺関節において近位では、橈骨頭は輪状靱帯によって尺骨と結ばれています。

橈尺関節は安静位から80〜90°回外し、逆に70〜90°回内します。また、一般的に橈尺関節の回外・回内の動きは、前腕の動きとして表現されます。

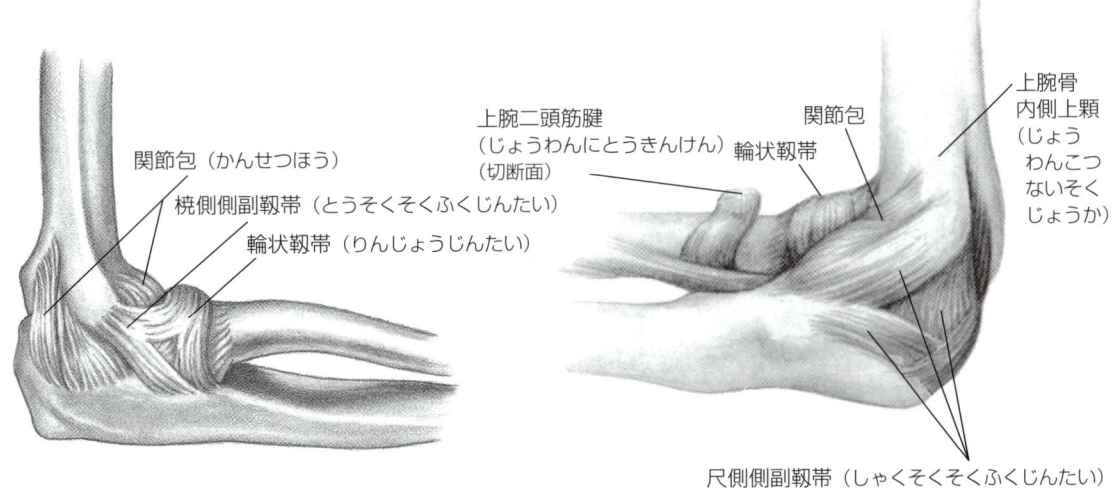

外 側 面

内 側 面

図 4-2　肘関節と靱帯

肘関節と橈尺関節の動き (図4-3)

肘関節の動き

屈曲：前腕が肩の方へ近づき、上腕と前腕の骨
　　　のなす角度が小さくなります。

伸展：前腕が肩から遠ざかり、上腕と前腕の骨
　　　のなす角度が大きくなります。

橈尺関節の動き

回内：橈骨がその長軸を中心にして尺骨をクロ
　　　ス・オーバーする方向、つまり内側に回
　　　る動き。この時、手のひらは上向きから
　　　下向きになります。

回外：橈骨がその長軸を中心にして外側へ回る
　　　動き。下を向いていた手のひらが上へ向
　　　きます。

図 4-3　肘関節と橈尺関節の動き

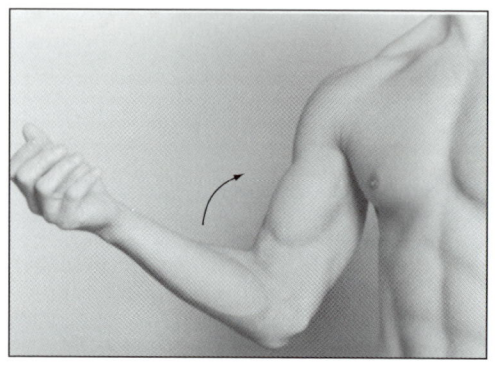

肘関節の屈曲

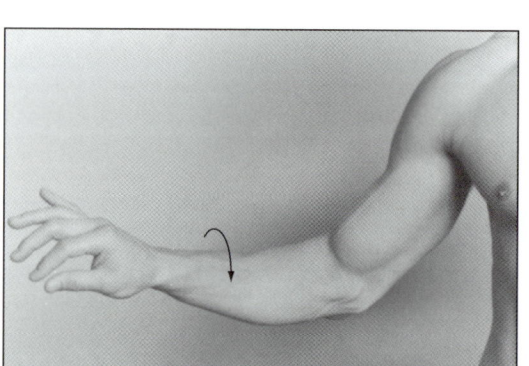

橈尺関節（前腕）の回内

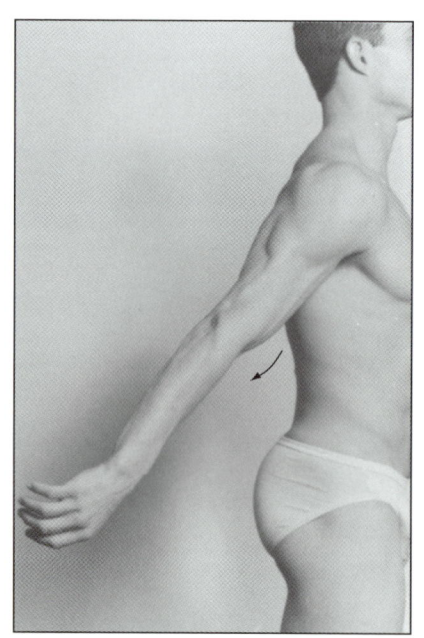

肘関節の伸展

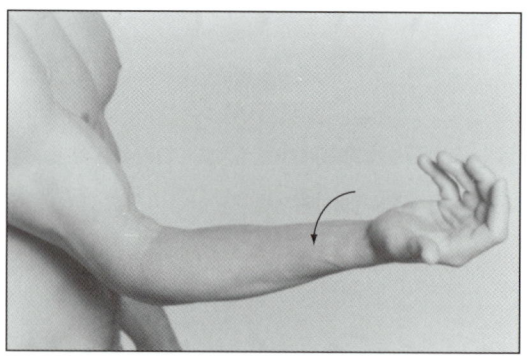

橈尺関節（前腕）の回外

筋　肉 （図 4-4、4-5）

　肘関節と橈尺関節の動きに関与する筋肉は、機能別に学習するとより理解しやすくなります。4つある動きのうち、屈曲・回内・回外にはそれぞれ3つの、そして伸展には2つの筋肉が関与します。上腕二頭筋、上腕筋そして腕橈骨筋は肘関節の屈筋です。上腕三頭筋は肘筋の補助を得て肘関節を伸展させます。円回内筋、方形回内筋および腕橈骨筋は橈尺関節（前腕）を回内させ、回外筋と上腕二頭筋、それに補助筋としての腕橈骨筋は、橈尺関節（前腕）を回外させます（図 4-4）。

　後方に位置する上腕三頭筋は肘筋の助けをかりて、肘関節の主要な伸筋をなします（図 4-5）。前腕の前方に位置する回内筋群は、円回内筋や方形回内筋、腕橈骨筋によって構成されています。主に回外筋と上腕二頭筋によってコントロールされる回外は、腕橈骨筋によっても補助されます。

　回外筋は後方に位置しています。肘関節の筋肉に共通するスポーツ傷害の例として、上腕骨外側上顆に位置する（総）指伸筋の起始部周辺が関与する〝テニス肘〟があります。専門的には外側上顆炎と呼ばれるこの状態は、グリップを握ったりラケットを握る動作と関連しています。

　しばしば〝ゴルファー肘〟と呼ばれ、あまり一般的な傷害ではない内側上顆炎は、上腕骨内側上顆の手関節屈筋群や円回内筋の起始部周辺に生じます。これらの両方の傷害に関与する筋肉は肘関節にまたがりますが、機能としては主に手首や手に作用します。これらの筋肉は第5章で取り上げます。

肘関節と橈尺関節に関与する筋肉
（位置による分類）

前方
　動き：主に肘関節の屈曲と前腕の回内
　筋肉：上腕二頭筋
　　　　上腕筋
　　　　腕橈骨筋
　　　　円回内筋
　　　　方形回内筋

後方
　動き：主に肘関節の伸展と前腕の回外
　筋肉：上腕三頭筋
　　　　肘筋
　　　　回外筋

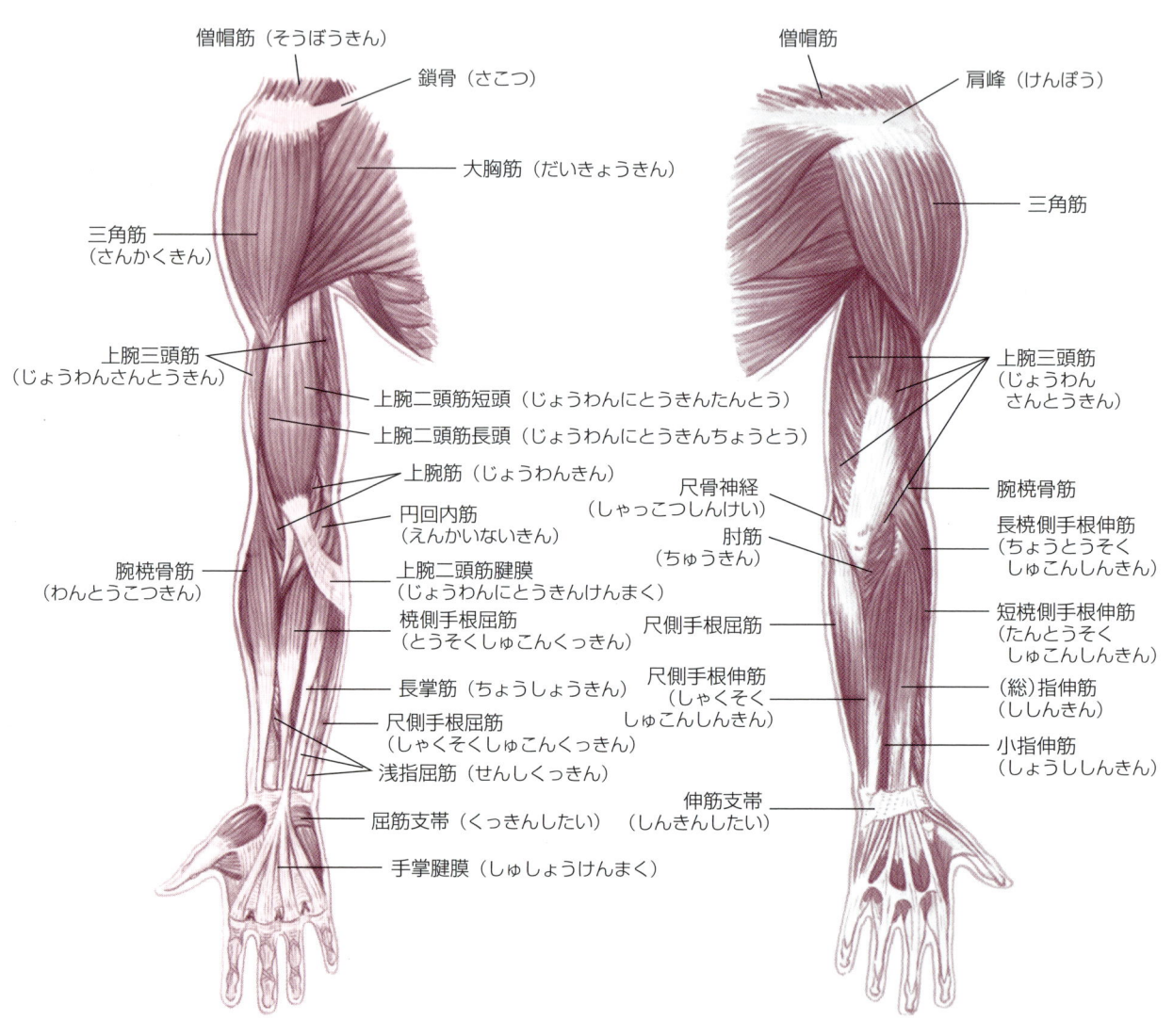

僧帽筋（そうぼうきん）
鎖骨（さこつ）
大胸筋（だいきょうきん）
三角筋（さんかくきん）
上腕三頭筋（じょうわんさんとうきん）
上腕二頭筋短頭（じょうわんにとうきんたんとう）
上腕二頭筋長頭（じょうわんにとうきんちょうとう）
上腕筋（じょうわんきん）
円回内筋（えんかいないきん）
上腕二頭筋腱膜（じょうわんにとうきんけんまく）
腕橈骨筋（わんとうこつきん）
橈側手根屈筋（とうそくしゅこんくっきん）
長掌筋（ちょうしょうきん）
尺側手根屈筋（しゃくそくしゅこんくっきん）
浅指屈筋（せんしくっきん）
屈筋支帯（くっきんしたい）
手掌腱膜（しゅしょうけんまく）

僧帽筋
肩峰（けんぽう）
三角筋
上腕三頭筋（じょうわんさんとうきん）
尺骨神経（しゃっこつしんけい）
肘筋（ちゅうきん）
尺側手根屈筋
尺側手根伸筋（しゃくそくしゅこんしんきん）
伸筋支帯（しんきんしたい）
腕橈骨筋
長橈側手根伸筋（ちょうとうそくしゅこんしんきん）
短橈側手根伸筋（たんとうそくしゅこんしんきん）
（総）指伸筋（ししんきん）
小指伸筋（しょうししんきん）

図 4-4　上肢の筋肉（前面）　　　　　　　**図 4-5　上肢の筋肉（後面）**

上腕筋 （じょうわんきん）（図4-6）

起　始
上腕骨中部前面

停　止
尺骨粗面

機　能
肘関節の屈曲

触　診
上腕二頭筋の外側後方で触れられます。

神経支配
筋皮神経（C5・6）

機能解剖、筋力強化、ストレッチング

上腕筋は前腕が回内・回外のいずれの状態にあっても、肘関節の屈曲に関与します。この筋肉は回転しない尺骨に停止しているので、前腕の動きには関係なく肘を屈曲させる純粋な肘関節の屈曲筋といえます。

上腕筋は肘が屈曲する際には必ず働きます。したがってこの筋肉を鍛えるには、カールや他のエクササイズのように肘関節を屈曲させればよいのです。前腕回内位での肘関節を屈曲させる動作では、上腕二頭筋の作用がある程度制限されるので、上腕筋の働きがクローズアップされます。上腕筋は純粋な肘関節屈筋なので、肩関節を屈曲位のまま肘関節を最大伸展するだけでストレッチできます。前腕の筋組織そのものが肘の伸展を制限しない限り、前腕のポジションは上腕筋のストレッチに影響は及ぼしませんが、そのような場合は前腕を安静位（最大回内と最大回外の中間の位置：中間位）にするのが最良の方法です。

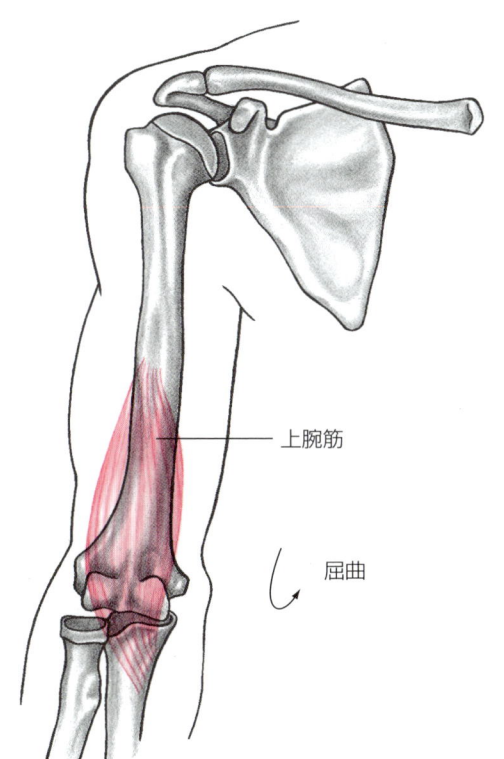

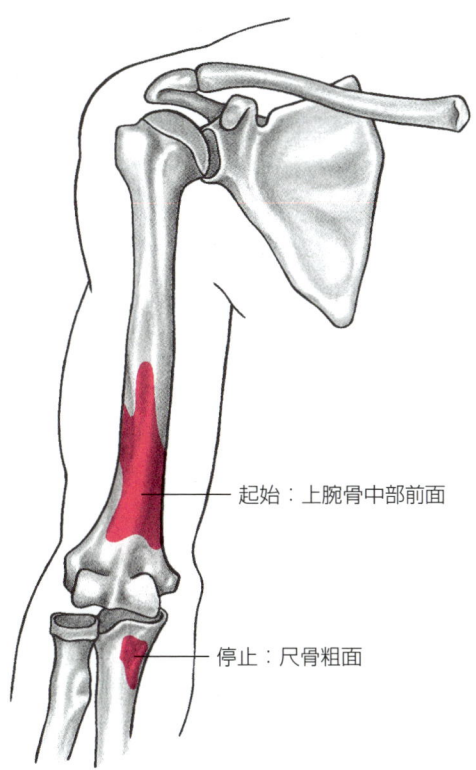

図4-6　上腕筋（前面*）（Brachialis muscle）　＊特にことわりのない限り、解剖学では体節の〝右側〟が使われます

上腕二頭筋 （じょうわんにとうきん）（図4-7）

起　　始

長頭：肩甲骨の関節上結節

短頭：烏口突起

停　　止

橈骨粗面と上腕二頭筋腱膜

機　　能

肘関節の屈曲

前腕の回外

肩関節の屈曲の補助

触　　診

上腕の前面で簡単に触れることができます。

神経支配

筋皮神経（C5・6）

機能解剖、筋力強化、ストレッチング

上腕二頭筋は肘と肩の2つの関節に関与しているので二関節筋と呼ばれますが、橈尺関節も加えて三関節筋と呼ばれることもあります。この筋肉は上腕骨頭を肩甲骨の関節窩に接合させ、肩の前方に動的安定性を与えていますが、肩関節の屈曲には補助筋としての役割しかありません。上腕二頭筋は特に前腕が回外しているときに、肘関節の屈筋として大きな力を発揮します。また肘関節が屈曲している状態では、上腕二頭筋は前腕を回外させる強力な筋肉になります。逆に、前腕が回内すると橈骨が回転してこの筋肉の停止部がずれるので、屈曲力は前腕が回内すればするほど弱くなります。

カールは上腕二頭筋を鍛える優れたエクササイズです。このエクササイズはバーベル（バーベル・カール）でもダンベル（ダンベル・カール）でもできます（p.286）。他に懸垂やロープ・クライミングでもこの筋肉は発達します。

上腕二頭筋は多関節筋なので、最適にストレッチをするためには、3つすべての関節が適切な位置に置かれなければなりません。そのため、肩関節完全伸展位で肘関節を最大に伸展させます。上腕二頭筋はまた、肘関節の完全伸展位で肩関節を70〜110°へと徐々に完全水平伸展することでもストレッチできます。いずれの場合も、前腕は上腕二頭筋の最大伸張を得るために、完全回内位にしておくべきです。

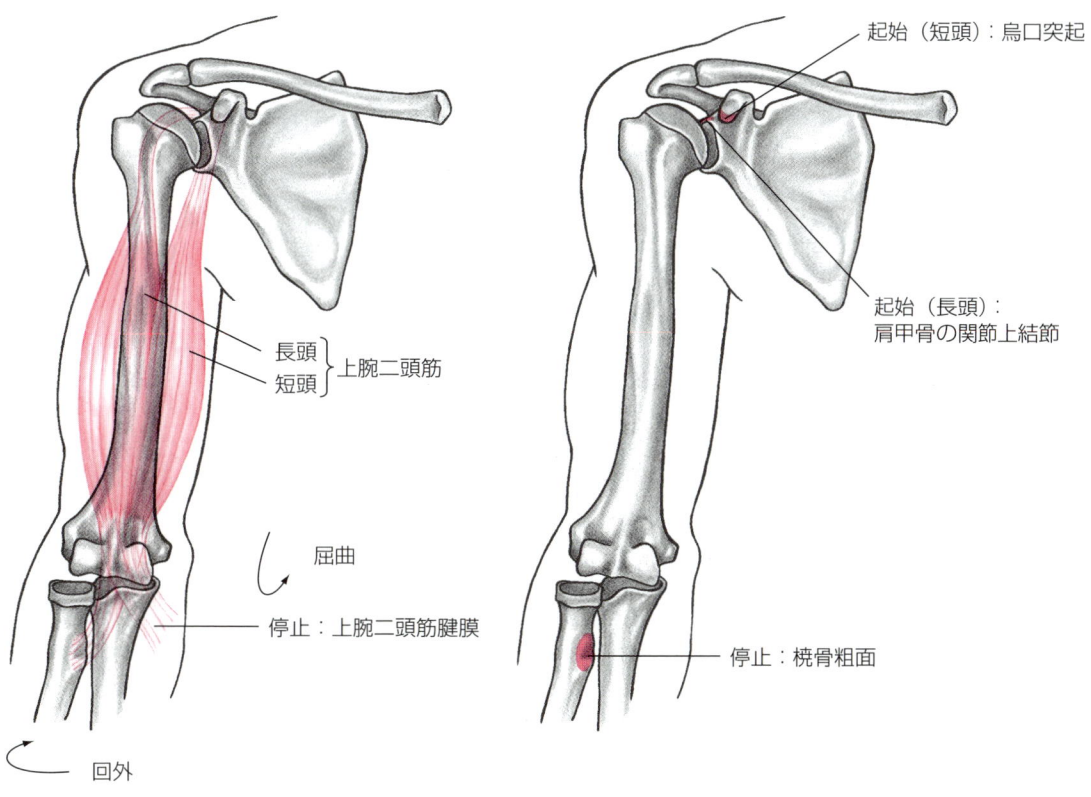

図 4-7　上腕二頭筋（前面）（Biceps brachii muscle）

起始（短頭）：烏口突起

起始（長頭）：
肩甲骨の関節上結節

長頭
短頭 ｝上腕二頭筋

屈曲

停止：上腕二頭筋腱膜

停止：橈骨粗面

回外

腕橈骨筋 （わんとうこつきん）（図4-8）

起　　始

　上腕骨外側下部

停　　止

　橈骨茎状突起 （とうこつけいじょうとっき）

機　　能

　肘関節の屈曲

　回外位から安静位までの前腕の回内

　回内位から安静位までの前腕の回外

触　　診

　前腕の外側前面で触れられます。

神経支配

　橈骨神経 （C 5・6）

機能解剖、筋力強化、ストレッチング

　屈曲筋としての腕橈骨筋は、前腕が回内と回外の中間の位置（安静位）にあるときに最も有効に働き、前腕が回内位や回外位にあるときは、屈筋としてよりもむしろ回外筋や回内筋として働きます。腕橈骨筋の停止は橈骨の遠位骨頭（橈骨茎状突起）にあるので、特に負荷のかかった状態では屈筋として強力ですが、回内筋や回外筋としての能力は前腕が安静位にある場合に最も弱くなります。

　腕橈骨筋を発達させるためには、前腕を安静位で固定したままカールを行うのが最も効果的です。また、前腕の回内、回外運動を抵抗下で可動域全体にわたって行うのもよい方法です。

　腕橈骨筋は肩関節屈曲位、前腕は最大回内位または最大回外位で、肘関節を最大伸展することによってストレッチされます。

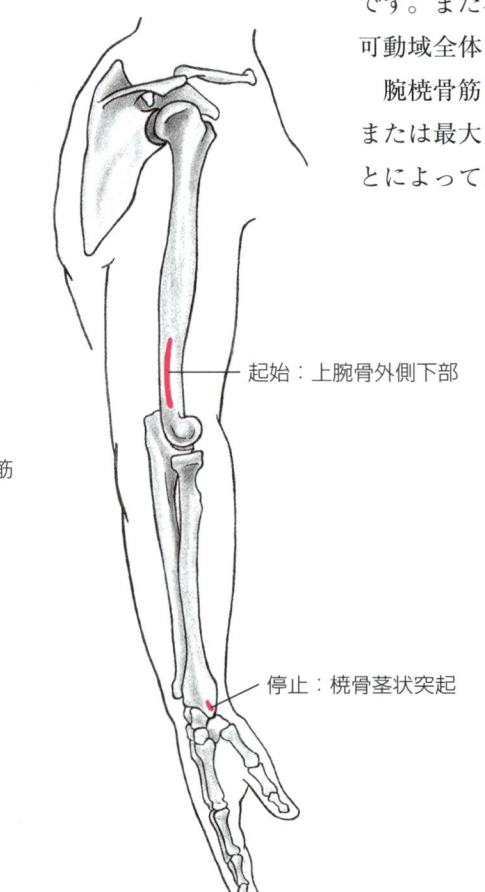

回外　　　回内

腕橈骨筋

起始：上腕骨外側下部

停止：橈骨茎状突起

図 4-8　腕橈骨筋 （Brachioradialis muscle）

上腕三頭筋 （じょうわんさんとうきん）（図 4-9）

起　始

長頭：肩甲骨関節下結節

外側頭：上腕骨近位の後外面

内側頭：上腕骨中部の後内面

停　止

肘頭

機　能

肘関節の伸展

肩関節の伸展（長頭のみ）

肩関節の内転

触　診

上腕骨の後面と外側で触れられます。

神経支配

橈骨神経（Ｃ7・8）

機能解剖、筋力強化、ストレッチング

上腕三頭筋は腕立て伏せで肘関節の伸展のためによく使われますし、それ以外でも何かを押すという動作で力を発揮します。また長頭は肩関節の大切な伸筋でもあります。

肘関節の伸展では実際には、上腕三頭筋と肘筋が働き、腕立て伏せでもこの２つの筋肉が大変よく働きます。ディッピング、ベンチ・プレス、ダンベル・プレス、それにフレンチ・カール（p. 286）などのエクササイズで上腕三頭筋は発達します。

上腕三頭筋は肩と肘の両方の関節を最大に屈曲させることでストレッチされます。

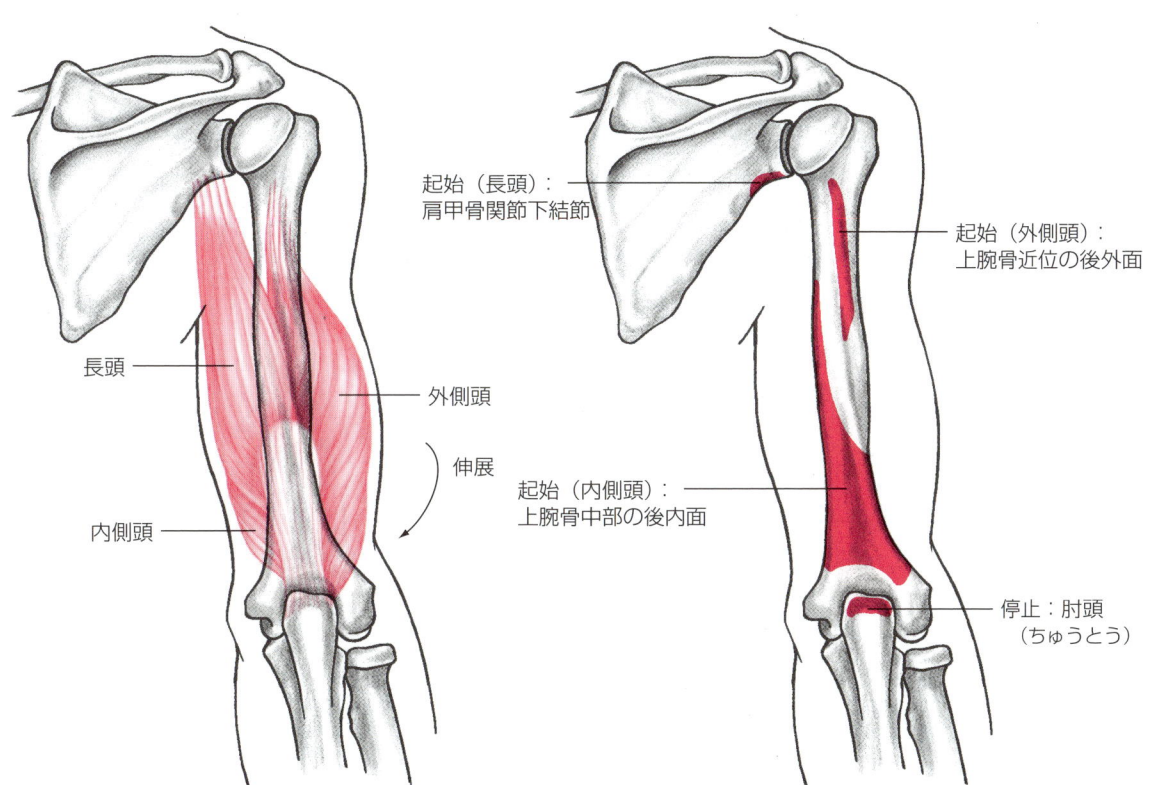

図 4-9　上腕三頭筋（後面）（Triceps brachii muscle）

肘 筋 （ちゅうきん）（図 4-10）

起　始

上腕骨外側上顆の後面

停　止

肘頭外側面

機　能

肘関節の伸展

触　診

肘頭の後外側で触れることができます。

神経支配

橈骨神経（C 7・8）

機能解剖、筋力強化、ストレッチング

　肘筋の主な機能は、肘関節の伸展中に肘関節の関節包が関節内に引き込まれないように、関節包を引っ張って常にテンションをかけておくことです。この筋肉は上腕三頭筋と一緒に肘関節を伸展させるので、鍛えるためには上腕三頭筋と同じエクササイズをします。

　肘関節を最大に屈曲させれば、肘筋はストレッチできます。

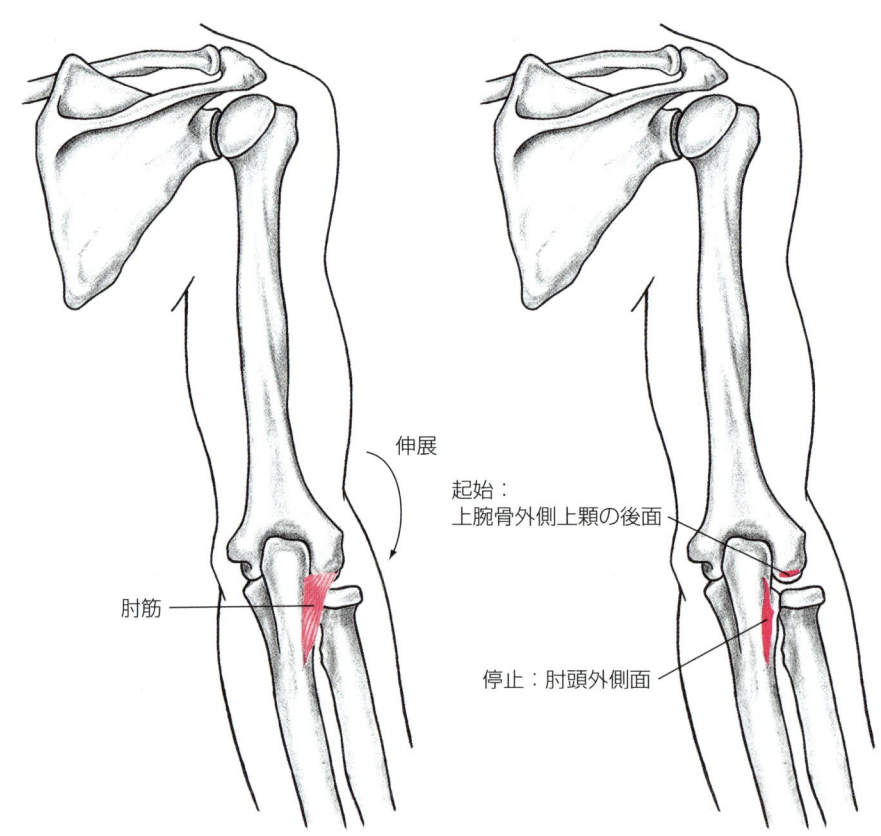

図 4-10　肘筋（後面）（Anconeus muscle）

円回内筋 （えんかいないきん）（図 4-11）

起　始

上腕骨内側上顆と尺骨の鈎状突起の内側

停　止

橈骨中央よりやや近位の外側

機　能

前腕の回内

肘関節の屈曲補助

触　診

前腕上部の前内側で触れられます。

神経支配

正中神経（C 6・7）

機能解剖、筋力強化、ストレッチング

円回内筋は肘関節の屈曲に伴って、前腕を回内するときによく使われます。この筋肉を鍛えるには回外筋と同じポジションでエクササイズをしますが、前腕は回内させます。

円回内筋をストレッチするには、前腕を完全に回外位とし、肘関節を完全伸展します。

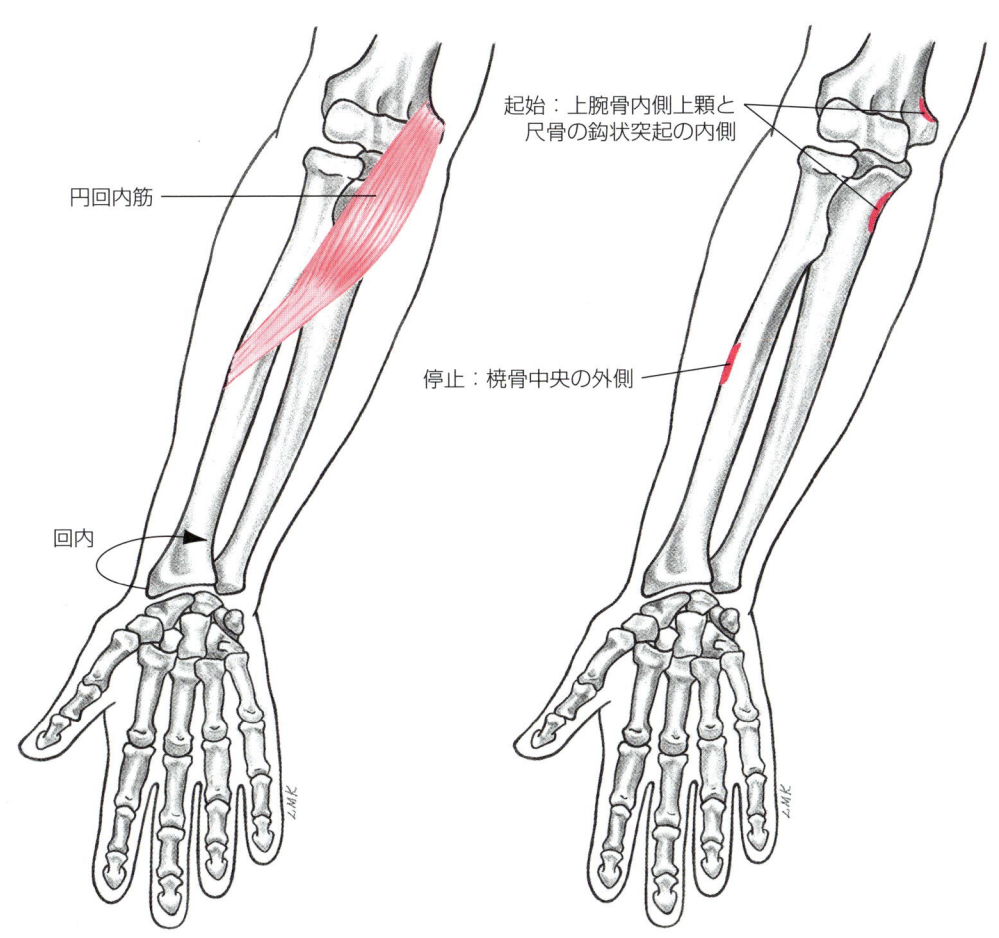

起始：上腕骨内側上顆と
尺骨の鈎状突起の内側

円回内筋

停止：橈骨中央の外側

回内

図 4-11　円回内筋（前面）（Pronator teres muscle）

方形回内筋 （ほうけいかいないきん）（図4-12）

起　始
　　尺骨の遠位前面

停　止
　　橈骨の遠位前面

機　能
　　前腕の回内

触　診
　　触れることはできません。

神経支配
　　正中神経（C6・7）

機能解剖、筋力強化、ストレッチング

　方形回内筋は上腕三頭筋とともに働き、肘関節の伸展に伴って前腕を回内させます。たとえばドライバーでネジを回してはずすときには、肘関節を伸展させながら前腕を回内方向に回しますが、この動きで特に方形回内筋が使われます。また、ピッチャーがシュート・ボールを投げるときにもこの筋肉が使われます。この筋肉を鍛えるには円回内筋で応用したエクササイズが最適です。

　方形回内筋は、パートナーが手首をつかんで他動的に前腕を強く回外させることで最もよくストレッチされます。

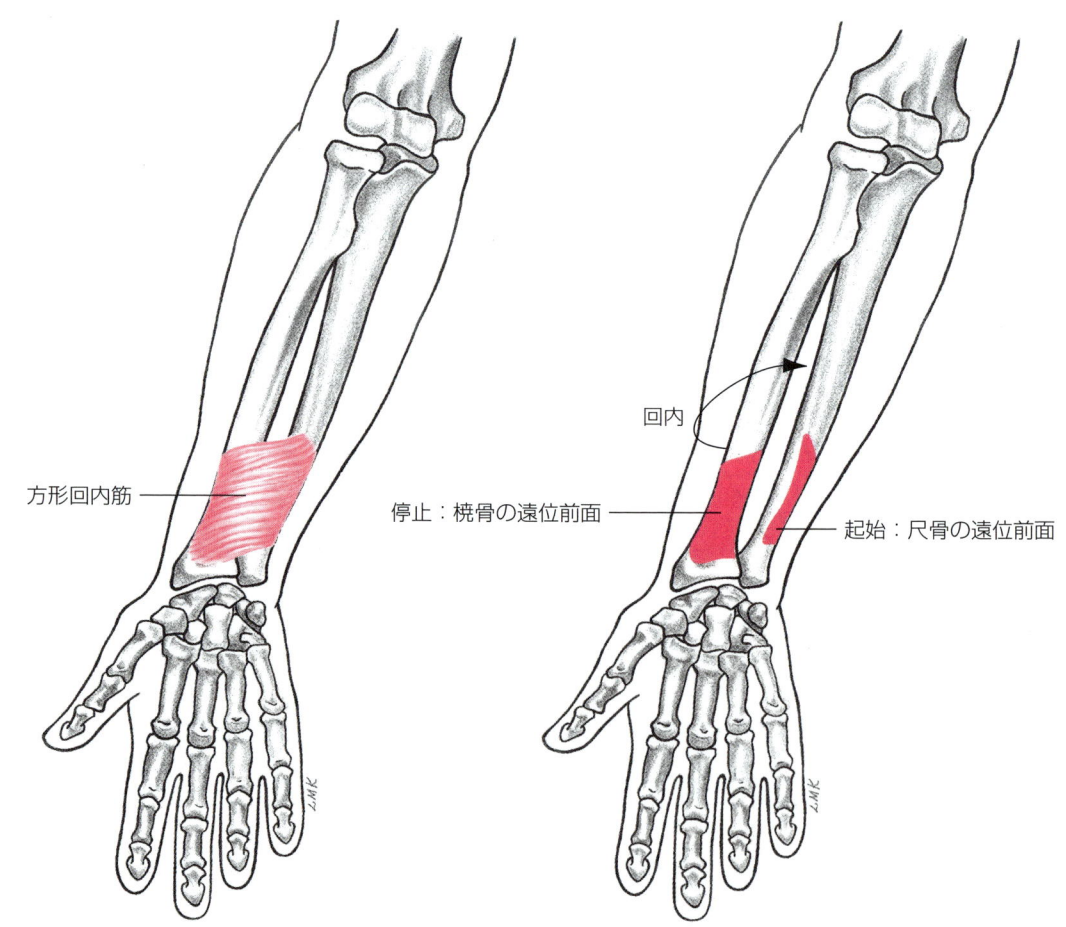

方形回内筋

回内

停止：橈骨の遠位前面

起始：尺骨の遠位前面

図4-12　方形回内筋（前面）（Pronator quadratus muscle）

回外筋 （かいがいきん）（図 4-13）

起　始

上腕骨外側上顆と尺骨近位後面

停　止

橈骨近位の外側面

機　能

前腕の回外

触　診

触診できません。

神経支配

橈骨神経（C 6）

機能解剖、筋力強化、ストレッチング

回外筋はたとえば、ドライバーでネジを回して締めつけるような、肘関節の伸展と前腕の回外が同時に必要となるときに、特によく働きます。投球でもカーブを投げるときには肘関節が伸展しながら回外するので、この筋肉が使われます。肘関節が屈曲している状態では、上腕二頭筋が前腕を回外させる筋肉としてよく働くので回外筋はあまり使われません。

この筋肉を鍛えるには、テーブルに尺側が下になるように前腕を置き、手首から先をテーブルから出します。次に柄の長いハンマーをハンマー・ヘッドが床の上になるように握り、前腕を回外させます。柄の長さをより長くしたり、ハンマー・ヘッドをより重くすることで負荷が大きくなります。

回外筋は前腕を最大回内させれば、ストレッチできます。

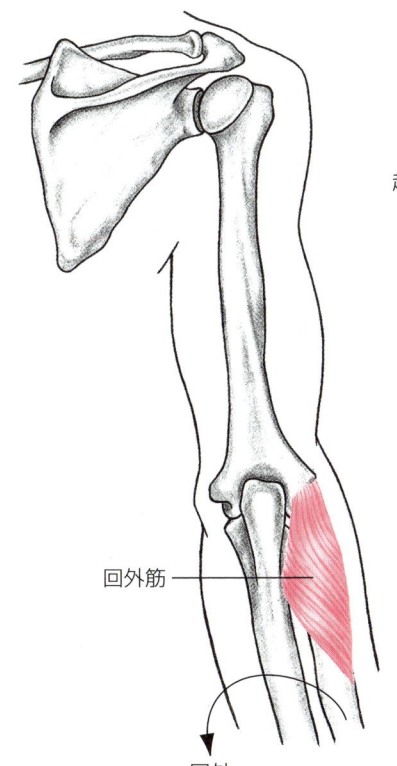

回外筋

回外

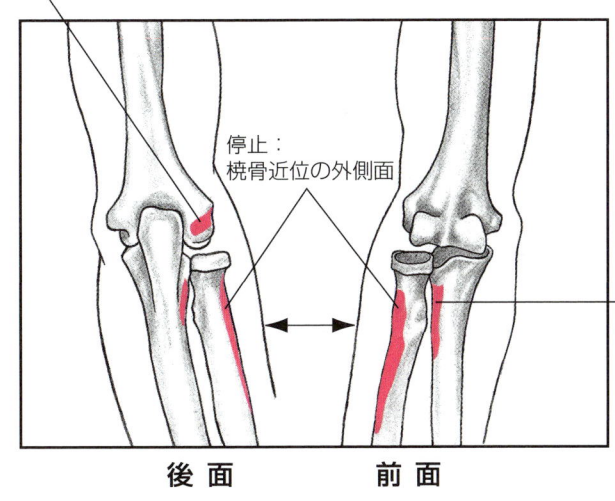

起始：上腕骨外側上顆

停止：
橈骨近位の外側面

起始：
尺骨近位
後面

後 面　　**前 面**

図 4-13　回外筋（後面）（Supinator muscle）

ウェブ・サイト

解剖・生理学：

　　www.gwc.maricopa.edu/class/bio201/
　　index.htm

レントゲン像による解剖：

　　radlinux1.usuf1.usuhs.mil/rad/iong/
　　index.html

アーカンソー大学医学部生のための一般解剖学：

　　anatomy.uams.edu/htmlpages/
　　anatomyhtml/gross.html

ロヨラ大学付属医学センター・人体の構造：

　　www.meddean.luc.edu/lumen/MedEd/
　　GrossAnatomy/GA.html

Wheeless の整形外科学：

　　www.medmedia.com/

テキサス大学アンダーソン博士記念癌センター・
マルチメディア学習センター：

　　rpi.mdanderson.org/mmlearn/
　　＊このサイトでは足、足関節、手、腕、肘の多くの
　　遺体断面が見られ、また、足と足関節の機能的な関
　　係も説明されている

関節鏡ドット・コム：

　　www.arthroscopy.com/sports.htm

プレミア医学検索エンジン：

　　www.medsite.com

ヴァーチャル・ホスピタル（仮想病院）：

　　www.vh.org

手の手術の教科書：

　　http://www.e-hand.com/default.htm

ワーク・シート

　授業や宿題の課題として、またテストとして
も 270 ページと 271 ページのワーク・シートが
活用できます。

・骨格のワーク・シート（No. 1）

　ワーク・シート上に次の筋肉をスケッチして
みましょう。

　　a．上腕二頭筋
　　b．腕橈骨筋
　　c．上腕筋
　　d．円回内筋
　　e．方形回内筋
　　f．回外筋
　　g．上腕三頭筋
　　h．肘筋

・動きのワーク・シート（No. 2）

　次に示した肘関節と橈尺関節（前腕）の動き
を矢印で示してみましょう。

1．肘関節

　　a．屈曲
　　b．伸展

2．橈尺関節（前腕）

　　a．回内
　　b．回外

実習と復習問題

1．人体の骨格模型やパートナーの身体で次の
　　骨格上のポイントを探ってみましょう。

　　a．人体模型で

　　　（1）上腕骨内側上顆
　　　（2）上腕骨外側上顆
　　　（3）上腕骨滑車
　　　（4）上腕骨小頭
　　　（5）肘頭窩
　　　（6）肘頭
　　　（7）鈎状突起
　　　（8）鈎突窩
　　　（9）橈骨粗面
　　　（10）橈骨茎状突起
　　　（11）尺骨茎状突起

　　b．パートナーの身体で

　　　（1）上腕骨内側上顆
　　　（2）上腕骨外側上顆

　　（3）肘頭

　　（4）肘頭窩

2．パートナーの身体のどこに次の筋肉を触る
　　ことができますか？　実際に触ってみましょ
　　う。

　　a．上腕二頭筋

　　b．腕橈骨筋

　　c．上腕筋

　　d．円回内筋

　　e．回外筋

　　f．上腕三頭筋

　　g．肘筋

3．次の動きを実際に行いながらその動きに関
　　与する筋肉の名前をあげて触れてみましょ

う。

　　a．肘の屈曲

　　b．肘の伸展

　　c．前腕の回内

　　d．前腕の回外

4．次の動きを実際に行いながら、各動きの基
　　本面と基本軸を話し合ってみましょう。

　　a．屈曲

　　b．伸展

　　c．回内

　　d．回外

5．懸垂を順手と逆手で行うときの違いを、骨
　　格と筋肉の機能に着目して話し合ってみま
　　しょう。

拮抗筋の作用チャート・肘関節と橈尺関節

主働筋	拮抗筋
上腕二頭筋	
腕橈骨筋	
上腕筋	
円回内筋	
回外筋	
上腕三頭筋	
肘筋	

関節の動きの分析チャート・肘関節と橈尺関節（前腕）

肘関節と橈尺関節（前腕）	
肘の屈曲	肘の伸展
前腕の回内	前腕の回外

6. ドアノブを時計回りに回してドアを押し開く動作と、ドアノブを反時計回りに回してドアを引いて開ける動作において、肘関節と橈尺関節における筋活動の違いを分析し、書き出しましょう。

7. 前ページの拮抗筋の作用チャートの主働筋に拮抗する筋肉や筋群を右の欄に記入しましょう。

8. 上記の関節の動きの分析チャートに、関節の各動きに関与する主な筋肉を書き込みましょう。

■参考文献■

Andrews JR, Wilk KE : *The athlete's shoulder*, New York, 1994, Churchill Livingstone.

Andrews JR, Zarins B, Wilk KE : *Injuries in baseball*, Philadelphia, 1998, Lippincott-Raven.

Back BR Jr, et al : Triceps rupture : a case report and literature review, *American Journal of Sports Medicine* 15 : 285, May-June 1987.

Gabbard CP, et al : Effects of grip and forearm position on flex arm hang performance, *Research Quarterly for Exercise and Sport*, July 1983.

Herrick RT, Herrick S : Ruptured triceps in powerlifter presenting as cubital tunnel syndrome − a case report, *American Journal of sports Medicine* 15 : 514, September-October 1987.

Hislop HJ, Montgomery J : *Daniels and Worthingham's muscle testing : techniques of manual examination*, ed 6, Philadelphia, 1995, Saunders.

Rasch PJ : *Kinesiology and applied anatomy*, ed 7, philadelphia, 1989, Lea&Febiger.

Sieg KW, Adams SP : *Illustrated essentials of musculoskeletal anatomy*, ed 2, Gainesville, FL, 1985, Megabooks.

Sisto DJ, et al : An electromyographic analysis of the elbow in pitching, *American Journal of Sports Medicine* 15 : 260, May-June 1987.

Smith LK, Weiss EL, Lehmkuhl LD : *Brunnstrom's clinical kinesiology*, ed 5, Philadelphia, 1996, Davis.

Springer SI : Racquetball and elbow injuries, *National Racquetball* 16 : 7, March 1987.

Van De Graaff KM : *Human anatomy*, ed 4, 1995, Mcgraw-Hill Companies, Inc., New York.

5 手関節と手

The wrist and hand joints

この章を学習することで

● 手関節（手首）と手の指の主要な骨格の名前と構造がわかります。
● 手関節と手の指の骨格上の重要なポイントがわかります。
● 手関節と手の指の動きに関与する筋肉の位置がわかります。
● 手関節と手の指の動きを人体を使って実際に表現できます。
● 動きの基本面と基本軸について知ることができます。
● 手関節と手の指の複雑な動きを系統立てて理解することができます。

　手首と手の指の関節はしばしば見落とされがちです。これらの関節を上手に動かすことがパフォーマンスに大きくは影響しないスポーツもありますが、逆に、これらの関節の機能自体が成績を左右するようなスポーツもあります。アーチェリー、ボーリング、ゴルフ、野球、それにテニスなどはこれらの関節が協調しあって機能する必要があるスポーツといえます。

　これらの関節は比較的小さい筋肉や骨や靱帯が組み合わさってできているので、非常に複雑にみえます。しかし、これらを屈曲、伸展、外転、内転といった単純な動きごとに分解して理解すれば、決して複雑ではないことがわかるでしょう。

　大変多くの筋肉が手首と指を動かすために使われます。この部位には 29 個の骨、25 以上の関節そして 30 以上の筋肉があり、そのうち 15 の筋肉が起始と停止を手の内に有している内在性の筋肉です。このように解剖学的にも構造的にも人間のこの部位は非常に高度に発達し、それゆえ複雑な動きができるようになっているのです。アスレティック・トレーナーや理学療法士、そして作業療法士は小さな内在性の筋肉について知っておくべきでしょう。さらなる学習を望む方は、章末の参考文献をご覧下さい。

　ここで学習するのは手首と手の指の関節ならびに上腕骨や前腕の骨に起始のある大きな外在性の筋肉だけにとどめます。また、これらの筋肉を鍛えるためのエクササイズとしては、指を立てて行う〝指立て伏せ〟が共通してあげられます。

骨　格 （図5-1）

　手関節（手首）と手は橈骨と尺骨を含めた29個の骨で構成されています。2本の前腕の骨の遠位には8個の手根骨（舟状骨、月状骨、三角骨、豆状骨、大菱形骨、小菱形骨、有頭骨、有鈎骨）が2列に並んでいます。さらに遠位には第1（母指側から）〜第5までの5本の中手骨があります。そして、5本の中手骨の遠位にはそれぞれ3本の指骨がつながっていますが、例外的に母指には2本の指骨しかありません。

関　節 （図5-2）

　手関節（手首）は顆状関節で、屈曲、伸展、外転（橈屈ともいう）、内転（尺屈ともいう）が可能です。これらの動きは橈骨の遠位の関節面と舟状骨、月状骨そして三角骨の3つの手根骨の間で生じます。屈曲は70〜90°、伸展は65〜85°可能で、外転、内転はそれぞれ12〜25°、25〜40°可能です。

　中手骨と基節骨の間の中手指節関節（MP関節）は顆状関節で、0〜40°の伸展そして85〜100°の屈曲ができます。基節骨と中節骨の間の

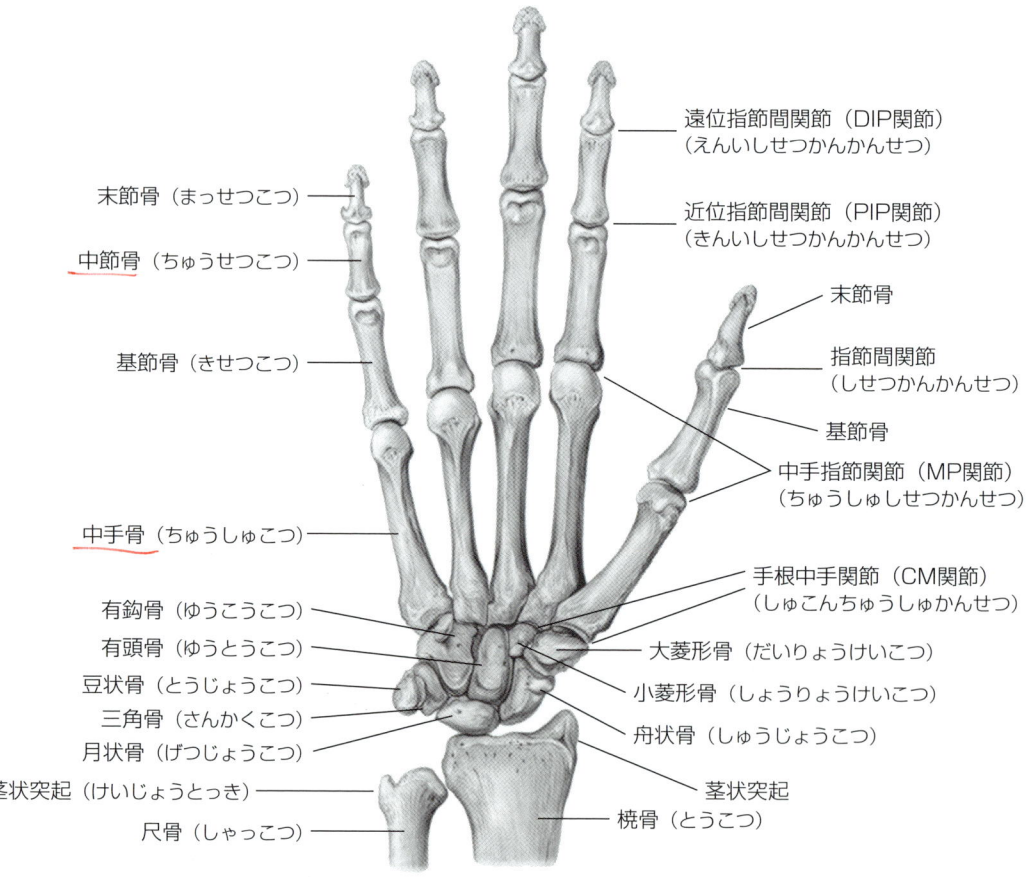

末節骨（まっせつこつ）
中節骨（ちゅうせつこつ）
基節骨（きせつこつ）
中手骨（ちゅうしゅこつ）
有鈎骨（ゆうこうこつ）
有頭骨（ゆうとうこつ）
豆状骨（とうじょうこつ）
三角骨（さんかくこつ）
月状骨（げつじょうこつ）
茎状突起（けいじょうとっき）
尺骨（しゃっこつ）

遠位指節間関節（DIP関節）（えんいしせつかんかんせつ）
近位指節間関節（PIP関節）（きんいしせつかんかんせつ）
末節骨
指節間関節（しせつかんかんせつ）
基節骨
中手指節関節（MP関節）（ちゅうしゅしせつかんかんせつ）
手根中手関節（CM関節）（しゅこんちゅうしゅかんせつ）
大菱形骨（だいりょうけいこつ）
小菱形骨（しょうりょうけいこつ）
舟状骨（しゅうじょうこつ）
茎状突起
橈骨（とうこつ）

図5-1　右の手関節と手の骨格（掌側）
（Anthony CP, Kolthoff NJ : *Textbook of anatomy and physiolgy*, ed 9, St. Louis, 1975, Mosby. より）

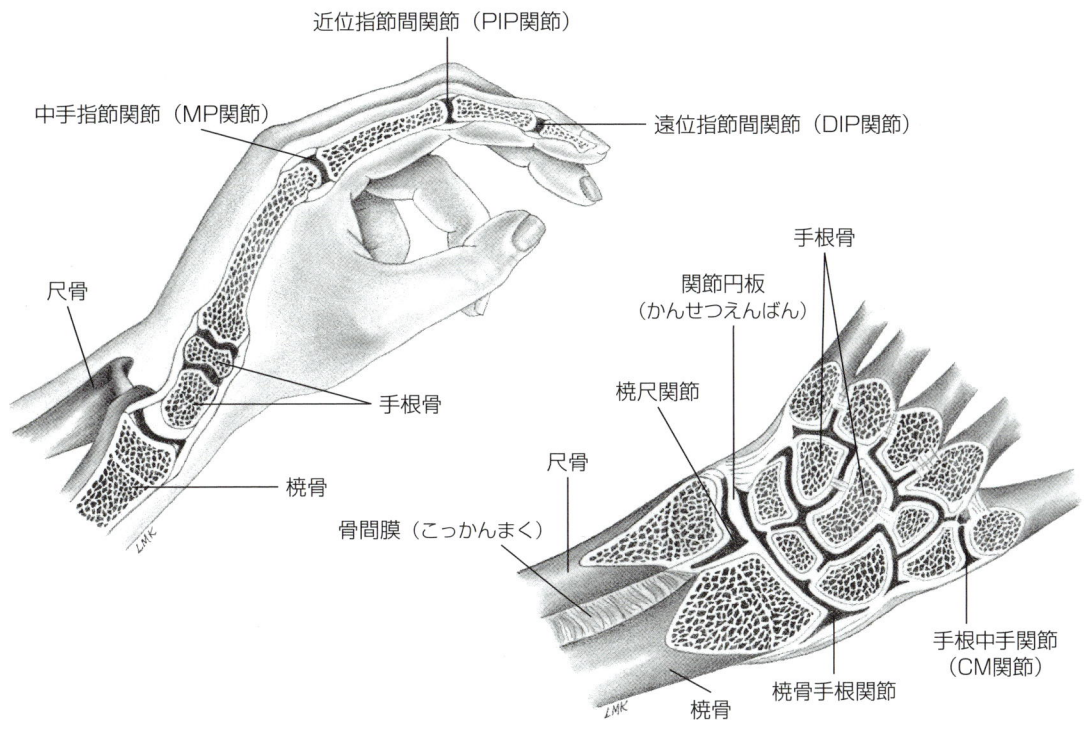

近位指節間関節（PIP関節）

中手指節関節（MP関節）

遠位指節間関節（DIP関節）

尺骨

手根骨

橈骨

手根骨

関節円板
（かんせつえんばん）

橈尺関節

尺骨

骨間膜（こっかんまく）

手根中手関節
（CM関節）

橈骨手根関節

橈骨

図 5-2　左の手関節と手の関節の構造

近位指節間関節（PIP 関節）は蝶番関節で 90
〜120°の屈曲が可能です。同様に蝶番関節であ
る中節骨と末節骨の間の遠位指節間関節（DIP
関節）は 80〜90°の屈曲が可能です。

　母指には 2 つの関節があり、いずれも蝶番関
節です。母指の中手指節関節は 40〜90°の屈曲
を、指節間関節（IP 関節）は 80〜90°の屈曲を
することができます。母指の手根中手関節（CM
関節）はユニークな鞍関節で、50〜70°の外転
が可能なだけでなく、15〜45°そして 0〜20°の
それぞれ屈曲と伸展の可動域をもっています。

　この部位の靱帯は非常に多く、しかも複雑で
すので、この章では特に取り上げませんが、い
ずれも静的な安定性を各関節に与えています。
指の靱帯の一部分は図 5-3 に列挙されています。

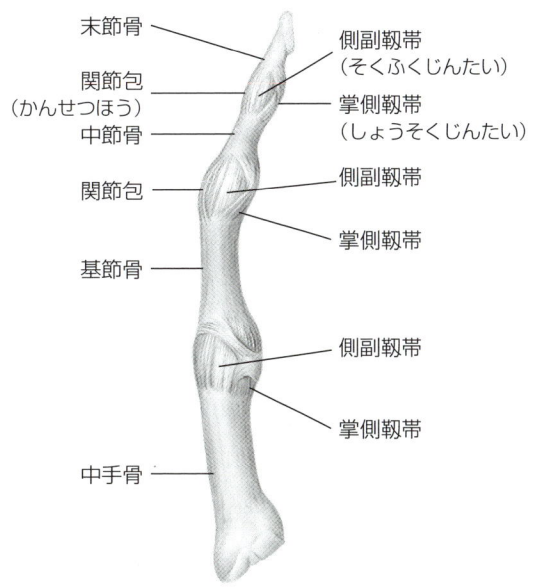

末節骨

関節包
（かんせつほう）

中節骨

関節包

基節骨

中手骨

側副靱帯
（そくふくじんたい）

掌側靱帯
（しょうそくじんたい）

側副靱帯

掌側靱帯

側副靱帯

掌側靱帯

図 5-3　中手指節関節と指節間関節（外側面）
（Van De Graaff KM : *Human Anatomy*, ed 4, Dubuque, IA,
1955, McGraw-Hill Companies, Inc., New York より改変）

関節の動き （図5-4）

　手関節（手首）の基本的な動きは屈曲と伸展、そして外転と内転です（図5-4, A-D）。手の指では屈曲と伸展だけが可能ですが（図5-4, E-F）、中手指節関節だけは、内在性の筋肉の働きでさらに外転と内転ができます。手においては、第3指が外転と内転を区別する基準点とみなされます。第2指の外転は、前腕の橈側に向って外側に動くときに起こります。第4、第5指の外転は、尺側に向って内側に動くときに生じます。第2指が尺側に向って内側に動くのは内転です。第4、第5指の内転は橈側に向かって外側に動くときに生じます。第1指の外転は（前額面で）手掌（手のひら）から離れる動きで、内転は手掌に向かう動きです。これらの動きと前腕の回内や回外の動きが一緒になることで、前腕、手首、そして手の指を繊細に微調整することができるのです。

屈曲：手首は前腕の前面に、指は掌側に向かう動き

伸展：手首は前腕の後面に、指は背側（手の甲の側）に向かう動き

外転（橈屈）：手首や指が橈側（橈骨の側）へ向かう動き

内転（尺屈）：手首や指が尺側（尺骨の側）へ向かう動き

対立：母指が手掌で他の4本の指とそれぞれ触れる動き

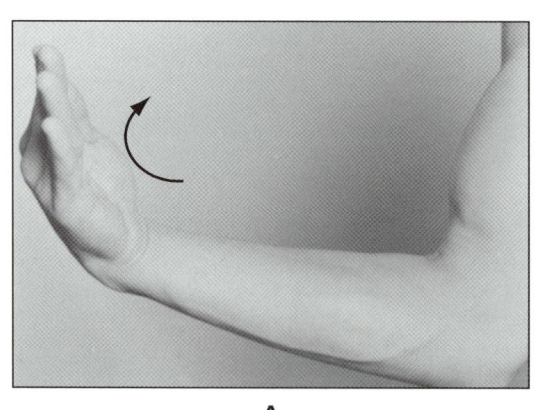

A

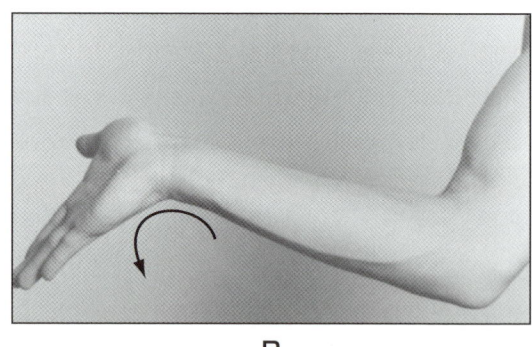

B

図5-4　手関節（手首）と手の指の動き　A. 手首の屈曲　B. 手首の伸展

図 5-4　手関節（手首）と手の指の動き（つづき）
C．手首の外転（橈屈）　D．手首の内転（尺屈）
E．指と母指の屈曲　F．指と母指の伸展

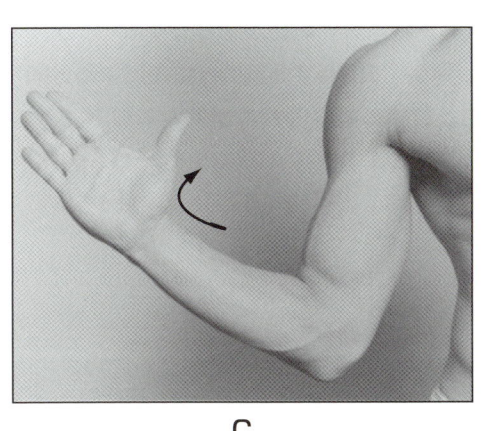

C

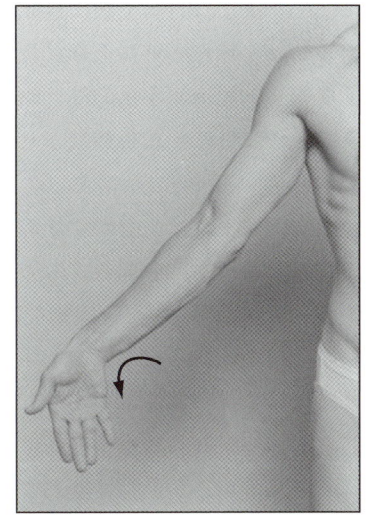

D

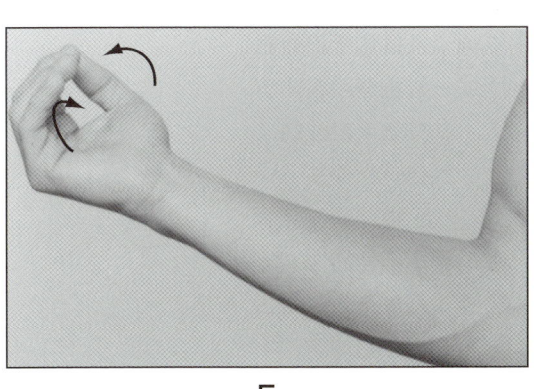

E

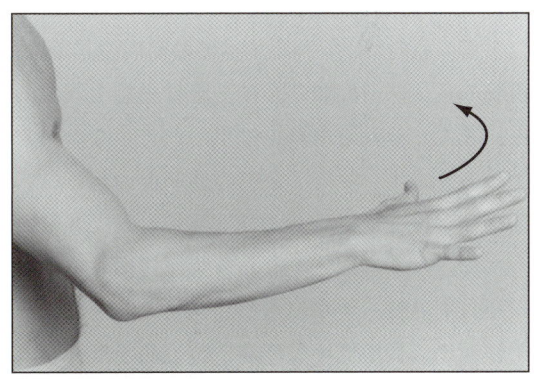

F

筋 肉

手関節（手首）と手の指の動きに関与する外在性の筋肉はその機能と位置によって分類できます。まず、手の指を動かさずに手首だけを動かす6つの筋肉があります。これら6つの筋肉のうち手首を屈曲させる筋肉のグループには、橈側手根屈筋、尺側手根屈筋、および長掌筋の3つがあり、それぞれ上腕骨の内側上顆に起始があります。他の3つは上腕骨の外側上顆に起始を持つ長橈側手根伸筋、短橈側手根伸筋、および尺側手根伸筋で、これらは手首を伸展させる筋肉グループです。

これ以外の9つの筋肉は手の指を動かす筋肉ですが、これらの筋肉の腱は手首を通過するので力が弱いながらも手首の動きにも関与します。浅指屈筋と深指屈筋は指を屈曲させる筋肉ですが、長母指屈筋と同様に手首の屈曲にも関与します。（総）指伸筋、示指伸筋および小指伸筋は手指を伸展させる筋肉ですが、長母指伸筋および短母指伸筋と同様に手首の伸展を助けます。長母指外転筋は母指を外転させると同時に、手首の外転も補助します。

手首の屈曲にかかわるすべての筋肉の起始は、前腕の近位部前内側および上腕骨内側上顆であり、また、それらの停止は手の前方すなわち掌側にあります。一方、手首の伸筋群の起始は、前腕の近位部後外側および上腕骨外側上顆にあり、停止は手の後方すなわち背側にあります。

手首を外転、すなわち橈屈させる筋肉は橈側手根屈筋、長橈側手根伸筋、短橈側手根伸筋、長母指外転筋、長母指伸筋および短母指伸筋です。これらの筋肉の腱は手首の掌側と背側を通過しますが、いずれも橈側を通過するので手首を橈屈させます。

尺側手根屈筋と尺側手根伸筋は手首を内転、すなわち尺屈させますが、それはこれらの筋肉の腱が掌側と背側で尺側を通過するからです。

手の内在筋は起始と停止が背側にあります。位置によって内在筋を3つのグループに分けることはこれらの筋肉を理解し、学習するうえで役に立ちます。橈側には母指の4つの筋肉、母指対立筋、短母指外転筋、短母指屈筋、母指内転筋があります。尺側には小指の3つの筋、小指対立筋、小指外転筋、短小指屈筋があります。手の残りの部分には11の筋肉があり、さらに細かく分けると、4つの虫様筋、3つの掌側骨間筋、4つの背側骨間筋があります。

手首と手の指に関与する筋肉（位置による分類）

肘関節と前腕の前内側および手の掌側

動き：主に手首と手の指の屈曲

筋肉：橈側手根屈筋

　　　尺側手根屈筋

　　　長掌筋

　　　浅指屈筋

　　　深指屈筋

　　　長母指屈筋

肘関節と前腕の後外側および背側

動き：主に手首と手の指の伸展

筋肉：長橈側手根伸筋

　　　短橈側手根伸筋

　　　尺側手根伸筋

　　　（総）指伸筋

　　　示指伸筋

　　　小指伸筋

　　　長母指伸筋

　　　短母指伸筋

　　　長母指外転筋

橈側手根屈筋 (とうそくしゅこんくっきん) (図5-5)

起　始
　上腕骨内側上顆

停　止
　第2・第3中手骨底（掌側）

機　能
　手首の屈曲
　手首の外転（橈屈）
　肘の屈曲補助

触　診
　手首の前面や外側で、第2・3の中手骨のライン上で触れられます。

神経支配
　正中神経（C6・7）

機能解剖、筋力強化、ストレッチング

　橈側手根屈筋は、尺側手根屈筋や長掌筋と並んで手首の最も強力な屈曲筋といえます。これらの筋肉は負荷抵抗に対して手首を巻き込んだり固定するときによく働きますが、特に前腕が回外している状態でその働きは最大になります。

　手にバーベルやダンベルを握ってのリスト・カール（手首の巻き込み）は、この筋肉を発達させるのに適したエクササイズです。特に前腕を回外位で固定するように前腕をテーブルの上に置き、可動域全体を使って手首を屈曲、伸展させることでさらに鍛えやすくなります。

　橈側手根屈筋をストレッチするには、パートナーによって他動的に手首が伸展および内転されている間に、前腕回外位で肘関節を完全伸展します。

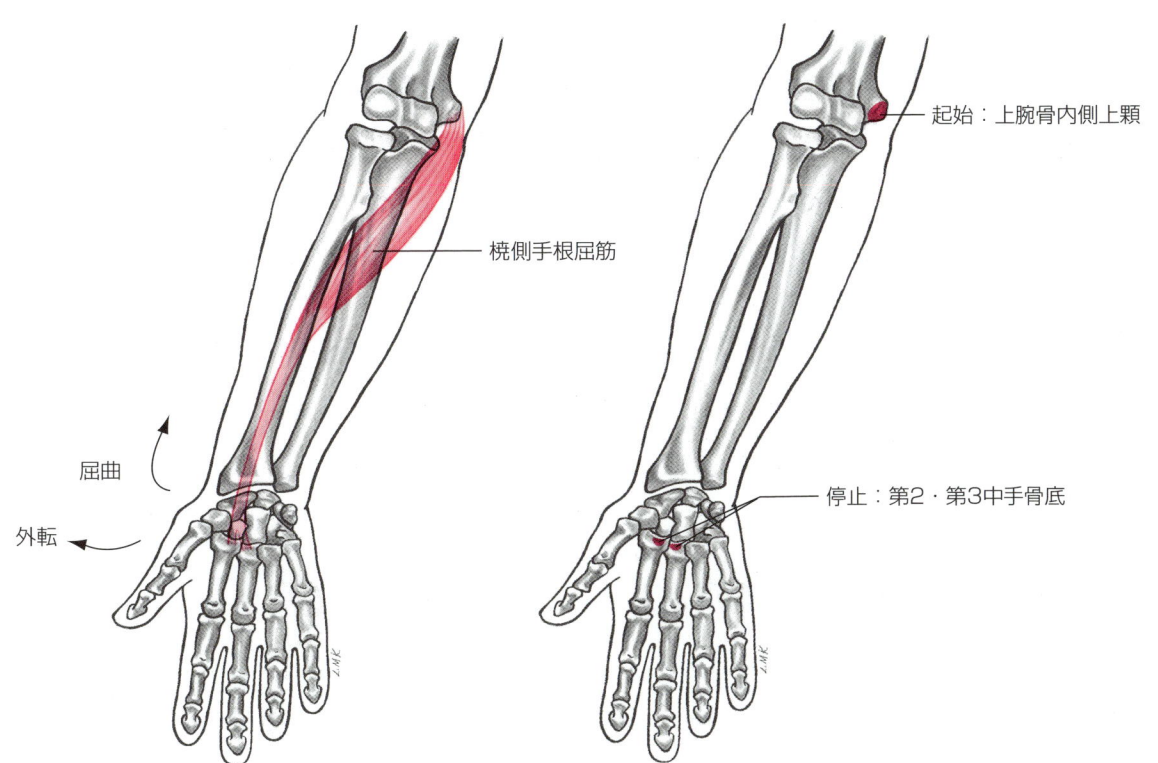

屈曲

外転

起始：上腕骨内側上顆

停止：第2・第3中手骨底

橈側手根屈筋

図5-5　橈側手根屈筋（前面*）(Flexor carpi radialis muscle)

＊特にことわりのない限り、解剖学では体節の〝右側〟が使われます

長掌筋 （ちょうしょうきん）（図5-6）

起　　始

上腕骨内側上顆

停　　止

第2・第3・第4・第5中手骨の手掌腱膜

機　　能

手首の屈曲

わずかな肘の屈曲

触　　診

前腕の前内側と手首中央で触れられます。

神経支配

正中神経（C6・7）

機能解剖、筋力強化、ストレッチング

　解剖学的な位置の関係で橈側手根屈筋や尺側手根屈筋が、ただ単に手首を屈曲するだけではなく、手首を外転（橈屈）、内転（尺屈）するのに対し、長掌筋は手首の中央を通過しているために手首の屈筋としてのみ働きます。この筋肉を鍛えるためには、橈側手根屈筋で述べたようなリスト・カールがよいでしょう。

　肘関節と手首の最大伸展によって、長掌筋はストレッチできます。

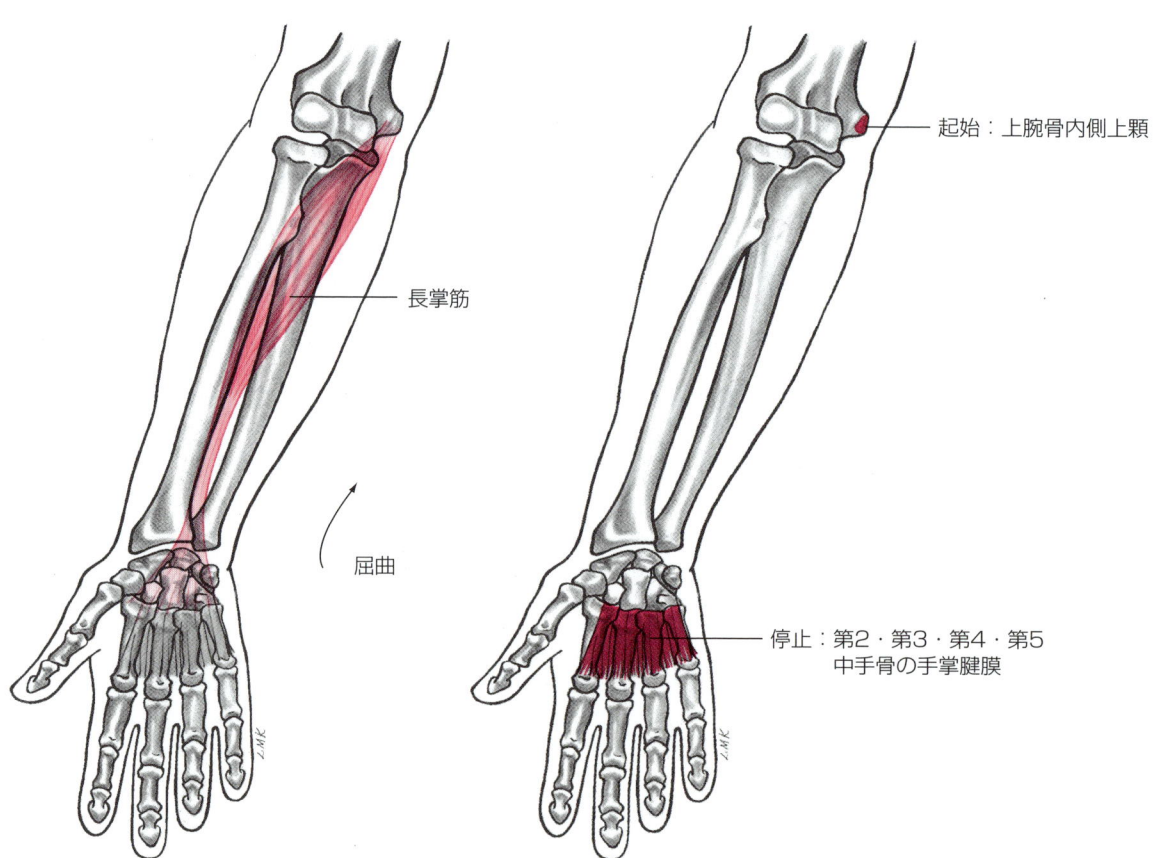

長掌筋

屈曲

起始：上腕骨内側上顆

停止：第2・第3・第4・第5
中手骨の手掌腱膜

図5-6　長掌筋（前面）（Palmaris longus muscle）

尺側手根屈筋（しゃくそくしゅこんくっきん）（図5-7）

起　　始

上腕骨内側上顆と尺骨近位後面

停　　止

第5中手骨底、豆状骨、有鈎骨（掌側）

機　　能

手首の屈曲

尺側手根伸筋と一緒に働き手首を内転（尺屈）

触　　診

上腕骨内側上顆から手首にかけての前腕の前内側で触れられます。

神経支配

尺骨神経（C8、T1）

機能解剖、筋力強化、ストレッチング

尺側手根屈筋は手首を屈曲するにあたって大切な役割をはたします。加えて、この筋肉は2つある手首の内転（尺屈）筋の1つでもあります。この筋肉もリスト・カールで鍛えられます。

尺側手根屈筋をストレッチするには、パートナーによって他動的に手首を伸展、外転させて、前腕回外位で肘関節を完全伸展します。

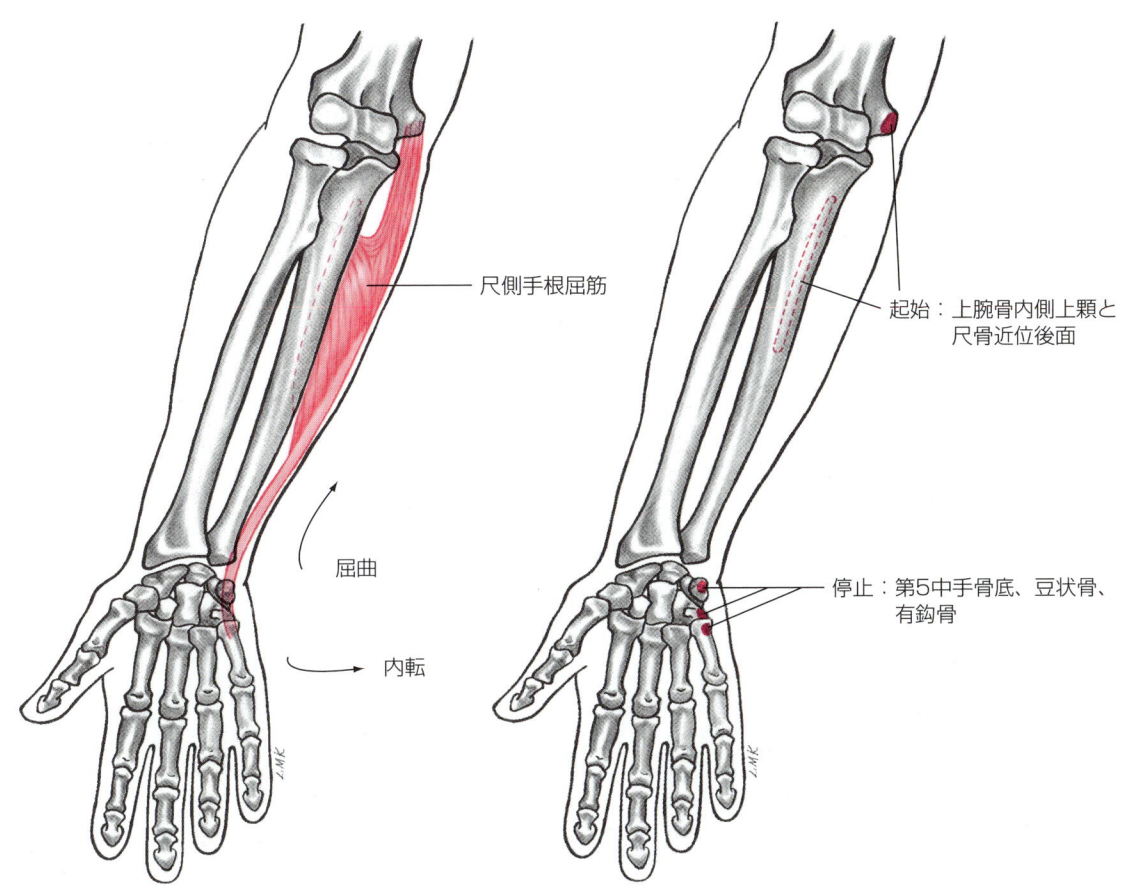

尺側手根屈筋

屈曲

内転

起始：上腕骨内側上顆と
尺骨近位後面

停止：第5中手骨底、豆状骨、
有鈎骨

図5-7　尺側手根屈筋（前面）（Flexor carpi ulnaris muscle）

尺側手根伸筋(しゃくそくしゅこんしんきん)（図5-8）

起　始

上腕骨外側上顆

尺側後縁中央2/4

停　止

第5中手骨底（背側）

機　能

手首の伸展

尺側手根屈筋と一緒に働き手首を内転（尺屈）

触　診

第5中手骨近くの前腕の尺側部に触れることができます。

神経支配

橈骨神経（C6・7・8）

機能解剖、筋力強化、ストレッチング

尺側手根伸筋は強力な手首の伸筋であるだけでなく、尺側手根屈筋とともに手首を内転（尺屈）させる筋肉でもあります。この筋肉を発達させるには、前腕を回内させた状態、すなわち手のひらを下に向けた状態でテーブルの端に置きます。手にバーベルやダンベルを握って手首をテーブルの端から出し、負荷抵抗に対して手首を最大の可動域で伸展、屈曲させます。

尺側手根伸筋をストレッチするには手首を他動的に屈曲し、わずかに外転させておき、前腕回外位で肘関節を伸展します。

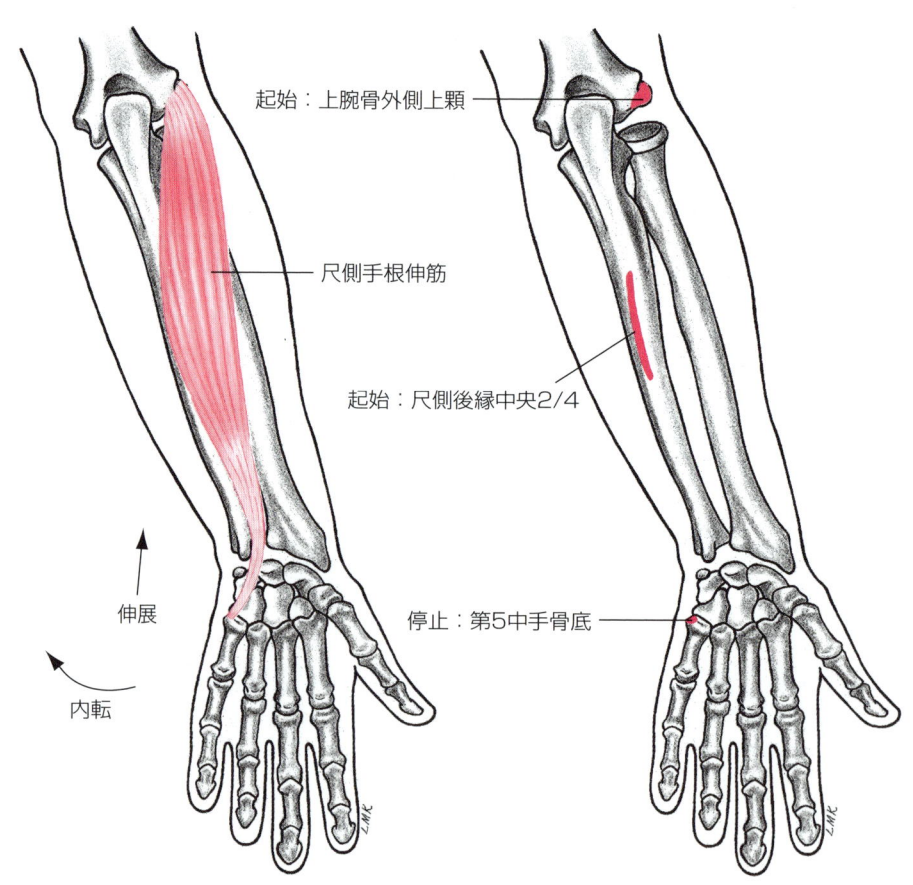

起始：上腕骨外側上顆

尺側手根伸筋

起始：尺側後縁中央2/4

停止：第5中手骨底

伸展

内転

図5-8　尺側手根伸筋（後面）（Extensor carpi ulnaris muscle）

短橈側手根伸筋（たんとうそくしゅこんしんきん）(図 5-9)

起　始

　上腕骨外側上顆

停　止

　第 3 中手骨底（背側）

機　能

　手首の伸展

　手首の外転（橈屈）

　肘の伸展の補助

触　診

　前腕の後面ですが触れるのは困難です。

神経支配

　橈骨神経（C6・7）

機能解剖、筋力強化、ストレッチング

　短橈側手根伸筋は長橈側手根伸筋と同様に、手首の強い伸展力が要求されるスポーツにとって非常に重要です。加えて、これら 2 つの筋肉は手首の外転（橈屈）にも関与します。この筋肉を鍛えるには、尺側手根伸筋で述べたようなエクササイズが最適です。

　長・短橈側手根伸筋をストレッチするには、手首を他動的に屈曲し、わずかに内転させておいて、前腕回内位で肘関節を伸展させます。

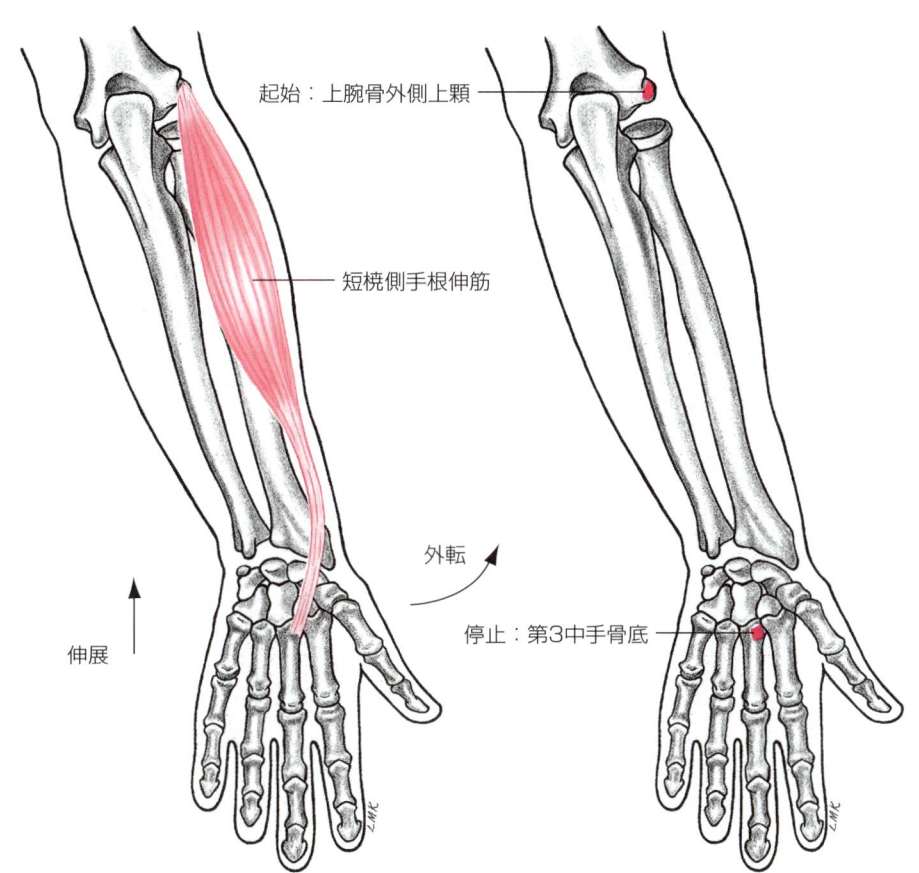

起始：上腕骨外側上顆

短橈側手根伸筋

外転

伸展

停止：第3中手骨底

図 5-9　短橈側手根伸筋（後面）（Extensor carpi radialis brevis muscle）

長橈側手根伸筋 (ちょうとうそくしゅこんしんきん)（図5-10）

起　　始

上腕骨外側上顆

上腕骨外側顆上稜の遠位 1/3

停　　止

第2中手骨底（背側）

機　　能

手首の伸展

手首の外転（橈屈）

肘の伸展の補助

触　　診

前腕の近位部後面と手首の近位外後面で触れることができます。

神経支配

橈骨神経（C6・7）

機能解剖、筋力強化、ストレッチング

長橈側手根伸筋は短橈側手根伸筋や尺側手根伸筋と同様、手首の強力な伸筋です。特に前腕が回内位にあるときは、手首の伸展力や固定力はこれらの筋肉の強さに依存し、たとえば、テニスのバック・ハンドでこれらの筋肉が強く収縮します。この筋肉の発達には、他の2つの筋肉と同様のエクササイズが応用できます。

長橈側手根伸筋のストレッチは、短橈側手根伸筋と同様に行います。

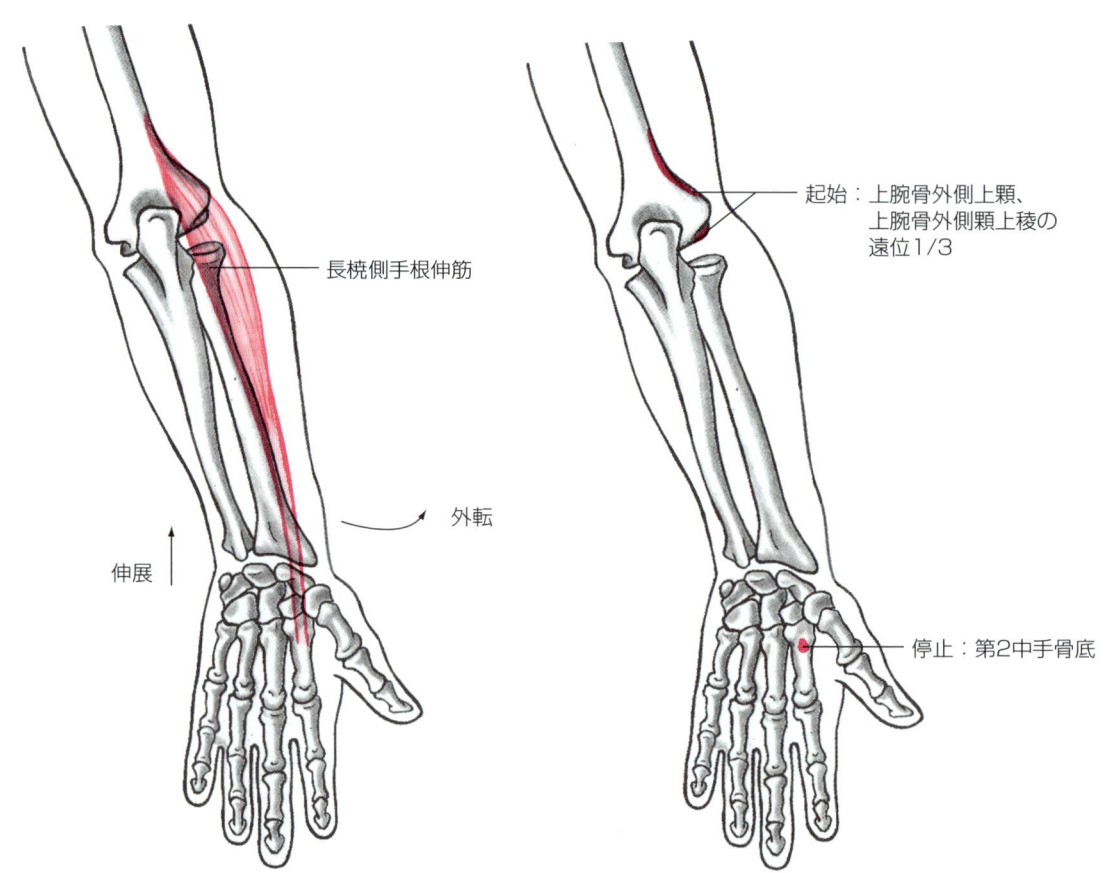

長橈側手根伸筋

外転

伸展

起始：上腕骨外側上顆、
上腕骨外側顆上稜の
遠位1/3

停止：第2中手骨底

図5-10　長橈側手根伸筋（後面）（Extensor carpi radialis longus muscle）

浅指屈筋 （せんしくっきん）（図 5-11）

起　始

上腕骨内側上顆　尺側頭：尺骨粗面
　　　　　　　　　橈側頭：橈骨上前部

停　止

腱が 4 本に分かれ 4 本の中節骨の両側前方に
　付着

機　能

手の指の屈曲

手首の屈曲

肘の屈曲の補助

触　診

尺側手根屈筋の外側で触れることができます。

神経支配

正中神経（C7・8、T1）

機能解剖、筋力強化、ストレッチング

浅指屈筋は手首を通過したところで腱が 4 本に分かれ、それぞれ第 2〜5 指の 4 本の指に停止します。そして、この筋肉と深指屈筋だけが手の指の屈曲に関与し、物を握る動作で大変よく働きます。

テニスボールを握りつぶすようなエクササイズ（ボールスクイーズ）によって、この筋肉を鍛えられます。

浅指屈筋は前腕を完全回外位に維持させ、他動的に肘関節、手首、中手指節関節、および近位指節間関節を伸展することでストレッチできます。

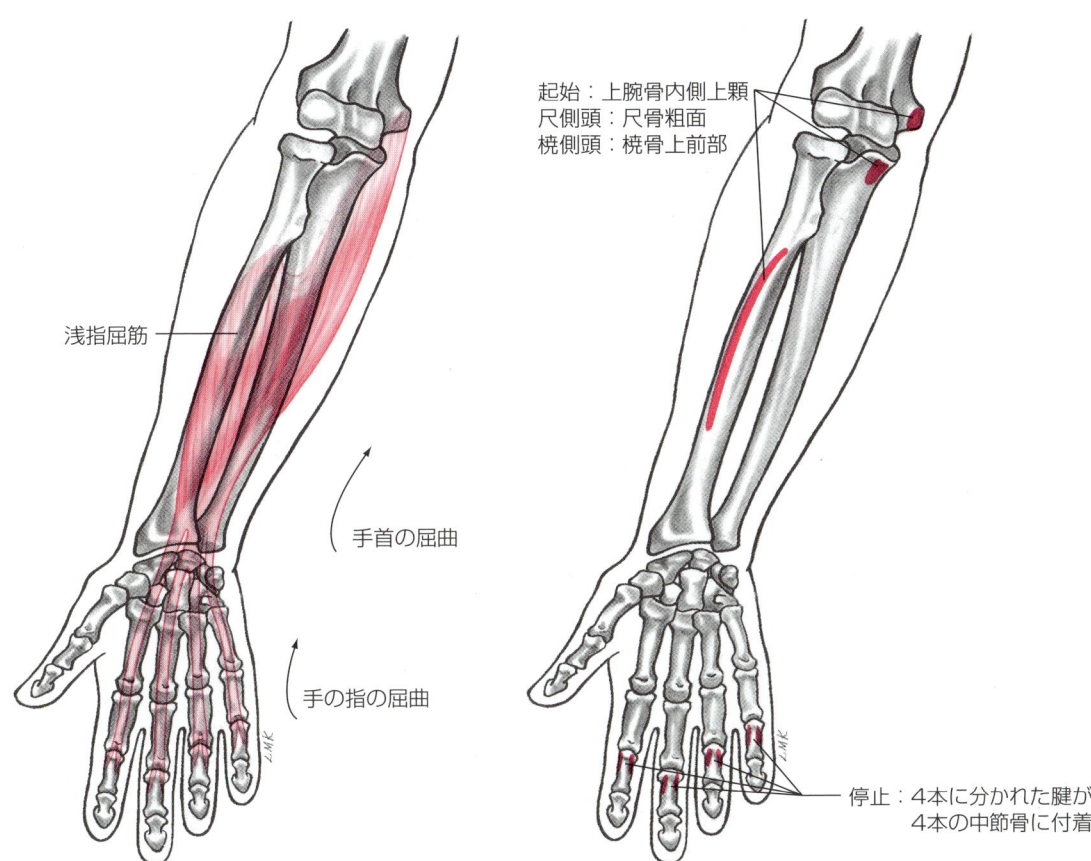

起始：上腕骨内側上顆
尺側頭：尺骨粗面
橈側頭：橈骨上前部

浅指屈筋

手首の屈曲

手の指の屈曲

停止：4 本に分かれた腱が
　　　4 本の中節骨に付着

図 5-11　浅指屈筋（前面）（Flexor digitorum superficialis muscle）

深指屈筋 （しんしくっきん）（図 5-12）

起　始

尺骨近位 3/4 の前内側

停　止

4 本の末節骨底（掌側）

機　能

4 指の中手指節関節、近位指節間関節、遠位
　指節間関節の屈曲

手首の屈曲

触　診

4 本の中節骨の前面で触れられます。

神経支配

第 2・3 指は正中神経（C8、T1）

第 4・5 指は尺骨神経（C8、T1）

機能解剖、筋力強化、ストレッチング

　深指屈筋も浅指屈筋も、手のひら側で手首を
通過するために手首の屈筋としても働きます。
この筋肉は物を握るような動作、たとえばラケッ
トを握ったり、ロープ・クライミングでよく使
われます。また、この筋肉の発達には浅指屈筋
と同様のエクササイズが有効です。

　深指屈筋は浅指屈筋と同様にストレッチされ
ますが、ただし前腕完全回外位で肘関節、手首、
中手指節関節、近位指節間関節、遠位指節間関
節が他動的に伸展されなければなりません。

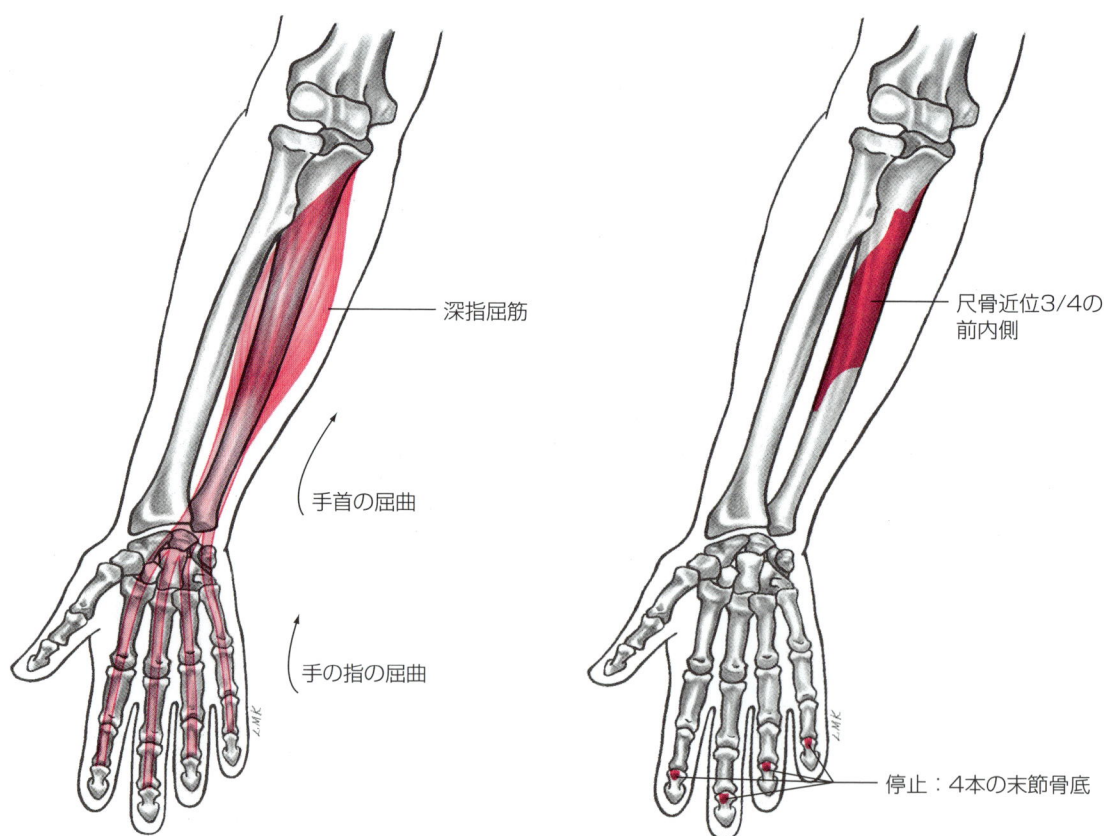

深指屈筋

手首の屈曲

手の指の屈曲

尺骨近位3/4の
前内側

停止：4本の末節骨底

図 5-12　深指屈筋（前面）（Flexor digitorum profundus muscle）

長母指屈筋 （ちょうぼしくっきん）（図5-13）

起　　始

桡骨中央の前面

尺骨の鈎状突起より遠位の前内側縁

停　　止

母指末節骨底（掌側）

機　　能

手根中手関節、中手指節関節、指節間関節での母指の屈曲

手首の屈曲

触　　診

母指の前面に触れます。

神経支配

正中神経（C8、T1）

機能解剖、筋力強化、ストレッチング

長母指屈筋は手に物を握る動作で、母指を屈曲させるときによく働きます。また、手首の前面を通過しているので、手首の屈曲も助けます。この筋肉を鍛えるにはボールスクイーズのようなエクササイズがあります。

長母指屈筋は手首を最大伸展させたまま、母指全体を他動的に伸展させることによってストレッチされます。

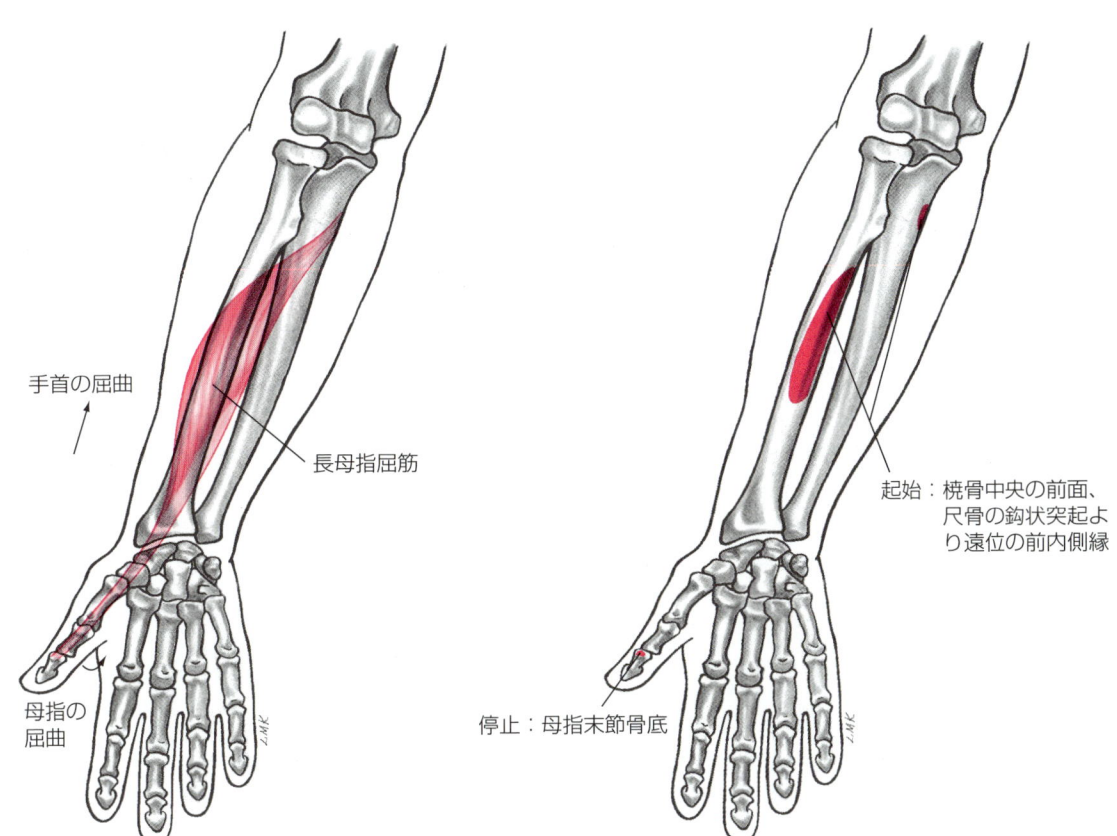

手首の屈曲

長母指屈筋

母指の屈曲

起始：桡骨中央の前面、尺骨の鈎状突起より遠位の前内側縁

停止：母指末節骨底

図 5-13　長母指屈筋（前面）（Flexor pollicis longus muscle）

（総）指伸筋 （（そう）ししんきん）（図5-14）

起　始
　　上腕骨外側上顆

停　止
　　4本の腱が第2〜5指の中節骨と末節骨の骨
　　　　底（背側）に停止

機　能
　　中手指節関節での第2〜5指の伸展
　　手首の伸展
　　肘の伸展の補助

触　診
　　前腕と手の背側で触れられます。

神経支配
　　橈骨神経（C6・7・8）

機能解剖、筋力強化、ストレッチング

　総指伸筋とも呼ばれる指伸筋は4本の指すべてを伸展させる唯一の筋肉です。この筋肉の腱は4本に分かれて、各指の中節骨と末節骨に停止します。この筋肉を鍛えるには、屈曲している指に徒手で抵抗をかけたまま、指を伸展させるエクササイズをします。

　また、手首を屈曲させた状態でこのエクササイズを行うと、さらに筋肉への負荷が大きくなり効果的です。

　（総）指伸筋をストレッチするには手首を完全に屈曲させたまま、指を中手指節関節、近位指節間関節、および遠位指節間関節で最大に屈曲させます。

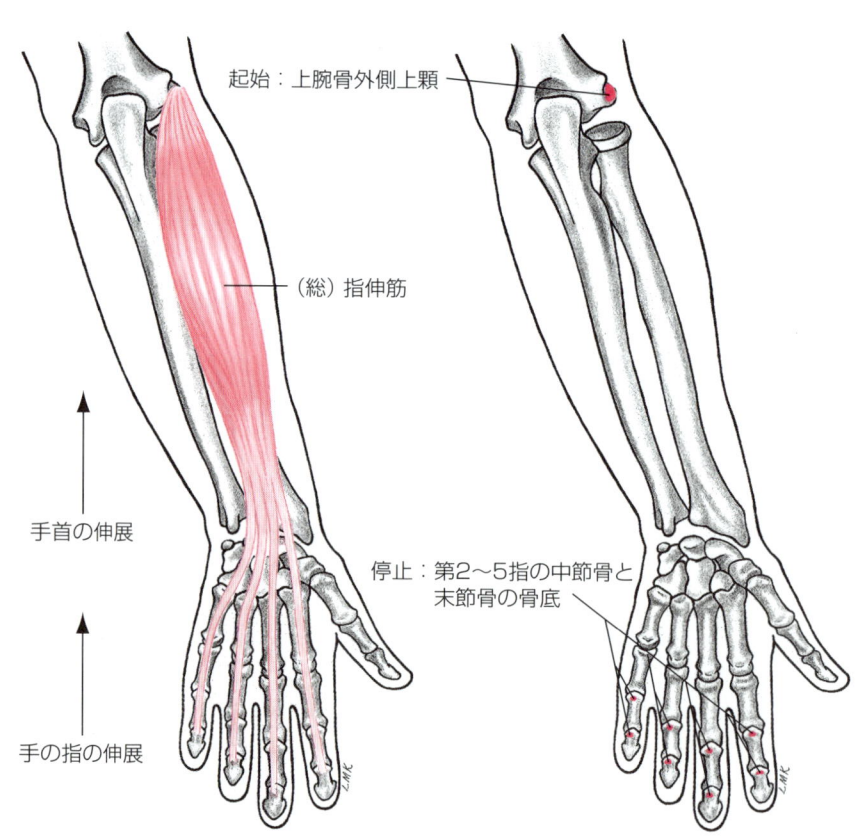

起始：上腕骨外側上顆

（総）指伸筋

手首の伸展

手の指の伸展

停止：第2〜5指の中節骨と末節骨の骨底

図 5-14　（総）指伸筋（後面）（Extensor digitorum muscle）

示指伸筋 （じししんきん）（図 5-15）

起　始

尺骨の中央から遠位にかけての後面

停　止

第 2 指(示指)の中節骨と末節骨の骨底(背側)

機　能

中手指節関節での第 2 指の伸展

手首の伸展の補助

触　診

前腕後面の遠位部と第 2 指へ付着している指伸筋腱の内側で触れられます。

神経支配

橈骨神経 （C6・7・8）

機能解剖、筋力強化、ストレッチング

示指伸筋は第 2 指 （示指）、すなわち人差し指を伸ばすための筋肉です。特に他の 4 本の指が屈曲しているときに、人差し指を伸ばすために働きます。また、この筋肉は手首の伸展も助けます。示指伸筋のためのエクササイズは、(総)指伸筋のエクササイズと同じです。

示指伸筋は手首を完全に屈曲させたまま他動的に第 2 指の中手指節関節、近位指節間関節、遠位指節間関節を最大屈曲位にもっていくことによってストレッチされます。

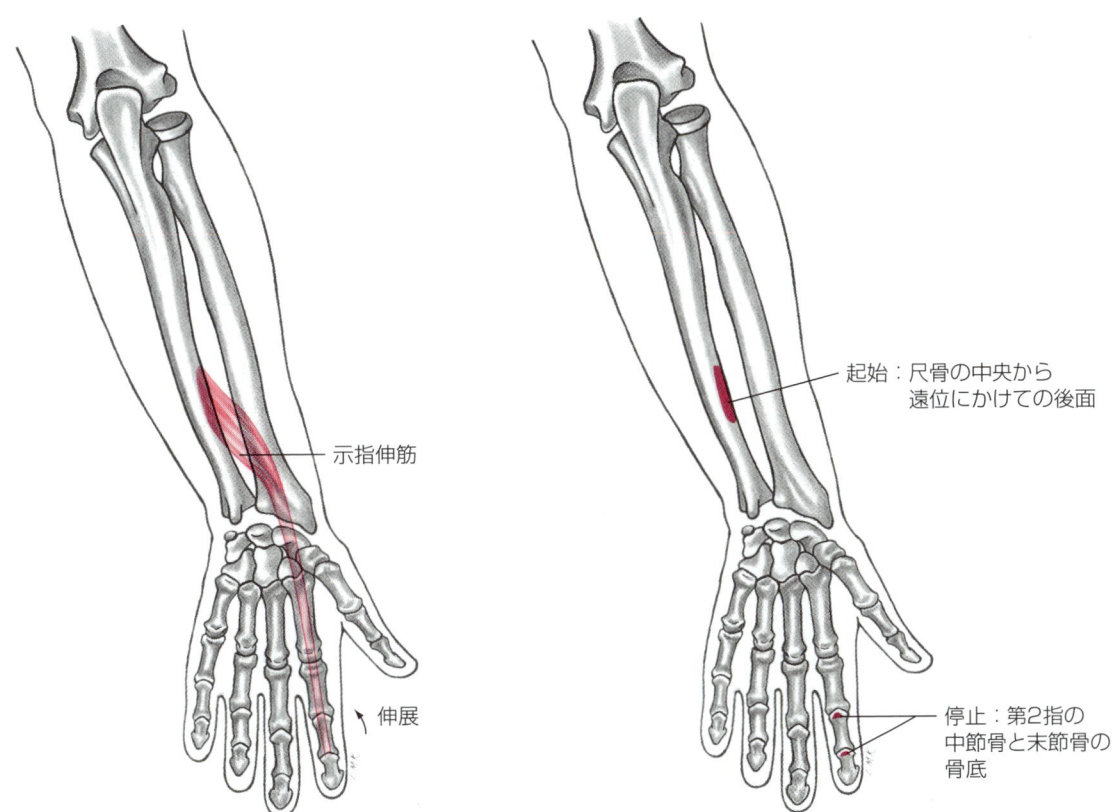

示指伸筋

伸展

起始：尺骨の中央から
　　　遠位にかけての後面

停止：第2指の
　　　中節骨と末節骨の
　　　骨底

図 5-15　示指伸筋 （後面）（Extensor indicis muscle）

小指伸筋 （しょうししんきん） （図5-16）

起　　始

上腕骨外側上顆

停　　止

第5指の中節骨と末節骨の骨底（背側）

機　　能

第5指の伸展

手首の伸展の補助

触　　診

触診できません。

神経支配

橈骨神経（C6・7・8）

機能解剖、筋力強化、ストレッチング

　小指伸筋の主な機能は（総）指伸筋が指を伸展するときに、特に第5指（小指）の伸展を助けることです。また、この筋肉は手首の後面を通過するので、手首の伸展も手伝います。この筋肉を鍛えるには（総）指伸筋と同様のエクササイズをします。

　小指伸筋は手首を完全に屈曲させた状態で、他動的に第5指の中手指節関節、近位指節間関節、遠位指節間関節を最大屈曲位にもっていくことによってストレッチされます。

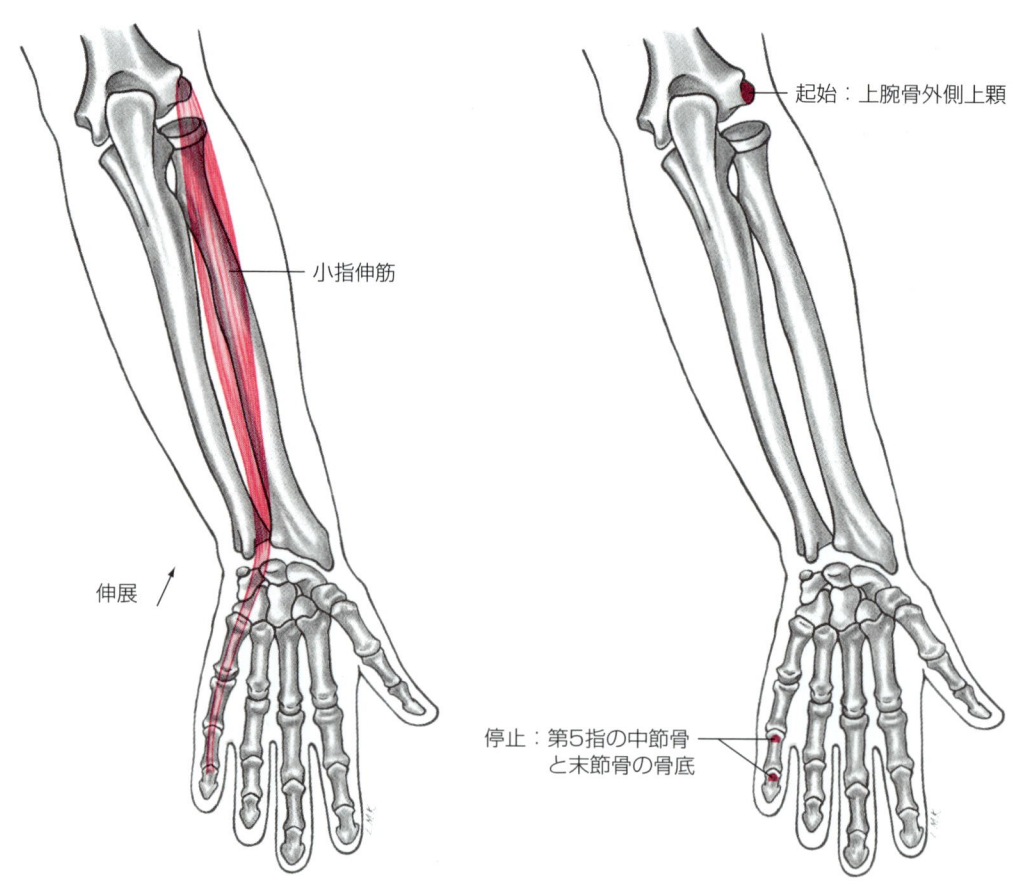

小指伸筋

伸展

起始：上腕骨外側上顆

停止：第5指の中節骨と末節骨の骨底

図5-16　小指伸筋（後面）（Extensor digiti minimi muscle）

長母指伸筋 （ちょうぼししんきん）（図5-17）

起　　始

尺骨中央から近位の外後面

停　　止

母指の末節骨の骨底（背側）

機　　能

母指の伸展

手首の伸展

触　　診

母指の背側でよく触診できます。

神経支配

橈骨神経（C6・7・8）

機能解剖、筋力強化、ストレッチング

長母指伸筋の主な働きは母指の伸展ですが、同時に手首の伸展も助けます。この筋肉を鍛えるには屈曲させた母指を伸展させる際に、徒手で抵抗をかけるエクササイズがあります。

長母指伸筋は手首を完全に屈曲位に維持し、母指全体を手根中手関節、中手指節関節、指節間関節で他動的に最大屈曲させることによってストレッチされます。

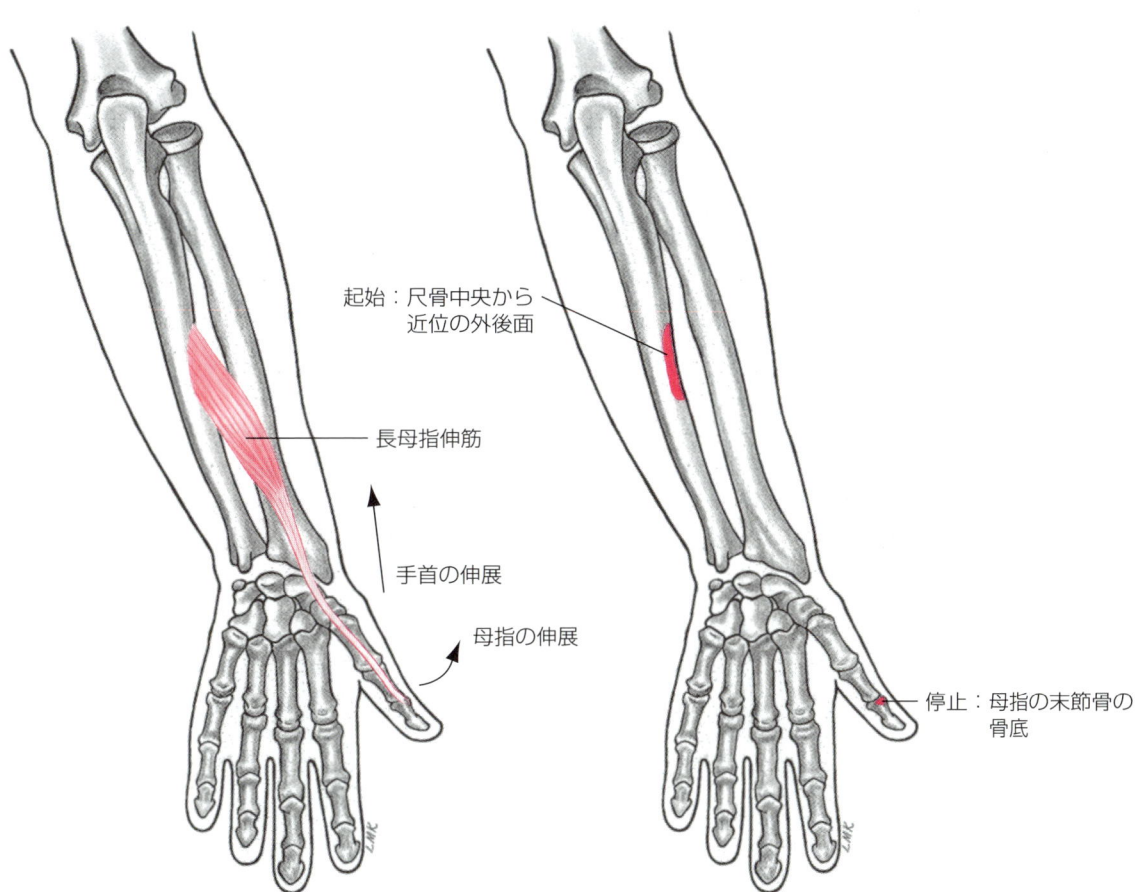

起始：尺骨中央から近位の外後面

長母指伸筋

手首の伸展

母指の伸展

停止：母指の末節骨の骨底

図5-17　長母指伸筋（後面）（Extensor pollicis longus muscle）

短母指伸筋 （たんぼししんきん）（図 5-18）

起　　始

　橈骨の遠位後面

停　　止

　母指の基節骨の骨底（背側）

機　　能

　母指の伸展

　手首の伸展の補助

触　　診

　手首の外後面で触れられます。

神経支配

　橈骨神経（C6・7）

機能解剖、筋力強化、ストレッチング

　短母指伸筋は長母指伸筋を助けて、母指を伸展します。この筋肉も手首の後面を通過するので、手首の伸展の補助筋としても機能します。長母指伸筋と同様のエクササイズで鍛えることができます。

　短母指伸筋をストレッチするには、手首を完全屈曲位に維持し、母指の手根中手関節を他動的に最大屈曲します。

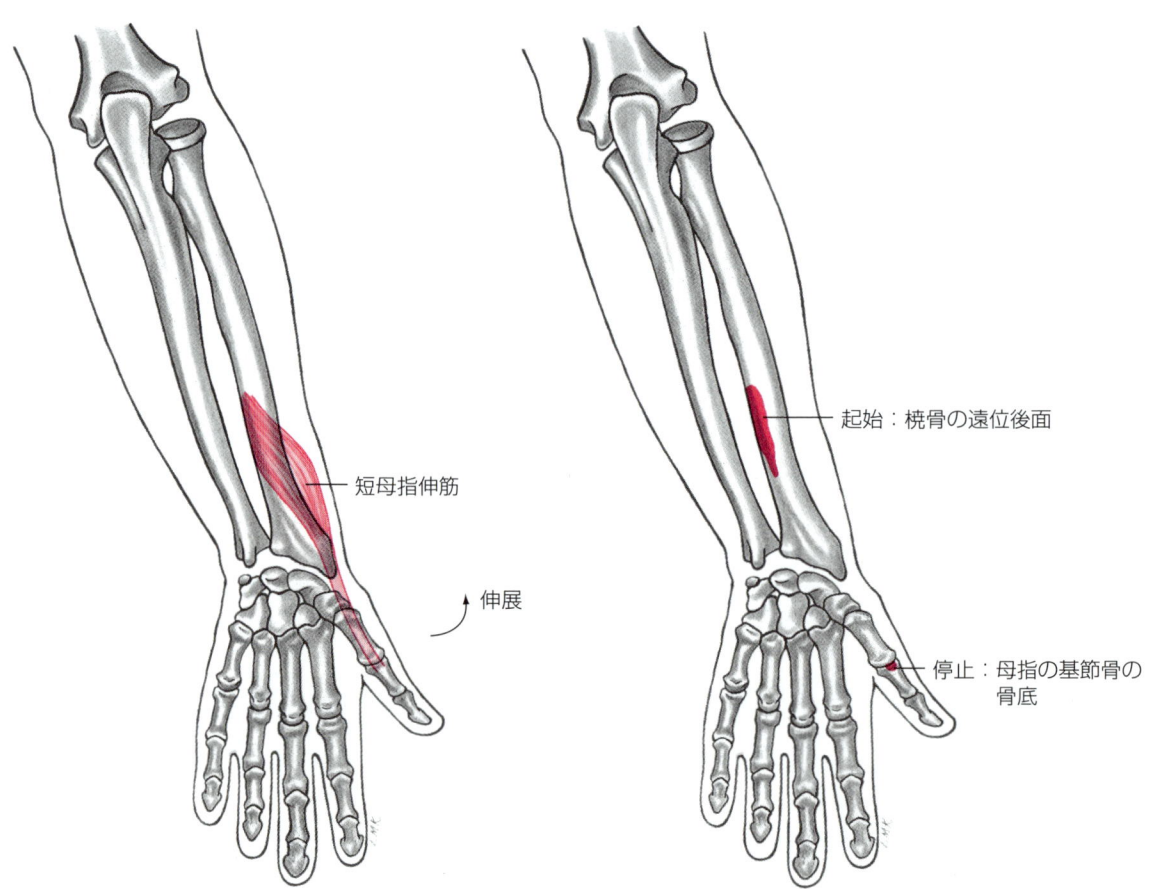

短母指伸筋

伸展

起始：橈骨の遠位後面

停止：母指の基節骨の骨底

図 5-18　短母指伸筋（後面）（Extensor pollicis brevis muscle）

長母指外転筋(ちょうぼしがいてんきん)（図 5-19）

起　始

橈骨と尺骨の中部後面

停　止

第 1 中手骨近位骨底（背側）

機　能

手根中手関節での母指の外転（橈屈）

手首の外転（橈屈）

触　診

手首の外側、第 1 中手骨の近位で触れること
ができます。

神経支配

橈骨神経（C6・7）

機能解剖、筋力強化、ストレッチング

長母指外転筋は主に母指を手根中手関節で外
転（橈屈）させますが、同時に手首の外転（橈
屈）の補助もします。この筋肉を鍛えるには徒
手による抵抗下で、母指を内転位から外転位に
動かすエクササイズがあります。

長母指外転筋をストレッチするには、手首を
完全に内転（尺屈）させたまま、手掌を横切る
ように母指全体を完全屈曲および内転させます。

長母指外転筋と長母指伸筋、そして短母指伸
筋の 3 本の腱は筋肉が収縮すると手根部背側に
おいて、これらの腱の間に解剖学的スナッフ・
ボックス（嗅ぎタバコ入れ）と呼ばれる小さな
くぼみ（橈骨小窩）を形成します。嗅ぎタバコ
入れとは小窩に嗅ぎタバコを置いて、その香り
を嗅いだことに由来します。

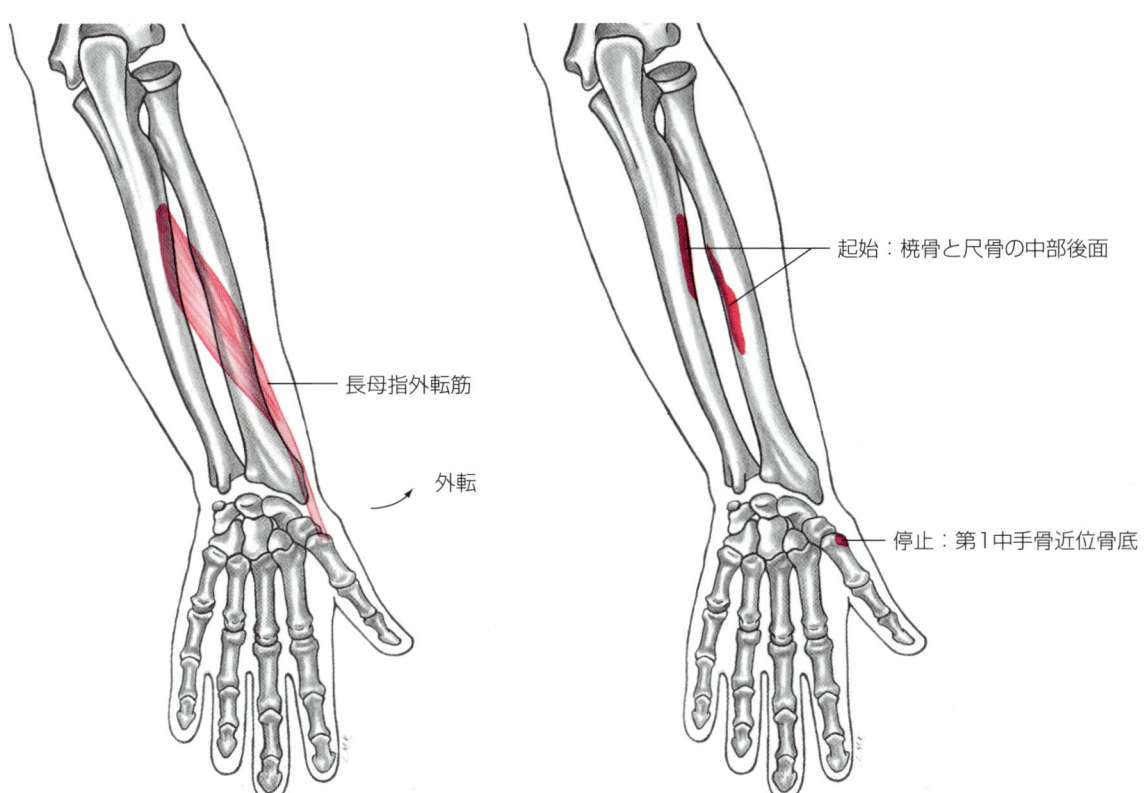

図 5-19　**長母指外転筋（後面）**（Abductor pollicis longus muscle）

手の内在筋

手の内在筋は筋肉が作用する手の部位の他に、その所在によって分類されます。（図5-20）。短母指外転筋、母指対立筋、短母指屈筋、母指内転筋は、母指球（第1中手骨の掌側にある筋の隆起）を構成します。小指球は掌側の尺側縁を形成する筋の隆起で、小指外転筋、短小指屈筋、小指対立筋により構成されます。手の中間層には3つの掌側骨間筋、4つの背側骨間筋、そして4つの虫様筋があります。

4つの内在筋は母指の手根中手関節に作用します。そのうち、母指対立筋は第1中手骨に付着し、母指を対立させる筋肉です。短母指外転筋は母指を外転させます。第1中手骨は母指内転筋により内転されます。そして、短母指屈筋により母指が屈曲されます。

3つの掌側骨間筋は、第2、第4、第5指の内転筋です。4つの背側骨間筋は第3指の内転もします。4つの虫様筋は第2〜第5指の基節骨を屈曲し、中節骨と末節骨を伸展します。

第5指には3つの筋肉が作用します。小指対立筋は第5中手骨を対立させます。小指外転筋は第5中手骨を外転させ、短小指屈筋は屈曲させます。手の内在筋の詳細に関しては、表5-1を参照して下さい。

図5-20　手の内在筋（掌側）

(Van De Graaff KM : *Human anatomy*, ed 4, 1995, McGraw-Hill Companies, Inc., New York. より改変)

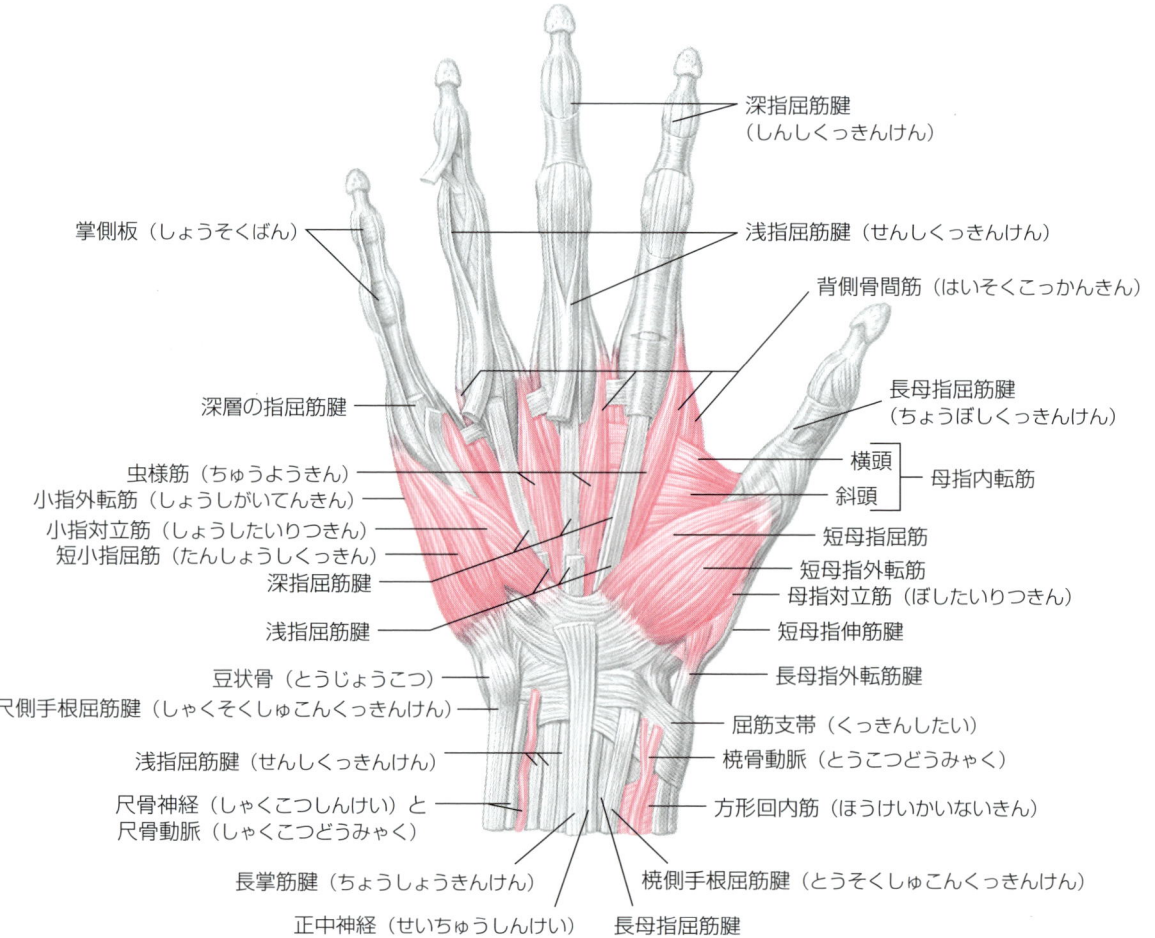

表5-1　手の内在筋

筋肉	起始	停止	機能	触診	神経支配
母指対立筋	大菱形骨 屈筋支帯	第1中手骨の外側縁	母指の手根中手関節での対立	第1中手骨の体外側	正中神経 （C6・7）
短母指外転筋	舟状骨 屈筋支帯	母指基節骨の骨底	母指の手根中手関節での外転	掌側の第1中手骨橈側	正中神経 （C6・7）
短母指屈筋	浅頭：屈筋支帯 深頭：大・小菱形骨と有頭骨	母指基節骨の骨底	母指の手根中手関節での屈曲と内転	母指球尺側中手指節関節のやや近位	浅頭：正中神経（C6・7） 深頭：尺骨神経（C8、T1）
母指内転筋	横頭：第3中手骨の掌面 斜頭：有頭骨・有鈎骨	母指基節骨の骨底尺側部	母指の手根中手関節での内転	掌側の第1、第2中手骨の間	尺骨神経 （C8、T1）
掌側骨間筋	第2、第4、第5中手骨	第2、第4、第5指基節骨の骨底と指背腱膜	第2、第4、第5指の中手指節関節での内転	触診不可	尺骨神経 （C8、T1）
背側骨間筋	第1〜第5中手骨	第2〜第4指基節骨の骨底と指背腱膜	第2、第4、第5指の中手指節関節での外転と近位指節および遠位指節間関節での伸展、第3中手指節関節の内転	中手骨体間の背側	尺骨神経 （C8、T1）
虫様筋	深指屈筋の腱	第2〜第5指の基節骨の指背腱膜	第2〜第5指の中手指節関節の屈曲と近位指節および遠位指節間関節での伸展	触診不可	第1、第2虫様筋：正中神経（C6・7） 第3、第4虫様筋：尺骨神経（C8、T1）
小指対立筋	有鈎骨の鈎	第5中手骨の尺側縁	第5指の中手指節関節での対立	触診困難	尺骨神経 （C8、T1）
小指外転筋	豆状骨 屈筋支帯	第5基節骨の骨底と指背腱膜	第5指の中手指節関節での外転	第5中手骨の尺側縁	尺骨神経 （C8、T1）
短小指屈筋	有鈎骨の鈎 屈筋支帯	第5基節骨の骨底	第5指の中手指節関節での屈曲	第5中手骨の掌側	尺骨神経 （C8、T1）

ウェブ・サイト

解剖・生理学：

    www. gwc. maricopa. edu/class/bio201/
index. htm

レントゲン像による解剖：

    radlinux1. usuf1. usuhs. mil/rad/
iong/index. html

アーカンソー大学医学部生のための一般解剖学：

    anatomy. uams. edu/htmlpages/
anatomyhtml/gross. html

ロヨラ大学付属医学センター・人体の構造：

    www. meddean. luc. edu/lumen/MedEd/
GrossAnatomy/GA. html

Wheeless の整形外科医：

    www. medmedia. com/

テキサス大学アンダーソン博士記念癌センター・
マルチメディア学習センター：

    rpi. mdanderson. org/mmlearn/

関節鏡ドット・コム：

    www. arthroscopy. com/sports. htm

手の手術の教科書：

    http://www. e-hand. com/default. htm

プレミア医学検索エンジン：

    www. medsite. com/

ヴァーチャル・ホスピタル（仮想病院）：

    www. vh. org

ワーク・シート

授業や宿題の課題として、またテストとしても 272 ページと 273 ページのワーク・シートが活用できます。

・骨格のワーク・シート（No.1）

ワーク・シート上に次の筋肉をスケッチしてみましょう。

  a. 長母指屈筋

  b. 橈側手根屈筋

  c. 尺側手根屈筋

  d. （総）指伸筋

  e. 長母指伸筋

  f. 尺側手根伸筋

・動きのワーク・シート（No.2）

次にあげる手関節（手首）と手の指の動きを矢印で示してみましょう。

  a. 手関節と手の指の屈曲

  b. 手関節と手の指の伸展

  c. 手関節の外転（橈屈）

  d. 手関節の内転（尺屈）

実習と復習問題

1. 人体の骨格模型やパートナーの身体で上腕骨、橈骨そして尺骨上の重要なポイントを探って確認してみましょう。

  a. 人体模型で

    （1）上腕骨内側上顆

    （2）上腕骨外側上顆

    （3）上腕骨滑車

    （4）上腕骨小頭

    （5）尺骨の鈎状突起

    （6）橈骨粗面

    （7）橈骨茎状突起

    （8）尺骨茎状突起

    （9）第 1 と第 3 中手骨

    （10）8 個の手根骨

    （11）基節骨、中節骨、末節骨

  b. パートナーの身体で

    （1）上腕骨内側上顆

    （2）上腕骨外側上顆

    （3）豆状骨

    （4）舟状骨

2. パートナーの身体のどの部分で次の筋肉を触れることができますか？ 実際に触れてみましょう。

   a. 長母指屈筋

   b. 橈側手根屈筋

   c. 尺側手根屈筋

   d.（総）指伸筋

   e. 長母指伸筋

   f. 尺側手根伸筋

3. 次の手首の動きを実際に行い、それに関与する筋肉をあげてみましょう。

   a. 手首の屈曲

   b. 手首の伸展

   c. 手首の外転

   d. 手首の内転

4. 次の手首と手の指の動きが生じる基本面と基本軸を考えましょう。

   a. 外転

   b. 内転

   c. 屈曲

   d. 伸展

5. どうして母指が手の指で最も大切なのかを考えてみましょう。

6. どのようにして子供達に腕立て伏せを教えますか。a、bの2通りの方法を説明しなさい。

   a. 普通の腕立て伏せ

   b. 指立て伏せ

7. 実習パートナーとともに、手首を他動的に最大屈曲位にもっていくときに、なぜすべての指を完全屈曲位に維持することができ

関節の動きの分析チャート・手関節（手首）と手の指

手首と手	
屈曲	伸展
内転	外転
手指—中手指節関節	
屈曲	伸展
手指—近位指節間関節	
屈曲	伸展
手指—遠位指節間関節	
屈曲	伸展
母指	
屈曲	伸展

ないのか原因を考えましょう。また反対に、手首を他動的に完全伸展位にもっていく場合は、すべての指を最大伸展位に維持することが難しいでしょうか。

8. 関節の動きの分析チャートに示された関節の動きに関与する主な筋肉を書き込みましょう。

■参考文献■

Gabbard CP, et al : Effects of grip and forearm position on flex arm hang performance, *Research Quarterly for Exercise and Sport*, July 1983.

Gench BE, Hinson MM,Harvey PT : *Anatomical kinesiology*, Dubupue, IA, 1995, Eddie Bowers.

Herrick RT, Herrick S : Ruptured triceps in powerlifter presenting as cubital tunnel syndrome－a case report, *American Journal of Sports Medicine* 15 : 514, September-October 1987.

Hislop HJ, Montgomery J : *Daniels and Worthingham's muscle testing : techniques of manual examination*, ed 6, Phiadelphia, 1995, Saunders.

Lindsay DT : *Functional human anatomy*, St. Louis, 1996, Mosby.

Luttgens K, Hamilton N : *Kinesiology : scientific basis of human motion*, ed 9, Madison, WI, 1997, Brown & Benchmark.

Norkin CC, Levangie PK : *Joint structure and function－a comprehensive analysis*, Philadelphia, 1983, Davis.

Norkin CC, White DJ : *Measurement of joint motion : a guide to goniometry*, Philadelphia, 1985, Davis.

Rasch PJ : *Kinesiology and applied anatomy*, ed 7, Philadelphia, 1989, Lea & Febiger.

Seeley RR, Stephens TD, Tate P : *Anatomy & physiology*, ed 2, St. Louis, 1992, Mosby-Year Book.

Sieg KW, Adams SP : *Illustrated essentials of musculoskeletal anatomy*, ed 2, Gainesville, FL, 1985, Megabooks.

Sisto DJ, et al : An electromyographic analysis of the elbow in pitching, *American Journal of Sports Medicine* 15 : 260, May-June 1987.

Smith LK, Weiss EL, Lehmkuhl LD : *Brunnstrom's clinical kinesiology*, ed 5, Philadelphia, 1996, Davis.

Springer SI : Racquetball and elbow injuries, *National Racquetball* 16 : 7, March 1987.

Stone RJ, Stone JA : *Atlas of the skeletal muscles*, 1990, McGraw-Hill Companies, Inc., New York.

6 上肢の動きの分析

Muscular analysis of the upper extremity

この章を学習することで

● いろいろなタイプの筋収縮について理解できます。

● 1つの関節の動きに関与する複数の筋肉をグループとしてとらえることができます。

● 各グループの筋肉を鍛えるためにはどのようなエクササイズが適切なのかをプログラムできます。

● 関節の動きとそれに関与する筋肉について細かく分析できます。

肩の周囲は人体の中で最も弱い場所です。懸垂ではバーをつかんでぶら下がり、顎がバーの上に出るまで身体を引き上げますが、子供の頃は肩回りの筋肉が発達していないので、多くの子供は懸垂を1回もできません。したがって子供用には斜め懸垂などで筋力測定をする方法がとられています。

肩回りの筋肉の筋力や筋持久力が発達することで、身体の外観や姿勢がよくなるだけでなく、スポーツにおいても動きの効率が上がり、パフォーマンスによい影響を与えます。したがって、この部位のトレーニングは大切なのですが、トレーニング・プログラムを立てるためには各筋肉の機能を断片的にではなく、統合的に理解しておく必要があります。

この章では、関節の単純な動きに関与するいくつかの筋肉とそれらがどのように協力しながら働いているのかを学習し、具体的なエクササイズについても理解します。

簡単なエクササイズにおける関節の動きやそれに関与する筋肉（筋群）を機能解剖学で学習することで、より複雑なエクササイズを理解できるようになります。第11章ではより多くの筋肉が一度に関与する複雑な身体活動を分析してみます。みなさんの多くは機能解剖学はとても難しいと感じていることでしょうが、いったん基本的な用語とその内容がわかれば、身体の動きや関節の動きを筋肉の働きから理解することはさほど難しいことではありません。

動きの分析

身体の動きを分析するにあたっては、いろいろな関節の動きに関連して、いかに複数の筋肉がグループとして働いているのかをとらえることが大切です。ある関節に動きが生じるときに、複数の筋肉がお互いに共同して働くかを示す一例は、膝を屈曲させるハムストリングと膝を伸展させる大腿四頭筋の関係にみることができます。この関係はなかなか理解しにくく、膝の動きにもよりますが、いずれの筋群もエキセント

リックに収縮することで、まったく反対の運動をコントロールする機能をもっています。すなわちエキセントリック収縮により、大腿四頭筋は膝の屈曲をコントロールし、反対にハムストリングは膝の伸展をコントロールします。ある動きを分析するにあたっては動きそのものをみるだけではなく、どの筋肉が働いているのかを分析します。そうすることで鍛えたい筋肉にとって、どのようなエクササイズが適切であるかがわかるのです。第1章では、関節運動において複数の筋肉がグループとしていかに働き、機能するかを説明しています。

動作分析

　いろいろな運動やスポーツの技術を分析するとき、その運動を各局面（期あるいは相とも呼ぶ）に分解することは大変重要です。局面の数は通常3〜5ぐらいですが、その技術によって異なります。実際に、すべてのスポーツ技術は最低準備期、運動期、フォロースルー期の3局面からなりますが、多くは、スタンス期で始まりリカバリー期で終わります。各期の名称は種々のスポーツで使用される専門用語によって異なります。

　スタンス期はその技術を発揮するために、楽でバランスのとれた体勢をとる時期です。種々の関節角度が、関節間または運動面に対して適切な位置にあるかに重点が置かれます。

　準備期（投球動作ではワインド・アップ期からコッキング期）では固有の筋肉が伸張され、それにより次の期でコンセントリックに収縮する際に、より多くの力や勢いが生み出されるように位置を定めます。

　運動期（投球動作では加速期）はその技術の実際の動きの部分です。この期では、力の合計が直接ボール、器具、あるいは相手に加えられ、

そして、関与する筋肉では最大収縮に近いコンセントリックな筋活動が生じます。

　フォロースルー期は関与している体節や部位に負の加速を生じさせるために、運動期の頂点の直後から始まります。減速期とも呼ばれるこの期では、体節の速度は通常広範囲な可動域全般にわたって徐々に減少します。この減速は運動期で使われた筋肉の拮抗筋のエキセントリックな筋収縮によってなされます。

　リカバリー期はフォロースルー期後にバランスを回復し、次の動作要求に対応するための期です。

スタンス　　　　　　準備

運動

フォロースルー

図6-1　動作分析における各期（野球の投球動作）

図6-1の野球の投球動作を例として動作分析をしてみましょう。スタンス期はキャッチャーからのサインを受けとる前で、ボールをグローブに入れている局面です。ピッチャーは投球腕を後方に伸ばし左股関節を屈曲するとともに、体幹を右へ回旋することにより準備期を始めます。右の肩甲骨は完全に後退（内転）し、肩関節は外転および最大外旋となってこの期は完了します。これに続いてすぐに運動期が始まり、投球腕が安全に運動方向を変えられるほどの速度に減少するまで、投球腕は運動期で決定された同じ方向を動きつづけます。このとき特に投球腕の減速は、多大なエキセントリックな筋収縮活動によりなし遂げられます。この時点でリカバリー期が始まり、ピッチャーは打球に対して野手として対応することになります。この例では、野球の投球腕にのみ着目して手短に説明しましたが、他のオーバーヘッド動作、たとえばテニスのサーブ、槍投げ、あるいはバレーボールのサーブなどにおいても多くの共通点があります。実践では、身体の各関節の動きがいくつかの局面に分かれて分析されなければなりません。

上肢の動き

登ったり泳いだりぶら下がったりといった運動は子供達にとって本能のように思えます。これらの動きでは手、手首、肘および肩の筋肉を十分に使いますが、現代社会においてはこのようなタイプの動きをする機会はあまりありません。小学校の体育教師によって、男女の区別なくこれらの筋肉を鍛えるようなプログラムが提供されているにもかかわらず、この部位は身体の中でも最も弱いまま残るようです。この部位が弱いとゴルフやテニス、ラケットボールといった楽しみのための運動にさえも支障をきたしか

ねません。反対に、この部位を十分鍛えた運動選手は高いパフォーマンスが期待できます。若いときに上肢の筋力や筋持久力を鍛えることでゴルフやテニス、ラケットボールのスキルを向上させておけば生涯を通じてこれらを楽しむことができ、また多くのスポーツ障害を予防することもできます。

運動系の概念

いままで学習してきたように、私達の身体は複数の関節、つまり連続された骨の分節によって構成されています。複数の骨の複数の関節の連合は〝連結系〟としてとらえることができます。もしもある連結系が開放性である場合、すなわち連結系の先端にさらなる連結や負荷抵抗がない場合は、その連結系だけで運動を完了することができます。しかし、もしも連結系が閉鎖性、すなわちその連結の先に別の連結が続いている場合は、1つの連結系の動きは他の連結系の動きから大きな影響を受けてしまうことになります。

たとえば身体の遠位端がある面に固定されていなければ、**開放運動系**（Open Kinetic Chain）と表されます。ここではいずれの関節も他の関節の動きと直動せず、個別に動いて機能できます。上肢での1例としては、ショルダー・シュラッグがあります。しかし、たとえば腕立て伏せ（プッシュ・アップ）のように、もし身体の遠位端が地面に固定されているならば、それは**閉鎖運動系**（Closed Kinetic Chain）と表されます。

動作分析において、その動作が開放運動系であるか、あるいは閉鎖運動系であるかを考慮することは、パフォーマンス向上のための適切なコンディショニングプログラムを決めるために役立ちます。一般的に閉鎖運動系のエクササイ

ズはより機能的で、スポーツや身体活動の要求に応用できます。ほとんどのスポーツでは、下肢は閉鎖運動系、上肢は開放運動系で機能します。しかし、多くの例外もあります。閉鎖運動系のエクササイズは運動系すべての分節を動かし、結果として、各関節にまたがる筋のコンディショニングを総合的に行うのに対して、開放運動系エクササイズは一般的に単純な関節運動に限定されます。

上肢の運動分析

　次の数ページではいくつかの代表的な上肢の運動分析を説明します。みなさんは他の上肢の運動を分析するのにこの方法を使い、さらに発展させることをお勧めします。分析で書き出されているすべての筋肉は、特にエキセントリックやアイソメトリックと示されていなければ、コンセントリックに収縮していると考えて下さい。

ショルダー・プル

エクササイズの方法

　立位または坐位で、胸の前で手を組み、手を引き離すように外に向かって引きます（図6-2）。この筋収縮を5〜20秒保持します。

動作の分析

　このタイプのエクササイズでは、収縮している筋肉はほとんど、もしくはまったく長さを変えません。動きを生じさせるように収縮する筋肉を主働筋と呼びますが、ショルダー・プルでは、右上肢の主働筋は左上肢の主働筋に拮抗し、逆もまた同様です。この運動は、手首、手の指、肘、肩、そして肩甲骨に関与する筋肉のアイソメトリック収縮といえます。収縮の強さは、引く角度や関与する関節のてこの作用によります。それゆえに、毎回強度を同じにするのは困難です。【注：このエクササイズ全体はアイソメトリック運動として意図されているので、述べられているすべての収縮はアイソメトリック収縮です】

試みられる動き

　アイソメトリック運動は、エクササイズのタイプや動きがどの関節で試みられるかによって収縮する筋肉の数は異なります。ショルダー・プル・エクササイズは4つの主な関節で拮抗筋の収縮をいくらか生じます。

手首と手の指の伸展

　手首と手の指の屈筋によって抵抗を受ける

　　主働筋：手首と手の指の伸筋

　　拮抗筋：手首と手の指の屈筋

手首と手の指の屈曲

　手首と手の指の伸筋によって抵抗を受ける

　　主働筋：手首と手の指の屈筋

　　拮抗筋：手首と手の指の伸筋

肘関節の伸展

　（手首、手の指）肘の屈筋によって抵抗を受ける

　　主働筋：上腕三頭筋、肘筋

　　拮抗筋：上腕二頭筋、上腕筋、腕橈骨筋

肘関節の屈曲

　（手首、手の指）肘の伸筋によって抵抗を受ける

　　主働筋：上腕二頭筋、上腕筋、腕橈骨筋

　　拮抗筋：上腕三頭筋、肘筋

肩関節の外転

　肩関節の内転筋によって抵抗を受ける

　　主働筋：三角筋、棘上筋

　　拮抗筋：大円筋、広背筋、大胸筋

肩関節の内転

　肩関節の外転筋によって抵抗を受ける

　　主働筋：大円筋、広背筋、大胸筋

　　拮抗筋：三角筋、棘上筋

肩甲骨の内転と下制

　肩甲骨の外転筋によって抵抗を受ける

　　主働筋：菱形筋、僧帽筋（下部）、小胸筋

　　拮抗筋：前鋸筋、僧帽筋（上部）

肩甲骨の外転と挙上

　肩甲骨の内転筋によって抵抗を受ける

　　主働筋：前鋸筋、僧帽筋（上部）

　　拮抗筋：菱形筋、僧帽筋（下部）、小胸筋

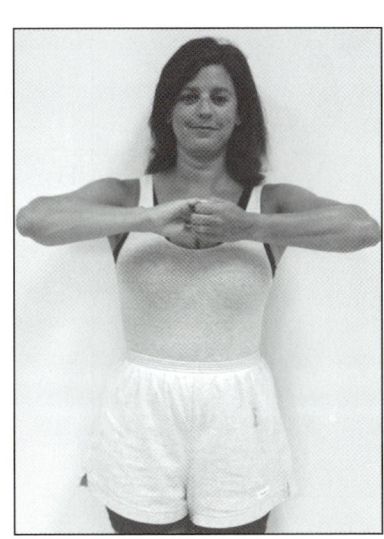

図6-2　ショルダー・プル

アーム・カール

エクササイズの方法

立位で手にダンベルを持ち、手のひらを前方に向け、肘が完全に屈曲するまでダンベルを持ち上げます。(図6-3)。それから、スタート位置に戻します。

動作の分析

このエクササイズは分析上、2つの動作に分けられます：(1) 上方へのカール運動 (2) スタート位置に戻る動作【注：肩関節と肩甲骨の若干の動きは分析されていません】

(1) 上方へのカール運動

【注：手首はダンベルを握るためにより大きな指の屈曲力が必要なので若干の伸展位にします (ダンベルを持っているため、エクササイズ全体を通して屈筋はアイソメトリックに収縮を続けます)】

手首と手の指
　動き：屈曲
　筋肉：橈側手根屈筋、尺側手根屈筋
　　　　長掌筋、深指屈筋
　　　　浅指屈筋、長母指屈筋

肘関節
　動き：屈曲
　筋肉：上腕二頭筋、上腕筋、腕橈骨筋

(2) スタート位置に戻る動作

手首と手の指
　動き：屈曲
　筋肉：手首と手の指の屈筋（アイソメトリック収縮）

肘関節
　動き：伸展
　筋肉：肘関節の屈筋（エキセントリック収縮）

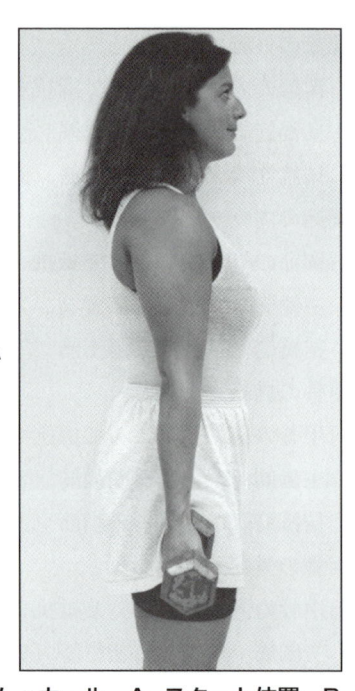
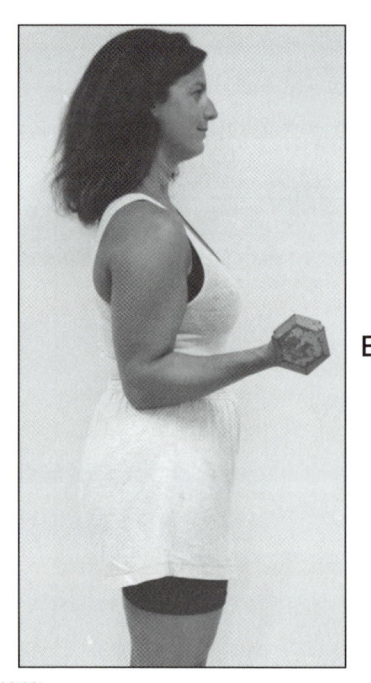

図6-3　アーム・カール　A. スタート位置　B. 肘を曲げた状態

トライセプス・エクステンション

エクササイズの方法

反対側の手を使って運動する腕を支え、肩を屈曲位に保ちます。ダンベルを握り肘が完全に曲がった状態から始め、上腕と前腕がまっすぐになるまで肘を伸ばします。肩関節と肩甲帯は反対側の手で固定されているので、これらの部位に動きはないと仮定します。

運動の分析

このエクササイズは分析上、2つの動作に分けられます：（1）肘を伸ばして腕をまっすぐな状態にする動作（2）スタート位置に戻る動作

（1）肘を伸ばした状態にする動作

【注：手首はダンベルを握るためにより大きな指の屈曲力が必要なので若干の伸展位にします（ダンベルを持っているため、エクササイズ全体を通して屈筋はアイソメトリック収縮を維持します）】

手首と手の指

　動き：屈曲

　筋肉：橈側手根屈筋、尺側手根屈筋
　　　　　長掌筋、深指屈筋
　　　　　浅指屈筋、長母指屈筋

肘関節

　動き：伸展

　筋肉：上腕三頭筋、肘筋

（2）スタート位置に戻る動作

手首と手の指

　動き：屈曲

　筋肉：手首と手の指の屈筋（アイソメトリック収縮）

肘関節

　動き：屈曲

　筋肉：肘関節の伸筋（エキセントリック収縮）

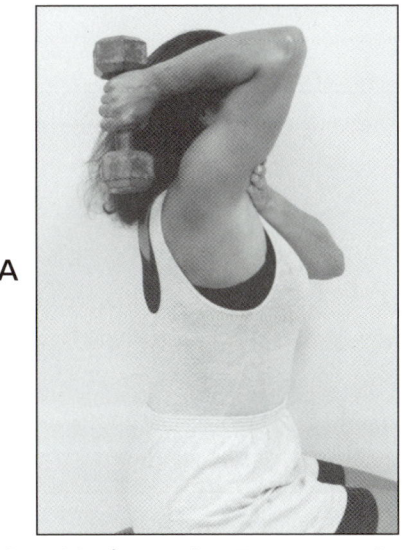

図6-4　トライセプス・エクステンション　A．スタート位置　B．肘を伸ばした状態

ショルダー・プレス(バーベル・プレス)

エクササイズの方法

　このエクササイズはしばしばミリタリー・プレスとかオーバーヘッド・プレスとも呼ばれます。手のひらを前方へ向け、足幅は楽な位置にひろげ、背すじと脚をまっすぐにした状態でバーを胸の上部に保持します（図6-5A）。この位置からバーベルを完全に頭上まで押し上げ、それからスタート位置に戻します（図6-5B）。

動作の分析

　このエクササイズは分析上、2つの動作に分けられます：(1) バーをプレスする動作 (2) スタート位置に戻る動作

(1) バーをプレスする動作

【注：手首はバーを握るために大きな指の屈曲力が必要なので若干の伸展位にします】

手首と手の指
　　動き：なし
　　筋肉：手首と手の指の屈筋（アイソメトリック収縮）

肘関節
　　動き：伸展
　　筋肉：上腕三頭筋、肘筋

肩関節
　　動き：屈曲
　　筋肉：大胸筋（鎖骨頭）、三角筋（前部）烏口腕筋、上腕二頭筋

肩甲骨
　　動き：上方回旋と挙上
　　筋肉：僧帽筋、肩甲挙筋、前鋸筋

(2) スタート位置に戻る動作

手首と手の指
　　動き：なし
　　筋肉：手首と手の指の屈筋（アイソメトリック収縮）

肘関節
　　動き：屈曲
　　筋肉：肘関節の伸筋（エキセントリック収縮）

肩関節
　　動き：伸展
　　筋肉：肩関節の屈筋（エキセントリック収縮）

肩甲骨
　　動き：下方回旋と下制
　　筋肉：肩甲骨の上方回旋筋と挙上筋（エキセントリック収縮）

| A | B |

図6-5　ショルダー・プレス(バーベル・プレス)　A. スタート位置　B. 完全にバーを押し上げた状態

ベンチ・プレス(チェスト・プレス)

エクササイズの方法

　ベンチ台に仰向け（背臥位）に横たわってバーベルを握り、ウエイトを腕と肩の可動域いっぱいに上方へ押し上げます。そしてウエイトをスタート位置に戻します。

動作の分析

　このエクササイズは分析上、2つの動作に分けられます：(1) 肘を伸ばして上方に押し上げる動作 (2) スタート位置に戻す動作

(1) バーを上方へ押し上げる動作

【注：手首はバーを握るために大きな指の屈曲力が必要なので若干の伸展位にします】

手首と手の指

　　動き：屈曲

　　筋肉：手首と手の指の屈筋（アイソメトリック収縮）

　　　　　　橈側手根屈筋、尺側手根屈筋

　　　　　　長掌筋、深指屈筋

　　　　　　浅指屈筋、長母指屈筋

肘関節

　　動き：伸展

　　筋肉：上腕三頭筋、肘筋

肩関節

　　動き：屈曲と水平屈曲

　　筋肉：大胸筋、三角筋（前部）

　　　　　　烏口腕筋、上腕二頭筋

肩甲骨

　　動き：外転

　　筋肉：前鋸筋、小胸筋

(2) スタート位置に戻す動作

手首と手の指

　　動き：屈曲

　　筋肉：手首と手の指の屈筋（エキセントリック収縮）

肘関節

　　動き：屈曲

　　筋肉：肘関節の伸筋（エキセントリック収縮）

肩関節

　　動き：伸展と水平伸展

　　筋肉：肩関節の屈筋と水平屈曲の筋肉（エキセントリック収縮）

肩甲骨

　　動き：内転

　　筋肉：肩甲骨の外転筋（エキセントリック収縮）

図6-6　ベンチ・プレス（チェスト・プレス）　A. スタート位置　B. 挙上状態

懸　垂 ……………………………………………………

エクササイズの方法

　図 6-7A のようにバーを逆手で握ります。バーに完全にぶら下がった状態からバーの上に顎が出るまで身体を引き上げ（図 6-7B）、再び Aの位置へ戻ります（図 6-7C）。

動作の分析

　このエクササイズは分析上、2 つの動作に分けられます：（1）身体を引き上げる動作 （2）身体をスタート位置に戻す動作

（1）身体を引き上げる動作

手首と手の指

　　動き：なし

　　筋肉：手首と手の指の屈筋（アイソメトリック収縮）

肘関節

　　動き：屈曲

　　筋肉：上腕二頭筋、上腕筋、腕橈骨筋

肩関節

　　動き：伸展と内転

　　筋肉：広背筋、小円筋、三角筋（後部）
　　　　　大胸筋、上腕三頭筋（長頭）

肩甲骨

　　動き：内転、下制、下方回旋

　　筋肉：僧帽筋、小胸筋、菱形筋

（2）スタート位置に戻す動作

手首と手の指

　　動き：なし

　　筋肉：手首と手の指の屈筋

肘関節

　　動き：伸展

　　筋肉：肘関節の屈筋（エキセントリック収縮）

肩関節

　　動き：屈曲と外転

　　筋肉：肩関節の伸筋と内転筋（エキセントリック収縮）

肩甲骨

　　動き：外転、挙上、上方回旋

　　筋肉：肩甲骨の内転、下制、下方回旋の筋群（エキセントリック収縮）

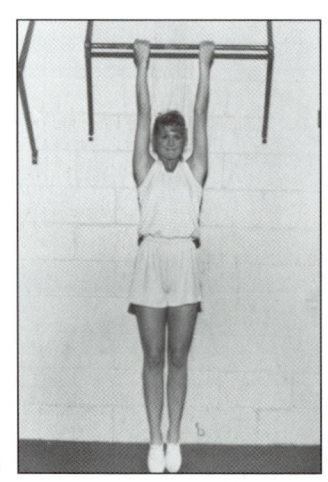

図 6-7　懸垂　A．スタート位置　B．顎までバーを引いた状態　C．肘を伸ばしながら戻る

腕(指)立て伏せ

エクササイズの方法

　床に腹ばい（腹臥位）になり、肩幅で手のひらを（指を立てて）床につけます（図6-8A）。背中と脚をまっすぐにし、つま先で支え、手の指で床を押して肘を伸ばします。次に肘を曲げながらスタートの位置まで戻ります（図6-8B）。

動作の分析

　このエクササイズは分析上、2つの動作に分けられます：(1) 肘を曲げた状態から伸ばす動作 (2) スタート位置に戻す動作

(1) 肘を伸ばす動き

手首と手の指

　　動き：なし

　　筋肉：手首と手の指の屈筋と伸筋（アイソメトリック収縮）

肘関節

　　動き：伸展

　　筋肉：上腕三頭筋、肘筋

肩関節

　　動き：水平屈曲

　　筋肉：大胸筋、三角筋（前部）
　　　　　上腕二頭筋、烏口腕筋

肩甲骨

　　動き：外転

　　筋肉：前鋸筋、小胸筋

(2) スタート位置に戻す動作

手首と手の指

　　動き：なし

　　筋肉：手首と手の指の屈筋と伸筋（アイソメトリック期）

肘関節

　　動き：屈曲

　　筋肉：肘関節の伸筋（エキセントリック収縮）

肩関節

　　動き：水平伸展

　　筋肉：肩関節の水平屈曲の筋肉（エキセントリック収縮）

肩甲骨

　　動き：内転

　　筋肉：肩甲骨の外転筋（エキセントリック収縮）

　懸垂と腕（指）立て伏せは肩甲骨、肩関節、肘関節それに手首と手の指に関与する筋肉を鍛える大変に優れたエクササイズです（図6-7、8）。フリーウェイトやマシンを使わなくてもこの部位の筋力は鍛えられます。

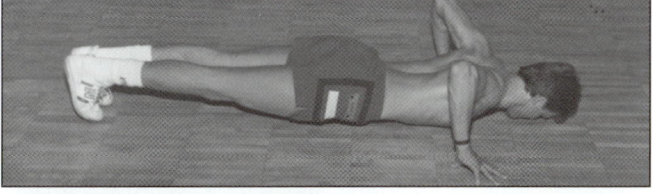

図6-8　腕(指)立て伏せ
　　A．スタート位置
　　B．床を押して肘を伸ばした状態

ラット・プル・ダウン

エクササイズの方法

　座った状態で腕を伸ばし、肩幅より広い位置でバーを握ります。（図6-9A）。次にバーを首の後の肩の高さまで引きます。（図6-9B）。最後にゆっくりとスタート位置に戻します。

動作の分析

　このエクササイズは分析上、2つの動作に分けられます：（1）バーを首の後の肩の高さまで引き下ろす動作（2）バーを元の高さにまでゆっくりと戻す動作

（1）バーを引き下ろす動作

手首と手の指
　　動き：なし
　　筋肉：手首と手の指の屈筋（アイソメトリック収縮）

肘関節
　　動き：屈曲
　　筋肉：上腕二頭筋、上腕筋、腕橈骨筋

肩関節
　　動き：内転と内旋
　　筋肉：大胸筋、三角筋（前部）
　　　　　広背筋、大円筋、肩甲下筋

肩甲骨
　　動き：内転、下制、下方回旋
　　筋肉：僧帽筋（下部）
　　　　　菱形筋、小胸筋

（2）バーをスタート位置に戻す動き

手首と手の指
　　動き：なし
　　筋肉：手首と手の指の屈筋（アイソメトリック収縮）

肘関節
　　動き：伸展
　　筋肉：肘関節の屈筋（エキセントリック収縮）

肩関節
　　動き：外転と外旋
　　筋肉：肩関節の内転筋と内旋筋（エキセントリック収縮）

肩甲骨
　　動き：外転、挙上、上方回旋
　　筋肉：肩甲骨の内転、下制、下方回旋の筋肉（エキセントリック収縮）

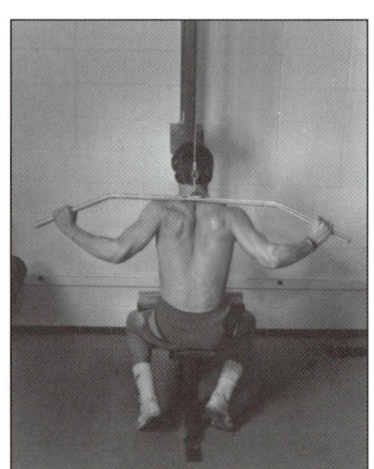

図6-9　ラット・プル・ダウン
　　A．スタート位置
　　B．引き下げた状態

ウェブ・サイト

フィットネス・ワールド：

www. fitnessworld. com
＊一般的なフィットネス情報と Fitness Management へのアクセスサイト

コンセプトⅡ：

www. concept2. com
＊ローイング（ボートこぎ）テクニックとそれに使われる筋肉の解説を含む

パンプ・アップ：

www. netspace. org
＊主な筋肉のストレッチングと強化の方法の解説を含む

ワーク・シート

　授業や宿題の課題として、またテストとしても 274 ページのワーク・シートが活用できます。
・アップライト・ローのワークシート（**No. 1**）
　アップライト・ローを行う上で、ウエイトを挙上するときの各関節での動きを書き出してみましょう。それぞれの関節の動きに関して、主として働く筋肉とそれらの収縮様式（コンセントリックかエキセントリックか）を書き出してみましょう。
・ディッピングのワーク・シート（**No. 2**）
　ディッピング中に身体を沈めるときと上げるときの各関節の動きを解剖学用語を用いて説明してみましょう。また、それらの筋肉の収縮様式（コンセントリックかエキセントリックか）を記入してみましょう。

実習と復習問題

1. 肩回りを鍛える他のエクササイズを例に出して、その動きを分析しましょう。
2. スポーツ選手の肩回りの動きを観察して分析してみましょう。
3. パートナーに、懸垂と腕立て伏せの方法を

各部位の関節の動きを分析しながらわかりやすく説明して下さい。

4. 小さな子供達の肩の周囲の筋肉が十分に発達しているかどうかをみるために懸垂や腕立て伏せをする必要があるでしょうか。
5. 肩回りの筋肉が十分に発達していることを確かめるために懸垂や腕立て伏せをしてみましょう。
6. どうして指立て伏せのほうが、普通の腕立て伏せよりもよいのでしょうか。
7. 手のひらを肩の高さで前方に向け、壁から腕の長さよりやや離れて立ちます。肘が完全に伸展し肩関節が 90°屈曲位になるまで手を肩の前に突き出します。ここから以下の動作を始めますが、各動作に関与する筋肉の名前をあげ、収縮様式を分析してみましょう。

   ・肩関節 90°屈曲

   ・肘関節完全伸展

   ・手関節 70°伸展

8. 壁から約 15cm 離れて立ちます。肩の高さで両手を壁につけ、鼻と胸を壁につけます。手のひらを壁につけたまま、手のひらが壁面から離れない範囲で可能な限り胸が壁から離れるまで腕立て伏せの要領でゆっくり壁を押してみましょう。肩甲骨、肩関節、肘関節および手首でそれぞれ、この運動を行う筋肉について分析してみましょう。
9. 問 7 と問 8 の運動の違いは何ですか。問 7 のように問 8 の動作を 1 つずつ分析することはできるでしょうか。
10. 次ページのエクササイズの分析チャートのそれぞれの運動を分析し、1 つの欄ごとに、運動中の実際の動きに関与するそれぞれの関節を書き込みましょう。実際に動きのない関節、すなわちアイソメトリック収縮で

エクササイズの分析チャート

エクササイズ	フェイズ（期）	関節と動きの名称	使われる筋肉名（あるいは重力）	動きに抵抗する力（筋肉名あるいは重力）	機能している筋肉の収縮様式
ショルダー・プレス（オーバーヘッド・プレス／ミリタリー・プレス）	バーをプレスする動作				
	元に戻す動作				
ベンチ・プレス（チェスト・プレス）	バーを上方へ押し上げる動作				
	元に戻す動作				
懸垂	身体を引き上げる動作				
	元に戻す動作				
腕（指）立て伏せ	身体を押し上げる動作				
	元に戻す動作				
ラット・プル・ダウン	バーを引く動作				
	元に戻す動作				

維持されている関節は含まないで結構です。

■参考文献■

Adrian M : Isokinetic exercise, *Training and Conditioning* 1 : 1, june 1991.

Andrews JR, Wilk KE : *The athlete's shoulder*, New York, 1994, Churchill livingstone.

Andrews JR, Zarins B, Wilk KE : *Injuries in baseball*, Philadelphia, 1998, Lippincott-Raven.

Booher JM, Thibodeau GA : *Athletic injury assessment*, ed 4, 2000, McGraw-Hill Companies, Inc.,New York.

Bouche J : Three essential lifts for high school players, *Scholastic Coach* 56 : 42, April 1987.

Brzycki M : Rx for a safe productive strength program, *Scholastic Coach* 57 : 70, september 1987.

Epley B : Getting elementary muscles, *Coach and Athlete* 44 : 60, November-December 1981.

Geisler P : Kinesiology of the full golf swing-implications for intervention and rehabilitation, *Sports Medicine Update* 11 : 9, #2, 1996.

Luttgens K, Hamilton N : *Kinesiology : scientific basis of human motion*, ed 9, Madison, WI, 1997, Brown & Benchmark.

Matheson O, et al : Stress fractures in athletes, *American Journal of Sports Medicicne* 15 : 46, January-February 1987.

Northrip JW, Logan GA, McKinney WC : *Analysis of sport motion : anatomic and biomechanic perspectives*, ed 3, 1983, McGraw-Hill Companies, Inc.,New York.

Schlitz : The athlete's daily dozen stretches, *Athletic Journal* 66 : 20, November 1985.

Smith LK, Weiss EL, Lehmkuhl LD : *Brunnstrom's clinical kinesiology*, ed 5, Philadelphia, 1996, Davis.

Steindler A : *Kinesiology of the human body*, Springfield,IL, 1970, Charles C Thomas.

股関節と骨盤帯

The hip joint and pelvic girdle

この章を学習することで

● 股関節と骨盤の骨格上の重要なポイントが骨格標本と人体で確認できます。
● 股関節と骨盤の骨格の特徴をチャート上に描けます。
● 股関節の動きに関与する筋肉をチャート上にスケッチできます。
● 股関節の動きがどの基本面と基本軸で生じているかを知り、人体上で実際に動かすことができます。
● 股関節の筋肉を人体上で実際に触れることができます。
● 股関節と骨盤に関与する筋肉の名前と機能を系統立てて理解でき、またその筋肉の拮抗筋を知ることができます。

股関節、すなわち寛骨臼大腿関節は、その骨格の構造、強靱な靱帯、そしてまわりを取り囲む大きな筋肉のサポートによって非常に安定した関節といえます。この関節は自由な可動域を特徴として、主に荷重や歩行で機能し、ランニング、クロスステップ、切り替え、サイドステップ、ジャンプ、その他、多方向への方向転換が可能となります。

骨

股関節は大腿骨頭が寛骨臼にはまっている臼状関節です。骨盤は左右の寛骨が後方で仙骨と接して構成されています。大腿骨は人体で最も長い骨です。仙骨は5つの椎骨が融合してできた脊柱の延長と考えられます。尾骨は仙骨の下方に突出しています。寛骨は腸骨、坐骨、そして恥骨の3つの部分に分けられますが、これらは生まれたときから成長期までは軟骨結合している別々の骨で、大人になると融合して1つの寛骨になります。

寛骨は寛骨臼から3つの部分に分けることができます。

上部 2/5 ≒ 腸骨
後方下部 2/5 ≒ 坐骨
前方下部 1/5 ≒ 恥骨

関 節 （図7-1、7-2、7-3）

左右の寛骨は前下方の恥骨結合部で半関節を形成しています。後方では左右の寛骨が仙骨と接し、それぞれ仙腸関節を構成しています。強靱な靱帯によってこれらはしっかりと結ばれており、そのことがこれらの関節を動きの少ないものにしています。この部分の骨は大きくて重く、ほとんどは分厚い筋肉で覆われています。

この周辺の関節では歩行時や背臥位での股関節屈曲で、ほんのわずかに振動する程度の動きが生じます。しかし、1つの関節運動といえども骨盤と股関節全体の動きに影響を及ぼします。たとえば歩行では、股関節の屈曲と伸展は骨盤の回旋運動を伴っており、屈曲時には前方に、そして伸展時には後方に回旋します。ジョギングやランニングではこれらの動きが速く、しかも大きな範囲で生じます。

股関節と骨盤の動きのよい例としてアメリカン・フットボールやサッカーでのキック動作があげられます。骨盤の回旋運動によって、ランニングではストライドがより広くなり、キックではより遠くに勢いよく蹴ることができるのです。

股関節は多軸関節なので、肩関節を除いて人体の中でも最も可動性のある関節の1つです。肩関節とは異なり、股関節は骨格の構造によっ

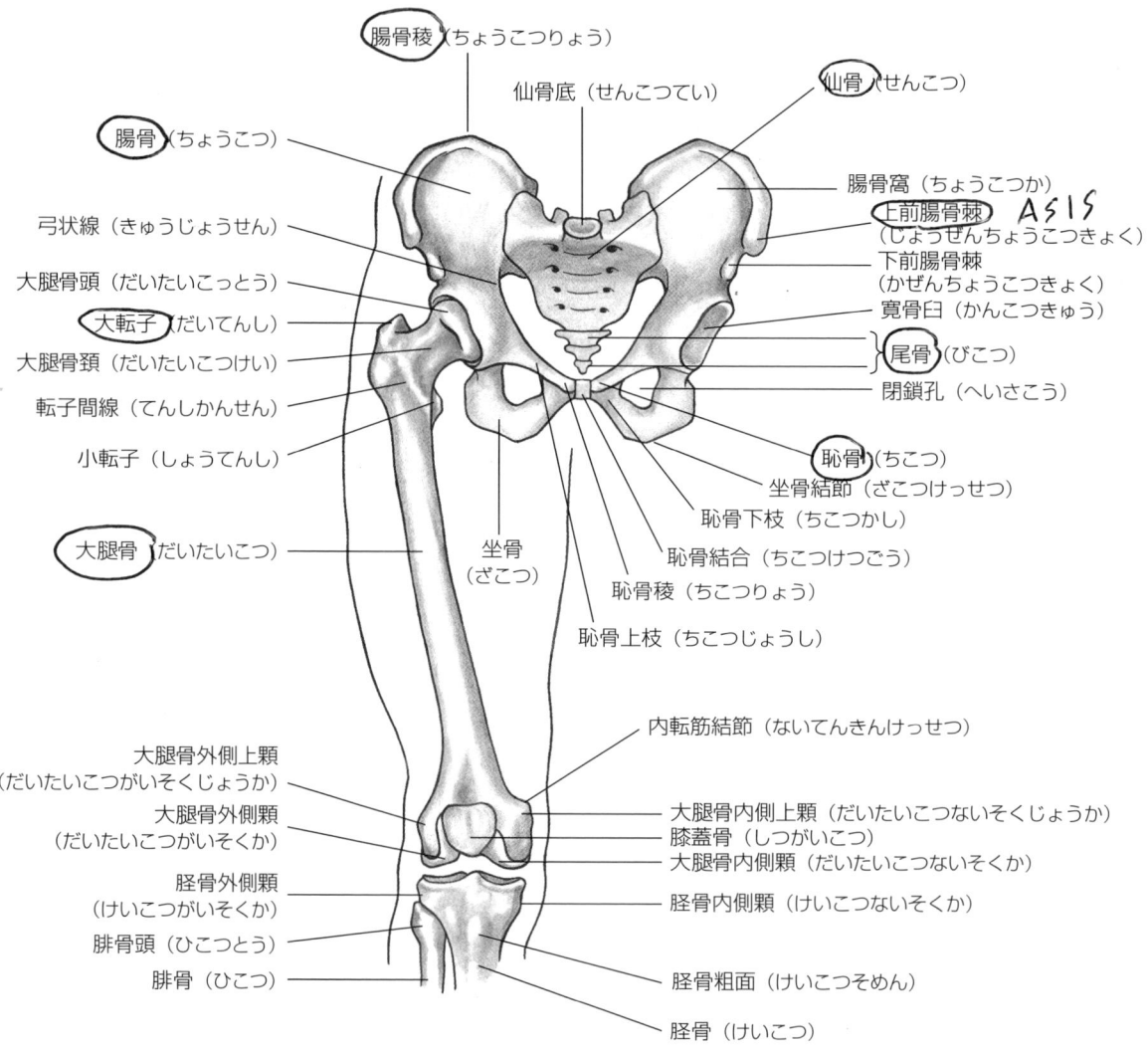

腸骨稜（ちょうこつりょう）
仙骨底（せんこつてい）
仙骨（せんこつ）
腸骨（ちょうこつ）
腸骨窩（ちょうこつか）
弓状線（きゅうじょうせん）
上前腸骨棘 ASIS
（じょうぜんちょうこつきょく）
大腿骨頭（だいたいこっとう）
下前腸骨棘
（かぜんちょうこつきょく）
大転子（だいてんし）
寛骨臼（かんこつきゅう）
大腿骨頚（だいたいこつけい）
尾骨（びこつ）
転子間線（てんしかんせん）
閉鎖孔（へいさこう）
小転子（しょうてんし）
恥骨（ちこつ）
坐骨結節（ざこつけっせつ）
恥骨下枝（ちこつかし）
大腿骨（だいたいこつ）
坐骨（ざこつ）
恥骨結合（ちこつけつごう）
恥骨稜（ちこつりょう）
恥骨上枝（ちこつじょうし）
内転筋結節（ないてんきんけっせつ）
大腿骨外側上顆（だいたいこつがいそくじょうか）
大腿骨内側上顆（だいたいこつないそくじょうか）
膝蓋骨（しつがいこつ）
大腿骨外側顆（だいたいこつがいそくか）
大腿骨内側顆（だいたいこつないそくか）
脛骨外側顆（けいこつがいそくか）
脛骨内側顆（けいこつないそくか）
腓骨頭（ひこつとう）
脛骨粗面（けいこつそめん）
腓骨（ひこつ）
脛骨（けいこつ）

図 7-1　骨盤帯と右の大腿骨（前面）

て強く安定性が保たれているので、亜脱臼や脱臼はこの関節では比較的起こりにくくなっています。股関節は球関節の仲間の臼状関節に分類され、大腿骨頭が寛骨の寛骨臼のソケットに入り込んでいます。その周りを非常に強靱で密な関節包が包み込み、特に前方の安全性を強化しています。また、前方にある腸骨大腿靱帯は股関節の過伸展を防いでいます。大腿骨頭靱帯は寛骨臼の奥から大腿骨頭まで伸びており、若干

の内転制限をします。恥骨大腿靱帯は股関節の前方内側下方に位置し、股関節の過剰な伸展と外転を防いでいます。後方には三角状の坐骨大腿靱帯が坐骨から大腿骨頚の下を通り転子窩につき、内転を制限します。

　個人差はありますが、股関節の可動域は一般的に屈曲が0〜130°、伸展が0〜30°、外転が0〜45°、内転が0〜30°、内旋が0〜45°、外旋が0〜50°です。

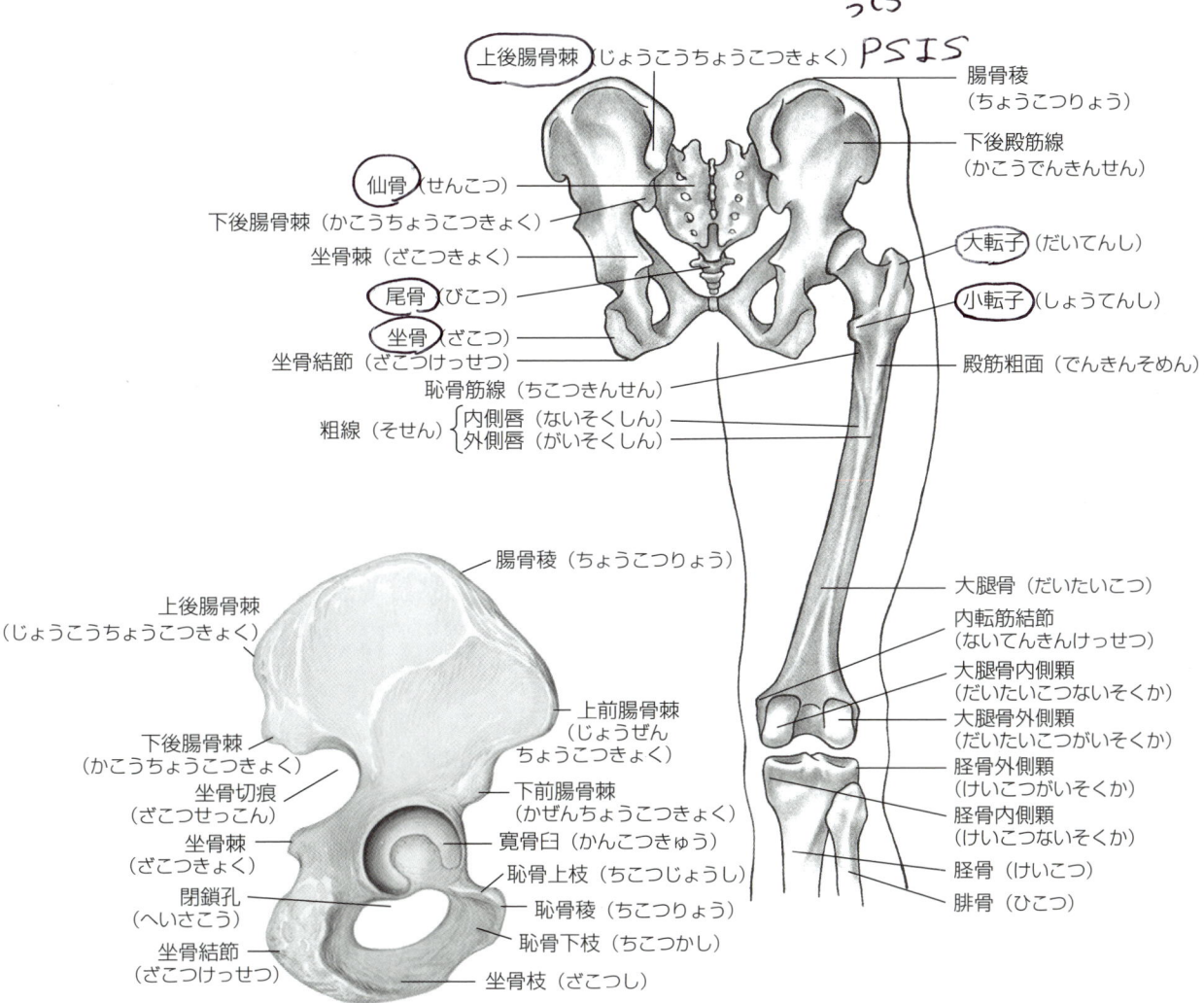

図7-2　右の寛骨（後面）　　　　　　　　　　図7-3　骨盤帯と右の大腿骨（後面）

骨盤は身体の3つの基本面上で動き、合計で6種類の動きをします。骨盤の回旋運動は、右の殿部（おしり）、左の殿部、そして腰椎のうちどれか1つまたはそれ以上の部位が動くと生じます。繰り返しますが、骨盤の回旋運動のために3つの部位が常に同時に動く必要はなく、ただ1つの部位だけの動きで回旋運動は起きます。骨盤の回旋運動を伴う腰椎と股関節の動きを表7-1に示しました。

関節の動き（図7-4、7-5）

骨盤の前傾と後傾は矢状面上で生じ、左右の側方への傾斜は前額面上で生じます。右水平（時計回り）の回旋と、左水平（反時計回り）の回旋は水平面上で生じます。

股関節の屈曲：大腿骨が骨盤に向かってまっすぐ前方に向かう動き

股関節の伸展：大腿骨がまっすぐ後方に骨盤から離れていく動き

股関節の外転：大腿骨が正中線から外側へまっすぐに離れる動き

股関節の内転：大腿骨が外転位から正中線へ向かう動き

股関節の外旋：大腿骨がその長軸を回転の軸として外側へ回る働き

股関節の内旋：大腿骨がその長軸を回転の軸として内側へ回る動き

骨盤の前傾：腸骨稜が矢状面上で前方に傾く動き

骨盤の後傾：腸骨稜が矢状面上で後方に傾く動き

骨盤の左側方傾斜：前額面上で左の骨盤が下方に、または右の骨盤が上方に傾く動き

骨盤の右側方傾斜：前額面上で右の骨盤が下方に、または左の骨盤が上方に傾く動き

骨盤の左水平回旋：水平面上で右の骨盤が前方に、または左の骨盤が後方へ回る動き

骨盤の右水平回旋：水平面上で左の骨盤が前方に、または右の骨盤が後方へ回る動き

図7-4　股関節の動き

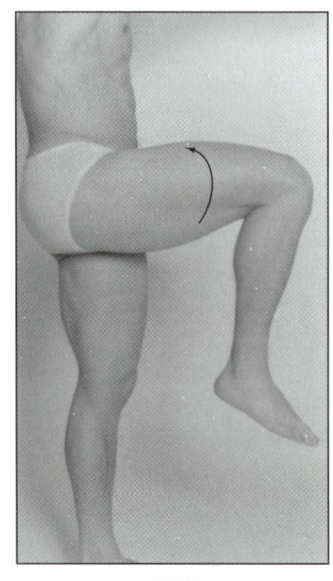

屈曲

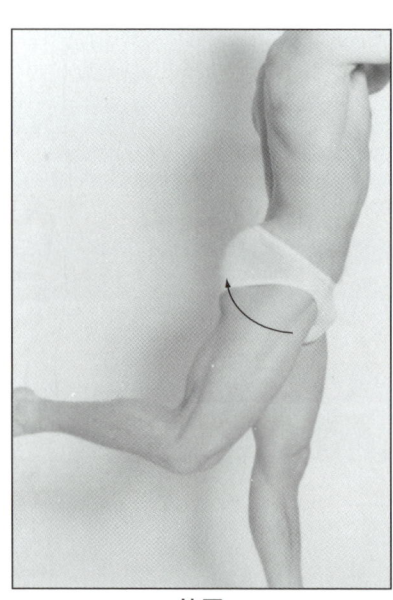

伸展

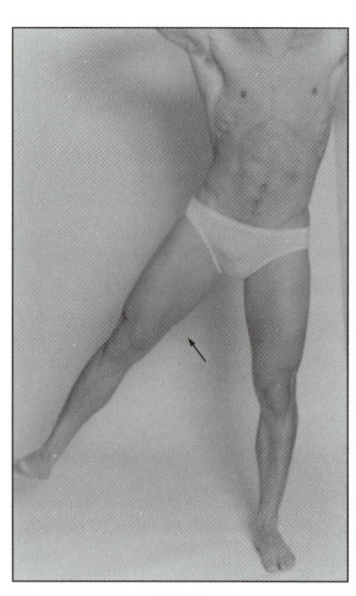

外転

図 7-4　股関節の動き（つづき）

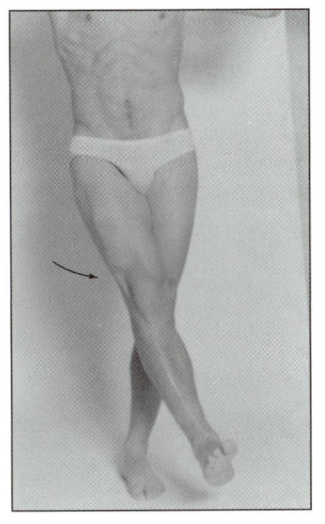
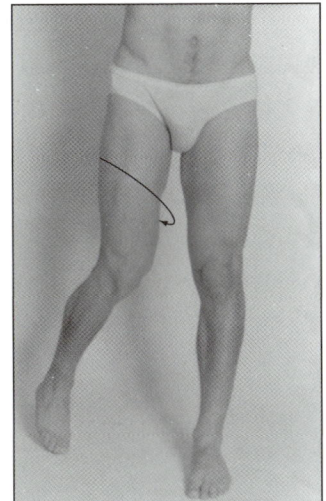
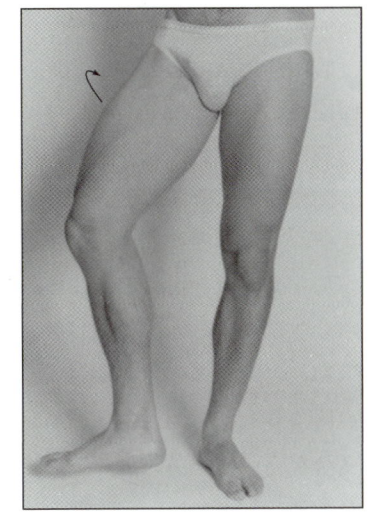

内転　　　　　　　　　　　　内旋　　　　　　　　　　　　外旋

図 7-5　骨盤帯の動き

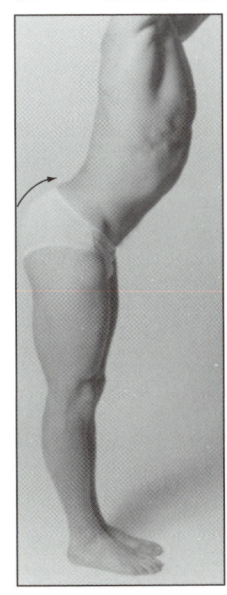
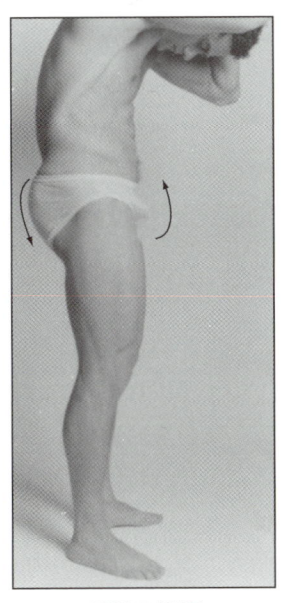
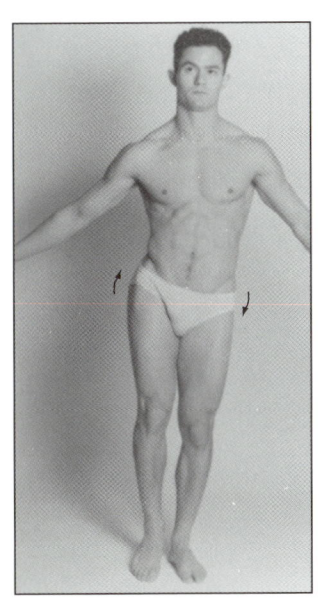
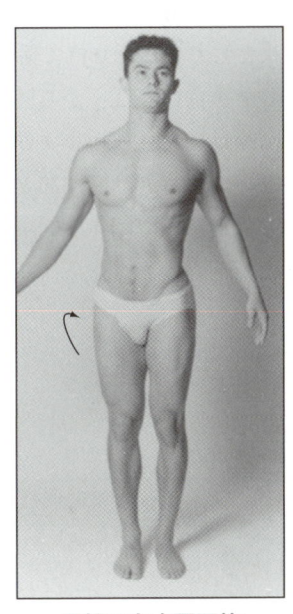

骨盤の前傾　　　　　骨盤の後傾　　　　骨盤の左側方傾斜　　　骨盤の右水平回旋

表 7-1　骨盤の回旋運動に伴う腰椎と股関節の動き

骨盤の回旋	腰椎の動き	右股関節の動き	左股関節の動き
前傾	伸展	屈曲	屈曲
後傾	屈曲	伸展	伸展
左側方傾斜	右側屈	内転	外転
右側方傾斜	左側屈	外転	内転
右水平回旋	左回旋	内旋	外旋
左水平回旋	右回旋	外旋	内旋

筋　肉

　股関節には7つの二関節筋があり、股関節と膝関節の動きに関与しています。股関節と骨盤の動きに実際に関与する筋肉の働きは、重力の方向や姿勢によって大きく左右されます。たとえば、立位で股関節の屈筋を収縮させた場合、体幹と骨盤は前方に傾きますが背臥位で同じ筋肉を収縮させると、骨盤は動かず大腿部が前方に動き、股関節の屈曲が起こります。もう1つの例として、股関節の屈筋は脚を体幹に引きつけるときに働きますが、伸筋は骨盤と体幹が前傾するときはエキセントリックに（重力に逆らって）働くのに対し、そして骨盤が後傾するときはコンセントリックに働きます。そしてその結果として身体を立位に保つことができるのです。

　膝を曲げてしゃがみ込む動作では股関節と膝関節は屈曲していますが、実はこのとき、主に働いているのは股関節と膝関節の伸筋群で、重力に逆らってエキセントリックに収縮しています。

股関節と骨盤に関与する筋肉（位置による分類）

　筋肉の位置によってその働きが推定できます。17かそれ以上の筋肉がこの部分にはあり（6つの外旋筋は1つの筋肉として扱います）、そのほとんどは大きくて強靱です。

前方

　動き：主に股関節の屈曲

　筋肉：腸腰筋（ちょうようきん）

　　　　恥骨筋（ちこつきん）

　　　　大腿直筋（だいたいちょくきん）＊#

　　　　縫工筋（ほうこうきん）#

外側

　動き：主に股関節の外転

　筋肉：中殿筋（ちゅうでんきん）

　　　　小殿筋（しょうでんきん）

　　　　外旋筋群（がいせんきんぐん）

　　　　（深層外旋六筋：しんそうがいせんろくきん）

　　　　大腿筋膜張筋（だいたいきんまくちょうきん）#

後方

　動き：主に股関節の伸展

　筋肉：大殿筋（だいでんきん）

　　　　大腿二頭筋（だいたいにとうきん）＊#

　　　　半腱様筋（はんけんようきん）＊#

　　　　半膜様筋（はんまくようきん）＊#

　　　　外旋筋群（がいせんきんぐん）

　　　　（深層外旋六筋：しんそうがいせんろくきん）

内側

　動き：主に股関節の内転

　筋肉：短内転筋（たんないてんきん）

　　　　長内転筋（ちょうないてんきん）

　　　　大内転筋（だいないてんきん）

　　　　薄筋（はっきん）#

＊二関節筋、膝関節での機能に関しては第8章で
　説明しています

#二関節筋

　股関節の動きに関与する骨盤周辺の筋肉は、腸骨部と殿部の2つのパートに分けられます。腸骨部には股関節の屈筋である腸腰筋があります。腸腰筋は実際は腸骨筋、大腰筋、そして小腰筋の3つの筋肉からなります。殿部の10の筋肉は主に、股関節の伸展と回旋で機能します。この殿部に位置する筋肉は大殿筋、中殿筋、小殿筋、大腿筋膜張筋、そして深層外旋六筋（梨状筋、外閉鎖筋、内閉鎖筋、上双子筋、下双子筋、大腿方形筋）です。

　大腿部は筋間中隔によって3つのコンパートメント〈区画〉に分けることができます。前方コンパートメントには大腿直筋、内側広筋、中間広筋、外側広筋、そして縫工筋が含まれます。ハムストリングと呼ばれる大腿二頭筋、半腱様筋、半膜様筋の3つの筋肉は後方部コンパートメントに位置します。内側部コンパートメントには主に股関節の内転をさせる短内転筋、長内転筋、大内転筋、恥骨筋、および薄筋といった筋肉が含まれます。

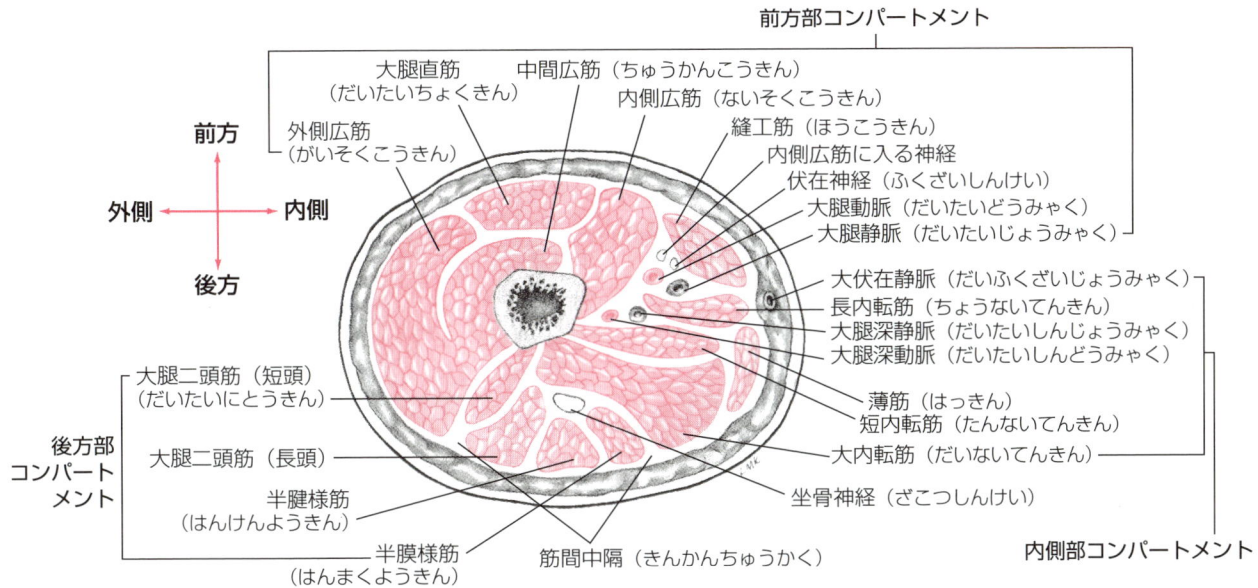

図 7-6　左大腿中間部の断面図（前方部、後方部、内側部コンパートメントを示す）

腸腰筋 （ちょうようきん）（図7-7）

起　始

腸骨筋：腸骨の内側面

大腰筋と小腰筋：第1～5腰椎の横突起の下縁、第12胸椎椎体の側面、第1～5腰椎椎体、椎間の線維軟骨、仙骨の底部

停　止

腸骨筋と大腰筋：大腿骨小転子とそのすぐ下の大腿骨骨幹

小腰筋：腸恥隆起

機　能

股関節の屈曲

股関節の外旋

触　診

腹直筋を完全にリラックスしない限り、触診はできません。

神経支配

腰神経叢、大腿神経（L2・3・4）

機能解剖、筋力強化、ストレッチング

腸腰筋は通常1つの筋肉とされていますが、実際は腸骨筋、大腰筋、そして小腰筋の3つの筋肉からなっています。解剖学の本によってはそれぞれを別の筋肉として扱っています。

腸腰筋は背臥位で脚を上げるときなどに、とても力強く働く筋肉です。この筋肉は起始が腰部にあるので、腰部を前方に引き出し、背臥位で脚を上げる場合も腰部を引っ張ります。このような理由で、背臥位での脚の挙上では腰部に痛みが出やすく、したがってこのタイプの腹筋運動はお勧めできません。これに対して、腹筋は骨盤を後傾させて腰部を平らにするので、腰部にかかるストレスを和らげます。また、背臥位での脚の挙上は基本的には股関節の屈曲であり、体幹の動きではありません。脚の挙上の運動を激しく長期的にわたって行うと、腰痛の原因にもなるでしょう。膝を伸ばしたまま行うシット・アップ（上体起こし）では、腸腰筋がコンセントリックとエキセントリックに強く収縮します。

腸腰筋の強化には、平行棒などにつかまって大腿部を上げるエクササイズが効果的です。このエクササイズは最初は膝を曲げて行い、筋力の増加に伴って膝を伸ばして行うとより負荷がかかって効果的です。このような負荷の増減に関しては第12章で詳しく説明しています。

腸腰筋のストレッチは膝が体の前面よりも後方になるように股関節の伸展を行います。膝関節を完全屈曲させないことで、腸腰筋のみをストレッチさせることができます。また、股関節の伸展位で内旋を加えることでより効果的にストレッチできます。

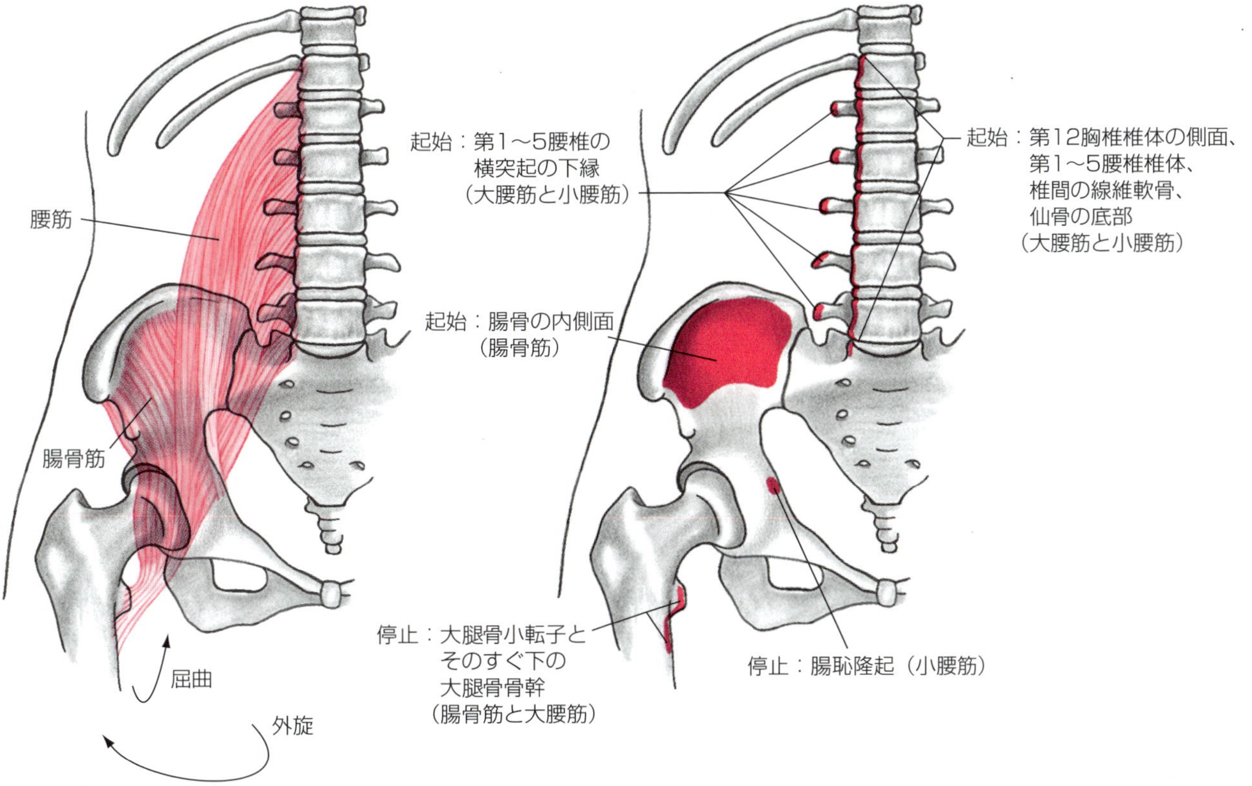

起始：第1〜5腰椎の
横突起の下縁
（大腰筋と小腰筋）

起始：第12胸椎椎体の側面、
第1〜5腰椎椎体、
椎間の線維軟骨、
仙骨の底部
（大腰筋と小腰筋）

腰筋

起始：腸骨の内側面
（腸骨筋）

腸骨筋

停止：大腿骨小転子と
そのすぐ下の
大腿骨骨幹
（腸骨筋と大腰筋）

停止：腸恥隆起（小腰筋）

屈曲

外旋

A

図 7-7 （腸腰筋）（前面）（Iliopsoas）

縫工筋 （ほうこうきん）（図 7-8）

起　　始

　上前腸骨棘とそのすぐ下の切痕部

停　　止

　脛骨粗面内側（鵞足：がそく）

機　　能

　股関節の屈曲

　膝関節の屈曲

　股関節の外旋（股関節の屈曲と膝関節の屈曲
　　に伴って）

触　　診

　上前腸骨棘で触れられますが、大きな人では
困難です。

神経支配

　大腿神経（L2・3）

機能解剖、筋力強化、ストレッチング

　縫工筋の収縮によって、その起始である上前
腸骨棘が下方へ引っ張られ、骨盤が前傾します。
このとき腹筋が骨盤を引き上げて後傾させ、腰
背部を平らに保つ必要があります。

　二関節筋である縫工筋は、股関節の屈曲と膝
関節の屈曲に関与しますが、この 2 つの動きが
同時に生じる場合は、縫工筋の働きは弱くなり
ます。イスに座って膝を組むときに身体を少し
後ろに傾けますが、これはこの筋肉の起始を引
き上げて筋肉の長さを伸ばし、屈筋としての機
能を高めて膝を楽に組めるようにするためです。
膝を伸ばした状態では、縫工筋は股関節の屈筋
として有効に働きます。この筋肉は人体の中で
も非常に長い筋肉であり、強化のためには腸腰
筋と同じエクササイズを行います。ストレッチ
はパートナーに股関節の十分な伸展と内転、そ
して内旋をしてもらいます。

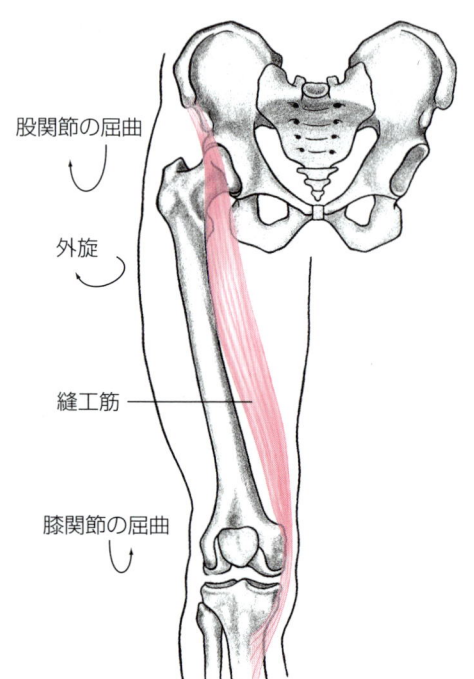

股関節の屈曲

外旋

縫工筋

膝関節の屈曲

起始：上前腸骨棘と
そのすぐ下の切痕部

停止：脛骨粗面内側（鵞足）

図 7-8　縫工筋（前面）（Sartorius muscle）

大腿直筋 （だいたいちょくきん）（図7-9）

起　始

　腸骨の下前腸骨棘と寛骨臼の後方上部の溝

停　止

　膝蓋骨の上縁、膝蓋靱帯を通して脛骨粗面に
　　付着

機　能

　股関節の屈曲

　膝関節の伸展

触　診

　大腿前面のほぼ全域で触れられます。

神経支配

　大腿神経（L2・3・4）

機能解剖、筋力強化、ストレッチング

　大腿直筋によってその起始である下前腸骨棘
が引っ張られると骨盤は前傾します。この動き
に対抗できるのは腹筋だけです。年齢を重ねる
ごとに、腹筋が弱くなって骨盤を後傾させてお
くことができなくなり、その結果、腰椎の前弯
が大きくなってしまいます。

　一般的に筋肉はその長さが短いときには発揮
できる力が弱くなります。このことは大腿直筋
が、股関節伸展位において膝関節の伸筋として
より大きな力を発揮し、逆に股関節屈曲位では
膝関節の伸筋として弱いことからもわかります。
この筋肉は大腿四頭筋の他の筋肉とともにラン
ニング、ジャンプ、ホップ、そしてスキップな
どで使われます。これらの動きの中で、大腿直
筋が膝を伸展させながら股関節を屈曲させるの
に対して、大殿筋やハムストリングは力強く股
関節を伸展させます。大腿直筋は股関節の屈曲
や膝関節の伸展に対して、徒手で抵抗を加える
ことで強化できます。

　大腿直筋は股関節伸展位で、膝関節を完全屈
曲させてストレッチします。

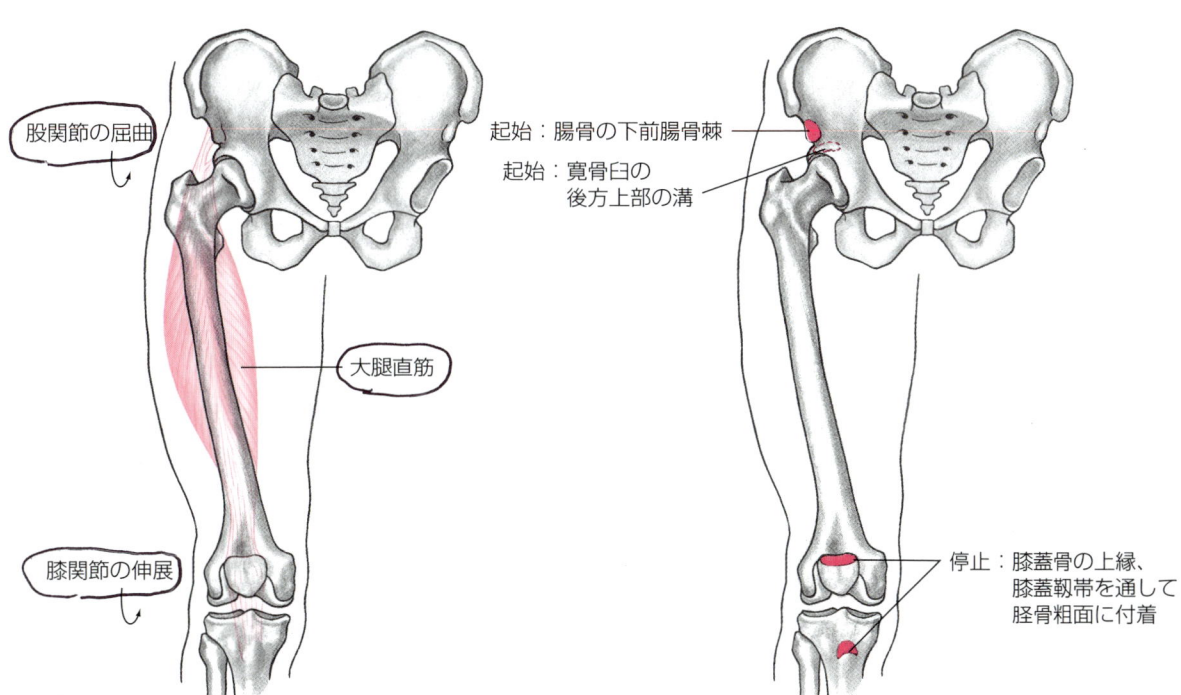

股関節の屈曲

大腿直筋

膝関節の伸展

起始：腸骨の下前腸骨棘

起始：寛骨臼の
　　　後方上部の溝

停止：膝蓋骨の上縁、
　　　膝蓋靱帯を通して
　　　脛骨粗面に付着

図7-9　大腿直筋（前面）（Rectus femoris muscle）

大腿筋膜張筋（だいたいきんまくちょうきん）（図7-10）

起　始

　腸骨稜前部とそのすぐ下の腸骨面

停　止

　脛骨前外側顆上のガーディ結節に付着する腸
　　脛靭帯の上 1/4 部分まで

機　能

　股関節の外転

　股関節の屈曲（同時に股関節を内旋）

触　診

　大腿骨大転子のやや前方で触診できます。

神経支配

　上殿神経（L4・5、S1）

機能解剖、筋力強化、ストレッチング

　大腿筋膜張筋は他の股関節の屈筋によって股
関節が屈曲しているときに、股関節が外旋する
のを防いでいます。

　大腿筋膜張筋は股関節を同時に屈曲と内旋さ
せるときに働きます。この働きはそれほど目立っ
た動きではありませんが、歩行やランニング中
に足がまっすぐ前に出るように導く、重要な役
割をはたしています。したがって、背臥位でつ
ま先を内側に向けて（股関節を内旋させて）、
脚の挙上運動をすると、この筋肉が大変よく使
われます。

　大腿筋膜張筋は、横向きに横たわって（側臥
位で）股関節を外転させる（重力に逆らう）エ
クササイズで強化できます。このエクササイズ
では脚を上げるときは素早く、下ろすときはゆっ
くりと下ろすことでより効果が得られますし、
足首に重りを付けて負荷を増やすのもよい方法
です。ストレッチする側を壁側にして立ち、壁
に手をついて身体を支えながら腰を壁側に突き
出します。股関節の完全伸展、内転、そして外
旋することでストレッチすることができます。

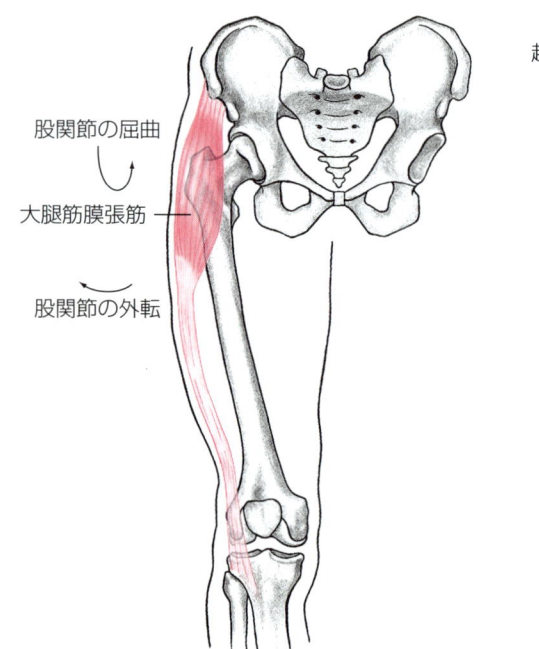

股関節の屈曲

大腿筋膜張筋

股関節の外転

起始：腸骨稜前部と
そのすぐ下の腸骨面

停止：脛骨前外側顆上の
ガーディ結節に付
着する腸脛靭帯の
上1/4部分まで

図 7-10　大腿筋膜張筋（前面）（Tensor fasciae latae muscle）

深層外旋六筋 （しんそうがいせんろっきん）（図7-11）

- **梨状筋** （りじょうきん）
- **上双子筋** （じょうそうしきん）
- **下双子筋** （かそうしきん）
- **外閉鎖筋** （がいへいさきん）
- **内閉鎖筋** （ないへいさきん）
- **大腿方形筋** （だいたいほうけいきん）

起　　始

仙骨前方、坐骨の後方、閉鎖孔

停　　止

大腿骨大転子の上後方部

機　　能

股関節の外旋

触　　診

これらの筋肉は触れることができません。

神経支配

梨状筋：仙骨神経（S1・2）

上双子筋：仙骨神経（L5、S1・2）

下双子筋：仙骨神経叢からの枝（L4・5、S1・2）

外閉鎖筋：閉鎖神経（L3・4）

内閉鎖筋：仙骨神経叢からの枝（L4・5、S1・2）

大腿方形筋：仙骨神経叢からの枝（L4・5、S1）

機能解剖、筋力強化、ストレッチング

深層外旋六筋は、すでに内旋位にある股関節を強く外旋させるときに使われます。野球のボールを投げるとき、バットを振るときなどに起こる股関節の外旋がよい例です。

片足で立って股関節を内旋させた状態から、力一杯その足を蹴ってジャンプする動作でこの筋群は働きます。片足を地面に着けた状態で、体幹をその脚の反対側へ回旋させる動作でも抵抗下で行えば、深層外旋六筋のよいエクササイズになります。背臥位になり、パートナーに股関節の内旋と少しの屈曲を加えてもらうことでストレッチできます。

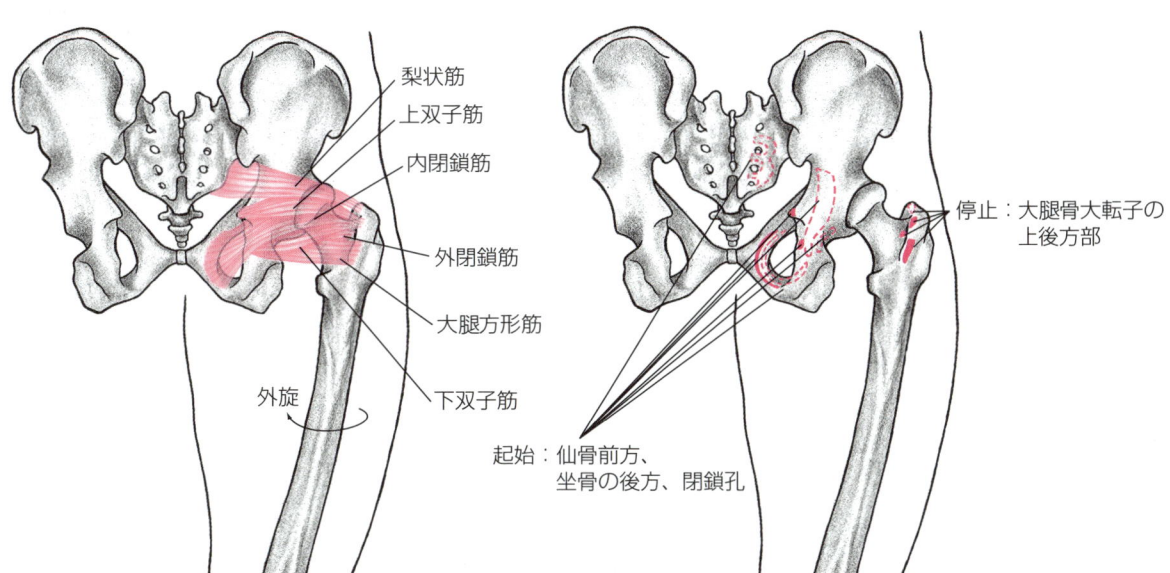

図7-11　深層外旋六筋（後面）（The six deep external rotator muscles）

小殿筋 (しょうでんきん) (図 7-12)

起　始

中殿筋の起始のすぐ下の腸骨外側

停　止

大腿骨大転子の前面

機　能

股関節の外転

股関節の外転に伴う股関節の内旋

触　診

触れることはできません。

神経支配

上殿神経（L4・5、S1）

機能解剖、筋力強化、ストレッチング

小殿筋と中殿筋は、ランニング中に股関節をきちんと外転位に保つために大変よく働きます。

したがって、この2つの筋肉はランニング、ホッピング、スキップなどで体重が左右交互に移動する運動によって鍛えられます。年齢を重ねるごとに小殿筋と中殿筋は機能は低下します。殿部（おしり）については若い人の力のある動きは、この筋肉の発達が大きくかかわっているといえます。下肢の動きを最大限に生かすためには、この筋肉が十分発達している必要があります。

小殿筋の強化には、大腿筋膜張筋や中殿筋のエクササイズで紹介しているような股関節の外転運動が効果的です。また、股関節の内旋運動を徒手で抵抗を加えて行っても、この筋肉を鍛えることができます。股関節を少し外旋させて十分な内転を行うとストレッチできます。

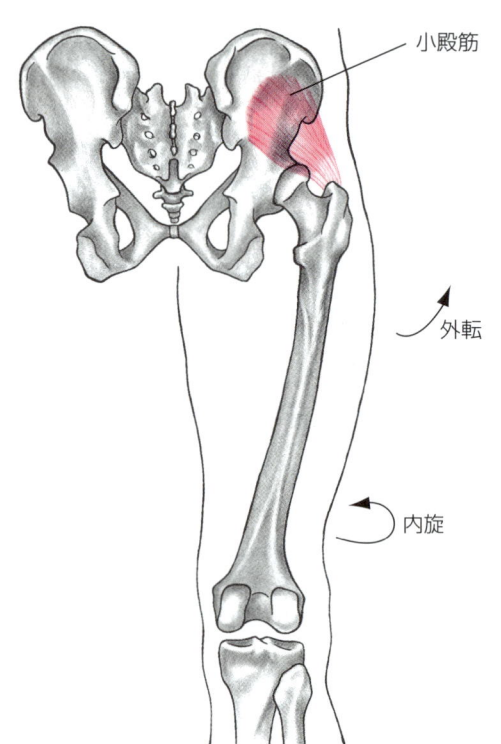

外転

内旋

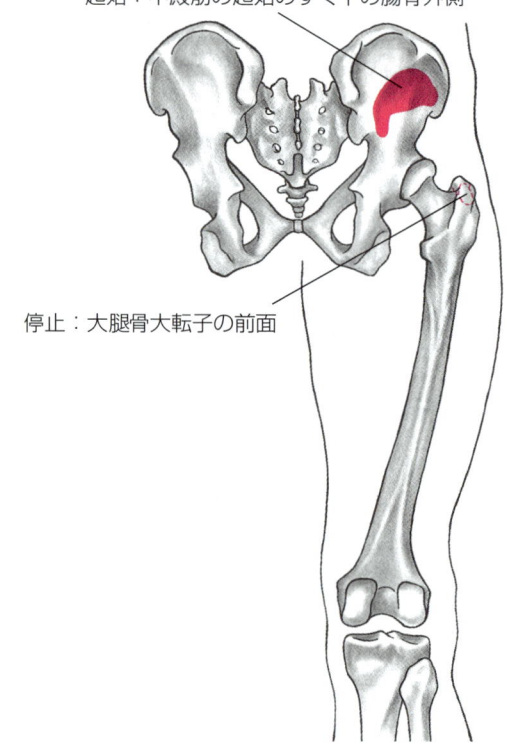

起始：中殿筋の起始のすぐ下の腸骨外側

停止：大腿骨大転子の前面

図 7-12　小殿筋（後面）(Gluteus minimus muscle)

中殿筋 （ちゅうでんきん）（図7-13）

起　始

腸骨稜のすぐ下の腸骨外側

停　止

大腿骨大転子の後外側

機　能

股関節の外転

股関節の外転に伴う股関節の外旋（後部の筋
線維）

股関節の内旋（前部の筋線維）

触　診

大腿骨大転子の5〜7cm後方で触診できます。

神経支配

上殿神経（L4・5、S1）

機能解剖、筋力強化、ストレッチング

　中殿筋と小殿筋は歩行中に働き、体重が片足にかかわったときに逆側の殿部が下方へ落ち込んでしまわないように支えます。中殿筋と小殿筋が弱いと肩が左右に揺れる、いわゆるトレンデレンブルグ歩行になってしまいます。これは股関節の外転筋によって良好な状態が保てなくなり、片足に体重をかけたとき、逆側の殿部がだらりと落ちてしまうという状態です。

　股関節の外旋方向への抵抗運動でもこの筋肉を強化することができますが、大腿筋膜張筋で紹介したような側臥位で行う股関節の外転エクササイズでも、効果的に鍛えることができます。ストレッチはストレッチをしない脚の前方、または後方からストレッチする脚をクロスさせ十分に内転するという方法で行うことができます。

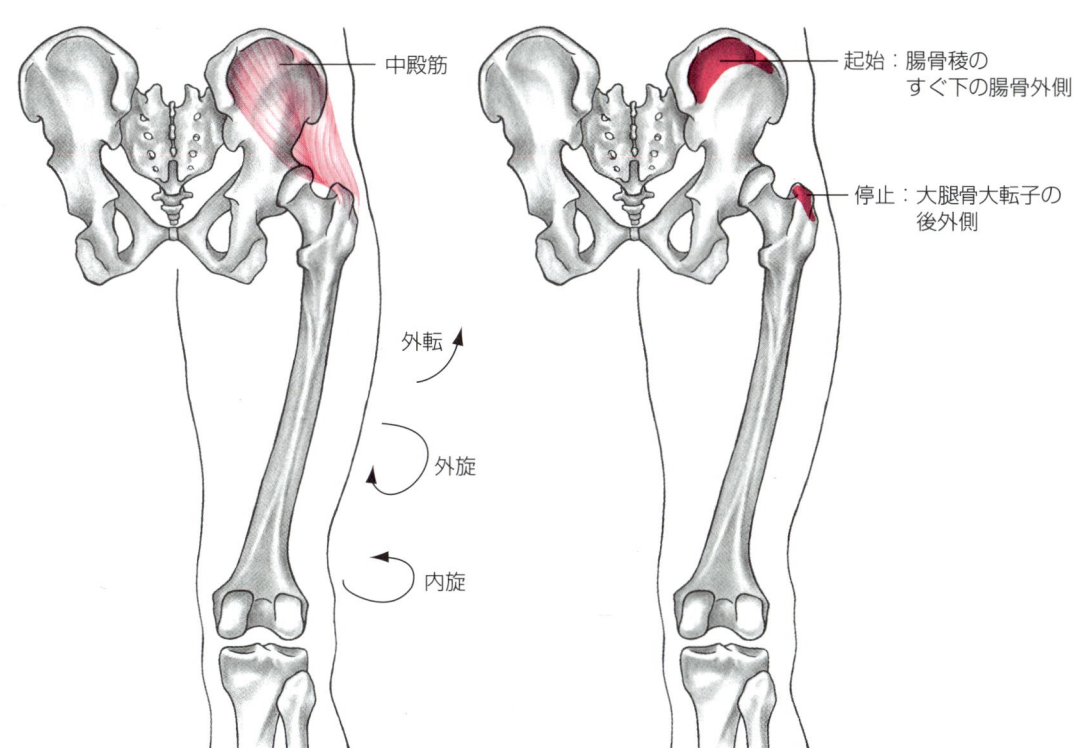

中殿筋

起始：腸骨稜の
すぐ下の腸骨外側

停止：大腿骨大転子の
後外側

外転

外旋

内旋

図7-13　中殿筋（後面）（Gluteus medius muscle）

大殿筋 （だいでんきん）（図 7-14）

起　　始

腸骨稜の後方 1/4

仙骨と尾骨の腸骨近くの後面

腰背筋膜

停　　止

大転子外側面

大腿筋膜張筋の腸脛靱帯

機　　能

股関節の伸展

股関節の外旋

股関節の内転の補助（下部の筋線維）

触　　診

骨盤後面の広範囲にわたって触れることができます。

神経支配

下殿神経（L5，S1・2）

機能解剖、筋力強化、ストレッチング

大殿筋は骨盤と大腿骨が接近し、股関節が 15° 以上伸展されたときに動きます。したがって、この筋肉は普通の歩行ではさほど使われません。この筋肉を使うには、外旋を伴った股関節の伸展をする必要があります。

ランニング、ホッピング、スキップ、ジャンプで大殿筋は大変よく働きます。バーベルを担いでのスクワットでは、この筋肉が力強く収縮して股関節が伸展します。

前傾姿勢かまたは腹臥位での股関節の伸展がこの筋肉のトレーニングとして使われます。股関節を屈曲させた状態から膝を 30° 以上曲げて、ハムストリングを使わずに股関節を伸展させると大殿筋がよく鍛えられます。

背臥位で、ストレッチさせたい方と同側の肩に膝が向くように膝をかかえる方法や、逆側の肩に向けて膝を抱え、股関節を内旋をさせることでよりストレッチ効果が得られます。

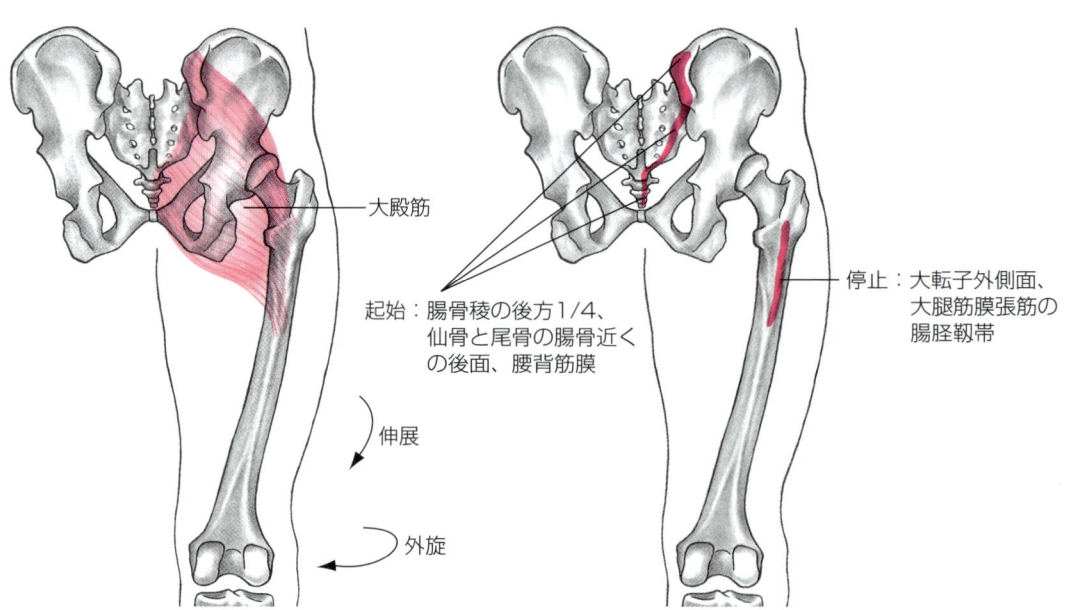

起始：腸骨稜の後方1/4、仙骨と尾骨の腸骨近くの後面、腰背筋膜

大殿筋

伸展

外旋

停止：大転子外側面、大腿筋膜張筋の腸脛靱帯

図 7-14　大殿筋（後面）（Gluteus maximus muscle）

半腱様筋 （はんけんようきん）（図7-15）

起　始

坐骨結節

停　止

脛骨粗面の内側（鵞足）

機　能

股関節の伸展、膝関節の屈曲

股関節の内旋、膝関節の内旋

触　診

膝の後方内側部で触れることができます。

神経支配

坐骨神経の脛骨神経部（L5、S1・2）

機能解剖、筋力強化、ストレッチング

　半腱様筋は二関節筋で、股関節の伸展と膝関節の屈曲が同時に行われた場合には大きな力を発揮しません。逆に、どちらか一方の関節でのみ動きが生じる場合には非常に大きな力を出します。膝を伸ばしたまま立位で前屈するとハムストリング（半腱様筋、半膜様筋、大腿二頭筋）によって骨盤の後方が強く引かれるので、骨盤は後傾します。この動作を膝を曲げた状態で行うと、この骨盤の後傾は主として大殿筋によって行われます。

　鉄棒にぶら下がって膝を強く屈曲させるときは、股関節の屈筋群がハムストリングの起始を引き上げ、半腱様筋がより効果的に膝関節の屈筋として働くよう作用します。この動作で股関節が完全に伸展していると、膝関節の屈曲力は弱まります。ハムストリングは股関節の伸筋として普通の歩行時でも使われ、大殿筋をリラックスさせます。

　半腱様筋は大腿二頭筋で紹介するレッグ・カール（ハムストリング・カール）で最も効果的に鍛えることができますが、この筋肉により重点を置くならば、屈曲の可動域全体を通して膝の

　内旋位を保ち、起始と停止が一直線上になるようにするとよいでしょう。股関節を外旋させ、そしてやや外転させつつ屈曲を行い、膝関節を完全伸展するとストレッチが可能です。

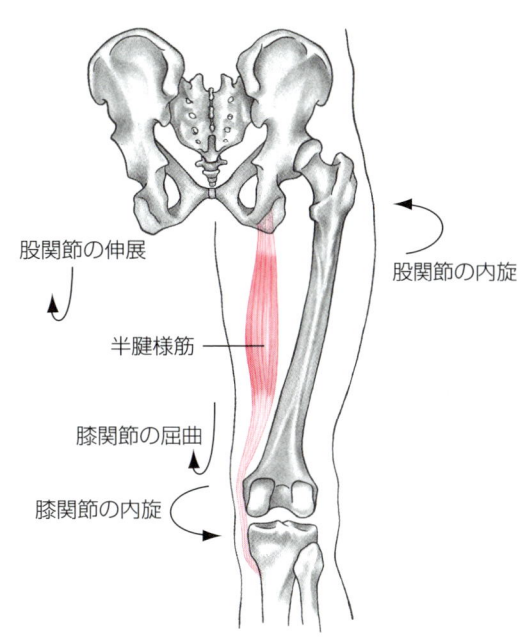

股関節の伸展

股関節の内旋

半腱様筋

膝関節の屈曲

膝関節の内旋

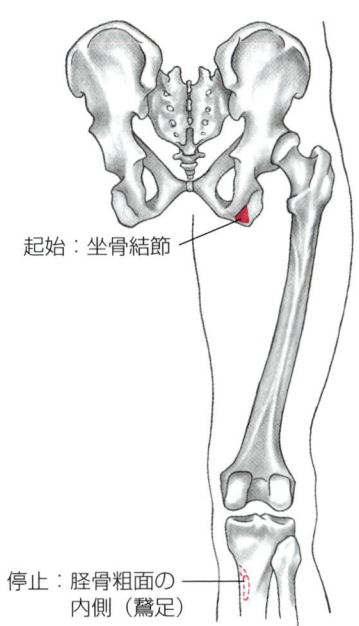

起始：坐骨結節

停止：脛骨粗面の
　　　内側（鵞足）

図7-15　半腱様筋（後面）（Semitendinosus muscle）

半膜様筋 （はんまくようきん）（図7-16）

起　　始

　坐骨結節

停　　止

　脛骨内側顆の後内側

機　　能

　股関節の伸展

　膝関節の屈曲

　股関節の内旋

　膝関節の内旋

触　　診

　大部分が他の筋肉によって覆われていますが、膝の内側後方で腱に触れることができます。

神経支配

　坐骨神経の脛骨神経部（L5、S1・2）

機能解剖、筋力強化、ストレッチング

　半腱様筋と半膜様筋は両方とも膝関節の内旋に関与しますが、これは後の章で取り上げる膝窩筋と同様の働きです。これらの筋肉はいずれも膝関節をまたいでいるので、内側部の動的安定性にも関与します。

　半膜様筋も膝関節の内旋を保ちながらレッグ・カールを行うと効果的に鍛えられます。ストレッチは半腱様筋と同様に行います。

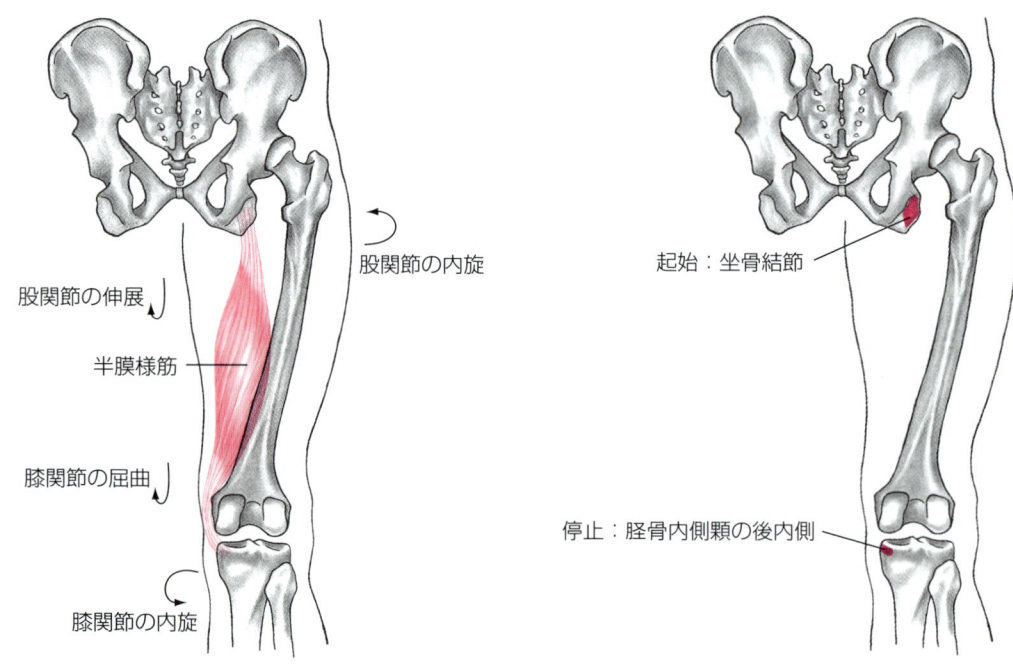

図7-16　半膜様筋（後面）（Semimembranosus muscle）

大腿二頭筋 （だいたいにとうきん）（図7-17）

起　始

　長頭：坐骨結節

　短頭：大腿骨粗線の下1/2に位置する外側顆
　　　　の稜線

停　止

　脛骨外側顆と腓骨頭

機　能

　股関節の伸展、膝関節の屈曲

　股関節の外旋、膝関節の外旋

触　診

　膝に近い大腿の後方外側部で触れられます。

神経支配

　長頭：坐骨神経の脛骨神経部（S1・2・3）

　短頭：坐骨神経の総腓骨神経部（L5、S1・2）

機能解剖、筋力強化、ストレッチング

　大腿後面にある半腱様筋と半膜様筋、そして

大腿二頭筋の筋群を総称してハムストリングと
呼びます。これらの筋肉は大殿筋とともに膝が
伸展した状態で股関節の伸展に使われます。し
たがって、ランニング、ジャンプ、スキップ、
ホッピングでよく使われます。鉄棒などからぶ
ら下がって、足が地面に着かない状態で膝を曲
げるときにハムストリングは、大殿筋の補助を
受けずに働きます。同様に大殿筋は、股関節が
伸展位でかつ膝関節が屈曲位のときに、ハムス
トリングの補助を受けずに働きます。

　大腿二頭筋は膝関節の屈曲を抵抗下で行うエ
クササイズで強化できます。レッグ・カールを
腹臥位で行うか、足首に重りをつけて立位で行
うとよいでしょう。そのとき、最も効果的な方
法は、膝関節を外旋位に保ちながらレッグ・カー
ルを行うことです。

　股関節を内旋、および少し内転させた状態で、
膝関節を完全伸展させるとストレッチできます。

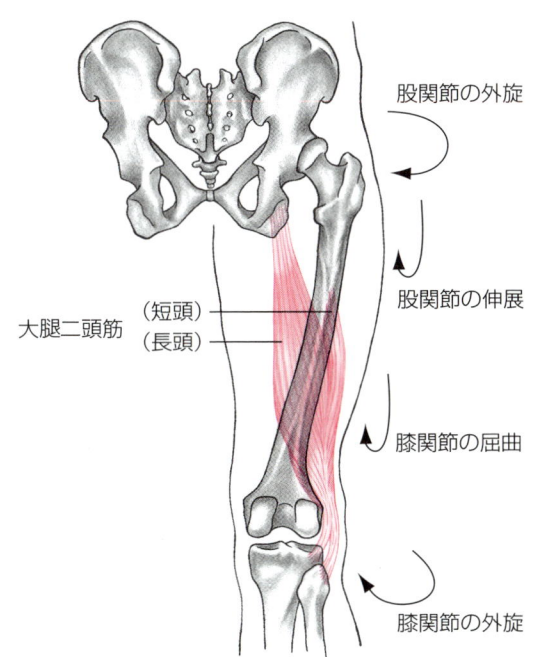
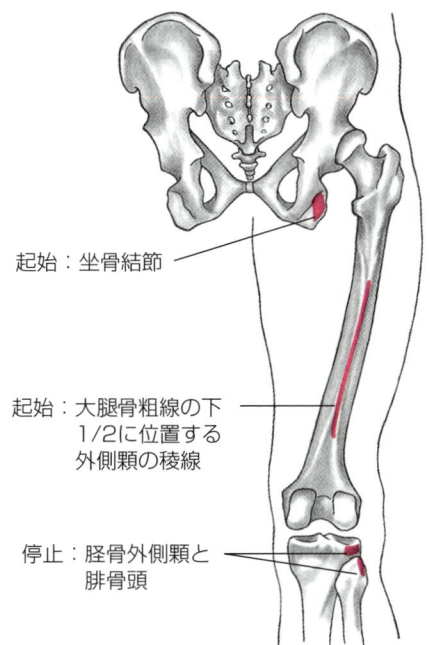

図7-17　大腿二頭筋（後面）（Biceps femoris muscle）

短内転筋（たんないてんきん）（図7-18）

起　始
　恥骨下枝の前面で長内転筋の起始のすぐ下

停　止
　大腿骨恥骨筋線の下方2/3
　粗線内側唇の上方1/2

機　能
　股関節の内転
　股関節の内転に伴う股関節の外旋

触　診
　触れることはできません。

神経支配
　閉鎖神経（L3・4）

機能解剖、筋力強化、ストレッチング

　短内転筋は他の内転筋群とともに、両方の大腿をお互いに引きつけるときに力強く働きます。両方の大腿で何かをはさみ込み、抵抗を加えるようにして、内転させるエクササイズによって短内転筋を鍛えることができます。股関節を伸展、および内旋させた状態で外転させると、この筋肉をストレッチできます。

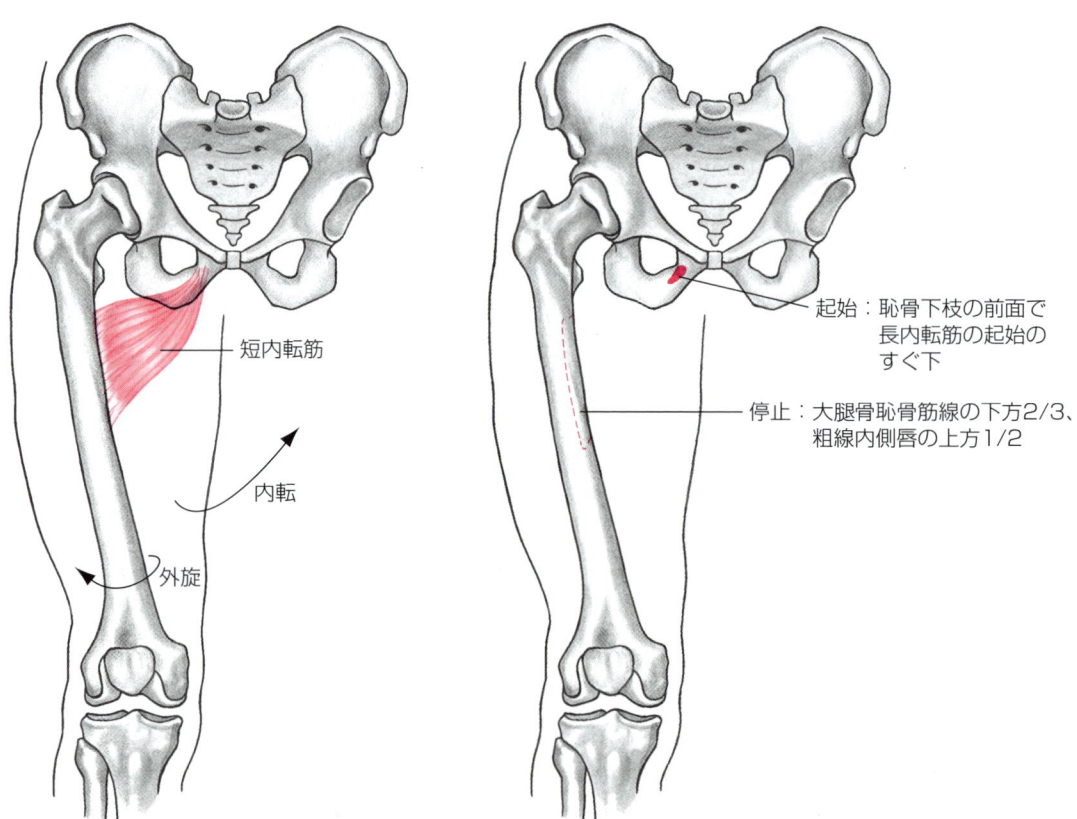

短内転筋

内転

外旋

起始：恥骨下枝の前面で
　　　長内転筋の起始の
　　　すぐ下

停止：大腿骨恥骨筋線の下方2/3、
　　　粗線内側唇の上方1/2

図7-18　短内転筋（前面）（Adductor brevis muscle）

長内転筋（ちょうないてんきん）（図7-19）

起　　始

恥骨前面で恥骨稜のすぐ下

停　　止

大腿骨粗線の中間1/3

機　　能

股関節の内転

股関節の屈曲の補助

触　　診

恥骨の内側のすぐ下で触れられます。

神経支配

閉鎖神経（L3・4）

機能解剖、筋力強化、ストレッチング

この筋肉はいわゆるシザーズ（はさみ）・エクササイズで鍛えることができます。この運動は、床に座って脚を大きく開き、パートナーに足か手で下腿に内側から抵抗をかけてもらいます。抵抗かけているパートナーの手や足を両足ではさむように、股関節を可動域全体にわたって内転します。このエクササイズは片足ずつでも両足でもできます。ストレッチは短内転筋と同様に行います。

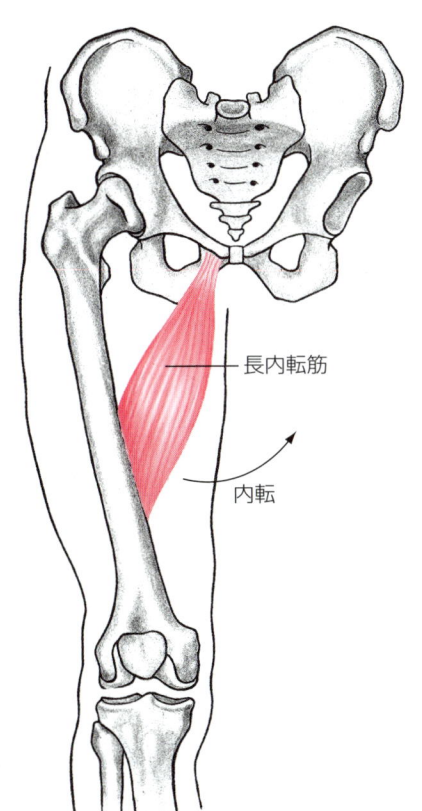

長内転筋

内転

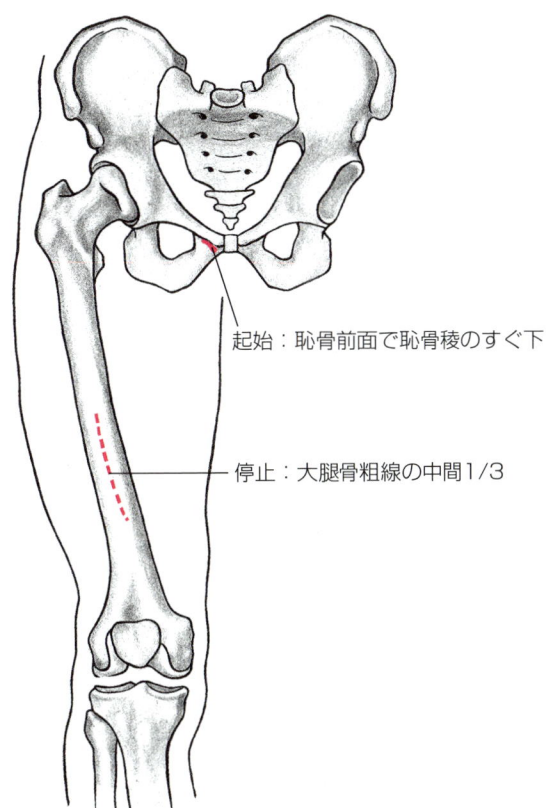

起始：恥骨前面で恥骨稜のすぐ下

停止：大腿骨粗線の中間1/3

図7-19　長内転筋（前面）（Adductor longus muscle）

大内転筋（だいないてんきん）（図 7-20）

起　始
恥骨枝、坐骨枝、坐骨結節

停　止
大腿骨粗線の全域

大腿骨内側顆の稜線

内転筋結節

機　能
股関節の内転

股関節の内転に伴う股関節の外旋

触　診
大腿の後方内側面で触れられます。

神経支配
前面：閉鎖神経（L2・3・4）

後方：坐骨神経（L4・5、S1・2・3）

機能解剖、筋力強化、ストレッチング

　大内転筋は水泳の平泳ぎのキックや乗馬でよく使われます。股関節内転筋群（大内転筋、長内転筋、短内転筋、薄筋）は通常の動きの中ではあまり使われないので、この筋肉を使う運動を積極的に行う必要があります。最近では股関節の内転運動に負荷がかけられるエクササイズ・マシンもあります。短内転筋と長内転筋で紹介した股関節の内転運動は大内転筋の強化にも応用できます。また大内転筋は長内転筋、短内転筋と同じ方法でストレッチすることができます。

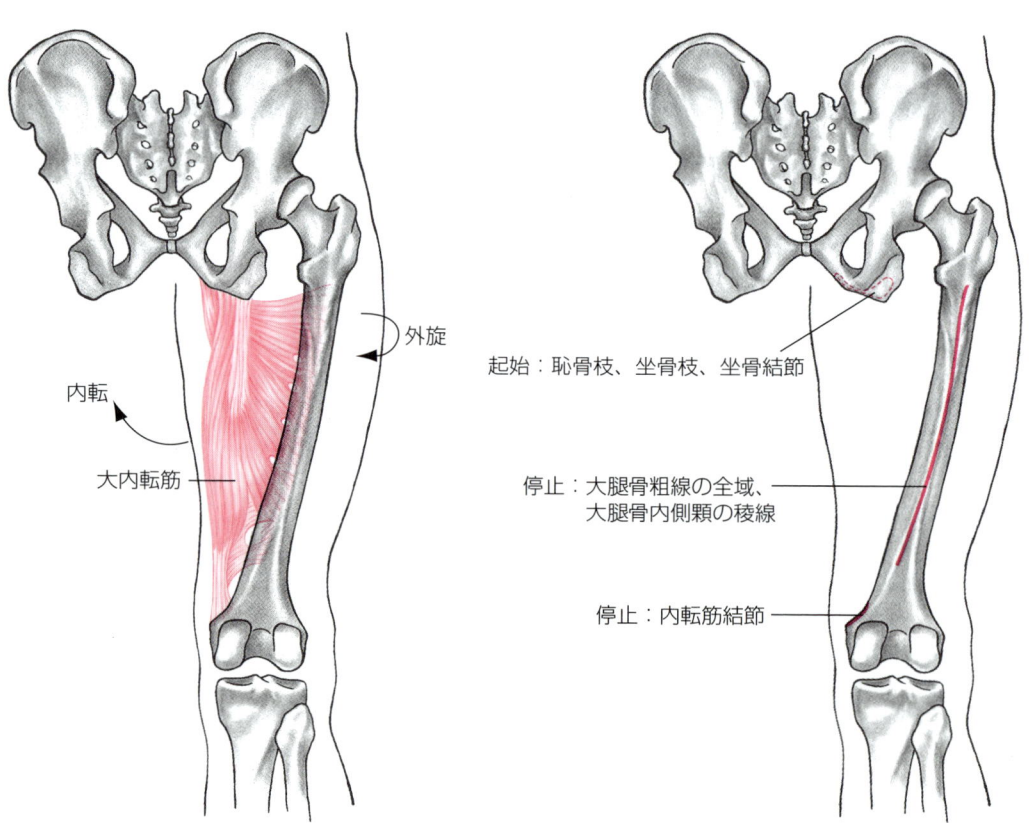

外旋

内転

大内転筋

起始：恥骨枝、坐骨枝、坐骨結節

停止：大腿骨粗線の全域、
　　　大腿骨内側顆の稜線

停止：内転筋結節

図 7-20　大内転筋（後面）（Adductor magnus muscle）

恥骨筋 （ちこつきん）（図 7-21）

起　　始

　恥骨稜のすぐ上の恥骨前面に約 2.5 cm にわたって付着

停　　止

　大腿骨小転子から粗線までのびる線上

機　　能

　股関節の屈曲

　股関節の内転

　股関節の内旋

触　　診

　恥骨と大腿骨の間で触れられますが、長内転筋との区別は困難です。

神経支配

　大腿神経（L2・3・4）

機能解剖、筋力強化、ストレッチング

　恥骨筋が収縮すると骨盤が前傾します。このとき、腹筋が骨盤を後傾させてこの前方への傾きを抑制しています。

　恥骨筋は腸腰筋と同様に脚の上げ下ろし（股関節の屈曲）をするエクササイズによって鍛えられます。また、このエクササイズに股関節の内転を加えれば、いっそう効果があります。

　股関節を伸展および外旋した状態で完全に外転させると、この筋肉をストレッチすることができます。

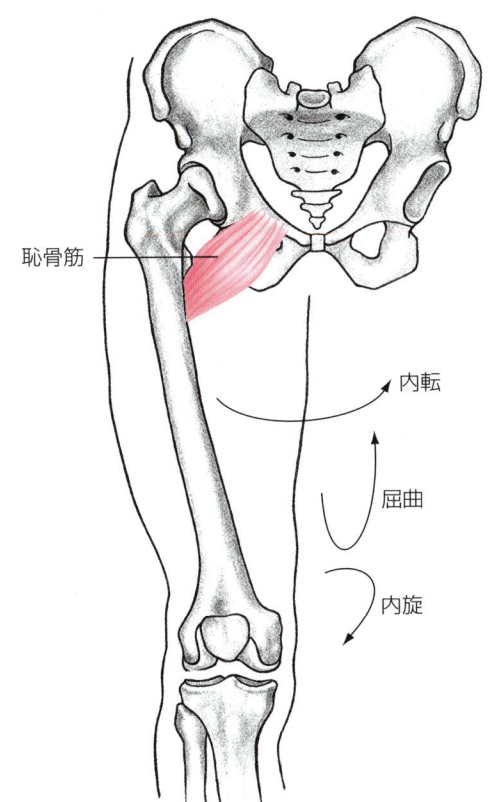

恥骨筋

内転

屈曲

内旋

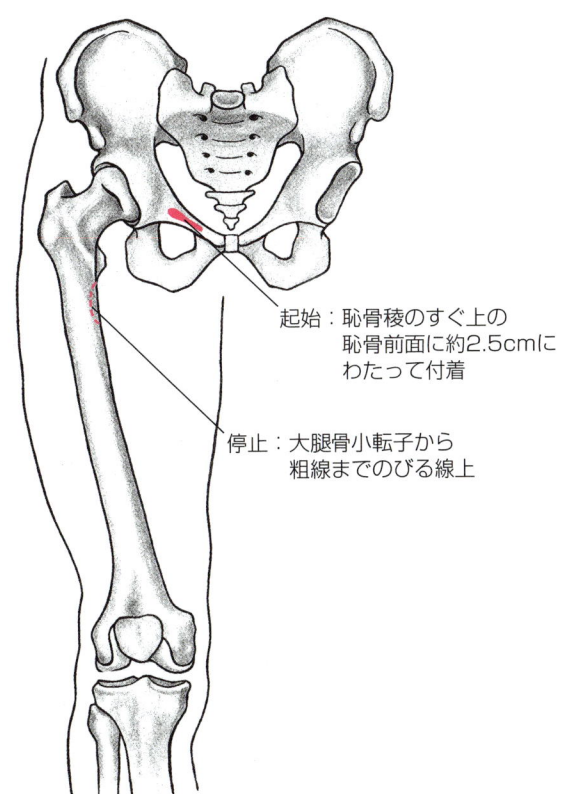

起始：恥骨稜のすぐ上の
　　　恥骨前面に約2.5cmに
　　　わたって付着

停止：大腿骨小転子から
　　　粗線までのびる線上

図 7-21　恥骨筋（前面）（Pectineus muscle）

薄筋 （はっきん）（図7-22）

起　始

恥骨下枝の前方内側縁

停　止

脛骨粗面の内側（鵞足）

機　能

股関節の内転

股関節の内旋

膝関節の屈曲の補助

触　診

大腿の内側で恥骨の5〜7cm下で触れられます。

神経支配

閉鎖神経（L2・3・4）

機能解剖、筋力強化、ストレッチング

薄筋は他の股関節の内転筋群と同じ機能を持ちますが、それに加えて膝関節の屈曲をわずかに補助もします。

内転筋群（大内転筋、長内転筋、短内転筋、薄筋）は乗馬や水泳の平泳ぎのキックで使われます。これらの筋肉を適切に鍛えておくことで、スポーツの後の筋肉痛を予防できます。薄筋は他の内転筋のページで紹介したトレーニングと同様の方法で強化できます。ストレッチも他の内転筋群と同じ方法ですが、膝関節は伸展位で行います。

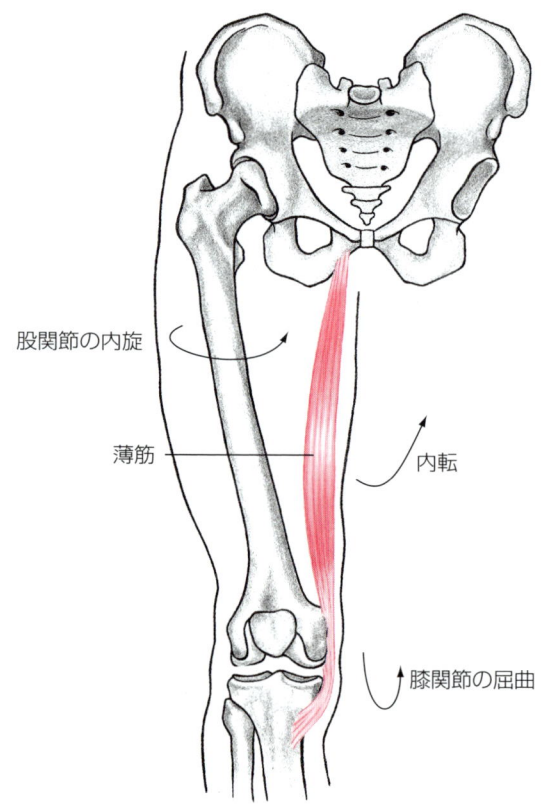

股関節の内旋

薄筋

内転

膝関節の屈曲

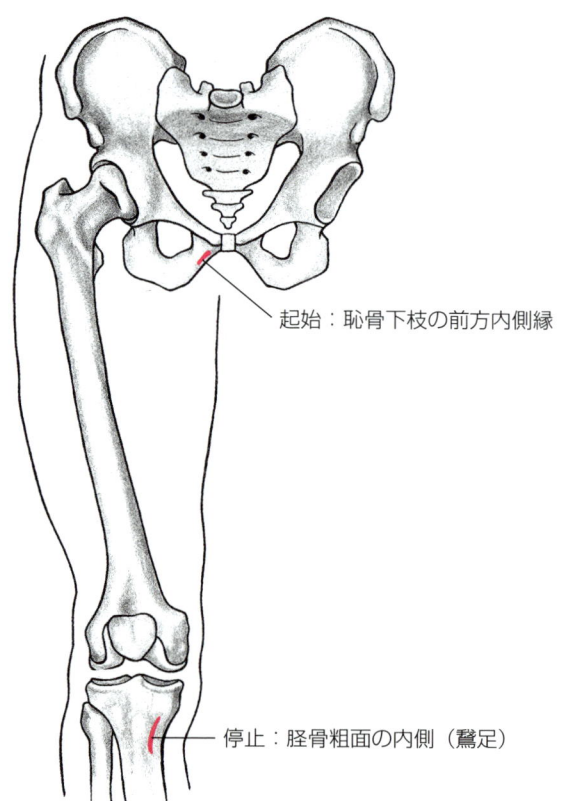

起始：恥骨下枝の前方内側縁

停止：脛骨粗面の内側（鵞足）

図7-22　薄筋（前面）（Gracilis muscle）

筋肉の識別

筋肉について全般的で実践的な知識を養うためには、それぞれの筋肉を個別に理解する必要があります。図 7-23 と図 7-24 は関節の動きを生じさせる筋群を図解したものです。

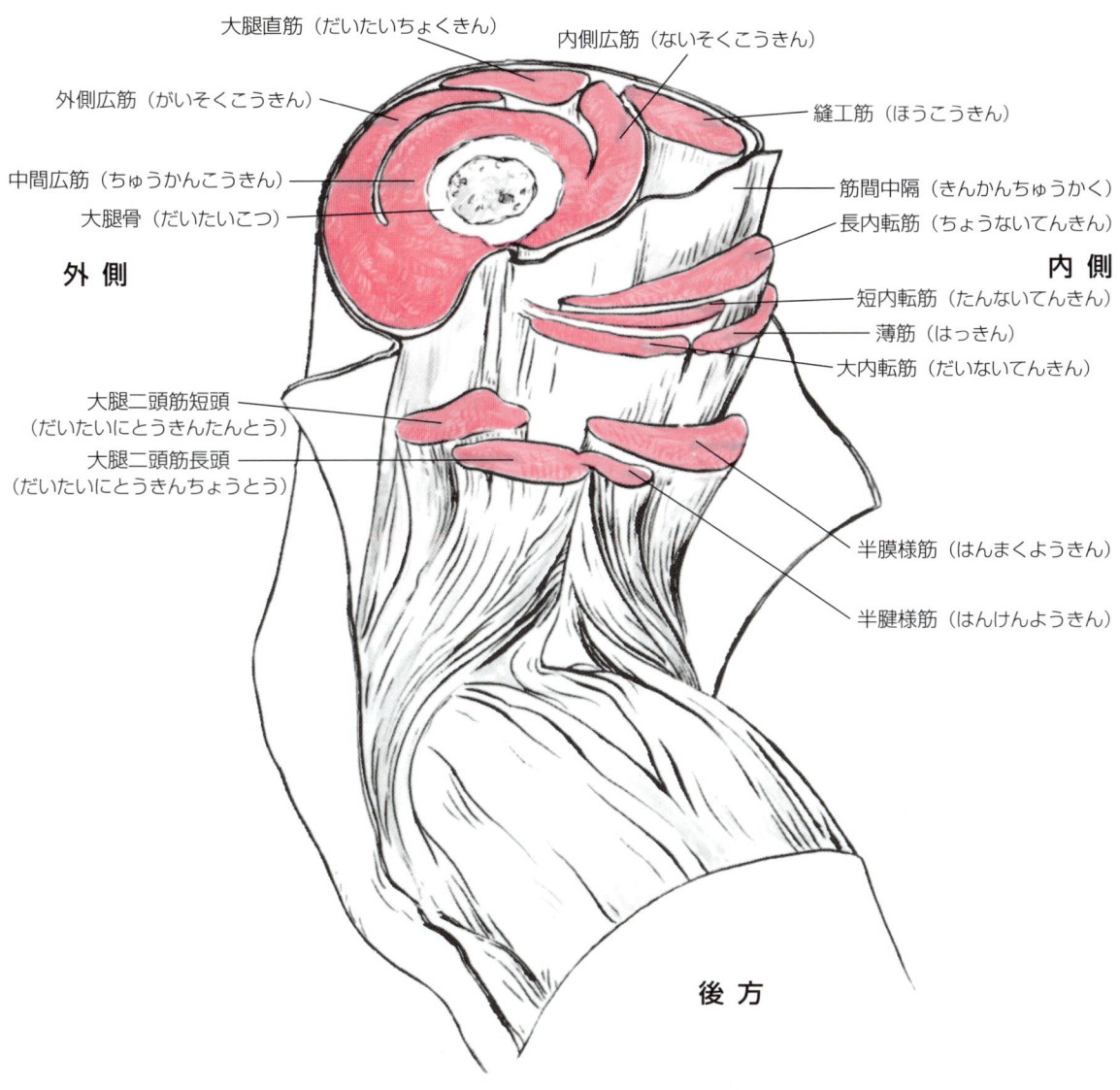

前 方

大腿直筋（だいたいちょくきん）

内側広筋（ないそくこうきん）

外側広筋（がいそくこうきん）

縫工筋（ほうこうきん）

中間広筋（ちゅうかんこうきん）

筋間中隔（きんかんちゅうかく）

大腿骨（だいたいこつ）

長内転筋（ちょうないてんきん）

外 側

内 側

短内転筋（たんないてんきん）

薄筋（はっきん）

大内転筋（だいないてんきん）

大腿二頭筋短頭
（だいたいにとうきんたんとう）

大腿二頭筋長頭
（だいたいにとうきんちょうとう）

半膜様筋（はんまくようきん）

半腱様筋（はんけんようきん）

後 方

図 7-23　左大腿の中間部での断面図

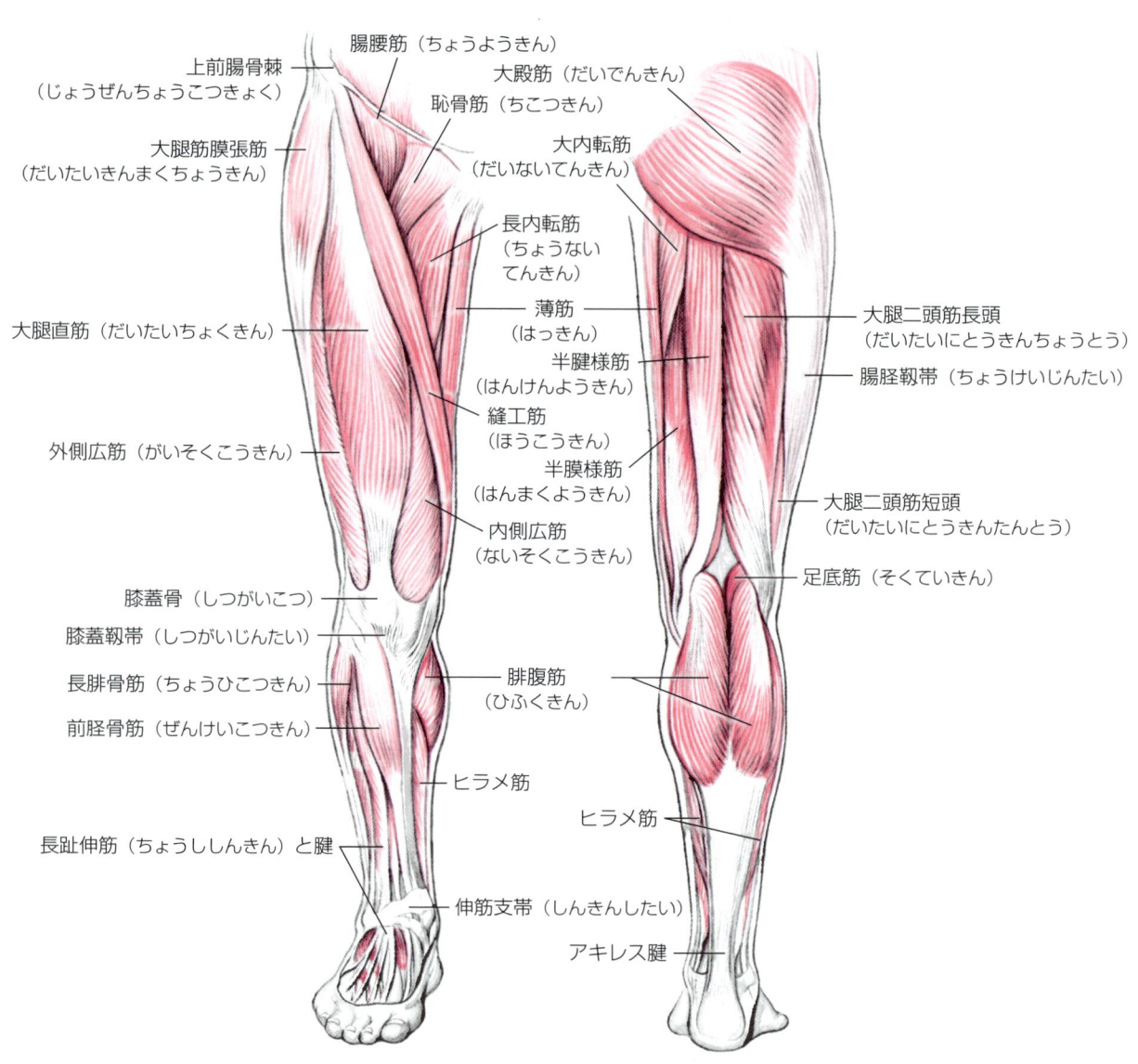

図 7-24　左図：前面からみた右脚の表層の筋肉　右図：後面からみた右脚の表層の筋肉

（Anthony CP, Kolthoff NJ : *Textbook of anatomy and physiology*, ed 9, St. Louis, 1975, Mosby. より改変）

上前腸骨棘
（じょうぜんちょうこつきょく）

腸腰筋（ちょうようきん）

大殿筋（だいでんきん）

恥骨筋（ちこつきん）

大腿筋膜張筋
（だいたいきんまくちょうきん）

大内転筋
（だいないてんきん）

長内転筋
（ちょうない
てんきん）

大腿直筋（だいたいちょくきん）

薄筋
（はっきん）

大腿二頭筋長頭
（だいたいにとうきんちょうとう）

半腱様筋
（はんけんようきん）

腸脛靭帯（ちょうけいじんたい）

縫工筋
（ほうこうきん）

外側広筋（がいそくこうきん）

半膜様筋
（はんまくようきん）

大腿二頭筋短頭
（だいたいにとうきんたんとう）

内側広筋
（ないそくこうきん）

足底筋（そくていきん）

膝蓋骨（しつがいこつ）

膝蓋靭帯（しつがいじんたい）

長腓骨筋（ちょうひこつきん）

腓腹筋
（ひふくきん）

前脛骨筋（ぜんけいこつきん）

ヒラメ筋

長趾伸筋（ちょうししんきん）と腱

ヒラメ筋

伸筋支帯（しんきんしたい）

アキレス腱

ウェブ・サイト

解剖・生理学：

  www.gwc.maricopa.edu/class/bio201/
  index.htm

レントゲン像による解剖：

  radlinux1.usuf1.usuhs.mil/rad/iong/
  index.html

アーカンソー大学医学部生のための一般解剖学：

  anatomy.uams.edu/htmlpages/
  anatomyhtml/gross.html

ロヨラ大学付属医学センター・人体の構造：

  www.meddean.luc.edu/lumen/MedEd/
  GrossAnatomy/GA.html

Wheeless 整形外科学：

  www.medmedia.com/

プレミア医学検索エンジン：

  www.medsite.com

ヴァーチャル・ホスピタル（仮想病院）：

  www.vh.org

ワーク・シート

　授業や宿題の課題として、またテストとしても 275 ページと 276 ページのワーク・シートが活用できます。

実習と復習問題

1. 骨格模型やパートナーの身体で次の骨格上のポイントを確認しましょう。

   a．骨格標本で

   （1）腸骨

   （2）坐骨

   （3）恥骨

   （4）恥骨結合

   （5）寛骨臼

   （6）上下恥骨枝

   （7）閉鎖孔

   （8）坐骨結節

   （9）上前腸骨稜

   （10）大転子

   （11）小転子

   b．パートナーの身体で

   （1）腸骨稜

   （2）上前腸骨稜

   （3）坐骨結節

   （4）大転子

2. パートナーの身体のどこに次の筋肉を触れることができますか。実際に触れてみましょう。

   a．薄筋

   b．縫工筋

   c．大殿筋

   d．中殿筋

   e．小殿筋

   f．大腿二頭筋

   g．大腿直筋

   f．半膜様筋

   i．半腱様筋

   j．大内転筋

   k．長内転筋

   l．短内転筋

3. 上記の筋肉の起始と停止を筋肉の代わりにゴム紐などを使って骨格標本上で示してみましょう。

4. 股関節屈曲と体幹の屈曲の違いを説明してみましょう。

5. 次の股関節の動きを実際に行ってみましょう。また、その主働筋は何ですか。

   a．屈曲

   b．伸展

   c．内転

   d．外転

   e．外旋

関節の動きの分析チャート・股関節

筋肉	屈曲	伸展	外転	内転	外旋	内旋
大殿筋						
中殿筋						
小殿筋						
大腿二頭筋						
半膜様筋						
半腱様筋						
大内転筋						
長内転筋						
短内転筋						
薄筋						
深層外旋六筋						
大腿直筋						
縫工筋						
恥骨筋						
腸腰筋						
大腿筋膜張筋						

拮抗筋の作用チャート・股関節と骨盤

主働筋	拮抗筋
大殿筋	
中殿筋	
小殿筋	
大腿二頭筋	
半膜様筋/半腱様筋	
大内転筋/短内転筋	
長内転筋	
薄筋	
深層外旋六筋	
大腿直筋	
縫工筋	
恥骨筋	
腸腰筋	
大腿筋膜張筋	

　　f．内旋

6. 次の股関節の動きはどの基本面で起こりますか。また、その基本軸は何ですか。

　　a．屈曲
　　b．伸展
　　c．内転
　　d．外転
　　e．外旋

　　f．内旋

7. 股関節に関与する筋肉の機能から、歩行とランニングの違いを説明してみましょう。

8. 大殿筋が筋力低下すると、歩行にどのような影響を及ぼしますか。その状態での歩行がどのようになるか実際にやってみましょう。また、このような異常歩行パターンをなんといいますか。

9. 両側の腸腰筋が硬縮してしまうと、立位での姿勢や腰椎の動きにどのように影響しますか。実際に行ってみて、パートナーと話し合ってみましょう。

10. 両側のハムストリングが硬縮してしまうと、立位での姿勢や腰椎の動きにどのように影響しますか。実際に行ってみて、パートナーと話してみましょう。

11. 152ページの関節の動きの分析チャートに股関節の動きに関与する筋肉があげられています。それぞれの筋肉の機能に当てはまる枠にマークを書き入れ、主働筋として働く場合には〝主〟と書き込んでみましょう。

12. 前ページの拮抗筋の作用チャートにそれぞれの筋肉の拮抗筋を書き込んでみましょう。

■参考文献■

Hislop HJ, Montgomery J : *Daniels and Worthingham's muscle testing : techniques of manual examination*, ed 6, Philadelphia, 1995, Saunders.

Kendall FP, McCreary EK, Provance, PG : *Muscles : testing and function*, ed 4, Baltimore, 1993, Lippincott Williams & Wilkins.

Lindsay DT : *Functional human anatomy*, St Louis, 1996, Mosby.

Luttgens K, Hamilton N : *Kinesiology : scientific basis of human motion*, ed, 9. Madison, WI, 1997, Brown & Benchmark.

Lysholm J, Wikland J : Injuries in runners, *American Journal of Sports Medicine* 15 : 168, September-October 1986.

Noahes TD, et al : Pelvic stress fractures in long distance runners, *American Journal of Sports Medicine* 13 : 120, March-April 1985.

Perreira J : Treating the quadriceps contusion, *Scholastic Coach* 57 : 38, October 1987.

Seeley RR, Stephens TD, Tate P : *Anatomy & physiology*, ed 2, St. Louis, 1992, Mosby-Year Book.

Sieg KW, Adams SP : *Illustrated essentials of musculoskeletal anatomy*, ed 2, Gainesville, FL, 1985, Megabooks.

Stone RJ, Stone JA : *Atlas of the skeletal muscles*, 1990, McGraw-Hill Companies Inc., New York.

Thibodeau GA, Patton KT : *Anatomy & physiology*,, ed 9, St. Louis, 1993, Mosby.

8 膝関節

The knee joint

この章を学習することで

- 骨格標本上で膝関節の骨格の特徴を識別することができます。
- 膝関節の軟骨と靱帯について説明できるようになります。
- 膝関節の筋肉と靱帯をチャートにスケッチできます。
- 膝関節の表面の組織や筋肉を人体で触ることができます。
- 膝関節の動きをパートナーを使って実際に説明し、触ることができます。また、それぞれの動きの基本面と基本軸を説明することができます。
- 大腿四頭筋とハムストリングの各筋肉の名称と働きについて説明できます。
- 膝関節に関与する筋肉の名称と役割を系統立てて理解でき、またその拮抗筋を説明できるようになります。

膝関節

膝関節は人体の中で最も大きな関節で、基本的には蝶番関節に分類され、その仕組みはとても複雑です。体重を支えて歩行するという動作は膝関節にかなりの圧力と負担をかけますが、この関節には強力な伸筋群と屈筋群、そして強靱な靱帯が関与しているので、ほとんどの状況に対応できる機能をもっています。

骨

大腿骨の下端は太くて大きな大腿骨顆で、これが脛骨上端の平たく広がった脛骨顆の上に乗る形で膝関節を形成しています。大腿骨は近位から遠位に向かうに従って斜めにのびているため、内側顆は外側顆よりも少し長めです。脛骨の内側プラトー・外側プラトーとして知られる脛骨内側顆と外側顆の上面は、大腿骨顆の受け皿の役目をしています。

脛骨は下腿の内側の骨で、下腿にかかる体重のほとんどを支えています。腓骨には膝関節に関与する筋肉の腱や靱帯の付着部がありますが、腓骨は大腿骨や膝蓋骨とは直接関節を形成していないので、膝関節の一部とは考えません。

膝蓋骨は種子骨で、大腿四頭筋と膝蓋靱帯に包み込まれています。膝蓋骨はこの位置で滑車のような役割りをするので、大腿四頭筋が下腿を引き上げる角度を大きくします。これによって大腿四頭筋が膝関節の伸展運動で効率よく機能することができるのです。

関　節 (図8-1)

膝関節（大腿脛骨関節とも呼ばれる）はその機能から蝶番関節に分類されます。この関節は内転や外転のような横への動きはせず、屈曲と伸展方向だけで動きます。しかし、屈曲時には内旋・外旋という動きもすることから、車軸蝶番関節と呼ばれることもあります。また、その形状から膝関節を顆状関節に分類することもあります。膝蓋大腿関節は大腿骨の顆上を膝蓋骨が滑るという特徴から、滑走関節であるといえます。

靭帯は膝関節に静的安定性をもたらし、大腿四頭筋とハムストリングの収縮は動的安定性をもたらします。他のどの可動関節にも共通するように、膝関節を形成している大腿骨と脛骨の表面は関節軟骨で覆われています。骨の表面を覆う関節軟骨に加えて、半月板という特殊な軟骨がこの関節間でクッションの役目をしています。この半月板は脛骨に付着し、脛骨窩を深めることによって安定性を高めているのです。

内側半月板は脛骨の内側プラトーの上にあって、大腿骨内側顆の受け皿を形成しています。一方、外側半月板は脛骨の外側プラトーの上にあり、大腿骨外側顆を受けています。両面の半月板とも外側縁の方が厚みがあり、中心部では非常に薄くなっています。半月板はほんの少し動きますが、小さな靭帯によってその場に固定されています。外側半月板がO型に近い形をしているのに対し、内側半月板はC型をしておりサイズも少し大きめです。半月板は様々なメカニズムによって軽度から重度の損傷を受けることがあります。これらの損傷はランニング中に急な方向転換をしようとして、屈曲または伸展中に膝が回旋したために、強い圧迫や引きちぎるような力（剪断力）が加わって起こります。膝関節で非常に重要な靭帯は前十字靭帯と後十字靭帯です。関節内で2つの靭帯が交差していることから、この名前がつけられました。この2つの靭帯はそれぞれ膝関節の前方、および後方への安定性を高めるために重要ですが、同時に、回旋の安定性を保持するためにも不可欠です（図8-1）。

前十字靭帯の断裂は、膝関節に起こりうる傷害の中で最も深刻なものです。この傷害は、他の選手との接触がない場合でも、足が接地した状態で急激な方向転換をしたときに、膝に回旋力が加わると生じます。前十字靭帯は膝関節の過伸展によって、または強力な大腿四頭筋の収縮によって、脛骨が大腿骨よりも前方に引き出されてしまうため断裂するという研究結果も出されています。一方、幸いなことに後十字靭帯の損傷はまれです。後十字靭帯の損傷は他の選手や地面との衝突によって起こります。

内側側副靭帯は膝関節の内側にあります。この靭帯は膝関節の外側からストレスがかかったときに内側の安定性を保ちます。内側側副靭帯の損傷は、膝の外側から力が加わることで膝の内側が可動範囲を越えて開くときに生じます。味方が倒れ込んできたり、相手にタックルされたりすると、特にこの損傷は生じます。

外側側副靭帯は膝関節の外側にあり、大腿骨と腓骨をつないでいます。この靭帯はほとんど傷害を受けません。

図8-1の靭帯以外にも関節包に隣接する複数の靭帯がありますが、これらの靭帯はさほど重要な働きをしていないので、ここでは取り上げません。

膝関節の膝蓋骨の下で、大腿骨表面から脛骨表面を覆う滑膜腔は、たくさんの滑液で満たされており、よく〝膝のカプセル〟と呼ばれます。膝関節には10個以上の滑液包があり、そのう

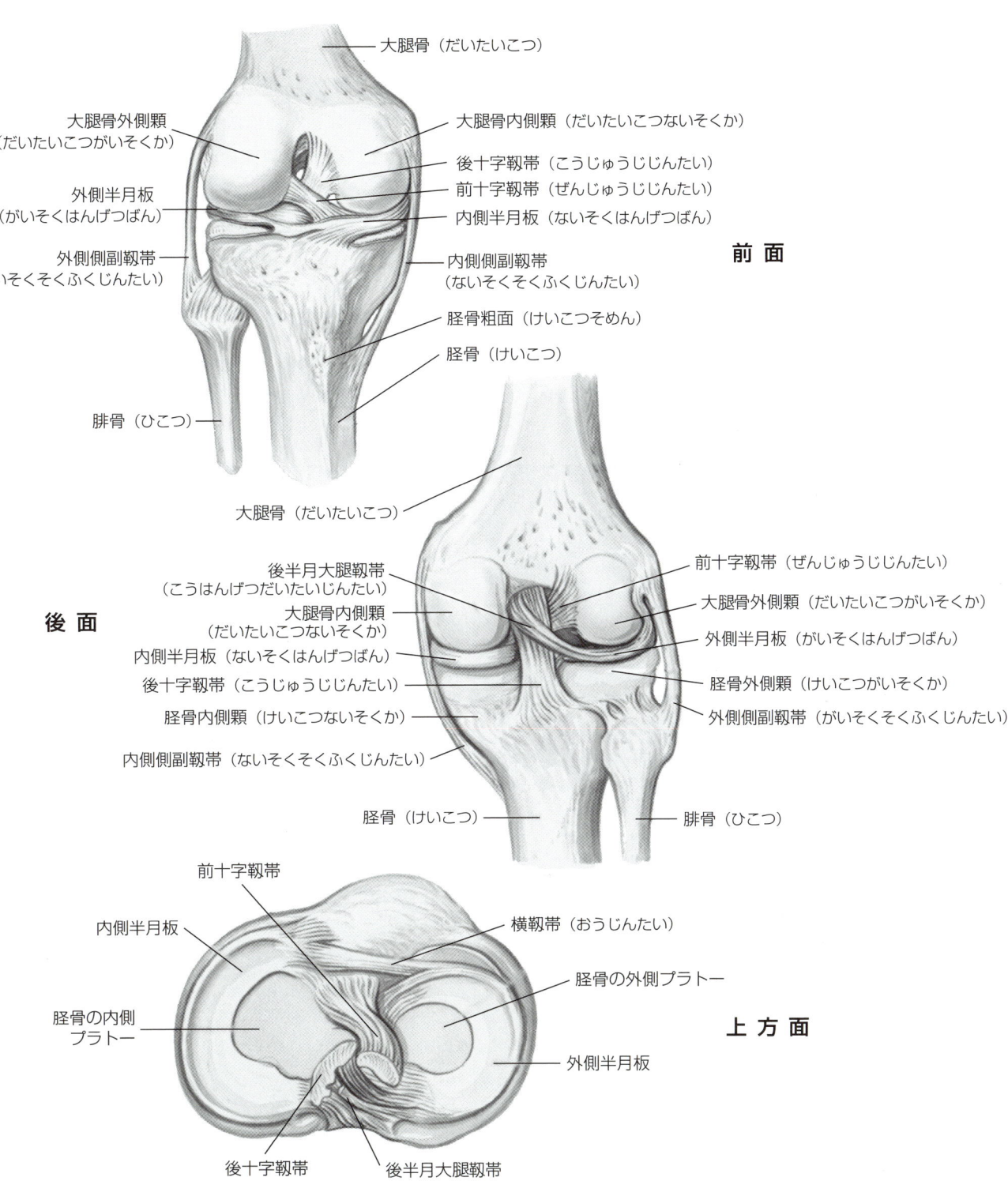

前 面

大腿骨（だいたいこつ）

大腿骨外側顆
（だいたいこつがいそくか）

大腿骨内側顆（だいたいこつないそくか）

後十字靱帯（こうじゅうじじんたい）

前十字靱帯（ぜんじゅうじじんたい）

外側半月板
（がいそくはんげつばん）

内側半月板（ないそくはんげつばん）

外側側副靱帯
（がいそくそくふくじんたい）

内側側副靱帯
（ないそくそくふくじんたい）

脛骨粗面（けいこつそめん）

脛骨（けいこつ）

腓骨（ひこつ）

後 面

大腿骨（だいたいこつ）

後半月大腿靱帯
（こうはんげつだいたいじんたい）

大腿骨内側顆
（だいたいこつないそくか）

内側半月板（ないそくはんげつばん）

後十字靱帯（こうじゅうじじんたい）

脛骨内側顆（けいこつないそくか）

内側側副靱帯（ないそくそくふくじんたい）

前十字靱帯（ぜんじゅうじじんたい）

大腿骨外側顆（だいたいこつがいそくか）

外側半月板（がいそくはんげつばん）

脛骨外側顆（けいこつがいそくか）

外側側副靱帯（がいそくそくふくじんたい）

脛骨（けいこつ）

腓骨（ひこつ）

上 方 面

前十字靱帯

内側半月板

横靱帯（おうじんたい）

脛骨の外側プラトー

脛骨の内側
プラトー

外側半月板

後十字靱帯

後半月大腿靱帯

図 8-1　右膝関節の靱帯と半月板（Ligaments and menisci of the right knee）
（Anthony CP, Kolthoff NJ : *Textbook of Anatomy and physiology*, ed 9, St. Louis, 1975, Mosby より改変）

ちのいくつかは滑膜腔と通じています。滑液包は膝へのショック吸収と摩擦を防止するためにあります。

膝関節は通常、一直線になるまで伸展しますが、それ以上伸びて、反ってしまっている膝も少なくありません。正常な膝関節の可動域は、0°の完全伸展位から140°の屈曲位までです。膝関節が30°以上屈曲すると膝は30°の内旋と45°の外旋が可能になります。

膝関節の動き (図8-2)

膝関節の屈曲と伸展は矢状面上で生じ、内旋と外旋は水平面上で生じます。膝関節では20〜30°、もしくはそれ以上の屈曲位でのみ回旋運動が可能となります。

屈曲：かかとが殿部に近づく動き。膝を曲げる動作

伸展：膝を伸ばす動き。大腿と下腿との角度が大きくなる動き

外旋：下腿がその長軸を中心に外側へ回る動き

内旋：下腿がその長軸を中心に内側へ回る動き

屈曲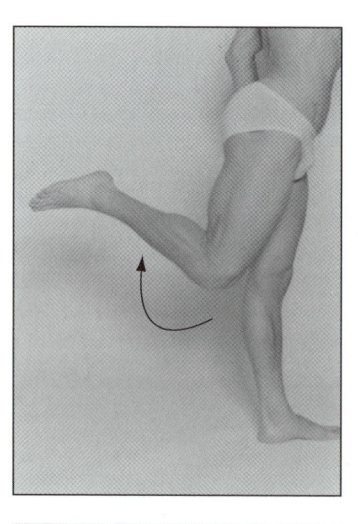

伸展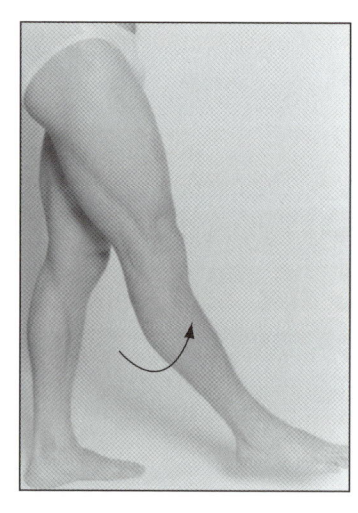

内旋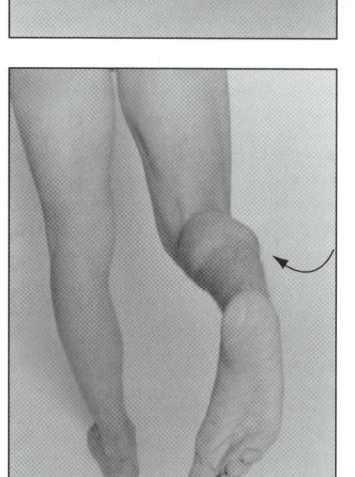

外旋

図 8-2　膝関節の動き

筋　肉

　膝関節の動きにかかわるいくつかの筋肉については、第7章ですでに説明しました。それらの筋肉はいずれも膝関節の動きに関与しますが、同時に股関節の動きにも大きくかかわります。したがって、この章では多くを説明しないことにします。

膝関節の伸展：大腿直筋

膝関節の屈曲：縫工筋、大腿二頭筋、半腱様筋、
　　　　　　　半膜様筋、薄筋

　腓腹筋も膝関節の屈曲に関与していますが、この筋肉については主として第9章で取り上げています。

　膝関節の伸筋群は総称して大腿四頭筋と呼ばれ、大腿部の前部に位置し、4つの筋肉からなりたちます。この4つの筋肉とは大腿直筋、外側広筋、中間広筋、内側広筋です。ハムストリングは大腿部の後方に位置し、膝関節の屈曲にかかわっています。ハムストリングは半腱様筋、半膜様筋、そして大腿二頭筋の3つの筋肉で構成され、膝関節の屈曲にかかわっています。

　半膜様筋と半腱様筋（ハムストリングの内側の筋肉）は、膝窩筋とともに膝の内旋を生じさせ、大腿二頭筋（ハムストリングの外側の筋肉）は膝の外旋に関与します。

　ハムストリングの3つの筋肉と大腿直筋は二関節筋です。二関節筋は他の筋肉の収縮によって、その起始部か停止部をしっかりと固定されている際、最も効率よく働きます。さらに、筋肉はその長さが短いときよりも伸ばされた状態でより大きな力を発揮します。

　たとえば、縫工筋は腹筋によって骨盤が後傾位に固定されているときに、膝の屈筋としてより力を発揮します。このことは、坐位で足を組むとき、膝を曲げることでわかります。膝を曲

げるときには普通、少し身体を後ろに傾けます。これは、アメリカンフットボールでボールを蹴る動作でもみられます。キッカーは例外なく後ろに体を反らせて、大腿直筋の起始を引き上げて固定し、膝の伸筋としての能力をより高めるのです。また、子供が膝で鉄棒にぶら下がったとき、股関節を屈曲させることでハムストリングの起始を引き上げて固定し、膝がより強く屈曲できるようにします。

　薄筋、縫工筋、半腱様筋は遠位で腱がまとまって、特徴のある形をしています。この部分は鵞足と呼ばれ、脛骨の近位内側前面の脛骨粗面のすぐ横に付着します。この停止部の位置と内側後方に向かって収縮することから、これらの筋肉は、膝関節が屈曲しながら股関節が外旋した状態で、特に膝関節の屈曲を補助することが可能です。腓腹筋の内側頭と外側頭はそれぞれ大腿骨内側顆の後方に付着します。この位置関係から腓腹筋は収縮したときに、膝関節の屈曲を補助します。

膝関節に関与する筋肉（位置による分類）

　筋肉の位置は膝関節における機能と深くかかわっています。

前方

　動き：主に膝関節の伸展

　筋肉：大腿直筋＊　　内側広筋
　　　　中間広筋　　　外側広筋

後方

　動き：主に膝関節の屈曲

　筋肉：大腿二頭筋＊　半膜様筋＊
　　　　半腱様筋＊　　縫工筋＊
　　　　薄筋＊　　　　膝窩筋
　　　　腓腹筋＊

＊二関節筋：股関節の機能に関しては第7章で、足関節の機能に関しては第9章で説明しています

大腿四頭筋 （だいたいしとうきん）（図8-3）

　ほとんどのスポーツでは高いジャンプ能力が必要とされます。大腿四頭筋は膝を伸展させる筋肉なので、ジャンプにすぐれた人はこの筋肉が発達しています。また、大腿四頭筋はランニング中、方向転換するときにスピードを減速させる働きもします。この働きは、ジャンプからの着地のときに身体を止めることでもわかります。ストップや減速時に生じる大腿四頭筋の収縮はエキセントリック（伸張性）収縮です。この大腿四頭筋のエキセントリック収縮がスポーツの動きの減速をコントロールします。

　大腿四頭筋の筋肉は大腿直筋（大腿四頭筋中、唯一の二関節筋）、外側広筋（大腿四頭筋最大の筋肉）、中間広筋、そして内側広筋です。この4つの筋肉すべてが膝蓋骨に付着し、膝蓋靱帯を通して脛骨粗面に停止します。中間広筋は大腿直筋の下（深層）にあって触診できませんが、その他の3つの筋肉は表層にあるので触診できます。垂直跳びは大腿四頭筋の筋肉とパワーをテストするための、最もシンプルな方法です。大腿四頭筋は一般的にハムストリング（膝の屈曲筋）より25〜33%強いのが理想とされています。

大腿直筋 （だいたいちょくきん）

起　始

　下前腸骨棘

　寛骨臼の上縁

停　止

　膝蓋骨の上縁中央

　膝蓋靱帯を経て脛骨粗面に停止

機　能

　股関節の屈曲

　膝関節の伸展

触　診

　大腿前部の全体で触れられます。

神経支配

　大腿神経（L2・3・4）

機能解剖、筋力強化、ストレッチング

　股関節屈曲時には大腿直筋はその長さが短くなり、膝関節の伸筋としての機能が弱まります。したがってこの場合、他の3つの筋肉（外側広筋、内側広筋、中間広筋）が主に膝の伸筋としての役目をはたします。大腿直筋に関しては、第7章の135ページ（図7-9）でも取り上げているので参照して下さい。

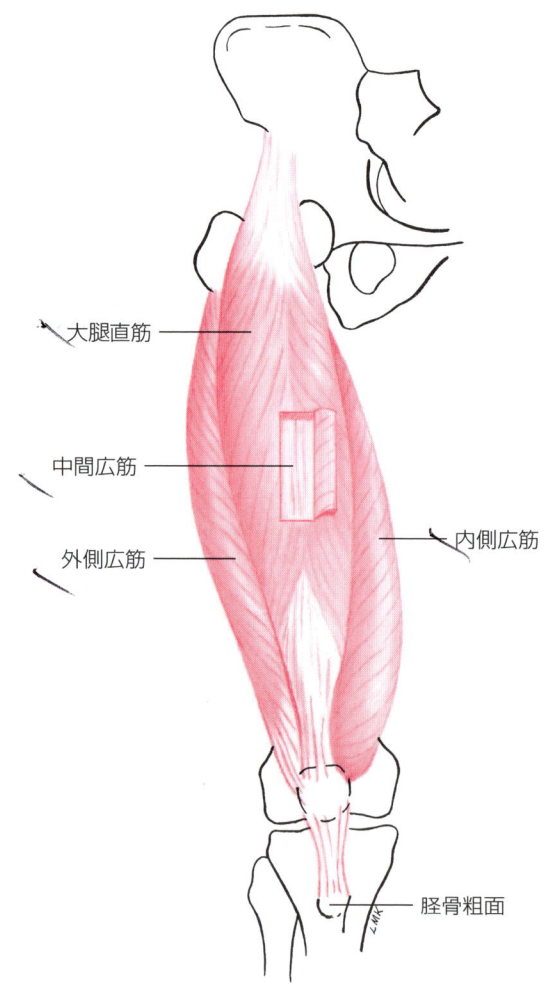

大腿直筋

中間広筋

外側広筋

内側広筋

脛骨粗面

図8-3　大腿四頭筋 （Quadriceps muscle）

外側広筋 （がいそくこうきん） （図 8-4）

起　始

大腿骨転子間溝、大転子の前下方縁、殿筋粗
面、大腿骨粗線の上部 1/2、外側筋間中
隔全域

停　止

膝蓋骨の上縁外側

膝蓋靱帯を経て脛骨粗面に停止

機　能

膝関節の伸展

触　診

大腿の前外側で触れられます。

神経支配

大腿神経 （L2・3・4）

機能解剖、筋力強化、ストレッチング

外側広筋を含む3つの広筋群はすべて大腿直
筋とともに膝関節の伸展で機能します。これら
の筋群は歩行やランニングで使われると同時に、
立位の際に膝を伸展し続けるためにも使われま
す。外側広筋が収縮して膝蓋骨を引き上げると
きは、外側の方向に強く引くので、しばしば膝
蓋骨の亜脱臼や脱臼の原因となることもありま
す。

外側広筋はニー・エクステンション （p.286）
のような運動で鍛えることができます。この筋
肉をストレッチさせるには、片足で立って、反
対側のかかとを膝を曲げて殿部 （おしり） へと
引きつけるようにします。

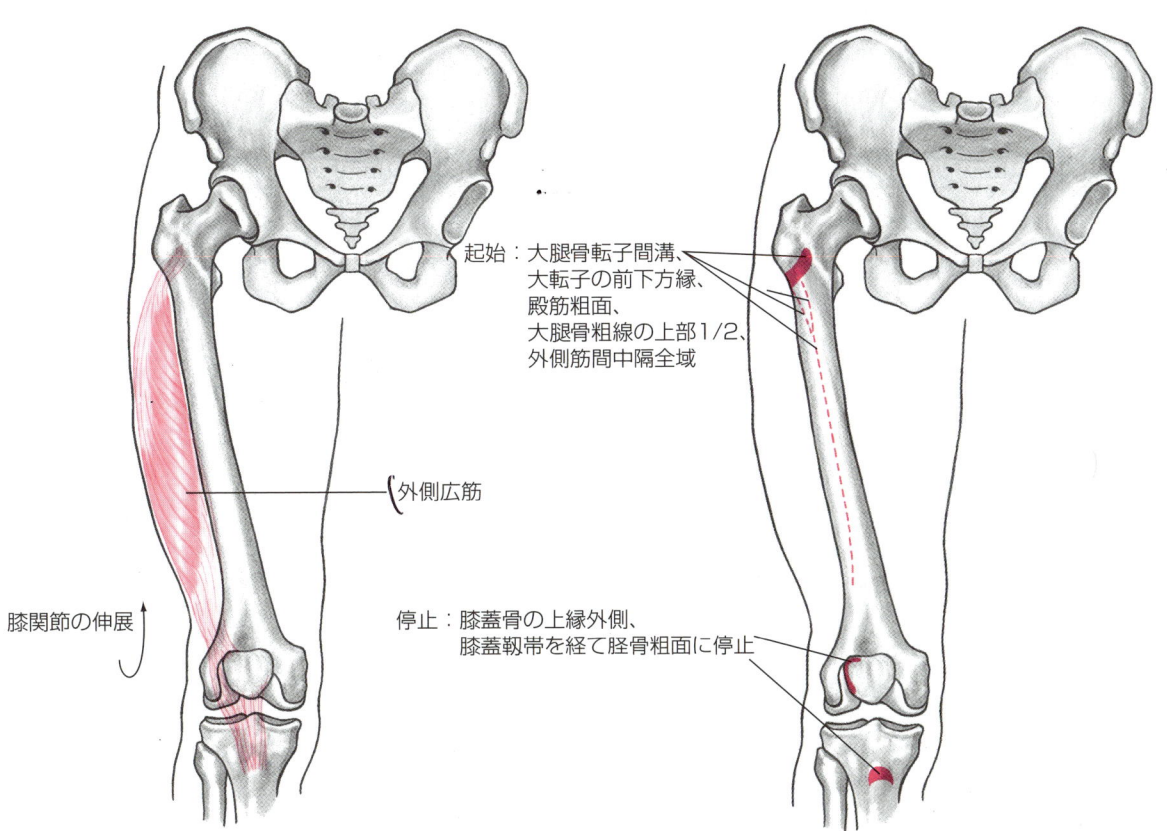

起始：大腿骨転子間溝、
大転子の前下方縁、
殿筋粗面、
大腿骨粗線の上部1/2、
外側筋間中隔全域

外側広筋

膝関節の伸展

停止：膝蓋骨の上縁外側、
　　　膝蓋靱帯を経て脛骨粗面に停止

図 8-4　外側広筋 （前面） （Vastus lateralis muscle）

中間広筋 （ちゅうかんこうきん）（図8-5）

起　始

　大腿骨前面の上部2/3

停　止

　膝蓋骨の上縁中央

　膝蓋靱帯を経て脛骨粗面に停止

機　能

　膝関節の伸展

触　診

　大腿直筋の深層に位置するので触れることはできません。

神経支配

　大腿神経（L2・3・4）

機能解剖、筋力強化、ストレッチング

　中間広筋を含む3つの広筋群は、同時に収縮して膝関節を伸展させます。これら3つの筋肉は、大腿直筋とともにランニング、ジャンプ、そして歩行に使われます。広筋群は股関節が屈曲しているときの膝関節の伸展で、最も力を発揮します。したがって、身体が前傾した状態で膝を伸展すると、大腿直筋よりもむしろ、これら3つの広筋群が主に働くのです。

　バーベルを使ったスクワット運動は正しいフォームで行えば、大腿四頭筋のトレーニングに大変な効果があります。このときにフォームや器具の使い方に注意をすれば、膝や腰の怪我を予防できます。スクワットの他にレッグ・プレスやニー・エクステンションなどのマシーン・エクササイズも効果的です。

　膝関節の完全屈曲によって、大腿四頭筋のすべてをストレッチすることができます。

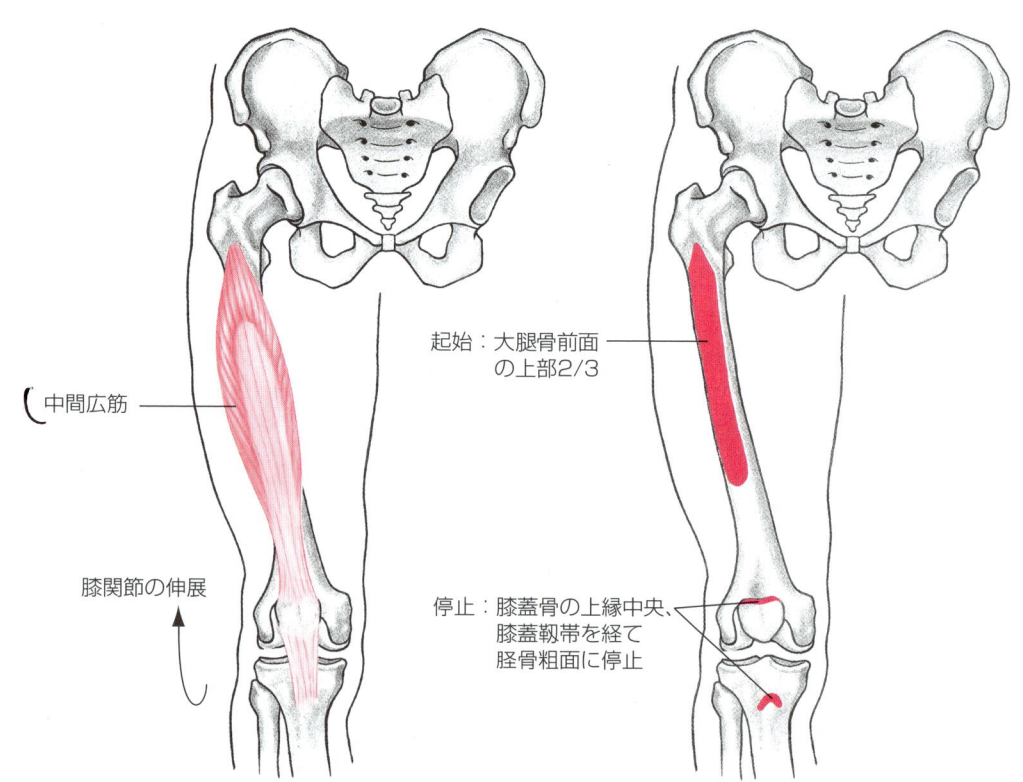

中間広筋

膝関節の伸展

起始：大腿骨前面の上部2/3

停止：膝蓋骨の上縁中央、膝蓋靱帯を経て脛骨粗面に停止

図8-5　中間広筋（前面）（Vastus intermedius muscle）

内側広筋 （ないそくこうきん）（図8-6）

起　始
　大腿骨粗線の全長、内側顆の稜線

停　止
　膝蓋骨の上縁内側
　膝蓋靱帯を経て脛骨粗面に停止

機　能
　膝関節の伸展

触　診
　膝関節付近の大腿の前方内側面で触ることができます。

神経支配
　大腿神経（L 2・3・4）

機能解剖、筋力強化、ストレッチング

　内側広筋は膝蓋骨の上縁内側部に付着し、その遠位部の筋線維の走行方向が内側に向かって斜めであることが、膝蓋骨の安定性の確保に重要な意味をもっています。この遠位部分の筋線維が極端に内側方向に走行しているために、内側広筋斜線維（VMO）とも呼ばれます。内側広筋は大腿四頭筋の他の筋肉と同様にスクワットやニー・エクステンション、レッグ・プレスといったエクササイズでトレーニングできますが、VMOは膝関節伸展最後の10〜20°の間で最も強化されます。

　膝関節の完全屈曲によって、大腿四頭筋のすべてをストレッチすることができます。

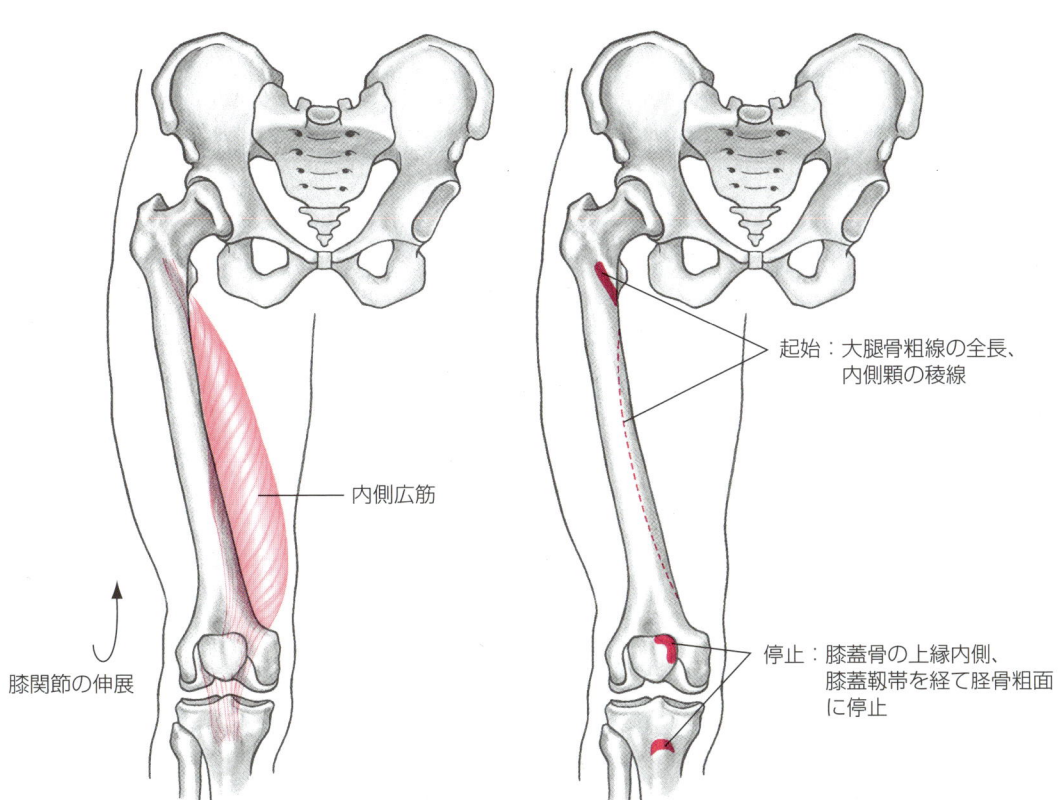

内側広筋

膝関節の伸展

起始：大腿骨粗線の全長、内側顆の稜線

停止：膝蓋骨の上縁内側、膝蓋靱帯を経て脛骨粗面に停止

図8-6　内側広筋（前面）（Vastus medialis muscle）

ハムストリング (図8-7)

　ハムストリングを構成する大腿二頭筋、半膜様筋、半腱様筋についてはそれぞれすでに第7章で詳しく説明していますが、ここではこの筋群が膝関節でも重要な役割をはたすことについて説明します。

　ハムストリングの筋挫傷は、フットボールやその他の激しいダッシュが要求される競技では頻繁に起こる傷害です。この筋群はその加速の機能によって「ランニング筋」と呼ばれます。ハムストリングは膝関節において大腿四頭筋の拮抗筋として働きますが、そのコード状になった停止部の形状からこの名がつきました。ハムストリングの3つの筋肉はすべて寛骨の坐骨結節を起始とし、半腱様筋と半膜様筋は脛骨の内側部に停止します。正確には半腱様筋は脛骨の前方内側に、半膜様筋は後方内側に付着します。一方、大腿二頭筋は脛骨外側顆と腓骨頭に付着します。したがってハムストリングの2つの筋肉は内側に、1つは外側に付着しています。大腿二頭筋短頭は大腿骨の粗線に起始しています。

　ハムストリングの筋力強化と柔軟性向上のトレーニングは、膝の怪我の予防にとって重要な役割をもっています。立位体前屈で、膝を伸ばした状態で指先が床に届かないのは明らかにハムストリングの柔軟性が不足しているといえます。この筋群の強化にはレッグ・カールなどのエクササイズが効果的です。柔軟体操としては膝を伸ばして床に座り、ゆっくりと前屈する静的ストレッチングがよいでしょう。

　ハムストリングは主として膝関節の屈筋として働きますが、股関節の伸筋としての機能ももっています。また、膝関節は屈曲時に回旋の動きが生じますが、これはハムストリングの働きによるものです。大腿二頭筋は下腿（膝関節）を外旋させ、一方、半腱様筋と半膜様筋は内旋させます。この膝関節の回旋はその場での回転（ピボット）や方向転換をするときに必要不可欠で、股関節や足関節にかかる力を調整し、動き全体をより機能的かつスムーズにするために重要です。

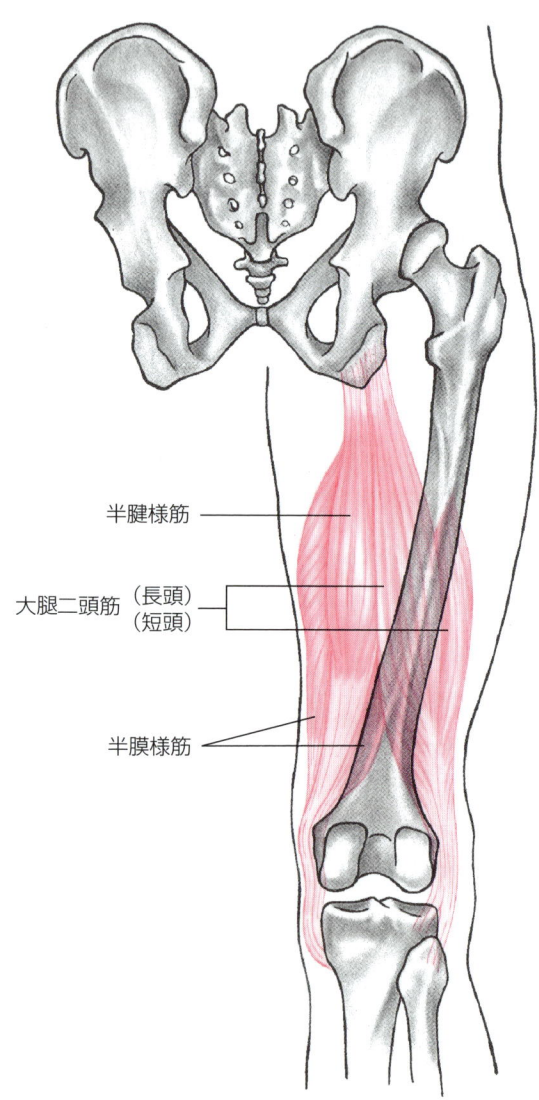

図8-7　ハムストリング
(The hamstring muscle)

半腱様筋

大腿二頭筋（長頭）
　　　　　（短頭）

半膜様筋

膝窩筋 （しつかきん）（図 8-8）

起　始

　大腿骨の外側顆後面

停　止

　脛骨の後方内側上部

機　能

　膝関節の屈曲

　膝関節の内旋

触　診

　この筋肉は触診できません。

神経支配

　脛骨神経（L 5、S 1）

機能解剖、筋力強化、ストレッチング

　膝窩筋以外の膝関節の屈筋はすべて二関節筋

です。この膝窩筋は膝の後方外側部の安定性を守るために不可欠です。膝窩筋は内側のハムストリング（半腱様筋、半膜様筋）を補助して下腿を内旋させます。

　鉄棒などにぶら下がって膝を屈曲させると、この筋肉を集中的に強化することができます。歩行やランニングも強化のためによいでしょう。また、膝の内旋と屈曲に対して同時に抵抗をかけるようなエクササイズでも、この筋肉は鍛えられます。膝窩筋のストレッチはなかなか難しいのですが、股関節を屈曲させずに他動的に膝関節の完全伸展を行うことでストレッチできます。また、膝関節を 20〜30°屈曲させて、他動的に下腿を完全に外旋させてもストレッチできます。

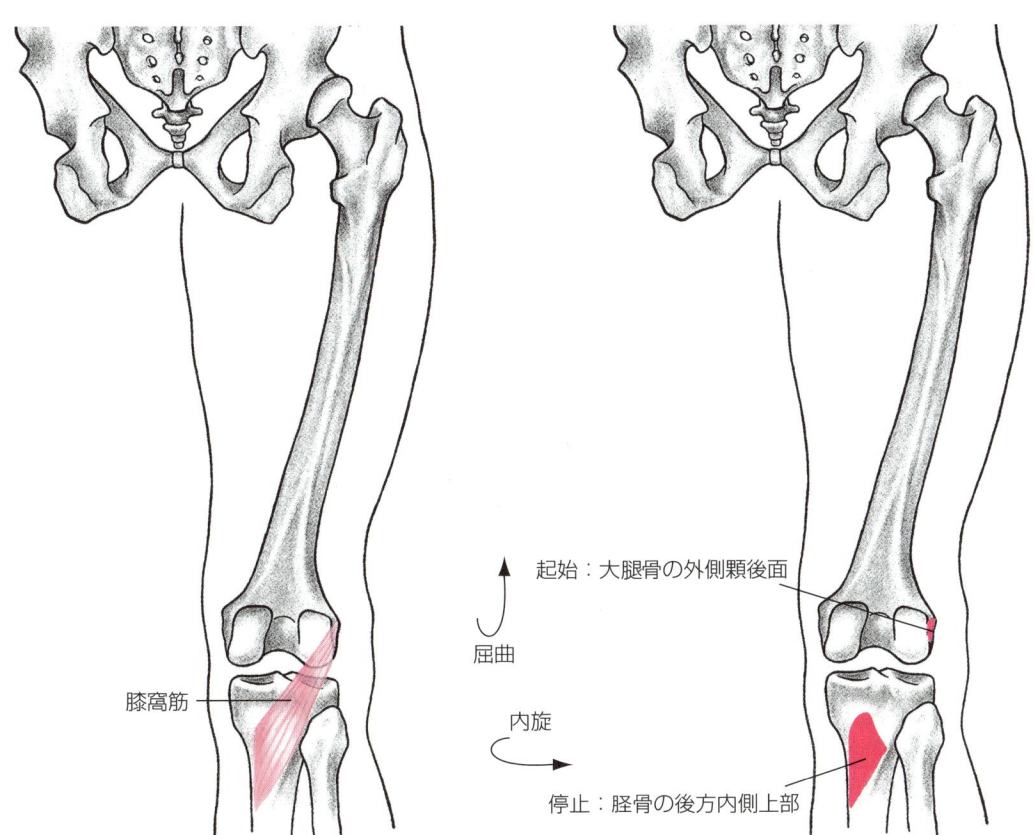

起始：大腿骨の外側顆後面

屈曲

膝窩筋

内旋

停止：脛骨の後方内側上部

図 8-8　膝窩筋（後面）（Popliteus muscle）

ウェブ・サイト

解剖・生理学：

www.gwc.maricopa.edu/class/bio201/
index.htm

レントゲン像による解剖：

radlinux1.usuf1.usuhs.mil/rad/iong/
index.html

アーカンソー大学医学部生のための一般解剖学：

anatomy.uams.edu/htmlpages/
anatomyhtml/gross.html

ロヨラ大学付属医学センター・人体の構造：

www.meddean.luc.edu/lumen/MedEd/
GrossAnatomy/GA.html

Wheeless の整形外科学：

www.medmedia.com/

プレミア医学検索エンジン：

www.medsite.com

関節鏡ドット・コム：

www.arthroscopy.com/sports.htm

膝関節の解剖：

anatome.ncl.ac.uk/tutorials/knee/

ヴァーチャル：ホスピタル（仮想病院）：

www.vh.org

ワーク・シート

授業や宿題の課題として、またテストとしても277ページのワーク・シートが活用できます。

・骨格のワーク・シート（No. 1）

このワーク・シート上に膝関節の動きに関与する筋肉をスケッチしてみましょう。

実習と復習問題

1. 下記の骨の重要なポイントを骨格標本とパートナーの身体で確認をしましょう。

a．骨格標本

（1）大腿骨頭と大腿骨頚

（2）大転子

（3）大腿骨骨幹

（4）小転子

（5）大腿骨粗線

（6）内転筋結節

（7）大腿骨内側顆

（8）大腿骨外側顆

（9）膝蓋骨

b．パートナー

（1）大転子

（2）内転筋結節

（3）大腿骨内側顆

（4）大腿骨外側顆

（5）膝蓋骨

2. どのようにして、またどこに下記の筋肉をパートナーの身体で触診できますか。

【注：膝関節を動かしながら股関節（第7章）で学んだ筋肉も触診してみましょう】

a．薄筋

b．縫工筋

c．大腿二頭筋

d．半腱様筋

e．半膜様筋

f．大腿直筋

g．外側広筋

h．中間広筋

i．内側広筋

j．膝窩筋

3. 上記の筋肉の起始と停止を筋肉の代わりにゴム紐などを使って骨格標本上で示してみましょう。

4. 次の関節の動きを実際してみましょう。また、各動きの主働筋は何ですか。

a．膝関節の伸展

b．膝関節の屈曲

c．膝関節の内旋

関節の動きの分析チャート・膝関節

膝関節	
屈曲	伸展
内旋	外旋

拮抗筋の作用チャート・膝関節

主働筋	拮抗筋
大腿二頭筋	
半腱様筋	
半膜様筋	
大腿直筋	
外側広筋	
中間広筋	
内側広筋	
膝窩筋	

d．膝関節の外旋

5．以下の動きが生じる基本面はそれぞれ何ですか。またその基本軸は何ですか。
　　a．膝関節の伸展
　　b．膝関節の屈曲
　　c．膝関節の内旋
　　d．膝関節の外旋

6．膝関節を完全伸展させたままでは、自動でも他動でも股関節の完全屈曲が制限されてしまう理由をパートナーと話し合ってみましょう。また股関節の完全屈曲は膝関節の完全伸展を妨げますか。

7．膝関節を完全屈曲させたままでは、自動でも他動でも股関節の完全伸展が制限されてしまう理由をパートナーと話し合ってみましょう。また、股関節の完全伸展は膝関節の完全屈曲を制限しますか。

8．骨格、靱帯、関節、軟骨の観点で、膝関節の内側と外側を比較してみましょう。

9．ウサギ跳びやフル・スクワットの是非について意見を交換し合いましょう。

10．膝の靱帯、関節の仕組み、機能、よく起こる怪我、装具などに関するレポートを書きましょう。

11．膝関節の傷害予防のための補強運動について調べましょう。

12．前十字靱帯の断裂を起こした選手には膝関節の外側周辺のどの筋群の強化が必要ですか。

13．前ページの分析チャートに膝関節のそれぞれの動きの主働筋を書き入れて下さい。

14．前ページの拮抗筋の作用チャートに筋肉の名前を書き込みましょう。

■参考文献■

Baker BE, et al : Review of meniscal injury and associated sports, *American journal of Sports Medicine* 13 : 1, January-February 1985.

Evans W : Hamstring strength and flexibility development, *Scholastic Coach* 56 : 42, April 1987.

Garrick JG, Regna RK : Prophylactic knee bracing, *American Journal of Sports Medicine* 15 : 471, September - October 1987.

Kelly DW, et al : Patellar and quadriceps tendon ruptures-jumping knee, *American Journal of Sports Medicine* 12 : 375, September-October 1984.

Luttgens K, Hamilton N : *Kinesiology : scientific basis of human motion*, ed 9, Madison, WI, 1997, Brown & Benchmark.

Lysholm J, Wikland J : Injuries in runners, *American Journal of Sports Medicine* 15 : 168, September-October 1986.

Perreira J : Treating the quadriceps contusion, *Scholastic Coach* 57 : 38, October 1987.

Sieg KW, Adams SP : *Illustrated essentials of musculoskeletal anatomy*, ed 2, Gainesville, FL, 1985, Megabooks.

Stone RJ, Stone JA : *Atlas of the skeletal muscles*, 1990. McGraw-Hill Companies, Inc., New York.

Wroble RR, et al : Pattern of knee injuries in wrestling, a six-year study, *American Journal of Sports Medicine* 14 : 55, January-February 1986.

9 足関節と足

The ankle and foot joints

この章を学習することで

● 骨格標本上で足関節（足首）と足の靭帯、および足底のアーチが示せます。

● 足関節と足の筋肉をチャート上に描き、名称を書き入れることができます。

● 足関節と足の動きを人体を使って実際に表現できます。

● 足関節と足の筋肉を人体で触れることができます。

● 足関節と足を動かす筋肉をあげ、統合して説明することができます。

　足は26個の骨、19の大きな筋肉、多数の内在性の小さな筋肉、そして100以上の靭帯によって構成されているので、とても複雑であることがおわかりいただけると思います。

　体重を支持することと推進することが足の2つの主な機能です。足の筋力を養って正しい足の力学的機能を維持したり獲得することは、誰にとっても大変なことです。現代社会では足の怪我は実に一般的な疾患です。若いうちから足の機能に問題がある人は、必ず後々に足に問題を抱えることになります。

　歩行とランニングは立脚期と遊脚期に分けられます。立脚期はさらに3つの構成要素（踵接地期、立脚中期、趾離地期）に分かれます。普通は、踵接地期で踵が着地し、続いてすぐさま立脚中期で足は回内位になり、趾離地期直前から終了までの間、足は再び回外位へ戻ります。遊脚期は足が地面から離れ、脚が前方へ振り出され次の地点に接地する前までの期間です。足

が非常に硬く適度に回内しない場合や立脚中期を過ぎても回内位のままである場合にはしばしば問題が起こります。歩行はランニングと異なり常にどちらかの足が接地していますが、それに対しランニングは、両方の足が接地していない瞬間があります。

　この約20年間のフィットネス・ブームのおかげでスポーツやレクリエーション用のシューズが改良されてきました。以前は一足のシューズで十分だったのですが、今日ではバスケットボール、野球、アメリカン・フットボール、ジョギング、サッカー、テニス、ウォーキング、そしてクロス・トレーニング用に特別に開発されたシューズがあります。よいシューズを履くことは重要なことですが、よく発達した筋肉と正しい足の使い方にまさるものはありません。

骨

　足には 26 個の骨があり、それらによって 1つのアーチが形成されています。これらの骨は脛骨と腓骨によって身体の上部の構造と連絡していますが、体重は脛骨のみを経て距骨と踵骨に伝わります（図 9-1、9-2）。

　距骨と踵骨に加えて、足部の中央には足根骨と呼ばれる 5 つの骨（舟状骨、内側楔状骨、中間楔状骨、外側楔状骨、立方骨）があります。このうち舟状骨は距骨と 3 つの楔状骨の間に、立方骨は踵骨と第 4・第 5 中足骨の間に位置しています。足根骨の前方には 5 個の中足骨があり、それぞれは 5 本の足の指につながれています。足の指の骨は趾骨と呼ばれます。母趾だけが例外的に 2 つの趾骨（基節骨、末節骨）から成り立っていますが、他の指にはそれぞれ 3 つの趾骨（基節骨、中節骨、末節骨）があります。

　第 1 中足趾節関節の下には 2 つの種子骨があり、それらは長母趾屈筋腱の中に埋まっています。脛骨と腓骨の遠位端は拡大していて、水平および下方に突き出しています。これらの骨の突起は果と呼ばれ、そのすぐ後方を走行する腱に対して滑車のような役目をしています。そのため、この骨格は内反や外反の機械的効率が増しています。また、第 5 中足骨の近位端は広く突出していて、短腓骨筋や第三腓骨筋の付着部となっています。同様に、踵骨の後面は大きく突出していて、アキレス腱の付着部となっています。

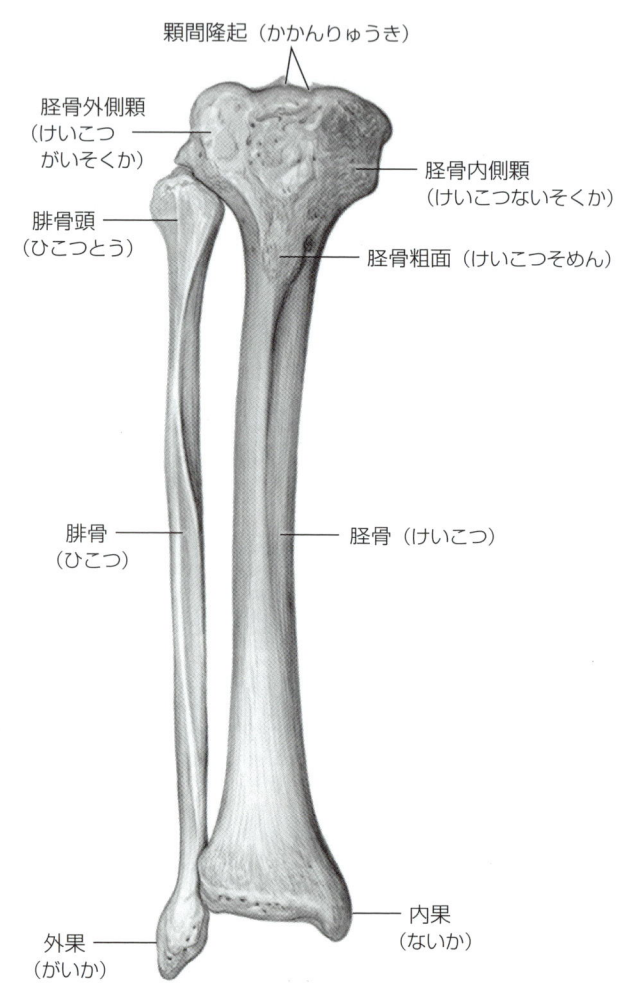

顆間隆起（かかんりゅうき）

脛骨外側顆（けいこつがいそくか）

腓骨頭（ひこつとう）

脛骨内側顆（けいこつないそくか）

脛骨粗面（けいこつそめん）

腓骨（ひこつ）

脛骨（けいこつ）

外果（がいか）

内果（ないか）

図 9-1　右の腓骨と脛骨
（Anthony CP, Kolthoff NJ：*Textbook of anatomy and physiology,* ed 9, St. Louis, 1975, Mosby. より）

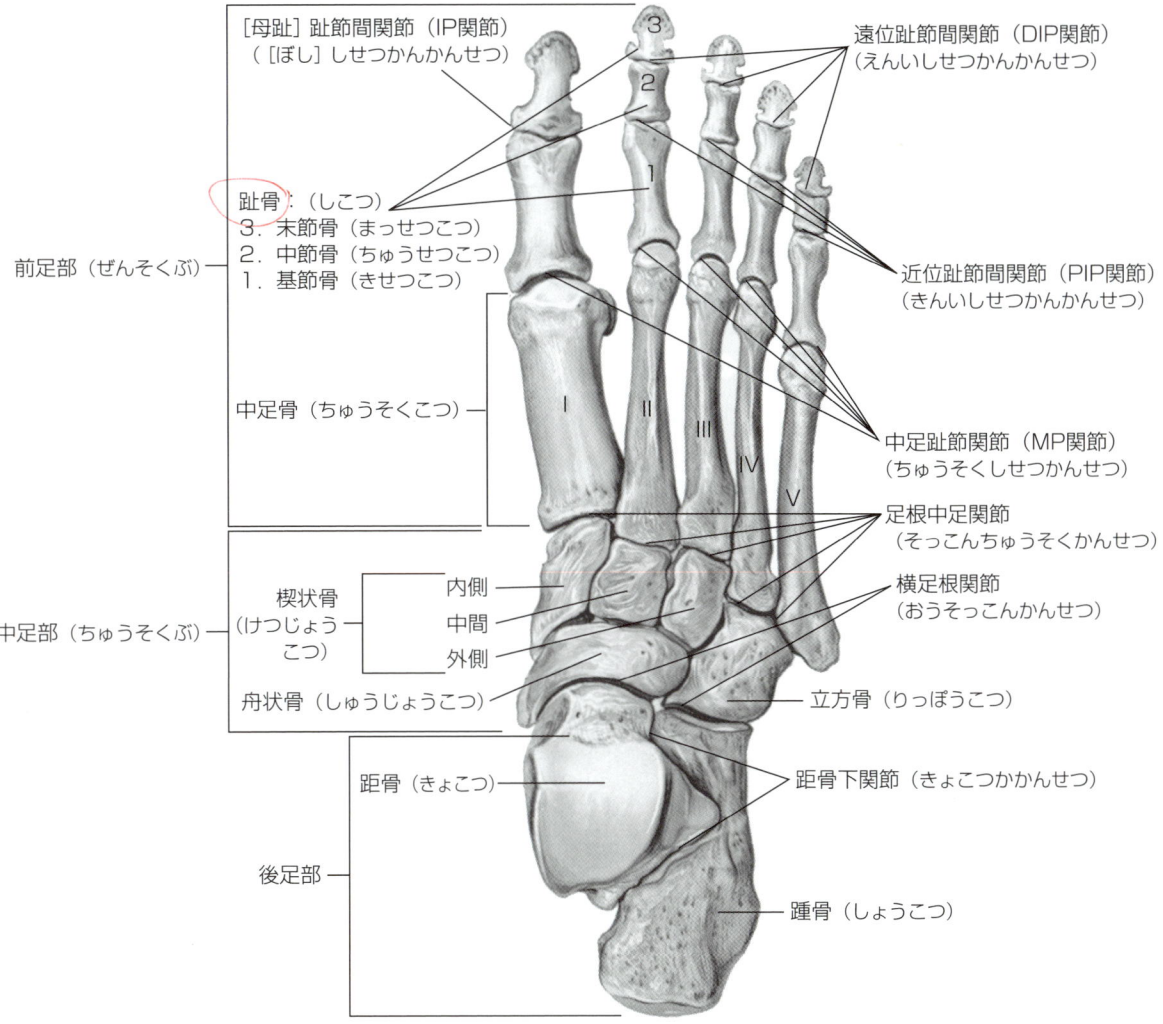

[母趾] 趾節間関節（IP関節）
（［ぼし］しせつかんかんせつ）

遠位趾節間関節（DIP関節）
（えんいしせつかんかんせつ）

趾骨：（しこつ）
3．末節骨（まっせつこつ）
2．中節骨（ちゅうせつこつ）
1．基節骨（きせつこつ）

前足部（ぜんそくぶ）

中足骨（ちゅうそくこつ）

近位趾節間関節（PIP関節）
（きんいしせつかんかんせつ）

中足趾節関節（MP関節）
（ちゅうそくしせつかんせつ）

足根中足関節
（そっこんちゅうそくかんせつ）

横足根関節
（おうそっこんかんせつ）

中足部（ちゅうそくぶ）

楔状骨
（けつじょう
こつ）

内側
中間
外側

舟状骨（しゅうじょうこつ）

立方骨（りっぽうこつ）

距骨（きょこつ）

距骨下関節（きょこつかかんせつ）

後足部

踵骨（しょうこつ）

図9-2　右足の骨格
（Anthony CP, Kolthoff NJ : *Textbook of anatomy and physiology*, ed 9, St. Louis, 1975, Mosby. より改変）

関　節

　脛骨と腓骨は、靱帯結合の半関節である脛腓関節を形成します（図9-1）。2つの骨は近位と遠位の両方で靱帯結合しています。また、これら両方の関節は靱帯によって支持されていますが、同時に2本の骨の間は密な骨間膜によってむすばれています。脛骨と腓骨の間では最小限度の動きしかありませんが、たとえばアメリカン・フットボールのような激しいコンタクトスポーツにおいて遠位の脛腓関節はしばしば損傷を負います。この傷害では通常、前脛腓靱帯が損傷しますが、時には後脛腓靱帯も受傷することがあります。

　足関節（距腿関節とも呼ばれる）は蝶番関節です（図9-3）。具体的にはこの関節は距骨、脛骨そして腓骨で形成されます。足関節は約50°の底屈、15〜20°の背屈をします。膝を曲げると二関節にまたがる腓腹筋の緊張が解け、背屈の可動域がさらに広がります。

　内反と外反は足関節の動きであると一般的にはいわれますが、厳密には距骨下関節と横足根関節で起こる動きです（図9-6）。これらの関節は滑走関節に分類され、約20〜30°の内反、5〜15°の外反が可能です。その他の足根間関節と足根中足関節も滑走関節ですが、そこではほんのわずかな動きしか起こりません。

　趾骨と中足骨が接して形成される中足趾節関節（MP関節）は、顆状関節に分類されます。母趾の中足趾節関節は45°の屈曲と70°の伸展を、［母趾］趾節間関節（IP関節）は0°の伸展位から90°の屈曲をします。他の4本の足の指のMP関節では約40°の屈曲と40°の伸展が生じます。また、すべてのMP関節でほんの少し内転と外転が可能です。4本の指の近位趾節間関節（PIP関節）では0°の伸展位から35°の屈曲が起こります。遠位趾節間関節（DIP関節）は60°の屈曲と30°の伸展をします。これらの関節に関しては個人差や関節間での違いがあります。

　足関節捻挫は運動をする人にとっては最も起こりやすい傷害です。捻挫では1本あるいはそれ以上の靱帯が引き伸ばされたり断裂したりします。足と足関節には非常に多くの靱帯がありますが、このうちいくつかの重要な靱帯を図9-3に表しました。一般的な足関節捻挫は過剰な内反の結果起こり、外側の靱帯組織、特に前距腓靱帯と踵腓靱帯の損傷を伴います。また、過剰な外反によって内側の三角靱帯が損傷を受けることもありますが、これは比較的起こりにくい外傷です。

　足と足関節の靱帯は足底のアーチを保つために重要な役割をはたしています。26個のすべての足の骨は靱帯で連結されています。

　足底には2つの縦アーチがあります（図9-4）。内側縦アーチは足底の内側にあり、踵骨から距骨、舟状骨、3個の楔状骨、そして内側の3本の中足骨にまでのびます。一方、外側縦アーチは足底の外側にあり、踵骨、立方骨、第4、第5中足骨で構成されています。人によって低いアーチから高いアーチまで個人差がありますが、低いアーチの人が不利だとは限りません。

　横アーチは5本の中足骨で形成され、縦アーチと直行する方向にのびています。

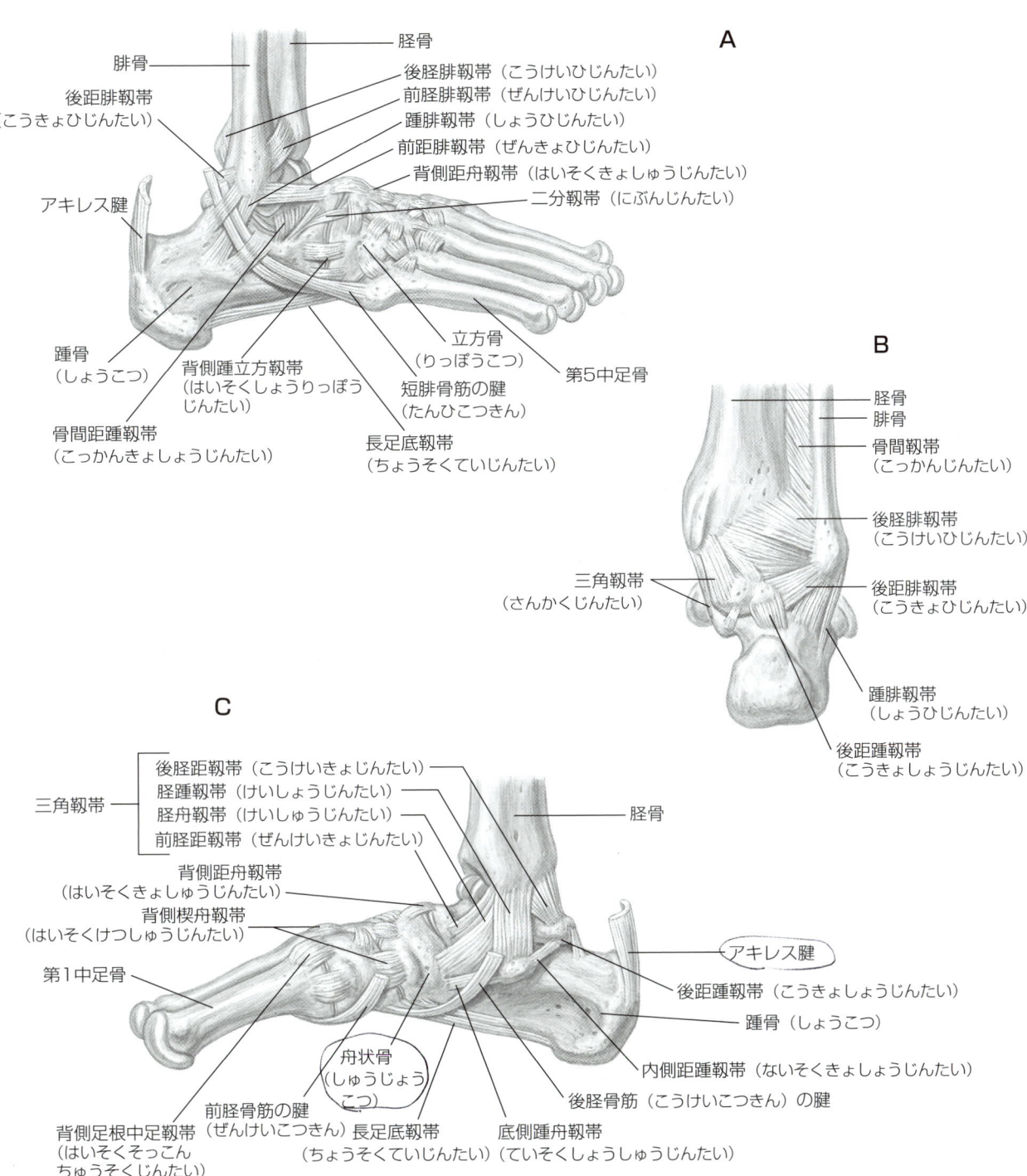

図9-3 右足関節 A. 外面からみた足関節 B. 後方からみた足関節 C. 内側からみた足関節
(Van De Graaff KM : *Human anatomy*, ed 4, 1995, McGraw-Hill Companies inc., New York. より改変)

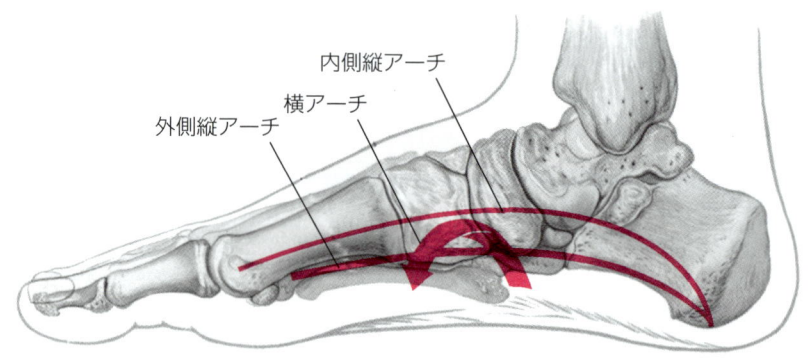

図 9-4　縦アーチと横アーチ
（Anthony CP, Kolthoff NJ : *Textbook of anatomy and physiology*, ed 9, St. Louis, 1975, Mosby. より）

足関節と足の筋肉

　足関節と足の動きに関与する筋肉は、その位置と機能によってグループ分けした方が理解しやすいでしょう。通常、下腿の前方にある筋肉は背屈筋群で、後方にあるのは底屈筋群です。特に腓腹筋の内側頭と外側頭およびヒラメ筋は合わせて下腿三頭筋と呼ばれます。また、足を外反させる筋群はほとんどが下腿外側に、内反させる筋肉は下腿内側にあります。

　下腿はそれぞれが特定の筋肉を含む4つの区画（コンパートメント）に分けられます。（図9-5）。それぞれのコンパートメントをしっかりと分け隔てているのは、静脈還流を促進したり運動中に筋肉が過度に膨らまないようにする密な筋膜です。前方部コンパートメントは前脛骨筋、長趾伸筋、長母趾伸筋、第三腓骨筋から成り立つ背屈筋群を含んでいます。外側部コンパートメントは2つの外反筋（長腓骨筋と短腓骨筋）を含みます。後方は深部コンパートメントと浅部コンパートメントに分けられます。後方深部コンパートメントは長趾屈筋、長母趾屈筋、膝窩筋および後脛骨筋から構成され、腓腹筋、ヒラメ筋、足底筋は後方浅部コンパートメントに

あります。後方の2つのコンパートメントにある筋肉は主として底屈筋です。足底筋（ない人もいる）は最小限度の足関節底屈に関与する退化した二関節筋です。後方深部コンパートメントの筋肉は、膝窩筋を除いて底屈筋であり、内反筋としても機能します。

　ほとんどすべてのスポーツでは走動作において下腿の筋肉への激しい負担がかかるので、急性および慢性の傷害がよく発生します。"シンスプリント"は、走動作に関連した下腿前方の痛みを表現するのによく使われる用語です。この状態は特定の診断名というより、むしろいくつか特定の筋膜の炎症による痛みを表します。シンスプリントには後脛骨筋、ヒラメ筋内側部あるいは前脛骨筋が関与すると考えられていますが、長趾伸筋も関与しているように思われます。シンスプリントは足関節の底屈筋をストレッチし、背屈筋を強化することによりある程度は予防できます。

　強い痛みを伴う痙攣は、腓腹筋やヒラメ筋の急性筋痙攣によって引き起こされ、自動的あるいは他動的に足関節を背屈することで和らげられます。アキレス腱は下腿三頭筋を踵骨に付着させている非常に強力な腱ですが、これもまた

完全断裂という重大な外傷を受けることがあります。

注意：足関節と足の筋肉の多くは2つ以上の動きに関与しています。

足関節と足の筋肉

底屈筋群

腓腹筋

長趾屈筋

長母趾屈筋

長腓骨筋

短腓骨筋

足底筋

ヒラメ筋

後脛骨筋

外反筋群

長腓骨筋

短腓骨筋

第三腓骨筋

長趾伸筋

背屈筋群

前脛骨筋

第三腓骨筋

長趾伸筋（外側4本の足趾の伸筋）

長母趾伸筋（母趾の伸筋）

内反筋群

前脛骨筋

後脛骨筋

長趾屈筋（外側4本の足趾の屈筋）

長母趾屈筋（母趾の屈筋）

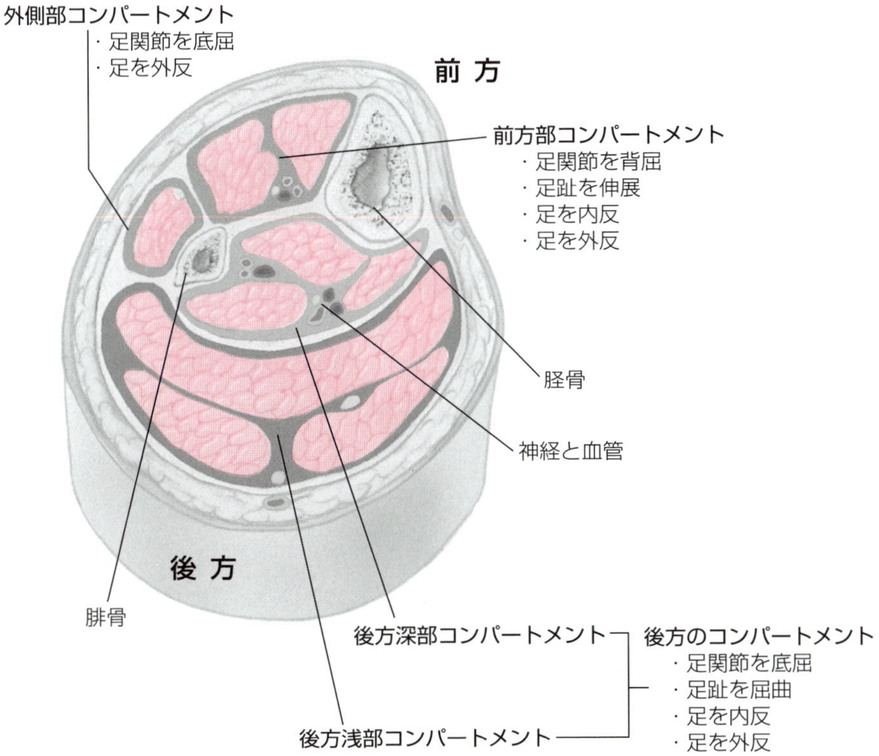

外側部コンパートメント
・足関節を底屈
・足を外反

前 方

前方部コンパートメント
・足関節を背屈
・足趾を伸展
・足を内反
・足を外反

脛骨

神経と血管

後 方

腓骨

後方深部コンパートメント

後方のコンパートメント
・足関節を底屈
・足趾を屈曲
・足を内反
・足を外反

後方浅部コンパートメント

図9-5　コンパートメントを示す下腿の断面図（左）

(Seeley RR, Stephens TD, Tate P：*Anatomy and physiology*, ed 3 St. Louis, 1995, Mosby. より)

関節の動き （図9-6）

背屈：足が脛骨の前面に向かう動きで、下腿前方にある筋肉が関与

底屈：足が脛骨の前面から遠ざかる動きで、下腿後方にある筋肉が関与

外反：つま先と足の底が外側に向かい、同時に足の内縁で立つような動き

内反：つま先と足の底が内側に向かい、同時に足の縁で立つような動き

足趾の屈曲：つま先を足底の方向へ丸める動き

足趾の伸展：つま先を足の甲へ向けて反らせる動き

外がえし：足関節の背屈、距骨下関節の回内、および前足部の外転が組み合わさった動き

内がえし：足関節の底屈、距骨下関節の回外、および前足部の内転が組み合わさった動き

図9-6　足関節と足の動き

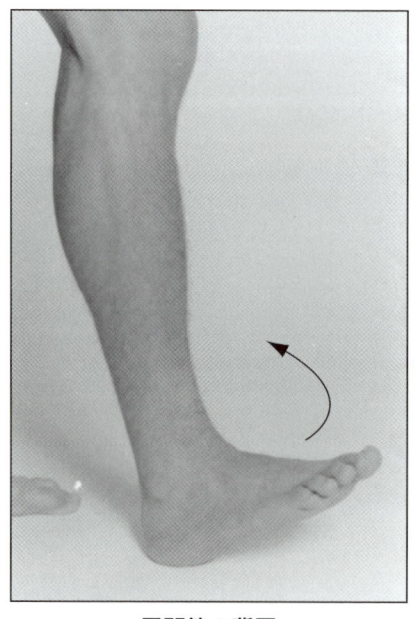

足関節の背屈

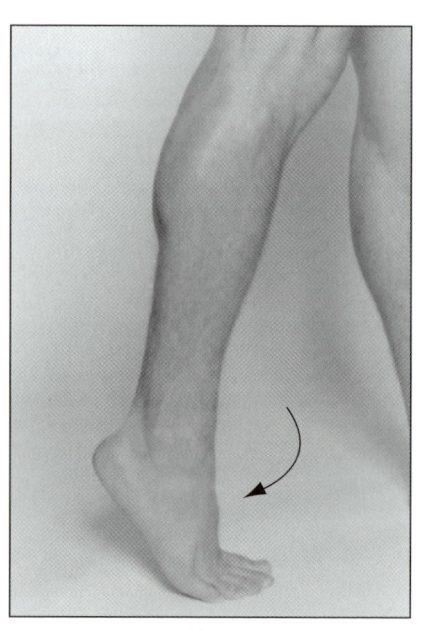

足関節の底屈

図 9-6 足関節と足の動き（つづき）

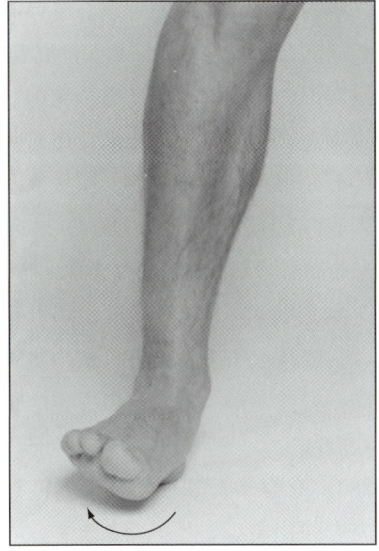

足の外反

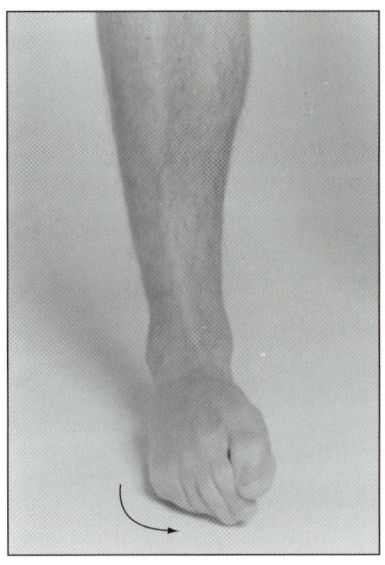

足の内反

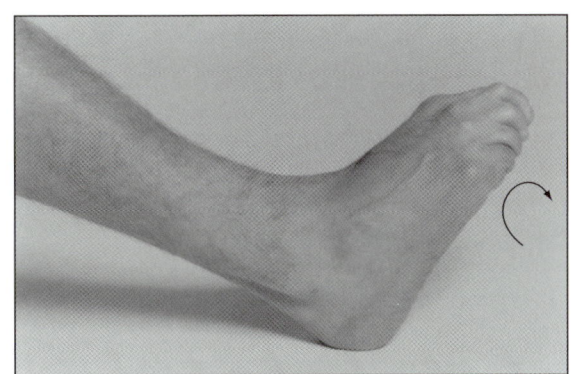

足趾の屈曲

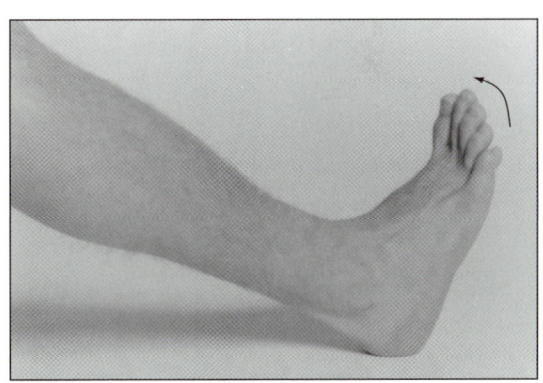

足趾の伸展

腓腹筋（ひふくきん）（図9-7）

起　始

内側頭：大腿骨内側顆の後面

外側頭：大腿骨外側顆の後面

停　止

アキレス腱を経て踵骨後面の踵骨隆起へ停止

機　能

足関節の底屈

膝関節の屈曲

触　診

下肢の筋肉の中でも最も触診しやすい筋肉で、下腿の後方上部で触れられます。

神経支配

脛骨神経（S1・2）

機能解剖、筋力強化、ストレッチング

腓腹筋は足関節が背屈しているときは膝関節の屈筋として、また、膝が伸展しているときは、足関節の底屈筋として力を発揮します。これは車の運転中にシートを前に出しすぎたときなどにわかると思いますが、膝が曲がっていると腓腹筋の底屈作用はその力を失ってしまい、ブレーキを踏むのが困難になります。ランニング、ジャンプ、ホップ、スキップ、これらすべての動作は、身体を上方と前方に進める腓腹筋とヒラメ筋の力にかかっているのです。膝を伸ばして、台の端でヒール・レイズ（カーフ・レイズ：p.286）を行うと、可動域全体にわたってこの筋肉を強化することができます。肩にバーベルをのせてこの運動をするとさらに負荷を加えることができます。

腓腹筋は壁から約1m離れて立ち、両手を壁につけて壁の方に上体を倒すことによってストレッチされます。足先はまっすぐ前に向け、踵は床につけたままにしておきます。腓腹筋のストレッチを強調するためにはストレッチを通じて膝は完全伸展位を保持します。

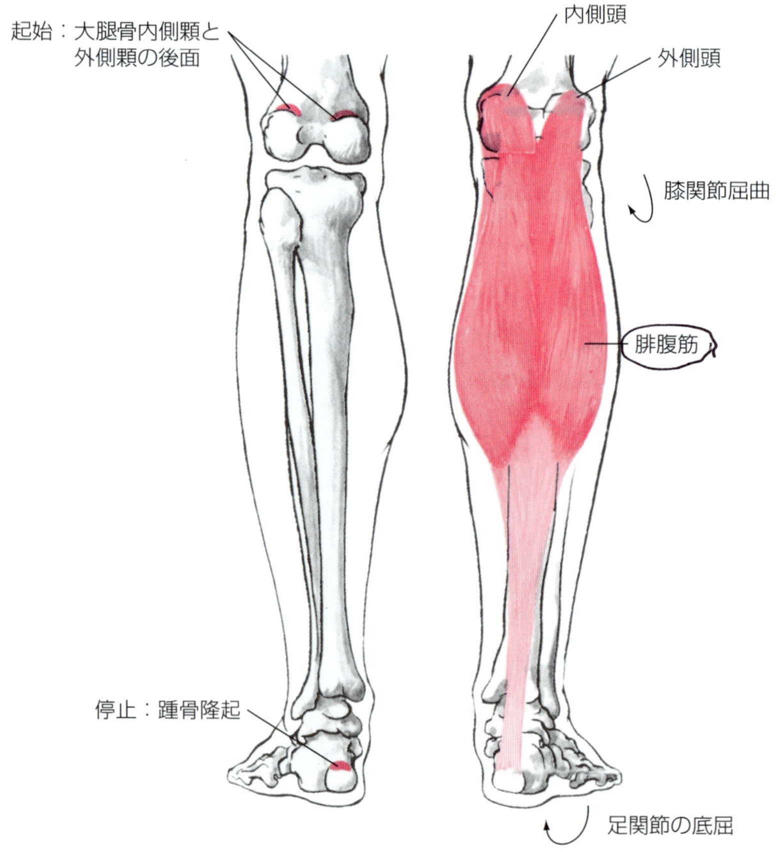

起始：大腿骨内側顆と外側顆の後面

内側頭

外側頭

膝関節屈曲

腓腹筋

停止：踵骨隆起

足関節の底屈

図9-7　腓腹筋
（Gastrocnemius muscle）

ヒラメ筋 （ひらめきん）（図9-8）

起　始

　脛骨と腓骨の後面上部 1/3

停　止

　アキレス腱を経て踵骨後面の踵骨隆起に停止

機　能

　足関節の底屈

触　診

　下腿の外側の腓腹筋の下で触れられます。

神経支配

　脛骨神経（S1・2）

機能解剖、筋力強化、ストレッチング

　ヒラメ筋は重要な足関節の底屈筋の1つです。この筋肉は腓腹筋と同様に底屈の動きを起こすために重要であると考えられています。特に膝が屈曲した状態では腓腹筋の機能が低下するので、その働きはますます重要になってきます。ランニングや歩行のような大きな動きをすると、ヒラメ筋を下腿の外側でみることができます。

　ヒラメ筋は足関節が底屈するときは常に働き、足に体重がかかっている限り、膝の動きに関係なく働きます。ランニング、ジャンプ、ホップ、スキップ、そしてつま先立ちでダンスをするときなど、これらすべての動きにおいてヒラメ筋は大きな役割をはたします。底屈を行う運動は特に膝を少し曲げると、ヒラメ筋を集中的に鍛えることができます。腓腹筋で紹介したようなヒール・レイズ・エクササイズでも、膝を少し曲げて行うとヒラメ筋単独のトレーニングになります。肩にバーベルを乗せて行うと、さらに負荷が大きくなります。

　ヒラメ筋は腓腹筋と同様にストレッチしますが、ただし膝を若干屈曲させて行います。そうすることにより腓腹筋がゆるみ、ヒラメ筋を重点的にストレッチすることができます。繰り返しになりますが、踵を常に床につけておくことが重要です。

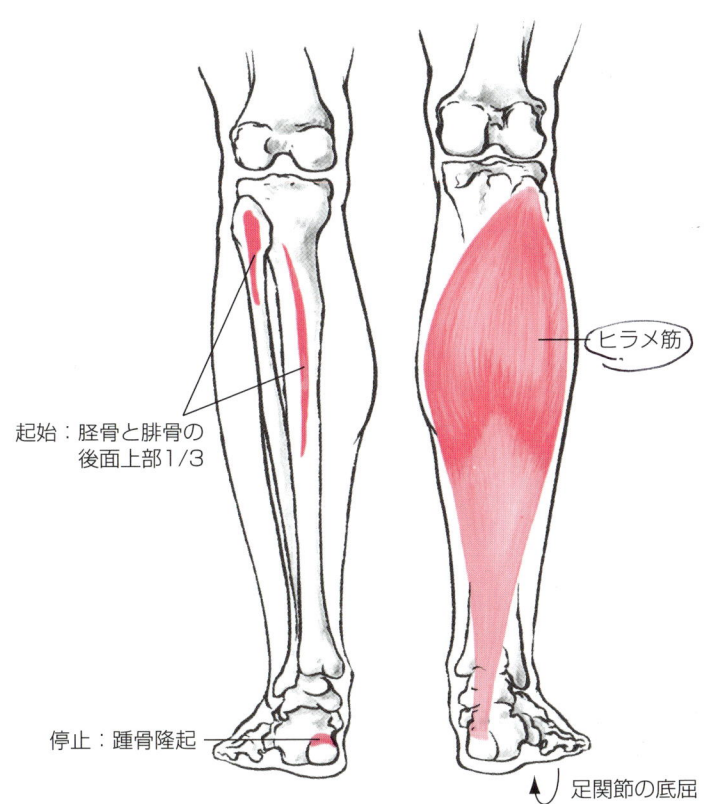

起始：脛骨と腓骨の
　　　後面上部1/3

停止：踵骨隆起

足関節の底屈

ヒラメ筋

図9-8　ヒラメ筋
（Soleus muscle）

長腓骨筋 （ちょうひこつきん）（図9-9）

起　始

腓骨頭と腓骨外側上方2/3

停　止

内側楔状骨の外側と第1中足骨底

機　能

足の外反

足関節の底屈

触　診

腓骨の外側上部で触れられます。

神経支配

浅腓骨神経（L4・5、S1）

機能解剖、筋力強化、ストレッチング

長腓骨筋は外果の後方を通り、足底の外側から内側まで腱をのばしています。この長い腱と筋肉の力の方向からこの筋肉は強力な外反筋と

して、また、底屈の補助筋として機能します。

長腓骨筋が足底にある筋群とともに効率よく使われると、縦アーチを保持する働きをします。逆に、足底にある筋群とともに、この筋肉が発達していないと、足は弱く内反した状態になってしまいます。ランニング、ジャンプ、ホップ、スキップで足がまっすぐ前方に向いていない場合は、これらの筋肉が十分に発達していないことが示されています。裸足や靴下のまま足の内縁に体重をかけて歩く訓練をすると、この筋肉の強化になります。

足の裏を外側に向けて動かす外反に対して、抵抗をかけて行うエクササイズもよいトレーニングになります。

長腓骨筋は膝屈曲位で他動的に、足と足関節を極端な内反および背屈位にもっていくことでストレッチされます。

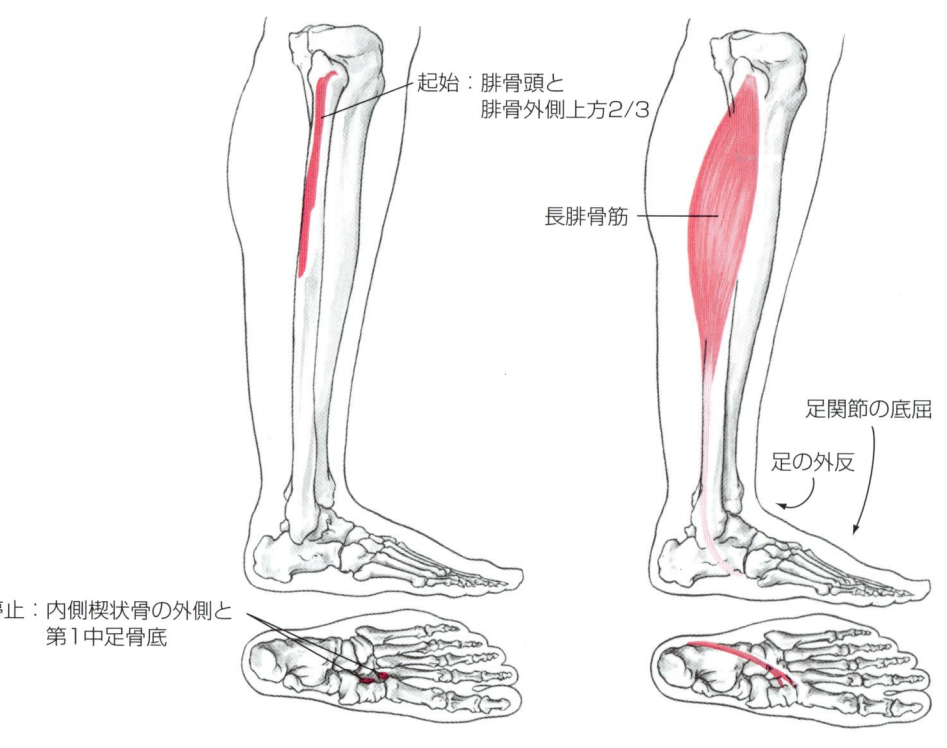

図9-9　長腓骨筋（外側面）（Peroneus longus muscle）

起始：腓骨頭と腓骨外側上方2/3

長腓骨筋

足関節の底屈

足の外反

停止：内側楔状骨の外側と第1中足骨底

短腓骨筋（たんひこつきん）（図9-10）

起　始

腓骨の外側下方 2/3

停　止

第5中足骨茎状突起

機　能

足の外反

足関節の底屈

触　診

第5中足骨茎状突起で腱を触診できます。

神経支配

浅腓骨神経（L4・5、S1）

機能解剖、筋力強化、ストレッチング

　短腓骨筋は外果の後方を通り、第5中足骨茎状突起を引っ張ります。この筋肉は外反の主働筋であり、足関節の底屈を補助します。加えて、足を押し上げることから縦アーチを保持させる役割ももっています。

　短腓骨筋は他の足底にある筋群とともにランニング、ジャンプ、ホップ、スキップの力強い動きで鍛えることができます。また、長腓骨筋と同様の抵抗を加えた外反エクササイズで強化することもできます。

　短腓骨筋は長腓骨筋と同じ方法でストレッチします。

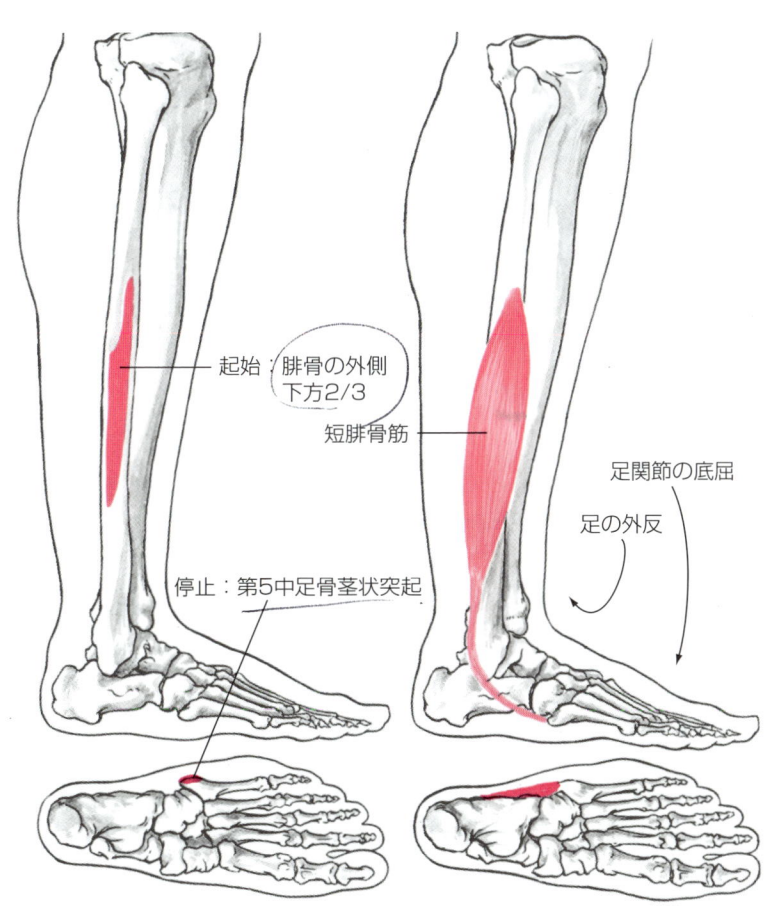

起始：腓骨の外側下方2/3

短腓骨筋

足関節の底屈

足の外反

停止：第5中足骨茎状突起

図9-10　短腓骨筋（外側面）（Peroneus brevis muscle）

第三腓骨筋 （だいさんひこつきん）（図9-11）

起　　始

　　腓骨の前方下部 1/3

停　　止

　　第5中足骨底

機　　能

　　足の外反

　　足関節の背屈

触　　診

　　足の前方外側面で長趾伸筋腱の外側に触れる
ことができます。

神経支配

　　深腓骨神経（L4・5、S1）

機能解剖、筋力強化、ストレッチング

　　第三腓骨筋は足関節の背屈と足の外反を補助
する小さな筋肉です。この筋肉は抵抗下で足関
節を背屈させるエクササイズで鍛えられます。
またタオルギャザーというウエイトを乗せたタ
オルを足の指だけでたぐり寄せるエクササイズ
で外反運動を行うのも、この筋肉の強化に有効
です。たぐり寄せる距離（タオルの長さ）や回
数を変えることによって、運動の負荷を調節し
ます。

　　第三腓骨筋は他動的に、足と足関節を極端な
内反および底屈位にもっていくことでストレッ
チされます。

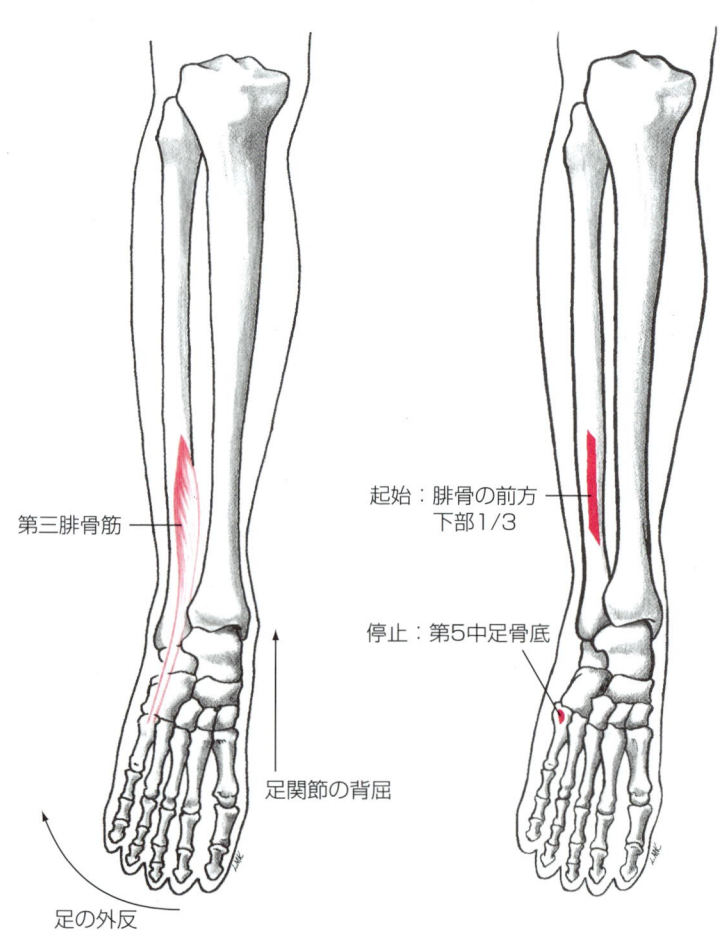

第三腓骨筋

起始：腓骨の前方
　　　下部1/3

停止：第5中足骨底

足関節の背屈

足の外反

図9-11　第三腓骨筋
(Peroneus tertius muscle)

長趾伸筋 （ちょうししんきん）（図9-12）

起　始
胚骨の外側顆、腓骨頭と腓骨の前面上部 2/3

停　止
外側4本の足趾の中節骨と末節骨の背側面

機　能
外側4本の足趾の伸展

足関節の背屈

足の外反

触　診
前胚骨筋の外側で触れられます。また、胚骨
の上方外側でも触れることができます。

神経支配
深腓骨神経（L4・5、S1）

機能解剖、筋力強化、ストレッチング
長趾伸筋の筋力は、底屈筋と背屈筋のバラン
スを保つために不可欠です。

足の指の伸展と足関節の背屈に対して抵抗が
かけられたエクサイズで、長趾伸筋と長母趾伸
筋が鍛えられます。

長趾伸筋は足と足関節を内反および底屈位に
しておき、第2～4趾を他動的に完全屈曲位に
もっていくことでストレッチされます。

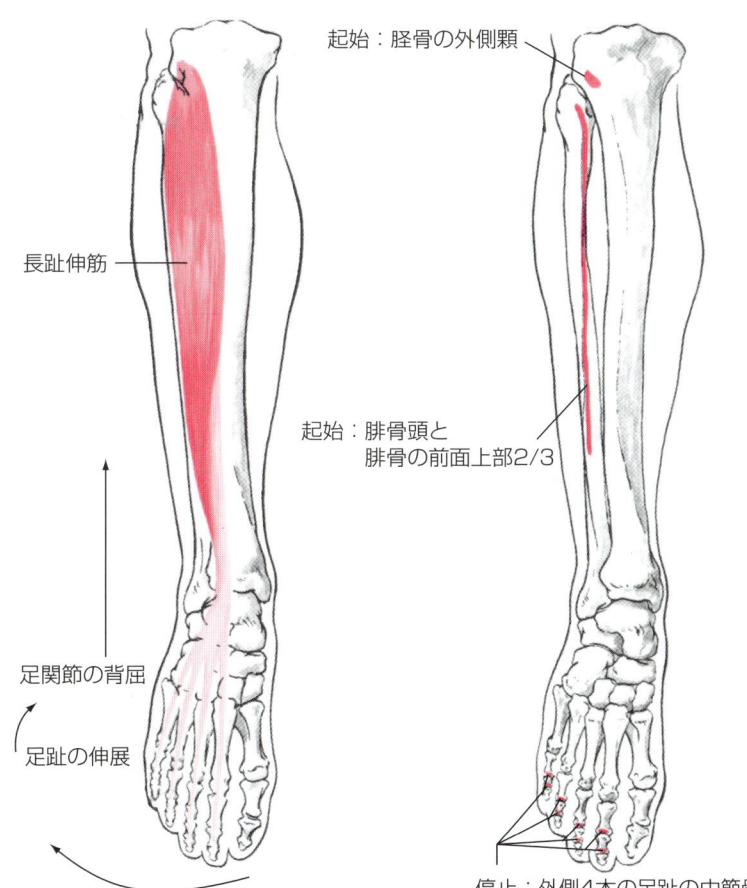

起始：胚骨の外側顆

長趾伸筋

起始：腓骨頭と
腓骨の前面上部2/3

足関節の背屈

足趾の伸展

停止：外側4本の足趾の中節骨と
末節骨の背側面

足の外反

図9-12　長趾伸筋
（Extensor digitorum longus muscle）

長母趾伸筋 （ちょうぼししんきん）（図9-13）

起　始

　腓骨前面の内側中部

停　止

　母趾の末節骨底

機　能

　足関節の背屈

　母趾の伸展

　足の内反の補助

触　診

　母趾の足背部で触れることができます。

神経支配

　深腓骨神経（L4・5、S1）

機能解剖、筋力強化、ストレッチング

　3つの背屈筋（前脛骨筋、長趾伸筋、長母趾伸筋）は、足関節を背屈させて、"かかと歩き"することで鍛えられます。足関節の背屈と同時に、母趾の伸展に対して抵抗を加えることで、この筋肉はさらに強化されます。

　長母趾伸筋は足と足関節を内反および底屈位にしておき、他動的に母趾を完全屈曲位にもっていくことでストレッチされます。

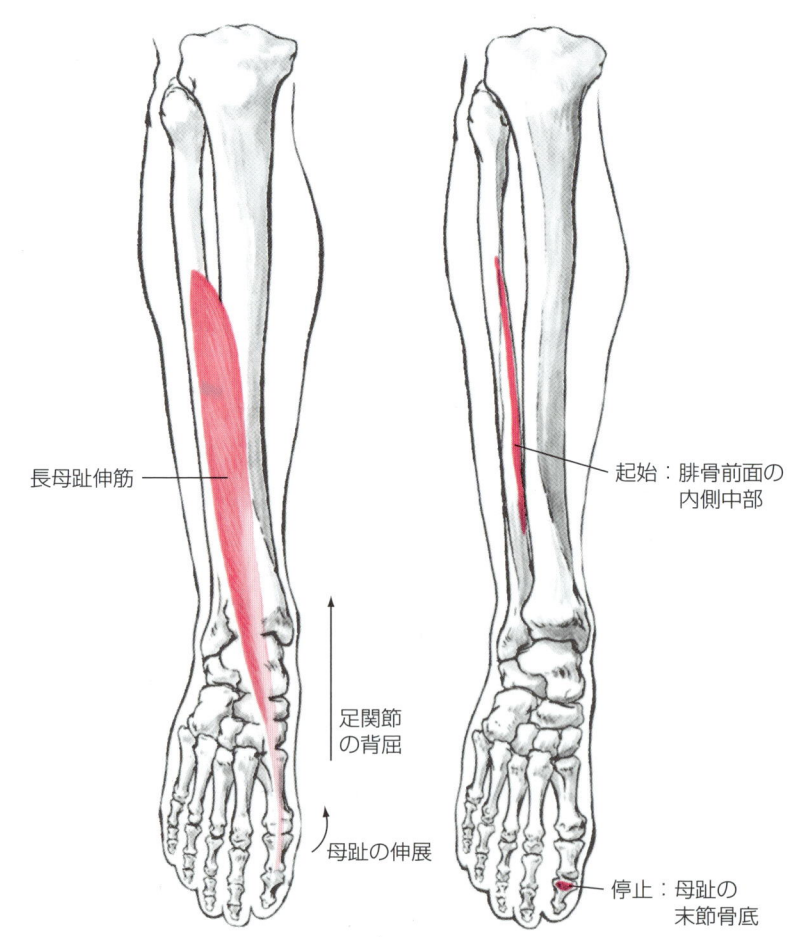

長母趾伸筋

起始：腓骨前面の
内側中部

足関節
の背屈

母趾の伸展

停止：母趾の
末節骨底

図9-13　長母趾伸筋
（Extensor hallucis longus muscle）

前脛骨筋 （ぜんけいこつきん）（図9-14）

起　始

胫骨の外側上部2/3

停　止

内側楔状骨の内側面、第1中足骨底

機　能

足関節の背屈

足の内反

触　診

胫骨外側で最もよく触れられる筋肉です。

神経支配

深腓骨神経（L4・5、S1）

機能解剖、筋力強化、ストレッチング

前脛骨筋はその停止の位置からも、足部の内縁を支持するのに絶好のポジションにあるといえます。

　この筋肉が収縮すると足関節は背屈し、底屈筋に対しては拮抗筋として働きます。アイススケートや歩行で足の外側に体重をかけると、前脛骨筋は強く収縮せざるをえなくなります。また、この筋肉は内反のときに縦アーチの保持を助けます。

　裸足や靴下で足の外側に体重をかけて歩くと、最高の前脛骨筋の強化になります。特にこのとき、つま先をあげて歩くと、よりいっそう負荷が強くなります。抵抗下で足関節を背屈させるエクササイズで、前脛骨筋が鍛えられます。

　前脛骨筋は他動的に、足と足関節を極端な外反および底屈位にもっていくことでストレッチされます。

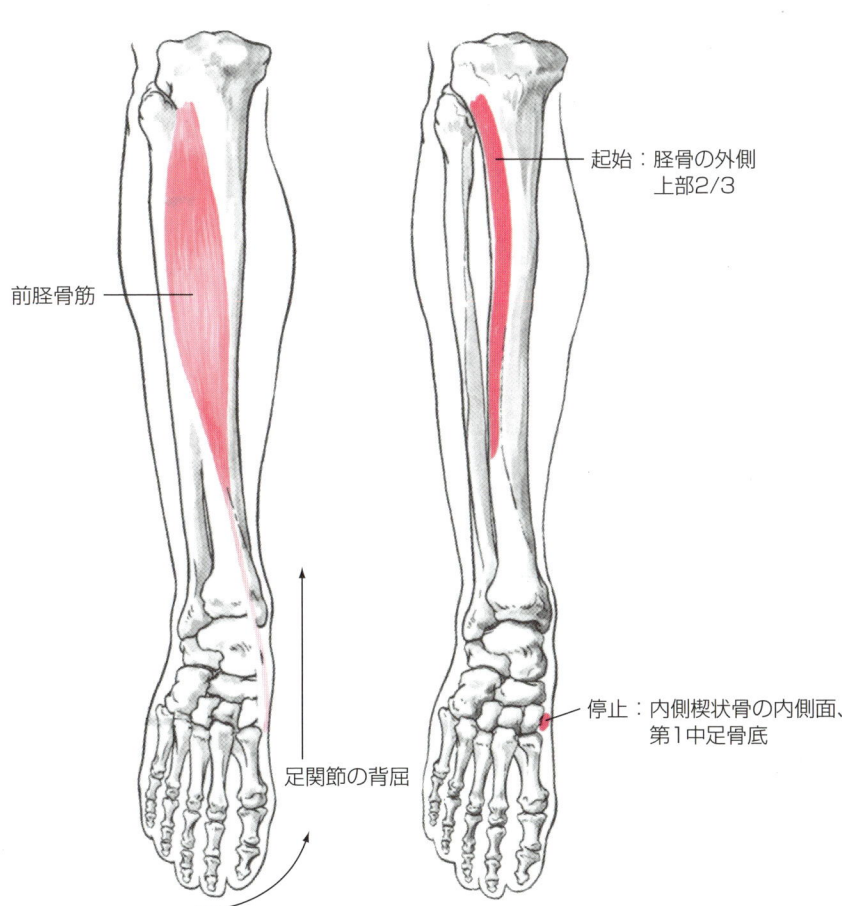

前脛骨筋

起始：胫骨の外側上部2/3

足関節の背屈

停止：内側楔状骨の内側面、第1中足骨底

足の内反

図9-14　前脛骨筋
(Tibialis anterior muscle)

後脛骨筋 （こうけいこつきん）（図9-15）

起　　始

骨間膜の後面上部1/2と、それに隣接する脛骨と腓骨の部分

停　　止

舟状骨と3つの楔状骨の骨底内側、立方骨、そして第2・第3・第4中足骨底

機　　能

足関節の底屈

足の内反

触　　診

触れられません。

神経支配

脛骨神経（L5、S1）

機能解剖、筋力強化、ストレッチング

　後脛骨筋は下腿の中心部を通り、内果の後方を通って足部前方の舟状骨、楔状骨、立方骨、そして3つの中足骨の骨底へ停止します。〝シンスプリント〟は、後脛骨筋、前脛骨筋、長趾伸筋の炎症による慢性の傷害を示す一般的な呼び名です。この症状は普通1つまたは複数のこれらの筋肉と骨の付着部での炎症によって生じますが、疲労骨折、筋膜炎、コンパートメント症候群が原因で起こることもあります。また、短距離走や長距離走でもよく起こりますが、これは特に選手が十分な筋力や柔軟性、そして筋持久力を下腿に備えていない場合に発生しやすいと考えられています。

　後脛骨筋を使って底屈や内反の運動をすることで、足底の縦アーチのサポートが強化されます。この筋肉は腓腹筋やヒラメ筋で紹介したようなヒール・レイズ・エクササイズや、抵抗下での内反運動をすると鍛えることができます。

　後脛骨筋は膝屈曲位で、足と足関節を他動的に極端な外反、および背屈位にもっていくことでストレッチできます。

図9-15　後脛骨筋
(Tibialis posterior muscle)

起始：
骨間膜の後面
上部1/2と
それに隣接する
脛骨と腓骨の部分

足関節の底屈

足の内反

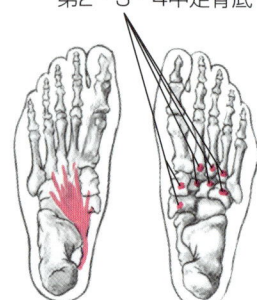

停止：舟状骨と3つの楔状骨の骨底内側、立方骨、第2・3・4中足骨底

長趾屈筋 （ちょうしくっきん）（図 9-16）

起　始

　脛骨後面下方 2/3

停　止

　第 2～第 5 趾の末節骨底

機　能

　第 2～第 5 趾の屈曲

　足関節の底屈

　足の内反

触　診

　この筋肉を触れることはできません。

神経支配

　脛骨神経（L5、S1）

機能解剖、筋力強化、ストレッチング

　長趾屈筋は脛骨の後方にあり、その腱は内果の後方から足底を通って足趾の末節骨に停止しています。この筋肉が収縮すると、足関節は底屈し、第 2～第 5 趾は屈曲します。また、この筋肉は足底の縦アーチの維持にも役立っています。長趾屈筋は歩行やランニングやジャンプをするときに必ず必要な筋肉というわけではありません。しかし、この筋肉の状態が良好でない場合は、足首の強さに悪影響がでます。

　足の指を地面に押さえながら、かかとの方へ巻き込むように意識しながら裸足で歩くと、長趾屈筋を鍛えるよいエクササイズになります。このときに足が内反するような方向に力を加えることでさらに効果が増します。また第 3 腓骨筋で紹介したタオルギャザーで手前（かかとの方向）にたぐり寄せるエクササイズもお勧めです。

　膝を屈曲、足と足関節を外反および背屈位にしておき、第 2～第 5 趾を他動的に極端な伸展位にすることでストレッチできます。

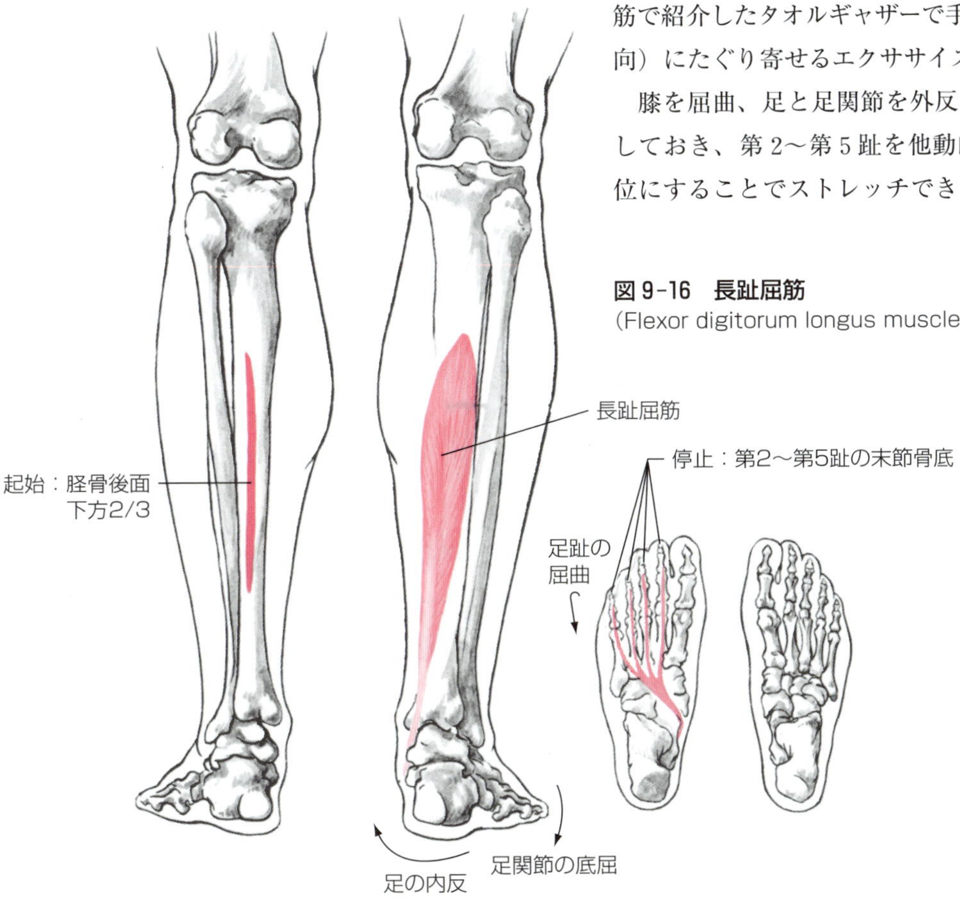

図 9-16　長趾屈筋
(Flexor digitorum longus muscle)

起始：脛骨後面下方2/3

長趾屈筋

停止：第2～第5趾の末節骨底

足趾の屈曲

足の内反

足関節の底屈

長母趾屈筋 （ちょうぼしくっきん）（図9-17）

起　　始
　　腓骨後面下方 2/3

停　　止
　　母趾の末節骨底

機　　能
　　母趾の屈曲
　　足の内反
　　足関節の底屈

触　　診
　　かかと近くのアキレス腱の内側前方で触れられます。

神経支配
　　脛骨神経（L5、S1・2）

機能解剖、筋力強化、ストレッチング

　長母趾屈筋は単独で母趾の末節骨底に停止しているので、長趾屈筋の動きには無関係で母趾を屈曲させます。この2つの筋肉が十分発達していないと、慣れない動きをしたときなど簡単に足がつってしまうことがあります。

　一歩一歩バランスを取るためにつま先を使うようにすると（正確には普段から使われるべきなのですが）、歩行でこの2つの筋肉が効果的に働きます。

　腓腹筋、ヒラメ筋、後脛骨筋、長腓骨筋、短腓骨筋、長趾屈筋、短趾屈筋、そして長母趾屈筋のすべてが歩行において効果的に使われるならば、足首に関する筋肉の力は十分だと考えてよいでしょう。また、足首や足が弱い人はほとんどの場合、これらの筋肉をうまく使っていないのが原因です。ランニング、ウォーキング、ジャンプ、ホップ、スキップはこれらの筋肉のトレーニングになります。長母趾屈筋はタオルギャザーでも集中的に鍛えられます。

　長母趾屈筋は足と足関節を外反および背屈させておき、他動的に母趾を極端な伸展位にもっていくことでストレッチされます。このとき、膝は屈曲させておきます。

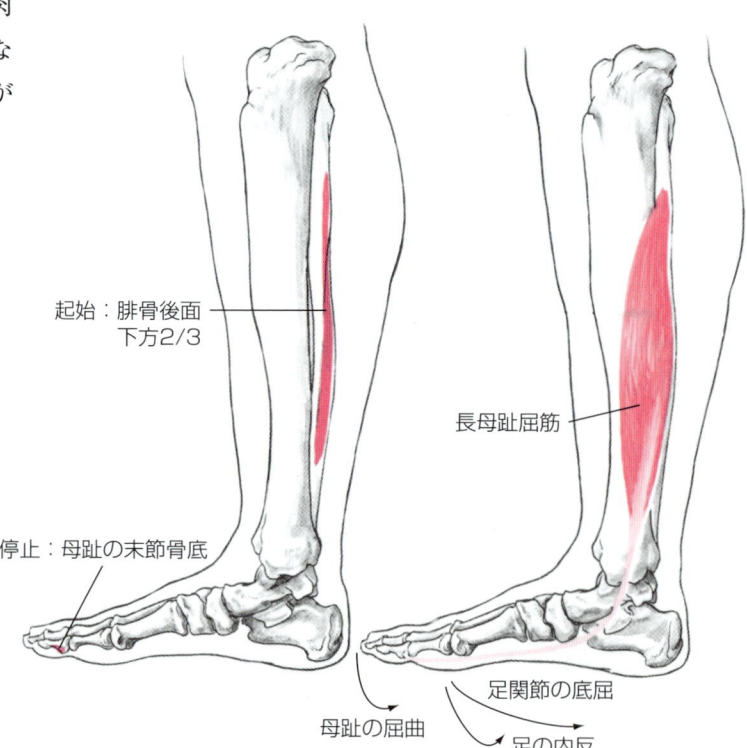

起始：腓骨後面下方2/3

長母趾屈筋

停止：母趾の末節骨底

足関節の底屈

母趾の屈曲

足の内反

図9-17　長母趾屈筋（内側面）
(Flexor hallucis longus muscle)

足の内在筋 (図9-18)

足の内在筋は足部の骨に起始と停止があります。これらの筋肉の1つである短趾伸筋は足の背側部にみられますが、残りは足底の4層からなる足底部の内にみられます。以下の筋肉がその4層の内にあります。

第1(浅)層：母趾外転筋、短趾屈筋
　　　　　　　小趾外転筋、短小趾屈筋

第2層：足底方形筋、虫様筋(4)

第3層：短母趾屈筋、母趾内転筋

第4(深)層：背側骨間筋(4)、底側骨間筋(3)

足の内在筋はそれらが作用する部位によって分類するほかに、それらの位置によって分類されることがあります。母趾外転筋、短母趾屈筋、母趾内転筋はすべて母趾の基節骨の内側または外側に停止します。母趾内転筋は中足骨の下で中央に位置します。

足底方形筋、4つの虫様筋、4つの背側骨間筋、3つの底側骨間筋、短趾屈筋、短趾伸筋はすべてほぼ中央に位置します。足の背側部に位置する唯一の内在筋である短趾伸筋を除いて、それらはすべて足底部にあります。短趾伸筋全体は踵骨の前側部および外側部に起始がありますが、解剖学者によっては、機能と位置による名称において首尾一貫性を維持するため、最も内側の腱からのびる筋肉を短趾伸筋と呼ぶ人もいます。

足底の外側部に位置しているのは、いずれも第5趾の基節骨底の外側に停止する小趾外転筋と短小趾屈筋です。

母趾には4つの筋肉が作用します。母趾外転筋は唯一、母趾の外転を行い短母趾屈筋を補助して中足趾節関節（MP関節）での母趾屈曲を行います。母趾内転筋は母趾の唯一の内転筋であり、短趾伸筋は中足趾節関節で母趾を伸展

（補助）させる唯一の内在筋です。

足底方形筋が第2、第3、第4、第5趾の遠位趾節間関節（DIP関節）の屈筋であるのに対して、4つの虫様筋は中足趾節関節の屈筋です。4つの背側骨間筋が第2、第3、第4趾の屈曲と中足趾節関節の外転を行うのに対して、3つの底側骨間筋は第3、第4、第5趾の屈曲とそれぞれの趾の中足趾節関節で内転を行います。

短趾屈筋は第2、第3、第4、第5趾の中節骨にかかわる関節を屈曲させます。短趾伸筋は中足趾節関節で母趾の伸展を補助し、第2、第3、第4趾の中足趾節関節での伸展を行います。

第5趾のみに作用する筋は2つあります。第5趾の基節骨は小趾外転筋によって外転され、短小趾屈筋によって屈曲されます。

足の内在筋の詳細については、表9-1を参照して下さい。

筋肉は使用されたときにのみ発達し、その筋力を維持できます。足の弱化の一要因は、これらの筋肉を発達させるための運動の不足です。ウォーキングは、足底のアーチを支持するのに役立つ多くの内在筋を発達、維持させる一番よい運動の1つです。専門家の中には、素足でのウォーキングや、運動力学を考慮してデザインされた新しいシューズをはいてのウォーキングを勧める人もいます。加えて、長趾屈筋や長母趾屈筋のところで紹介したタオルギャザーは足の内在筋を強化するのに役立ちます。

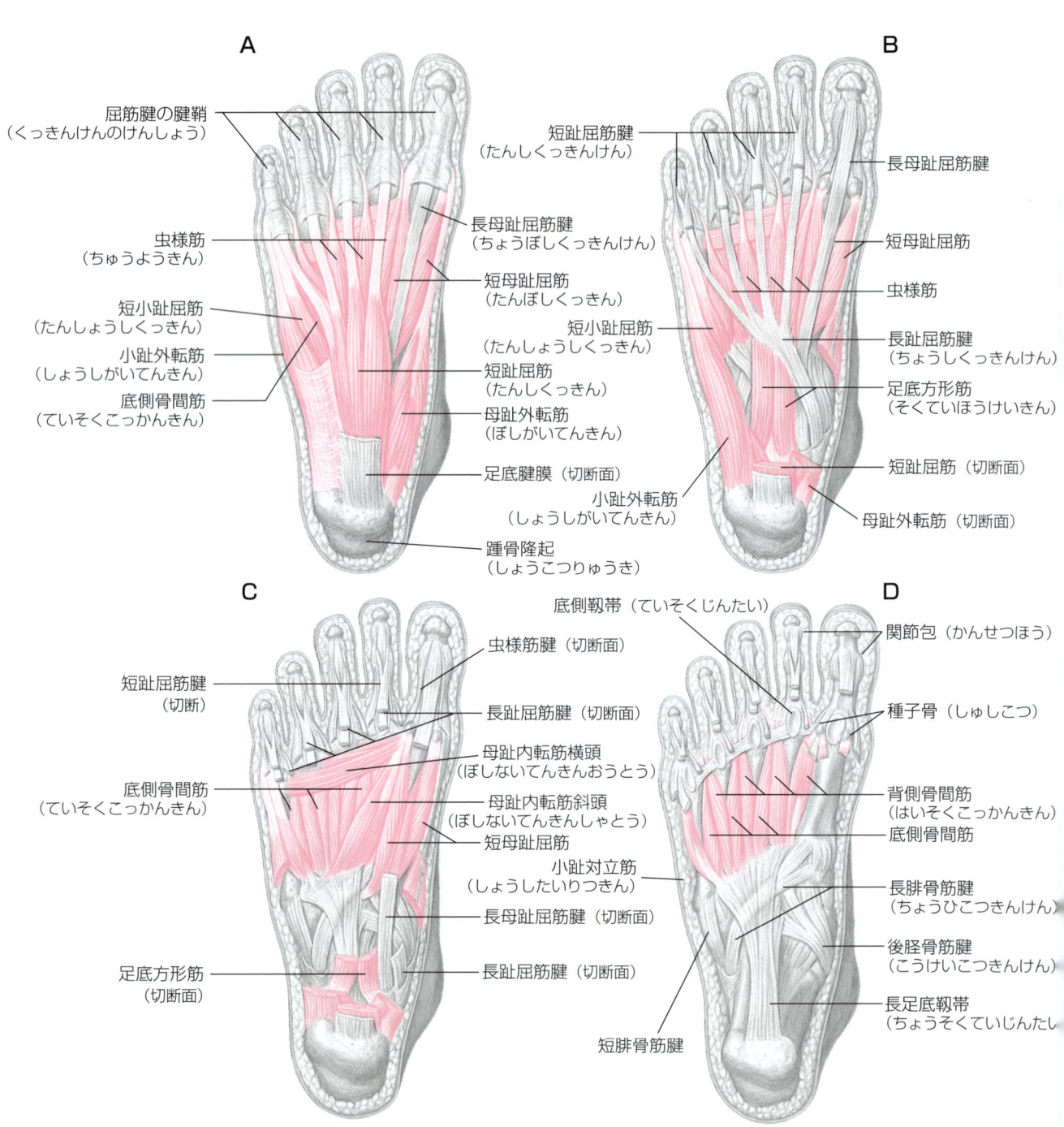

A
屈筋腱の腱鞘
（くっきんけんのけんしょう）

虫様筋
（ちゅうようきん）

短小趾屈筋
（たんしょうしくっきん）

小趾外転筋
（しょうしがいてんきん）

底側骨間筋
（ていそくこっかんきん）

短趾屈筋腱
（たんしくっきんけん）

長母趾屈筋腱
（ちょうぼしくっきんけん）

短母趾屈筋
（たんぼしくっきん）

短小趾屈筋
（たんしょうしくっきん）

短趾屈筋
（たんしくっきん）

母趾外転筋
（ぼしがいてんきん）

足底腱膜（切断面）

踵骨隆起
（しょうこつりゅうき）

B
長母趾屈筋腱

短母趾屈筋

虫様筋

長趾屈筋腱
（ちょうしくっきんけん）

足底方形筋
（そくていほうけいきん）

短趾屈筋（切断面）

母趾外転筋（切断面）

小趾外転筋
（しょうしがいてんきん）

C
短趾屈筋腱
（切断）

底側骨間筋
（ていそくこっかんきん）

足底方形筋
（切断面）

底側靱帯（ていそくじんたい）

虫様筋腱（切断面）

長趾屈筋腱（切断面）

母趾内転筋横頭
（ぼしないてんきんおうとう）

母趾内転筋斜頭
（ぼしないてんきんしゃとう）

短母趾屈筋

小趾対立筋
（しょうしたいりつきん）

長母趾屈筋腱（切断面）

長趾屈筋腱（切断面）

D
関節包（かんせつほう）

種子骨（しゅしこつ）

背側骨間筋
（はいそくこっかんきん）

底側骨間筋

長腓骨筋腱
（ちょうひこつきんけん）

後脛骨筋腱
（こうけいこつきんけん）

長足底靱帯
（ちょうそくていじんたい）

短腓骨筋腱

図 9-18　足底部の4つの筋腱層（足の内在筋）　A. 第1(浅)層　B. 第2層　C. 第3層　D. 第4(深)層
（Van De Graaff KM : *Human anatomy*, ed 4, 1995, McGraw-Hill Companies, inc., New York. より改変）

表 9-1　足部の内在筋

筋肉	起始	停止	作用	触診	神経支配
母趾外転筋	踵骨隆起内側突起 足底腱膜	母趾基節骨底の内側	母趾の外転と中足趾節関節での屈曲	不可	内側足底神経 （L4・5）
短母趾屈筋	立方骨 外側楔状骨	内側頭：母趾基節骨の内側 外側頭：母趾基節骨の外側	母趾の中足趾節関節の屈曲	不可	内側足底神経 （L4・5）
母趾内転筋	斜頭：第2～第4中足骨 横頭：第3～第5趾の中足趾節関節包	母趾基節骨の外側	母趾の中足趾節関節の内転	不可	外側足底神経 （S1・2）
足底方形筋	内側頭：踵骨内側面 外側頭：踵骨下面の外縁	長趾屈筋腱の外側縁	第2～5趾の遠位趾節間関節の屈曲	不可	外側足底神経 （S1・2）
虫様筋	長趾屈筋腱	第2～5趾の基節骨底の背側	第2～5趾の中足趾節関節の屈曲	不可	第1虫様筋内側足底神経（L4・5） 第2～4虫様筋外側足底神経（S1・2）
背側骨間筋	それぞれ2頭を有し、隣接の中足骨	第1骨間筋：第2趾の基節骨の内側 第2～4骨間筋：第2～4趾基節骨の外側	第2～4趾の屈曲と中足趾節関節の外転	不可	外側足底神経 （S1・2）
底側骨間筋	第3～5中足骨底と中足骨体	第3～5趾の基節骨の内側	第3～5趾の屈曲と中足趾節関節の内転	不可	外側足底神経 （S1・2）
短趾屈筋	踵骨隆起 足底腱膜	第2～5趾の基節骨の内側および外側	第2～5趾の中足趾節関節と近位趾節間関節の屈曲	不可	内側足底神経 （L4・5）
短趾伸筋	踵骨前部および外側部 外側距踵靱帯 下伸筋支帯	母趾の基節骨底 第2～4趾の長趾伸筋腱の外側	中足趾節関節での母趾伸展の補助と、第2～4趾の伸展	足部背側で外果の前方およびそのすぐ下方	深腓骨神経 （L5、S1）
小趾外転筋	踵骨隆起 足底腱膜	第5趾の基節骨底の外側	第5趾の中足趾節関節の外転	不可	外側足底神経 （S1・2）
短小趾屈筋	第5中足骨底 長足底靱帯前部	第5趾の基節骨底の外側	第5趾の中足趾節関節の屈曲	不可	外側足底神経 （S2・3）

ウェブ・サイト

解剖・生理学：

www. gwc. maricopa. edu/class/bio201/
index. htm

レントゲン像による解剖：

radlinux1. usuf1. usuhs. mil/rad/iong/
index.html

アーカンソー大学医学部生のための一般解剖学：

anatomy. uams. edu/htmlpages/
anatomyhtml/gross. html

ロヨラ大学付属医学センター・人体の構造：

www. meddean. luc. edu/lumen/MedEd/
GrossAnatomy/GA. html

Wheeless の整形外科学：

www. medmedia. com/

足と足関節のウェブ検索：

www. footandankle. com

＊このサイトから足と足関節にリンクするための検索集は非常に役立つ

足と足関節外科学会：

www. acfas. org
＊足病医らによって維持されるこのサイトは足の健康に関する情報を提供している。糖尿病、関節炎、加齢、外傷、スポーツおよび先天的問題による足と足関節の変形や障害など

テキサス大学アンダーソン博士記念癌センター・

マルチメディア学習センター：

rpi. mdanderson・org/mmlearn/

アメリカ整形外科医・足と足関節協会：

www. aofas. org
＊足と足関節の患者に対する多くの教育的資料が示されている

プレミア医学検索エンジン：

www. medsite. com

ヴァーチャル・ホスピタル（仮想病院）：

www. vh. org

ワーク・シート

授業や宿題の課題として、またテストとしても 278 ページのワーク・シートが活用できます。

・骨格のワーク・シート（No.1）

ワークシートに次の筋肉を描き名称を記入しましょう。

a．前脛骨筋

b．長趾伸筋

c．長腓骨筋

d．短腓骨筋

e．第三腓骨筋

f．ヒラメ筋

g．腓腹筋

h．長母趾伸筋

i．後脛骨筋

j．長趾屈筋

k．長母趾屈筋

実習と復習問題

1．下記の足関節と足の部位を骨格標本と身体で確認をしましょう。

a．外果

b．内果

c．踵骨

d．舟状骨

e．3つの楔状骨

f．中足骨

g．趾骨

2．どのようにして、またどこに下記の筋肉を身体上で触れることができますか。

a．前脛骨筋

b．長趾伸筋

c．長腓骨筋

d．短腓骨筋

e．ヒラメ筋

f．腓腹筋

g．長母趾伸筋

h．長趾屈筋

i．長母趾屈筋

c．内反

d．外反

e．母趾屈曲

f．母趾伸展

3. 次の関節の動きを実際に行い、主働筋に触れてみましょう。

a．足関節の底屈

b．足関節の背屈

c．足の内反

d．足の外反

e．足趾の屈曲

f．足趾の伸展

4. 以下のそれぞれの動きが、どの動きの基本面で生じるかを書き出しましょう。また、それぞれの基本面での基本軸も書き出しましょう。

a．底屈

b．背屈

5. なぜ低アーチと扁平足は、同意語ではないのでしょう。

6. 競技に適したシューズの必要性について討論しましょう。

7. 足底板とは何ですか。また、その役割を説明して下さい。

8. よく起こる足と足関節の傷害について調べ、まとめてみましょう。

9. 足関節の内反捻挫と外反捻挫の生じる確率について解剖学的に討論してみましょう。

10. ランニング・シューズについて書いてある文献を読んで、その内容を発表して下さい。

11. 実習パートナーに膝関節が伸展している状態でつま先立ちになってもらい、次に膝を

関節の動きの分析チャート・足関節、足および足趾

足関節（足首）	
背屈	底屈
足	
外反	内反
足趾	
屈曲	伸展

約20°屈曲させた状態でつま先立ちしてもらいます。長時間継続するのはどちらの運動姿勢がより難しいですか。また、それはなぜでしょうか。これらの筋肉を強化するためのアドバイスはなんでしょうか。ストレッチはどのような工夫が必要ですか。

12. それぞれの関節の動きに主として関与する筋肉を、関節の動きの分析チャートに書き込みましょう。
13. 筋肉の作用に拮抗する筋肉あるいは筋肉の部分を、下記の拮抗筋の作用チャートに書き込みましょう。

拮抗筋の作用チャート・足関節、足および足趾

主働筋	拮抗筋
腓腹筋	
ヒラメ筋	
後脛骨筋	
長趾屈筋	
長母趾屈筋	
長/短腓骨筋	
第三腓骨筋	
前脛骨筋	
長趾伸筋	
長母趾伸筋	

■参考文献■

Astrom M, Arvidson T : Alignment and joint motion in the normal foot, *Journal of Orthopaedic and Sports Physical Therapy* 22 : 5, November 1995.

Booher JM, Thibodeau GA : *Athletic injury assessment*, ed 4, 2000, McGraw-Hill Companies, Inc., New York.

Coughlin LP, et al : Fracture dislocation of the tarsal navicular : a case report, *American Journal of Sports Medicine* 15 : 614, November-December 1987.

Dearing M, Ziccardi NJ : Prevention and rehabilitation of ankle injuries, *Athletic Journal* 66 : 28, November 1985.

Franco AH : Pes cavus and pes planus-analysis and treatment, *Physical Therapy* 67 : 688, May 1987.

Gench BE, Hinson MM, Harvey PT : *Anatomical kinesiology*, Dubuque, IA, 1995, Eddie Bowers.

Grace P : Prevention and rehabilitation of shin splints, *Scholastic Coach* 57 : 47, March 1988.

Henderson J : Baring the soles, *Runners World* 22 : 14, November 1987.

Lindsay DT : *Functional human anatomy*, St. Louis, 1996, Mosby.

Luttgens K, Hamilton N : *Kinesiology : scientific basis of human motion*, ed 9, Madison, WI, 1997, Brown & Benchmark.

Robinson M : Feet first, *Coach and Athlete* 44 : 30, August-September 1981.

Rockar PA : The subtalar joint : anatomy and joint motion, *Journal of Orthopaedic and Sports Physical Therapy* 21 : 6, June 1995.

Sammarco GJ : Foot and ankle injuries in sports, *American Journal of Sports Medicine* 14 : 6, November-December 1986.

Seeley RR, Stephens TD, Tate P : *Anatomy & physiology*, ed 2, St. Louis, 1992, Mosby-Year Book.

Sieg KW, Adams SP : *Illustrated essentials of musculoskeletal anatomy*, ed 2, Gainesville, FL, 1985, Megabooks.

Stone RJ, Stone JA : *Atlas of the skeletal muscles*, 1990, McGraw-Hill Companies, Inc., New York.

Thibodeau GA, Patton KT : *Anatomy & physiology*, ed 9, St. Louis, 1993, Mosby.

Van De Graaff KM : *Human anatomy*, ed 4, 1995, McGraw-Hill Companies, Inc., New York.

10

体幹と脊柱
The trunk and spinal column

この章を学習することで

● 脊柱は異なった種類の脊椎（骨）で構成されていることがわかります。

● 脊椎（骨）における重要な解剖学上のポイントを示すことができます。

● 体幹や脊柱の動きに関与する筋肉をチャート上にスケッチできます。

● 体幹や脊柱の動きを人体を使って再現したり、動きの基本面や基本軸について確認できます。

● 人体表面から体幹と脊柱の動きに関与する筋肉に触れることができます。

● 体幹や脊柱の動きに関与する主要な筋肉をあげ、機能を統合して理解できます。

　体幹や脊柱を機能解剖学的に学習するのは少し難しいようです。それは脊柱が複雑な動きをすることと、脊髄（神経）から枝分かれする31対の神経根があることによります。脊柱は脳や中枢神経系と同様、人体の中で最も複雑な場所だということに疑問を持つ人はいないでしょう。体幹の前面には腹筋が広がっていますが、この筋肉は筋膜や腱膜に付着し、骨と骨に付着する他の筋肉とは様子が異なっています。また、脊柱の周りには小さな内在性の筋肉が多数あって、脊柱の動きを微妙にコントロールしていることも部位を複雑にしている理由です。さらに、一般的にこれらの筋肉はかなり深部にあるので触診できず、したがって表在の筋肉ほど詳しくはこの章では取り上げません。

骨　格

脊柱（せきちゅう）（図 10-1、10-2）

　複雑な脊柱は可動性の 24 個の脊椎骨（せきついこつ）と、動きのない癒合した 9 個の脊椎骨から成り立っています。さらに、脊柱は 7 個の首の骨（頚椎）、12 個の胸の骨（胸椎）、そして 5 個の腰の骨（腰椎）に分けられます。さらにその下方には仙骨と尾骨がありますが、それらはそれぞれ 5 つと 4 つの脊椎骨が癒合してあたかも 1 個の骨のように見え、動きはありません。特に第 1 頚椎と第 2 頚椎の構造は大変にユニークで、それゆえ首が左右に回ったり（回旋）、前後に屈曲や伸展ができます。脊柱の自然なカーブ（生理的な弯曲）は、身体にかかるショック

を吸収するのに役立っています。

　脊柱を構成する脊椎骨は、部位によってその大きさと形が少しずつ違っているので、各部位ごとに特有の動きができるようになっています。頚椎から下の腰椎へ行くにしたがって骨はより大きくなりますが、これは首よりも腰のほうが重い重量に耐える必要があるからです。第2頚椎（C2）から第5腰椎（L5）にかけては、大きさや形は少しずつ異なるものの、基本的な骨の構造はよく似ています。各脊椎骨の前方は椎体で、中央には脊髄（神経）が通っている椎孔と呼ばれる穴があいています。椎孔から後方では、横突起が両外側へのび、最も後方には棘突起がのびています。棘突起は背中の中央で簡単に触れることができます。

　正常な弯曲が大きくずれてしまうには、いくつかの要因が考えられます。正常な胸椎の前方の凹状が増加した状態を後弯と呼ぶのに対して、腰椎と頚椎の後方の凹状が増加した状態を前弯といいます。腰椎では正常な前弯の曲線が減少し、結果的に平らな腰の状態を腰椎後弯といいます。側弯とは脊柱の側方の曲弯、あるいは側方への逸脱のことをいいます。

胸郭 （きょうかく）（図 10-3）

　胸郭は 12 個の胸椎、12 対（計 24 本）の肋骨、そして胸骨から成り立っています。12 対の肋骨は、12 個の胸椎の左右の横突起に接していますが、上の 7 対だけが前方で個々に直接胸骨と接し、次の 3 対は一緒になって胸骨と接します。最下方の 2 対はどこにも接せずに浮いています。

　胸骨は上方から胸骨柄 （きょうこつへい）、胸骨体、そして胸骨剣状突起 （けんじょうとっき）に分けられます。

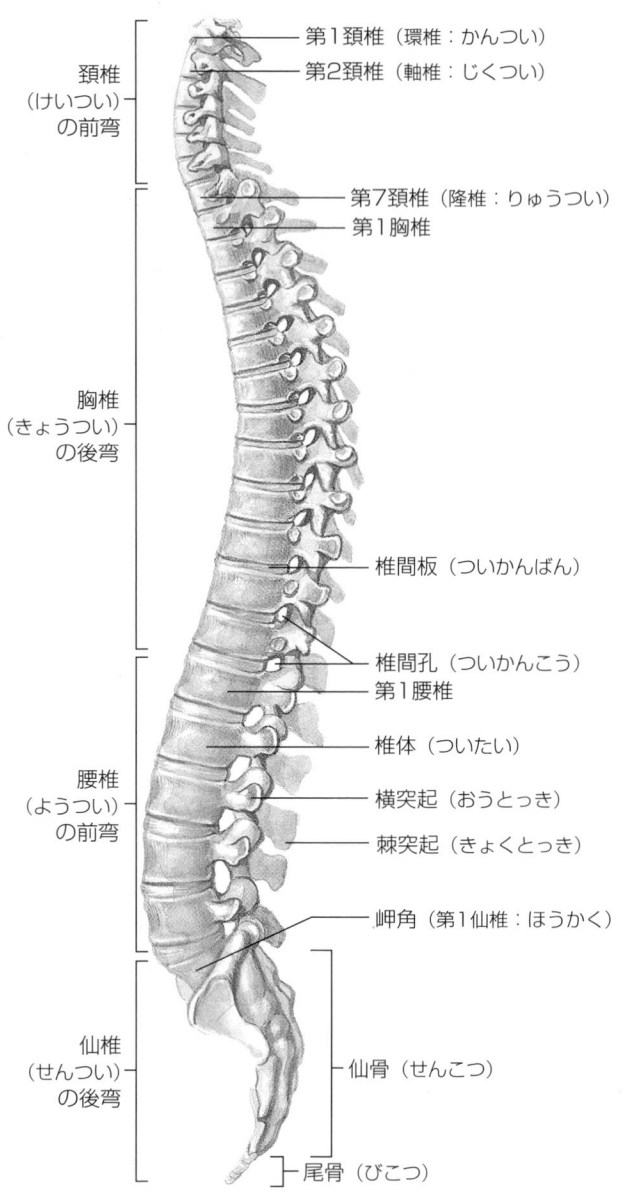

前方　　　　　　　　後方

第1頚椎（環椎：かんつい）
第2頚椎（軸椎：じくつい）

頚椎
（けいつい）
の前弯

第7頚椎（隆椎：りゅうつい）
第1胸椎

胸椎
（きょうつい）
の後弯

椎間板（ついかんばん）

椎間孔（ついかんこう）
第1腰椎

椎体（ついたい）

腰椎
（ようつい）
の前弯

横突起（おうとっき）

棘突起（きょくとっき）

岬角（第1仙椎：ほうかく）

仙椎
（せんつい）
の後弯

仙骨（せんこつ）

尾骨（びこつ）

図 10-1　脊柱
（Seeley, et al : *Anatomy & physiology*, ed 3, St. Louis, 1995, Mosby. より）

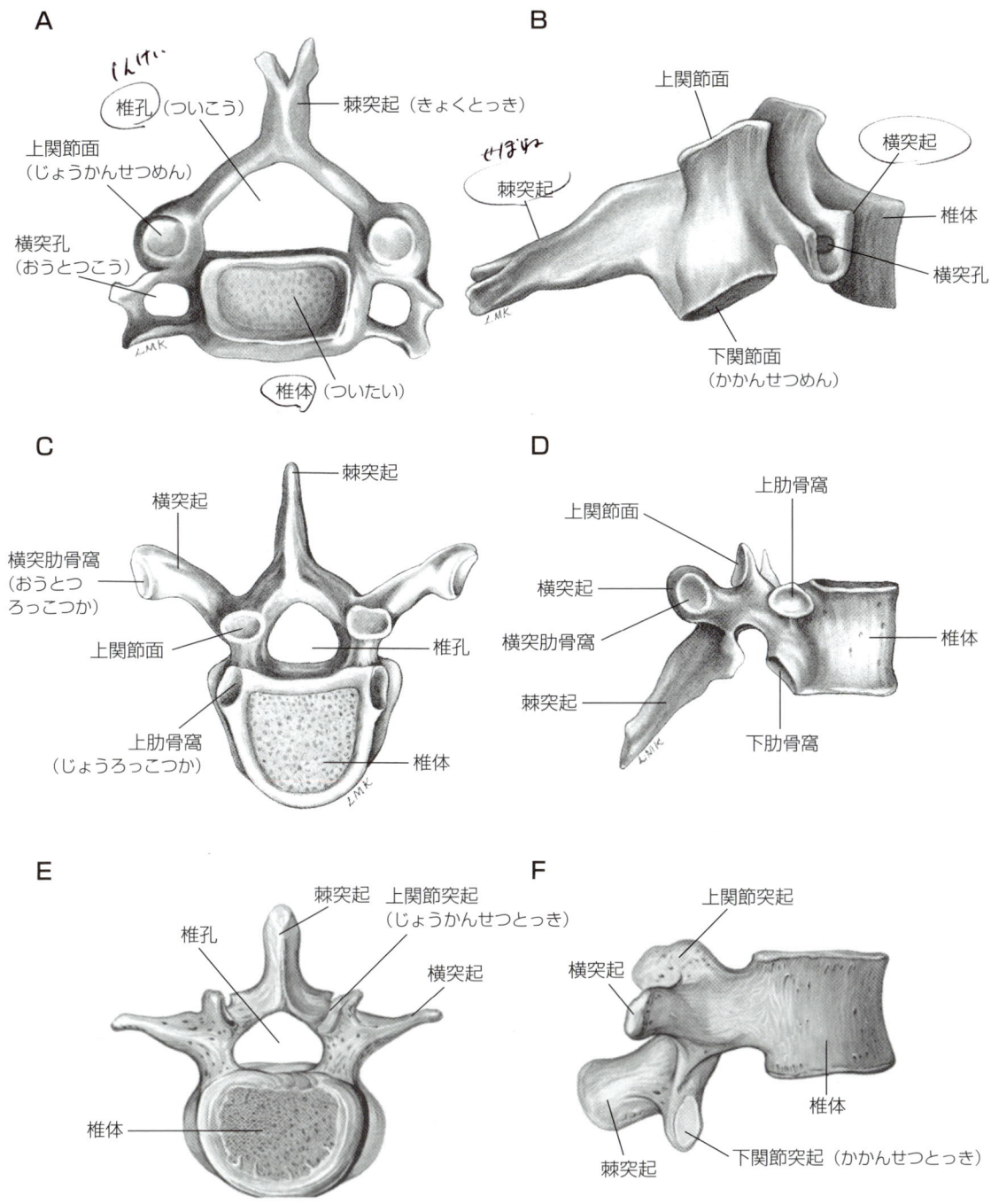

A

椎孔（ついこう）

上関節面
（じょうかんせつめん）

棘突起（きょくとっき）

横突孔
（おうとつこう）

椎体（ついたい）

B

上関節面

棘突起

横突起

椎体

横突孔

下関節面
（かかんせつめん）

C

横突起

棘突起

横突肋骨窩
（おうとつ
ろっこつか）

上関節面

椎孔

椎体

上肋骨窩
（じょうろっこつか）

椎体

D

上関節面

上肋骨窩

横突起

横突肋骨窩

椎体

棘突起

下肋骨窩

E

椎孔

棘突起　上関節突起
（じょうかんせつとっき）

横突起

椎体

F

上関節突起

横突起

椎体

棘突起

下関節突起（かかんせつとっき）

図 10-2　脊柱　Ａ．上方から見た典型的な頚椎　Ｂ．外側から見た頚椎
　　　　　　Ｃ．上方から見た胸椎　Ｄ．外側から見た胸椎
　　　　　　Ｅ．上方から見た第 3 腰椎　Ｆ．外側から見た第 3 腰椎
（Anthony CP, Kolthoff NJ : *Textbook of anatomy and physiology,* ed 9, St. Louis, 1975, Mosby. より改変）

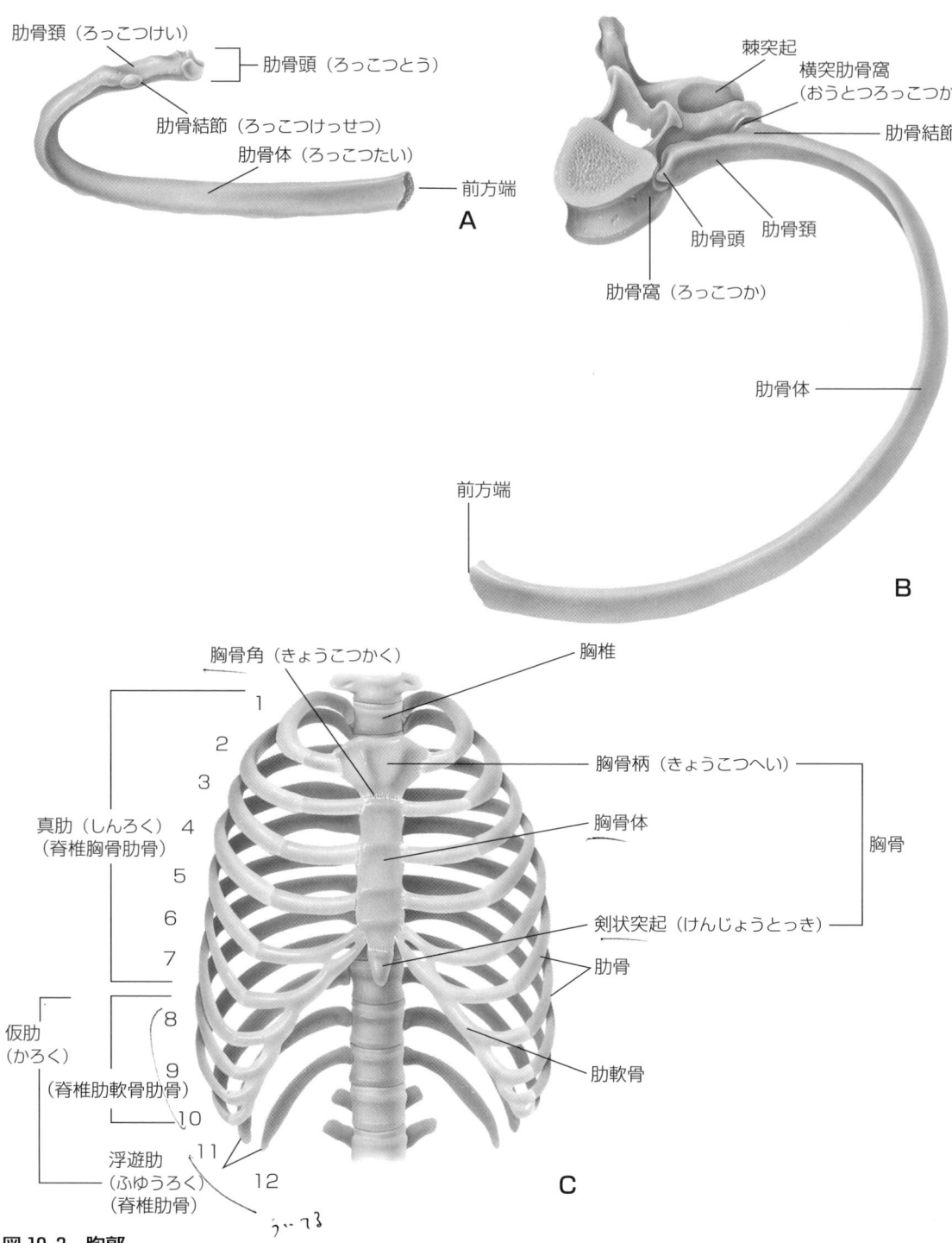

図 10-3 胸郭

A．代表的な肋骨の後面

B．肋骨と胸椎の結合関係（上方より）

C．胸椎、胸骨、肋骨および肋骨を胸骨に結合している肋軟骨を含んだ胸郭の全体像

（Hole JW：*Human anatomy & physiology*, ed 6, 1993, McGraw-Hill Companies, Inc., New York. より）

関 節

　脊柱を構成する骨格の最初の関節は、頭蓋の後頭顆と環椎の上関節面との間につくられる環椎後頭関節で、頸椎（首）の屈曲と伸展をします。

　第1頸椎（環椎）と第2頸椎（軸椎）で構成される関節を環軸関節（図10-4A）と呼びますが、この関節を除いては、脊柱の個々の関節の動きは小さなものでしかありません。したがって、頸椎（首）の回旋は車軸関節に分類される環軸関節で生じ、これ以外の脊柱の関節（椎間関節）は滑走関節に分類され、限られた動きしかできません。しかし、個々の小さな動きが一定の範囲（たとえば腰椎全体）にわたることで、非常に大きくて複雑な動きも可能となります。

　椎間関節を形成する上関節突起と下関節突起の間では滑動が起こります（図10-4B）。椎体間にあって上下椎体の関節軟骨に付着しているのが椎間（円）板です（図10-4C）。椎間（円）板は線維輪と呼ばれる密な線維軟骨が外壁を、また髄核と呼ばれるゼラチン質のゼリー状物質が中心部を構成しています（図10-5A）。この圧縮した弾性の物質によって、ねじれに対してすべての方向に力を分散することができます。年齢、傷害、不適切な姿勢などによって椎間（円）板は弾力性を失い、線維輪の弱化が生じます。大幅な弱化と圧縮力で、髄核は線維輪から突出する結果となり、これが髄核のヘルニアと呼ばれるものです。一般的に椎間板ヘルニアと呼ばれるこの突出は脊髄神経根に圧力をかけ、下肢に放散痛、微痛感、感覚麻痺や脱力など様々な症状を引き起こします（図10-5B）。

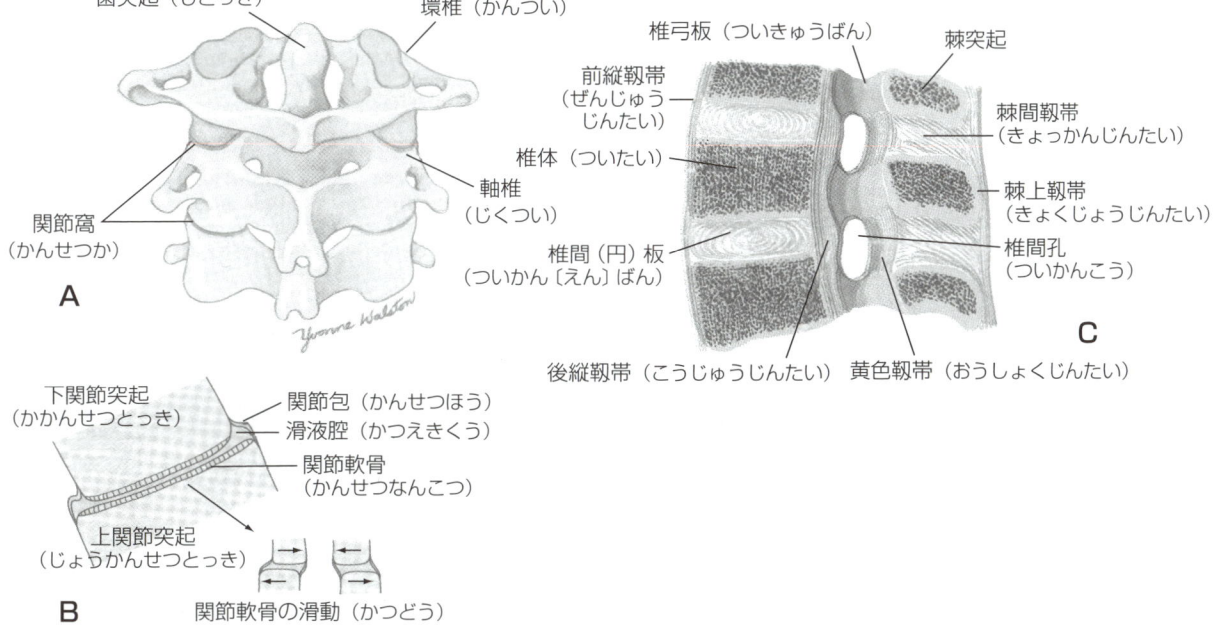

図10-4　椎骨の連結　Ａ．隣接する頸椎骨間の上および下関節突起と関節窩
　　　　　　　　　　　Ｂ．関節軟骨がお互いに滑動する。緩い関節包がこの動きを可能にする
　　　　　　　　　　　Ｃ．3つの腰椎を通した矢状断面での図。靭帯が椎骨間の動きを制限する
（Lindsay DT : *Functional human anatomy*, St. Louis, 1996, Mosby. より）

腰の問題の多くは長期間にわたり、不適切な姿勢をとり続けてきたことによって引き起こされます。長期間の不適切な姿勢によって、腰部固有背筋の急性挫傷や筋肉の痙縮を生じたり、椎間板ヘルニアなどにいたる慢性的な器質的変化を起こします。また、これらの問題は腰椎を中間位に維持しながらしゃがみ込んで、下肢のより大きくよりパワフルな筋肉を使うかわりに、腰椎が屈曲気味で腰の比較的小さな筋肉を使って物を持ち上げようとしたときなどに生じます。その上、私達のライフスタイルは慢性的に腰椎を屈曲位に置きやすく、長い間に生理的な腰椎前弯を徐々に失う方向へと進んでいます。この「平板な腰症候群」は腰椎椎間板にかかる圧力を増大させるので、間欠的あるいは慢性的な腰痛を引き起こします。

　脊柱の動きのほとんどは頚椎と腰椎で起こります。もちろん胸椎でも動きは生じますが、頚椎や腰椎に比べれば非常に小さなものにすぎません。

　首の動きは、実際には頭蓋骨と第1頚椎の間の関節と、頚椎間の関節のコンビネーションで生じますが、混乱を避けるために本書では、首の動きは頚椎の動きと表現します。同様に、体幹の動きは胸椎と腰椎の両方の動きのコンビネーションなのですが、本書では腰椎の動きとして表すことにします。

　頚椎は前後にそれぞれ45°屈曲と伸展し、また、回旋は左右に60°ずつ、側屈は左右に45°ずつ動きます。腰椎は屈曲で80°、伸展で20〜30°の可動域があります。また左右への側屈は35°ずつ、左右への回旋が45°ずつとなっています。

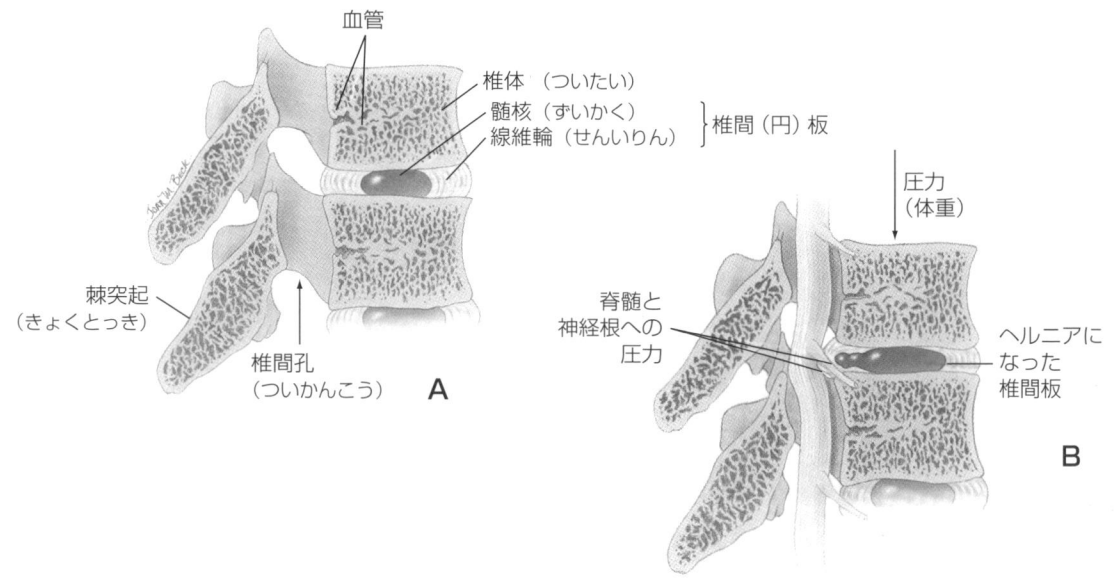

図 10-5　椎骨の矢状断面　A．正常　B．椎間板ヘルニア
(Thibodeau GA, Paton KT : *Anatomy & Physiology*, ed 9, St. Louis, 1993, Mosby.)

関節の動き （図10-6）

　脊柱の動きは、一般的には首の動きと体幹の動きに大別され、先ほども述べましたが、それぞれ頚椎と腰椎の動きとして表現されます。さらに第7章で述べたように、股関節と腰椎で生じる動きによって骨盤帯は1つの構成単位として回旋します。表7-1を参照して下さい。

屈曲：脊柱が全体として前方へ曲がる動きで、頚椎の屈曲は頭が胸の方へ傾く動きを、腰椎の屈曲は胸部が骨盤の方へ傾く動きを表します。

伸展：脊柱が屈曲位から元へ戻ったり後方へ曲がる動きで、頚椎の伸展は頭が胸から離れる動きを、腰椎の伸展は胸部が骨盤から離れる動きを表します。

側屈（左右）：頚椎の側屈では頭が肩の方へ傾き、腰椎の側屈では胸部が左右いずれかの骨盤の方へ傾きます。

回旋（左右）：脊柱が水平面において左右へ回る動きで、頚部では頭が、腰部では胸が左右へ回る動きをそれぞれ左回旋、右回旋と表現します。

復元：脊柱が左右に側屈している状態から元へ戻る動きを表します。

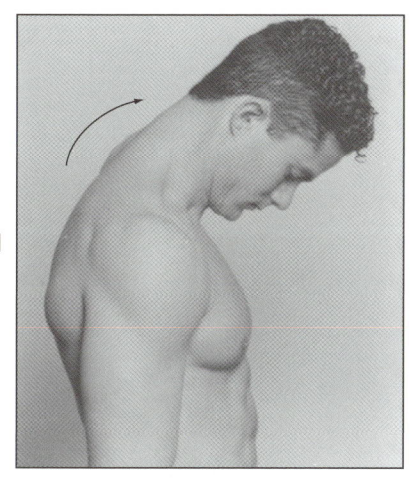

頚椎の屈曲

頚椎の伸展

頚椎の右側屈

頚椎の右回旋

図 10-6　脊柱の動き

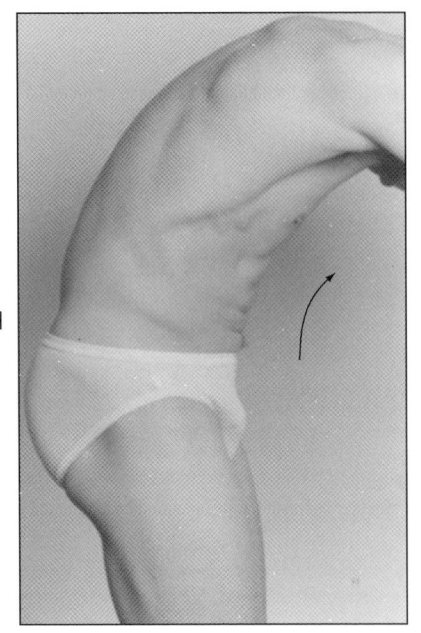
腰椎の屈曲

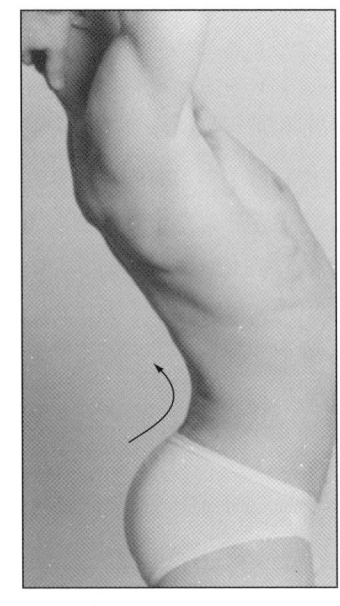
腰椎の伸展

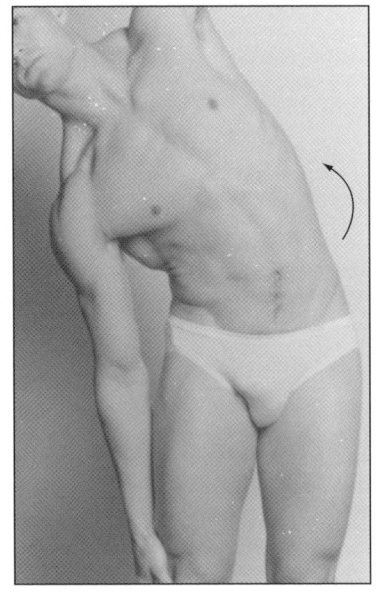
腰椎の右側屈

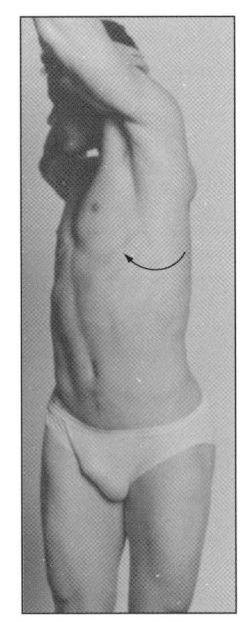
腰椎の右回旋

図 10-6　脊柱の動き（つづき）

体幹と脊柱の筋肉 ……………………

　脊柱に関与する最大の筋肉は脊柱起立筋（傍脊柱筋とも呼ばれる）で、下は骨盤帯から上は後頭骨までのびている筋群です。脊柱起立筋は棘筋、最長筋および腸肋筋という3つの大きな筋肉で構成されますが、各筋肉もさらにその付着部の位置から腰部、胸部そして頚部に分けられます。したがって、このように分類するならば脊柱起立筋という大きな筋肉は9つの筋肉によって成り立っているともいえます。加えて、頚部の動きには胸鎖乳突筋と板状筋、腰部の動きには腹部の筋肉である腹直筋、内腹斜筋、外腹斜筋および腰方形筋といった大きな筋肉が関与します。

　以上の大きな筋肉以外に、個々の脊椎間に付着するような無数の小さな筋肉が脊柱の動きに関与していますが、このテキストを使用するみなさんにとってはさほど重要ではないので省略しました。したがってここでは、体幹と脊柱の運動に関与する大きな筋肉について詳しく解説することとし、小さな筋肉に関しては簡単に述べるだけにとどめます。

　体幹や脊柱の筋肉を位置や機能に従って分類することで、それらについてよりよく理解できますが、いくつかの筋肉は複数の部分から構成されていることに注意しなければなりません。そして、同じ筋肉にあっても部位の違いによって機能が異なる場合もあります。体幹と脊柱の筋肉の多くは、脊柱を動かす機能の他に呼吸を補助します。

　主として呼吸に関与するのは胸郭にある筋肉です。ですから、腹壁を構成する外腹斜筋、内腹斜筋、腹横筋はこれまで勉強してきた他の筋肉とは異なります。

頚椎（首）を動かす筋肉

前部
　前頭直筋
　頭長筋

後部
　頭最長筋
　上頭斜筋
　下頭斜筋
　後頭直筋（大後頭直筋、小後頭直筋）
　僧帽筋上部線維
　頭板状筋
　頭半棘筋

外側
　外側頭直筋
　胸鎖乳突筋

脊柱の筋肉

浅部
　脊柱起立筋
　　最長筋（頭最長筋、頚最長筋、胸最長筋）
　　腸肋筋（頚腸肋筋、胸腸肋筋、腰腸肋筋）
　　棘筋（頭棘筋、頚棘筋、胸棘筋）
　頚板状筋

深部
　頚長筋（上斜線筋、下斜線筋、垂直線筋）
　棘間筋（脊柱全体）
　横突間筋（脊柱全体）
　多裂筋（脊柱全体）
　小腰筋
　回旋筋（頚回旋筋、胸回旋筋、腰回旋筋）
　半棘筋（頭半棘筋、頚半棘筋、胸半棘筋）

胸郭の筋肉
　横隔膜
　肋間筋（外肋間筋、内肋間筋）
　肋骨挙筋
　肋下筋
　斜角筋（前斜角筋、中斜角筋、後斜角筋）

後鋸筋（上後鋸筋、下後鋸筋）

胸横筋

腹壁の筋肉

腹直筋

外腹斜筋

内腹斜筋

腹横筋

腰方形筋

頚椎（首）を動かす筋肉

ここで述べるすべての筋肉は頚椎に起始し、頭蓋骨の後頭骨に停止します（図10-7と図10-8、表10-1）。3つの筋肉（頭長筋、前頭直筋、外側頭直筋）は前頚部の筋群を形成し、これらは上頚部の屈筋です。外側頭直筋は頚椎を側屈させ、それに加えて、環椎後頭関節の安定性において前頭直筋を補助します。大・小後頭直筋、上頭斜筋、頭半棘筋は後部に位置します。環椎を回旋させる下頭斜筋を除いて、それらはすべて頚椎の伸筋です。上頭斜筋は頚椎の側屈において外側頭直筋を補助します。伸展の他に、大後頭直筋は頚椎を同側へ回旋させ、頭半棘筋は頚椎を反対側へ回旋させます。大きな筋肉である頭板状筋と胸鎖乳突筋は、頚椎に作用する他の筋肉と一緒に脊柱の筋肉として取り上げます。

表10-1　頚椎（首）を動かす筋肉

筋肉	起始	停止	作用	神経支配
前頭直筋	環椎外側塊の前面	後頭骨底部で大後頭孔の前方	頚椎の前屈および環椎後頭関節の安定化	C1-C3
外側頭直筋	環椎横突起の上面	後頭骨の頚静脈突起	頚椎の側屈および環椎後頭関節の安定化	C1-C3
大後頭直筋	軸椎の棘突起	後頭骨の下項線の外側	頚椎の伸展と同側への回旋	C1の後枝
小後頭直筋	環椎の後結節	後頭骨の下項線の内側	頚椎の伸展	C1の後枝
頭長筋	第3〜第6頚椎の横突起前結節	後頭骨底部	頚椎の前屈	C1-C3
上頭斜筋	環椎横突起	後頭骨の上項線と下項線の間	頚椎の伸展および側屈	C1の後枝
下頭斜筋	軸椎棘突起	環椎横突起	環椎と同側へ回旋	C1の後枝
頭半棘筋	第4頚椎〜第7胸椎の横突起	後頭骨の上項線と下項線の間	頚椎の伸展と反対側への回旋	T4-T6、C3-C6の後枝

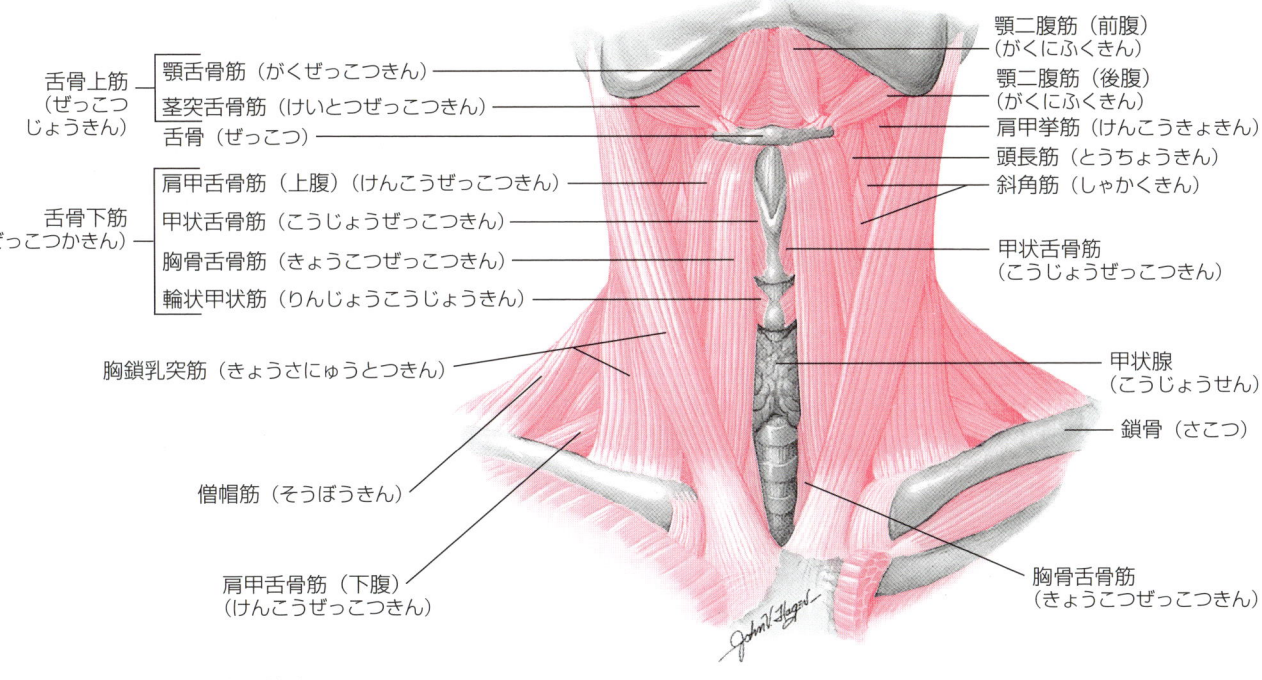

図 10-7　前頚部の筋肉

（Lindsay DT : *Functional human anatomy*, St. Louis, 1996, Mosby. より改変）

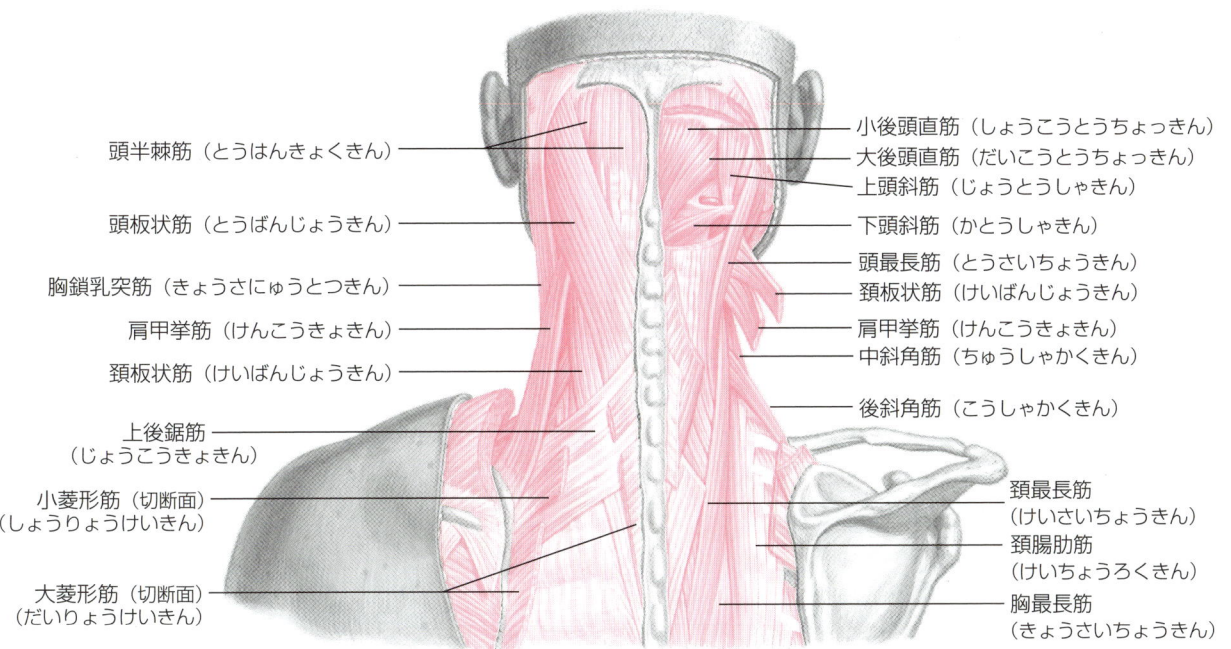

図 10-8　後頚部と上背部の深部の筋肉

（Van De Graaff KM : *Human anatomy*, ed 4, 1995, McGraw-Hill Companies, Inc., New York. より改変）

胸鎖乳突筋 （きょうさにゅうとつきん）（図10-9）

起　始

　胸骨柄

　鎖骨近位部

停　止

　側頭骨の乳様突起

機　能

　両側：頚椎の屈曲

　右側：頚椎の左回旋、右側屈

　左側：頚椎の右回旋、左側屈

触　診

　頚部の前外側で対角線上に触れられます。

神経支配

　副神経、頚神経叢の筋枝（Cr11、C2-3）

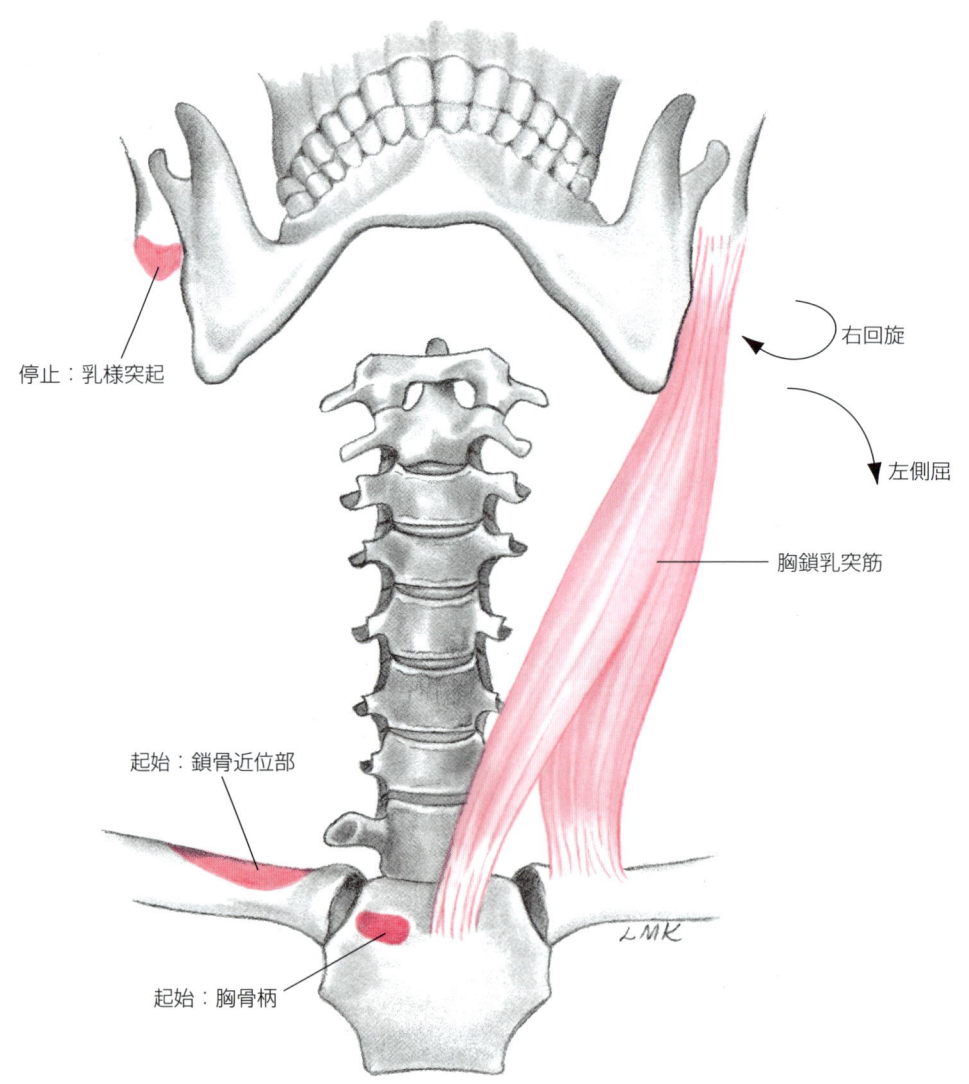

停止：乳様突起

右回旋

左側屈

胸鎖乳突筋

起始：鎖骨近位部

起始：胸骨柄

図 10-9　胸鎖乳突筋（Sternocleidomastoid muscle）

機能解剖、筋力強化、ストレッチング

胸鎖乳突筋の主な働きは頚椎（首）の屈曲と回旋です。首を（左に）回旋（頭を左側に回す）させれば右側の胸鎖乳突筋が簡単に触診できます。

胸鎖乳突筋を鍛えるには板状筋の反対で、手を額の前で組んで後方へ力を加えます。次に、この力に抵抗しながら首を前方へ曲げます。また、手を顎の左右のどちらかに置いて抵抗を加え、抵抗に逆らって首を回すことでもこの筋肉は鍛えることができます。

頚椎を過伸展することで胸鎖乳突筋の両側を少しだけストレッチできます。特に右側をストレッチするには、左方へ側屈したまま右に回旋して伸展させます。逆の動きで左側をストレッチできます。

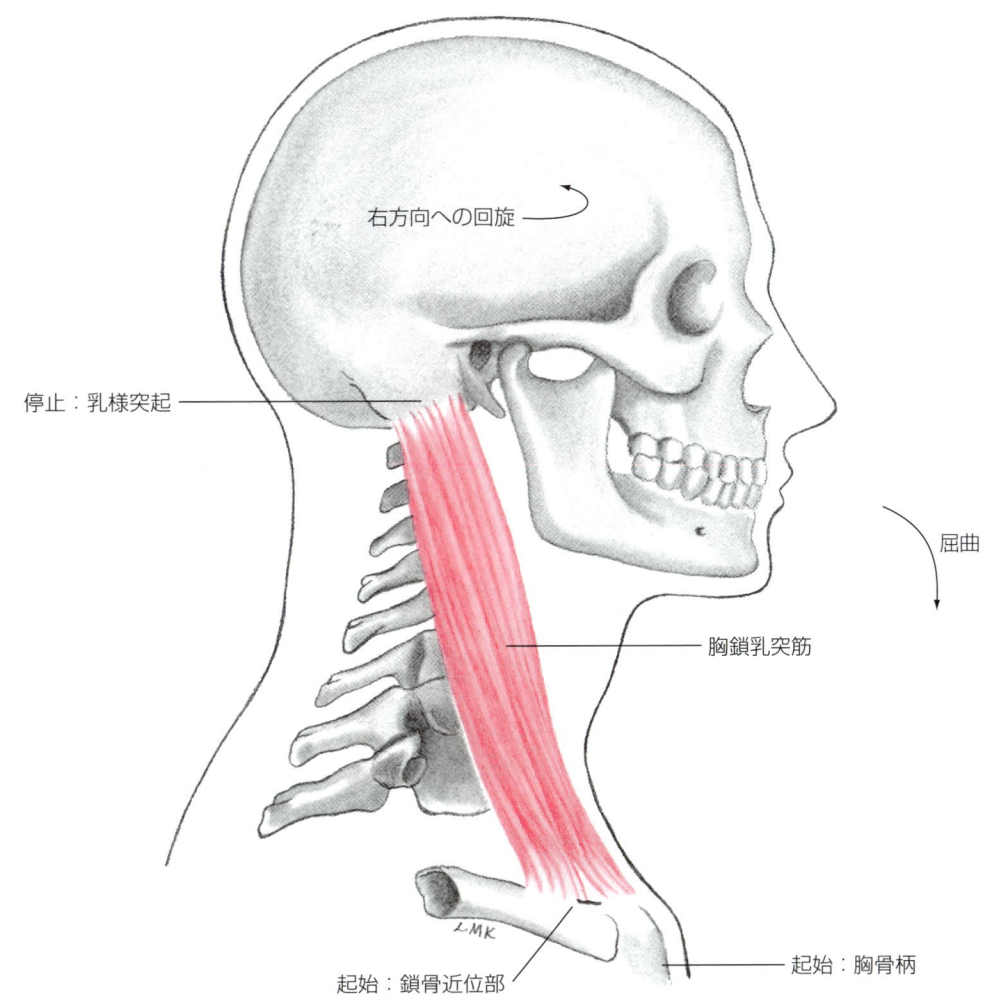

右方向への回旋

停止：乳様突起

屈曲

胸鎖乳突筋

起始：鎖骨近位部

起始：胸骨柄

図 10-9 つづき　胸鎖乳突筋（Sternocleidomastoid muscle）

板状筋（ばんじょうきん）（頚板状筋・頭板状筋）
（図10-10）

起　始

頚板状筋：第3〜第6胸椎の棘突起

頭板状筋：項靱帯の下半分、第7頚椎の棘突
起、第1〜第3（4）胸椎の棘突起

停　止

頚板状筋：第1〜第3頚椎の横突起

頭板状筋：乳様突起と後頭骨

機　能

両側：頭部と頚部の伸展

右側：頚椎の右回旋と右側屈

左側：頚椎の左回旋と左側屈

触　診

触診はできません。

神経支配

第4〜第8頚神経後枝（C4-8）

機能解剖、筋力強化、ストレッチング

　頭を後方へ傾ける動作（頚椎の伸展）では、特に伸展と回旋が同時に行われるときに板状筋が強く働きます。またこの場合、板状筋は脊柱起立筋や僧帽筋の上部とともに働きます。この筋肉がよい状態に保たれることで首や頭が正しい姿勢で保持されます。

　板状筋を鍛えるよいエクササイズは、まず手を頭の後ろで組みます。次に頭を前へ倒した（頚椎の屈曲）状態から手が加えた力に逆らいながら、ゆっくりと首を最後まで伸展させます。このエクササイズは自分の手以外にもパートナーやタオルを使っても上手にできます。

　板状筋全体は頭部と頚椎の最大屈曲によりストレッチされます。首を左回旋、左側屈そして屈曲することにより右側の板状筋がストレッチされます。右方向への同じ動きによって、左側がストレッチされます。

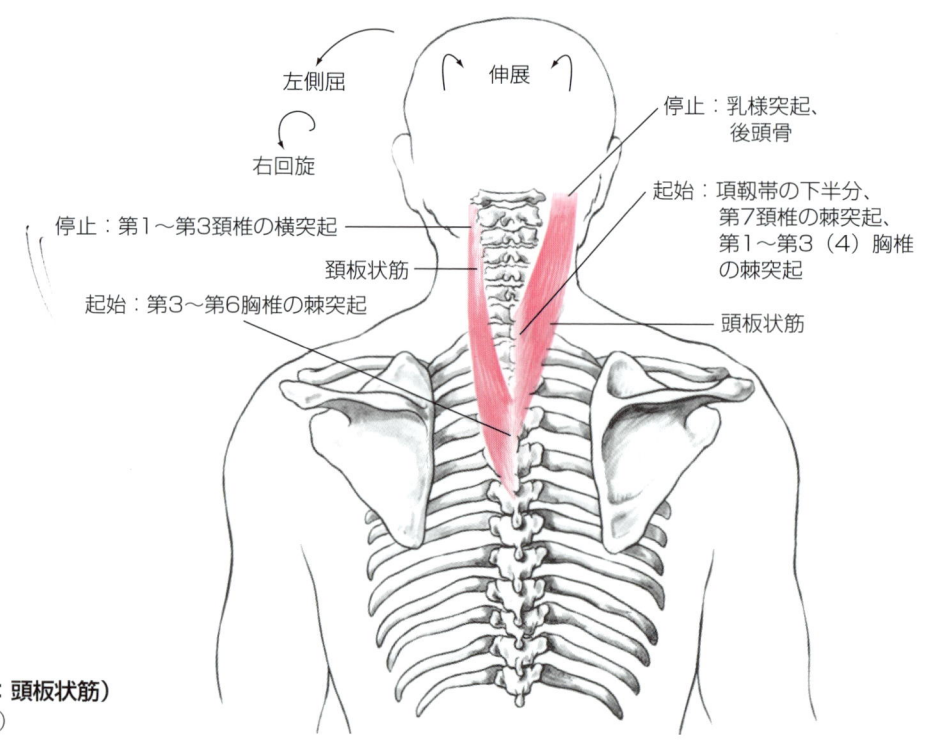

左側屈

伸展

右回旋

停止：乳様突起、後頭骨

起始：項靱帯の下半分、第7頚椎の棘突起、第1〜第3（4）胸椎の棘突起

停止：第1〜第3頚椎の横突起

頚板状筋

起始：第3〜第6胸椎の棘突起

頭板状筋

図10-10　板状筋
（左：頚板状筋、右：頭板状筋）
(Splenius muscles)

脊柱の筋肉

頚部において頚長筋は前方に位置し、頚部と上部胸郭を屈曲します。後方では、脊柱起立筋、横突棘筋、棘間筋、横突間筋、板状筋のすべてが脊柱に平行かつ垂直に走行しており（図10-11・表10-2）、回旋と側屈を補助するのみならず、脊柱を伸展させることができます。板状筋と脊柱起立筋はこの章の他の部分でより詳しく説明しています。横突棘筋は半棘筋、多裂筋および回旋筋から成り立ちます。これらの筋肉はすべてそれぞれの脊椎の横突起から起始し、一般的に後方に走行し、起始する脊椎のすぐ上の棘突起に付着します。いずれも脊柱の伸筋で、収縮すると脊柱を反対側へ回旋させます。棘間筋と横突間筋は回旋筋より深部に位置します。筋群としてそれらは回旋をせず、棘間筋は隣接しあう棘突起をつなぎ脊柱を伸展させ、横突間筋は隣接する脊椎の横突起間をつなぎ、脊柱を側屈させます。

表10-2　脊柱の筋肉

筋肉	起始	停止	作用	神経支配
頚長筋（上斜線筋）	第3〜第5頚椎横突起	環椎の前結節	頚椎の屈曲	C2-C7
頚長筋（下斜線筋）	第1〜第3胸椎の椎体	第5〜第6頚椎の横突起	頚椎の屈曲	C2-C7
頚長筋（垂直線筋）	第5〜第7頚椎と第1〜第3胸椎の椎体	第2〜第4頚椎の椎体前面	頚椎の屈曲	C2-C7
棘間筋	隣接する棘突起間	隣接する脊椎の棘突起	脊柱の伸展	脊髄神経後枝
横突間筋	隣接する横突起間	隣接する脊椎の横突起	脊柱の側屈	脊髄神経前枝
多裂筋	仙骨、腸骨棘、腰椎と胸椎と下位4つの頚椎の横突起	2〜4個の脊椎を飛び越し、それぞれのより上方にある脊椎の棘突起	脊柱の伸展と反対側への回旋	頚神経、胸神経および腰神経の後枝
回旋筋	脊椎の横突起	すぐ上の脊椎の棘突起	脊柱の伸展と反対側への回旋	頚神経、胸神経および腰神経の後枝
頚半棘筋	第1〜第6胸椎の横突起	第2〜第5頚椎の棘突起	頚椎の伸展と反対側への回旋	頚神経および胸神経の後枝
胸半棘筋	第6〜第10胸椎の横突起	第6〜第7頚椎と第1〜第4胸椎の棘突起	頚椎・胸椎の伸展と反対側への回旋	頚神経および胸神経の後枝

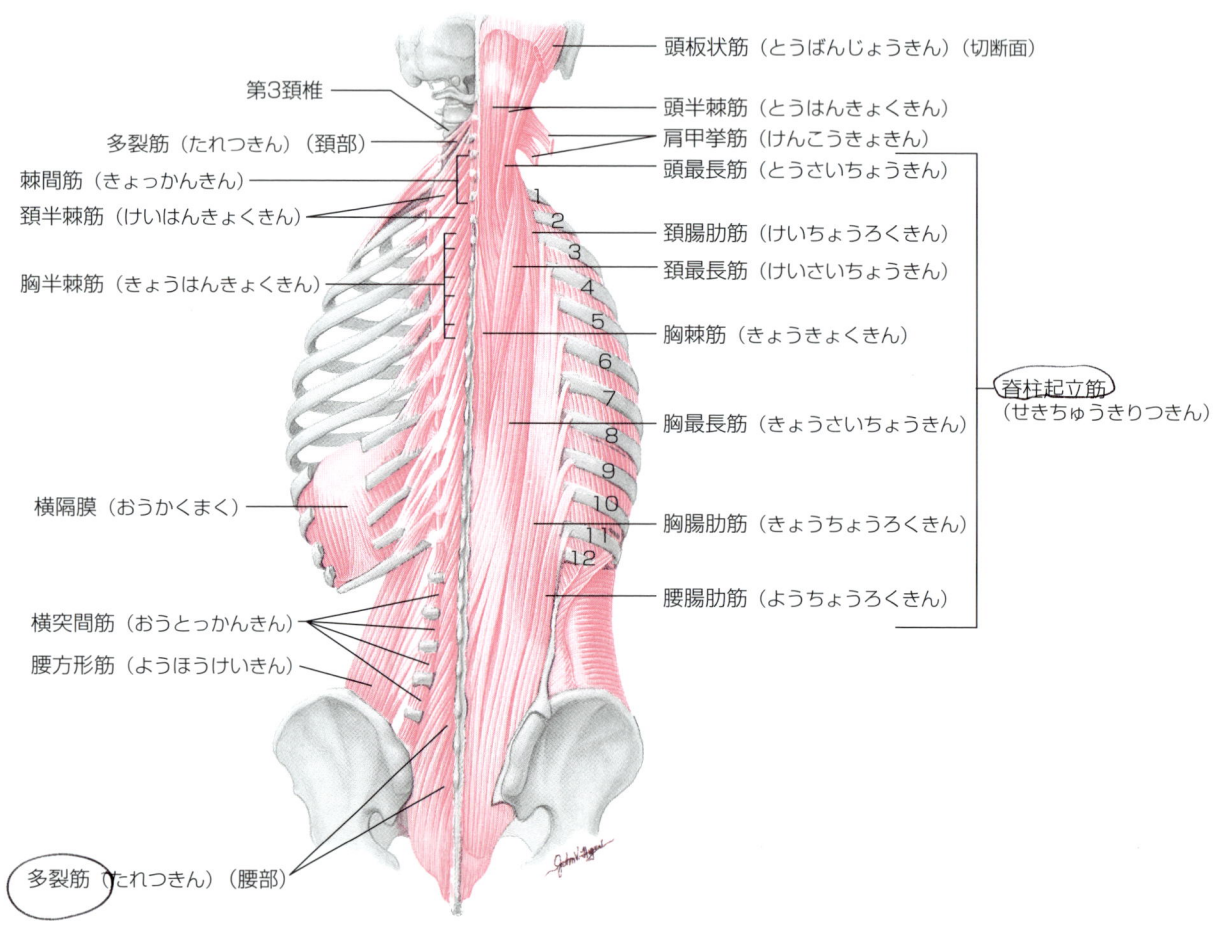

第3頚椎

多裂筋（たれつきん）（頚部）

棘間筋（きょっかんきん）

頚半棘筋（けいはんきょくきん）

胸半棘筋（きょうはんきょくきん）

横隔膜（おうかくまく）

横突間筋（おうとっかんきん）

腰方形筋（ようほうけいきん）

多裂筋（たれつきん）（腰部）

頭板状筋（とうばんじょうきん）（切断面）

頭半棘筋（とうはんきょくきん）

肩甲挙筋（けんこうきょきん）

頭最長筋（とうさいちょうきん）

頚腸肋筋（けいちょうろくきん）

頚最長筋（けいさいちょうきん）

胸棘筋（きょうきょくきん）

胸最長筋（きょうさいちょうきん）

胸腸肋筋（きょうちょうろくきん）

腰腸肋筋（ようちょうろくきん）

脊柱起立筋
（せきちゅうきりつきん）

1
2
3
4
5
6
7
8
9
10
11
12

図 10-11　深層の背筋（右：脊柱起立筋　左：脊柱起立筋が取り除かれさらに深部の筋を描写）
(Deep back muscles)

(Seeley RR, Stephens TD, Tate P : *Anatomy & physiology*, ed 3, St. Louis, 1995, Mosby-Year Book. より改変)

胸郭の筋肉

胸郭の筋肉はほとんどすべてが呼吸に関与します（図 10-12）。安静時の呼吸は横隔膜の収縮によってなされます。横隔膜が収縮して下降すると、胸郭の容量が増加し、外気圧と均等化するために空気が吸い込まれます。さらに運動中のように大量の空気が必要な場合は胸郭にある他の筋肉が呼吸を助けます。斜角筋は第1と第2肋骨を挙上し胸郭容量を増大させます。また、外肋間筋によって胸郭はさらに拡張します。その他の吸気筋として、肋骨挙筋と後挙筋があげられます。反対に、内肋間筋、胸横筋および肋下筋の収縮によって強い呼気が生まれます。これらの筋肉は次のページの表 10-3 に詳細に列挙していますので参考にして下さい。

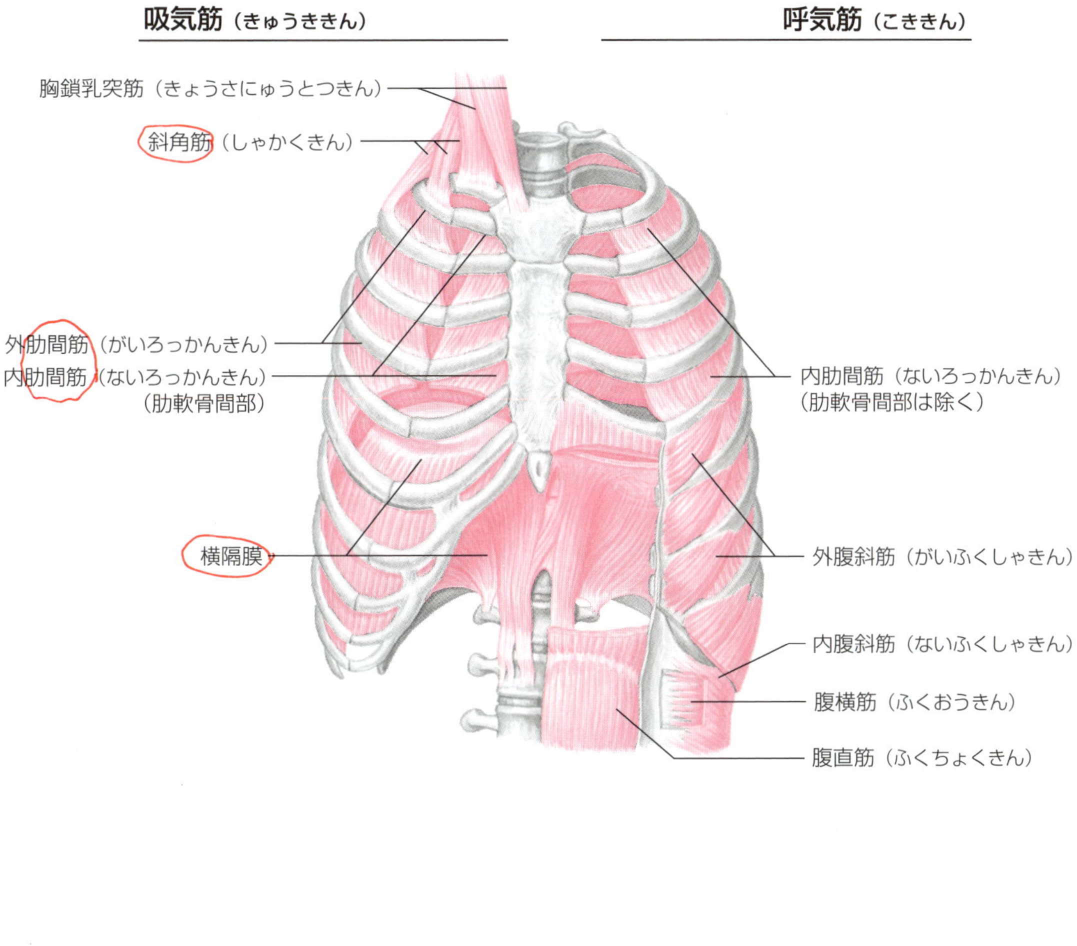

吸気筋（きゅうききん）　　　　**呼気筋**（こききん）

胸鎖乳突筋（きょうさにゅうとつきん）

斜角筋（しゃかくきん）

外肋間筋（がいろっかんきん）

内肋間筋（ないろっかんきん）（肋軟骨間部）

横隔膜

内肋間筋（ないろっかんきん）（肋軟骨間部は除く）

外腹斜筋（がいふくしゃきん）

内腹斜筋（ないふくしゃきん）

腹横筋（ふくおうきん）

腹直筋（ふくちょくきん）

図 10-12　呼吸筋（Muscles of respiration）
（from Van De Graaff KM : *Human anatomy*, ed 4, 1995, McGraw-Hill Companies, Inc., New York. より改変）

表 10-3　胸郭の筋肉

筋肉	起始	停止	作用	神経支配
横隔膜	胸骨剣状突起の内面、第 6～第 12 肋骨ないし肋軟骨の内面	横隔膜の腱中心	吸気のために収縮すると腱中心が下方に下がり、胸郭が広がる。リラックスすると上方に自動的に上がって息がはき出される	横隔神経（C3-5）
内肋間筋	肋骨と肋軟骨の内面の縦隆線	次下の肋骨の上縁	呼気ではすべての肋骨を引き下げ息を吐き出す。吸気では第 1～第 4 肋骨の肋軟骨を引き上げる	T1-T11 の肋間神経
外肋間筋	肋骨の下縁	次下の肋骨の上縁	肋骨を引き上げる	T1-T12 の肋間神経
肋骨挙筋	第 7 頚椎、第 2～12 胸椎の横突起端	次下の肋骨角の外面	肋骨を引き上げる胸椎の側屈	肋間神経
肋下筋	胸骨角近くの内面	第 2、第 3 肋骨下部後面内側	肋骨の腹側部を引き下げて、胸郭の容量を減じる	肋間神経
前斜角筋	第 3～第 6 頚椎の横突起	第 1 肋骨の鎖骨下動脈溝の後方	第 1 肋骨を引き上げる頚椎の側屈と反対側への回旋	頚神経前枝（C5-C7）
中斜角筋	第 2～第 7 頚椎の横突起	第 1 肋骨上縁	第 1 肋骨を引き上げる頚椎の側屈と反対側への回旋	頚神経前枝（C3-C8）
後斜角筋	第 5～第 7 頚椎の横突起	第 2 肋骨外側縁	第 2 肋骨を引き上げる。頚椎の側屈と反対側への回旋	頚神経前枝（C6-C8）
上後鋸筋	項靭帯、第 6 頚椎～第 2 胸椎の棘突起	第 2～第 5 肋骨の肋骨角の外方上縁	第 2～第 5 肋骨を引き上げ、吸気の補助	T1-T4 の前枝からの分枝
下後鋸筋	第 10 胸椎～第 3 腰椎までの棘突起	第 9～第 12 肋骨の肋骨角の外方下縁	第 9～第 12 肋骨を引き下げ、呼気の補助	T9-T12 の前枝からの分枝
胸横筋	胸骨と剣状突起の内面、第 3～第 6 肋骨の肋軟骨の胸骨端	第 3～第 6 肋軟骨の内面と下縁	肋骨を引き下げる	T3-T6 の肋間神経

脊柱起立筋* （せきちゅうきりつきん）（図 10-13）

- **腸肋筋**（ちょうろくきん）
- **最長筋**（さいちょうきん）
- **棘筋**（きょくきん）

起　始

　腸肋筋：肋骨後面からの胸腰腱膜と仙骨

　最長筋：仙骨と腰椎、胸椎の横突起からの胸
　　　　　腰腱膜

　棘　筋：項靱帯、頚椎と胸椎の棘突起

停　止

　腸肋筋：肋骨後面、頚椎の横突起

　最長筋：頚椎と胸椎の横突起、乳様突起

　棘　筋：頚椎と胸椎の棘突起、後頭骨

機　能

　脊柱の伸展と側屈

触　診

　腰部下方に触れることができます。

神経支配

　脊髄神経後枝

機能解剖、筋力強化、ストレッチング

　脊柱起立筋は骨盤が後方に傾いている（後傾）ときに、最も効率よく働きます。骨盤の後傾によってこの筋肉の付着部が下方へ引っ張られるので、より効果的に脊柱を正しい姿勢に保つことができるのです。脊柱が正しい姿勢に保たれれば肋骨が上方へ動き、胸部が高い位置で保持されます。すると、結果的に腹筋が効果的に骨盤を後傾させ、腹壁をまっすぐに保持することになります。

　デッド・リフトというエクササイズでは脊柱起立筋を使って脊柱を伸展させます。このエクササイズでは、体幹を前方へ屈曲させた状態でバーベルを両手で握り、腕を伸ばしたままゆっくりとバーベルを背筋の力で持ち上げるようにして、まっすぐに立った姿勢へと戻ります。た

だしこのエクササイズは、正しいテクニックで行わなければ腰部を痛めかねないので注意が必要です。また、立位でこの筋肉をアイソメトリックに収縮させるエクササイズは、大きな筋力は得られませんが、正しい姿勢の保持には十分役立ちます。

　脊柱起立筋や他の内在性の筋肉を鍛えるためのエクササイズは多数ありますが、ほとんどのエクササイズは腹ばい（腹臥位）か、または体幹を屈曲させた状態から始めます。これらのエクササイズでは、脊柱起立筋を使い重力に逆らって体幹を伸展させます。またこのとき、首や頭の後ろで重りを持って行えば、さらに負荷を大きくできます。

　脊柱起立筋を最大限にストレッチするには、首から腰部にかけて背中を丸めるとよいのですが、首と胸部だけを丸めれば（屈曲させれば）この筋群の頚部と胸部だけを選択的にストレッチできます。また、屈曲させながら脊柱を左右に屈曲（側屈）させることで、脊柱起立筋の左右いずれかを選択的にストレッチすることも可能です。

＊脊柱起立筋は腸肋筋、最長筋および棘筋から成る筋群の総称です

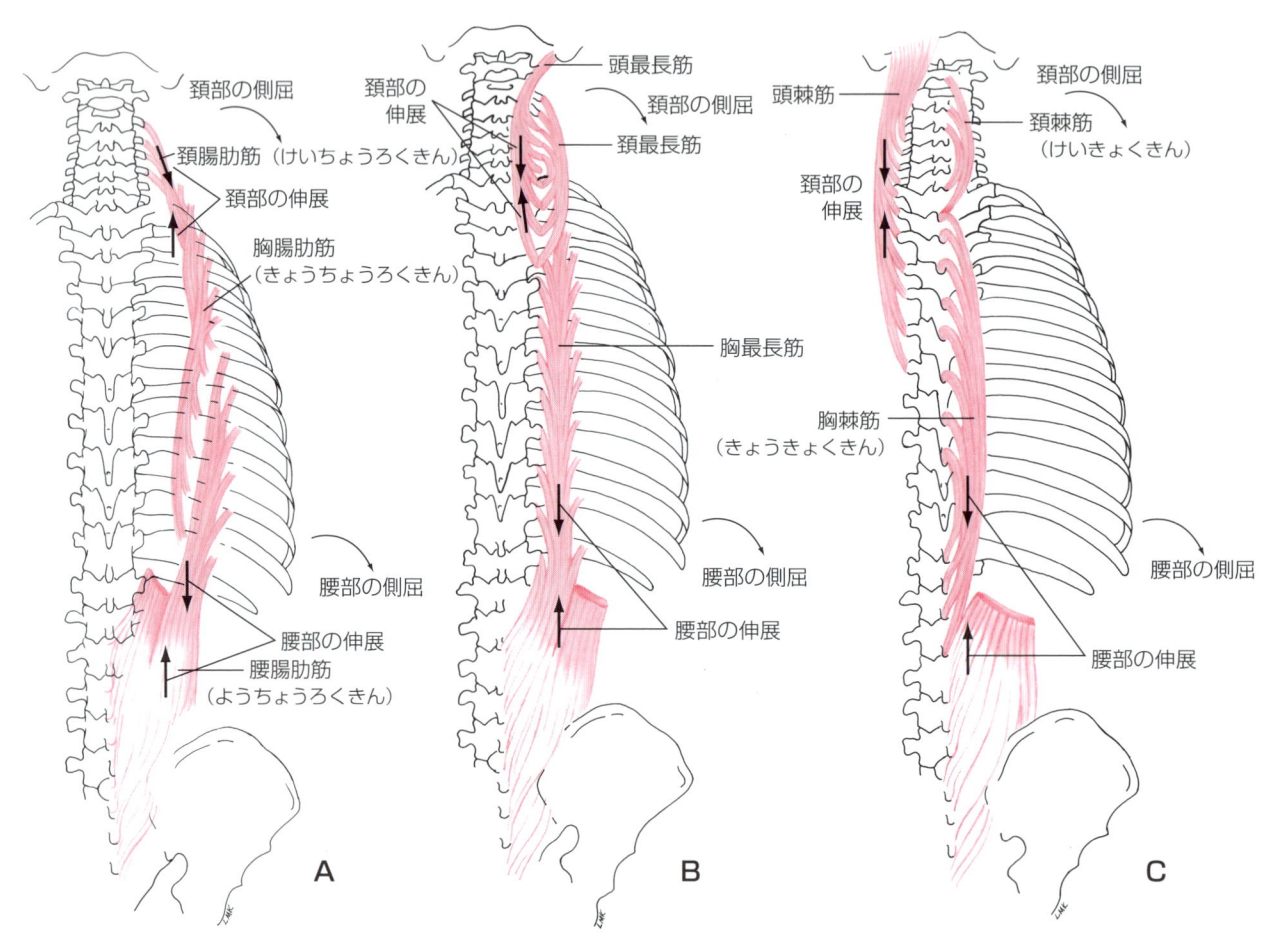

図 10-13 脊柱起立筋（後面）(Erector spinae muscle)　A．腸肋筋　B．最長筋　C．棘筋

腹壁の筋肉（図10-14、10-15、10-16）

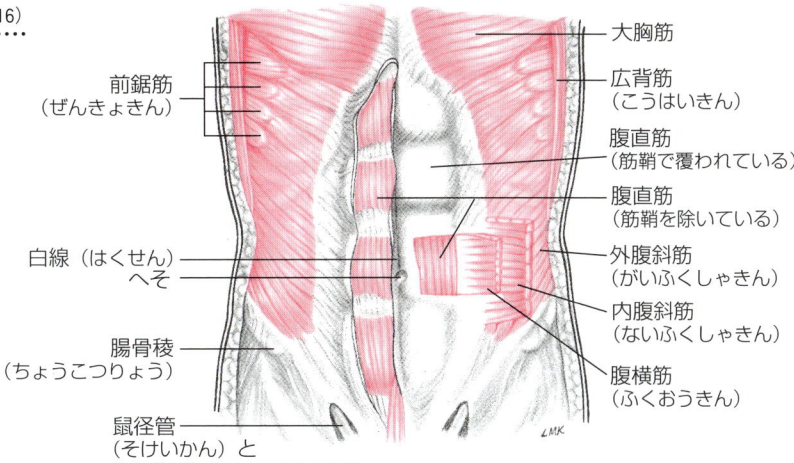

前鋸筋
（ぜんきょきん）

白線（はくせん）

へそ

腸骨稜
（ちょうこつりょう）

鼠径管
（そけいかん）と
鼠径靭帯（そけいじんたい）

大胸筋

広背筋
（こうはいきん）

腹直筋
（筋鞘で覆われている）

腹直筋
（筋鞘を除いている）

外腹斜筋
（がいふくしゃきん）

内腹斜筋
（ないふくしゃきん）

腹横筋
（ふくおうきん）

図 10-14　腹部の筋肉（表層）
　腹直筋と外腹斜筋。左の腹直筋では腹直筋を包んでいる筋鞘が切除されており、その下に腹直筋が見えている。

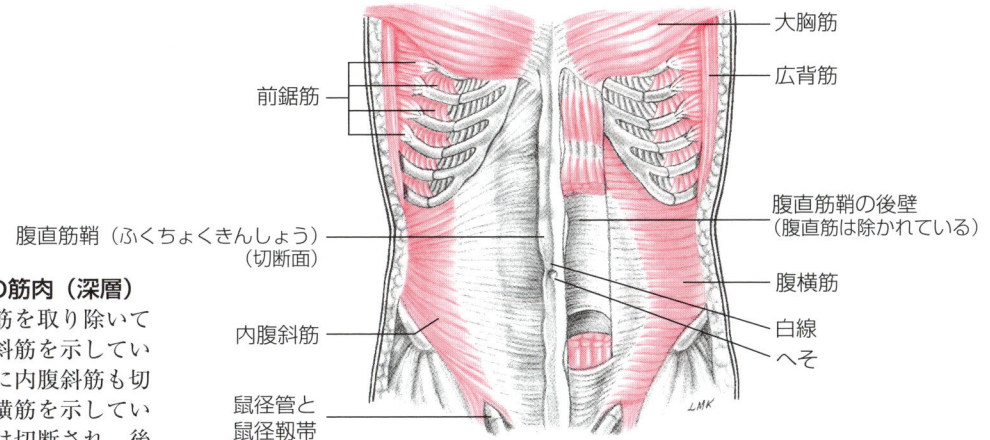

前鋸筋

腹直筋鞘（ふくちょくきんしょう）
（切断面）

内腹斜筋

鼠径管と
鼠径靭帯

大胸筋

広背筋

腹直筋鞘の後壁
（腹直筋は除かれている）

腹横筋

白線

へそ

図 10-15　腹部の筋肉（深層）
　左では外腹斜筋を取り除いて深層にある内腹斜筋を示している。右ではさらに内腹斜筋も切除して深層の腹横筋を示している。また腹直筋は切断され、後方の腹直筋鞘が見える。

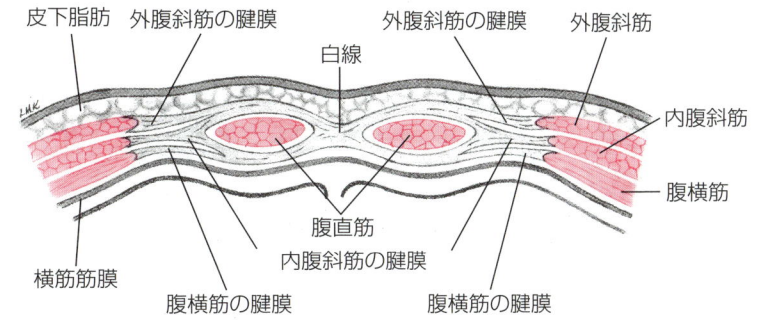

皮下脂肪　外腹斜筋の腱膜

白線

外腹斜筋の腱膜　外腹斜筋

内腹斜筋

腹横筋

横筋筋膜

腹横筋の腱膜

腹直筋

内腹斜筋の腱膜

腹横筋の腱膜

図 10-16　腹壁の筋肉（横断）
　腹直筋を包んでいる筋鞘に他の3つの腹筋群がどのように付着しているのかを示している。この部分の筋肉は骨に付着していないが、運動によって適切に鍛えることができる。

腹直筋 （ふくちょくきん）（図 10-17）

起　始

第 5・第 6・第 7 肋骨の肋軟骨前面と剣状突起

停　止

恥骨稜

機　能

両側：腰椎の屈曲

右側：腰椎の右への側屈

左側：腰椎の左への側屈

触　診

前内側の腹部の表面、第 5 肋骨と恥骨の間で触れられます。

神経支配

肋間神経（T7-12）

機能解剖、筋力強化、ストレッチング

腹直筋は骨盤の傾斜（傾き）をコントロールするので、結果的には腰部の動きに関与します。腹直筋によって骨盤が後傾（恥骨が上方に引っ張られて）すると、結果として腰部がまっすぐになります。また、この状態になることで、脊柱起立筋や股関節の屈筋（特に腸腰筋）はそれぞれ、より効果的に脊柱を伸展させたり、股関節を屈曲させることができるようになります。

比較的やせていて腹筋が発達している人では腹直筋を横断する 3 組、またはそれ以上の明瞭な線やくぼみがみられます。それらは骨の付着部の代わりに腹筋を腱様の結合組織で連結して支持する部位で、腱画と呼ばれます。また、剣状突起からへそを通り恥骨と垂直に走行しているのが白線です。それは腹直筋を左右それぞれに分ける内側縁となっています。各腹直筋の外側にあるのが、半月状線という垂直に走行する三日月状の線です。この線は腹直筋の外側縁と、外腹斜筋と内腹斜筋の内側縁を結合している腱膜です。

腹筋を鍛えるにはレッグ・レイズ、シット・アップ・ベント・ニー、そしてクランチなど多くのエクササイズがあります。シット・アップ・ベント・ニー（p.230）は、非常に安全で効果的なエクササイズとして受け入れられています。一方、クランチ（p.283）も特に腹筋だけを鍛えるには有効なエクササイズです。これら 2 つの方法ですと、腸腰筋をはじめとする股関節の屈筋の働きを押さえるので、負荷が腹筋だけにかかるわけです。また、これらのエクササイズに捻りの動作を加えれば、外腹斜筋や内腹斜筋へも大きな負荷をかけることができます。

上記のエクササイズのすべてにおいて、腰椎が自動的に最大屈曲されるまで徐々に上体を起こし、それからゆっくりスタート姿勢に戻るという適切なテクニックを使って運動を行うことが大切です。はずみを利用した反動動作は避けるべきです。腰椎の完全屈曲を越えた動きは、腹筋だけでなく股関節の屈筋群をトレーニングしてしまいます。これらすべてのエクササイズは腹筋強化に役立ちますが、腰のいろいろな傷害や問題がみられる場合は、事前に注意深い分析が必要です。

腹直筋は腰椎と胸椎の両方を同時に伸展させることによってストレッチできます。この状態でさらに股関節を伸展させると、骨盤の前傾が強調されるので腹直筋はよりストレッチされます。

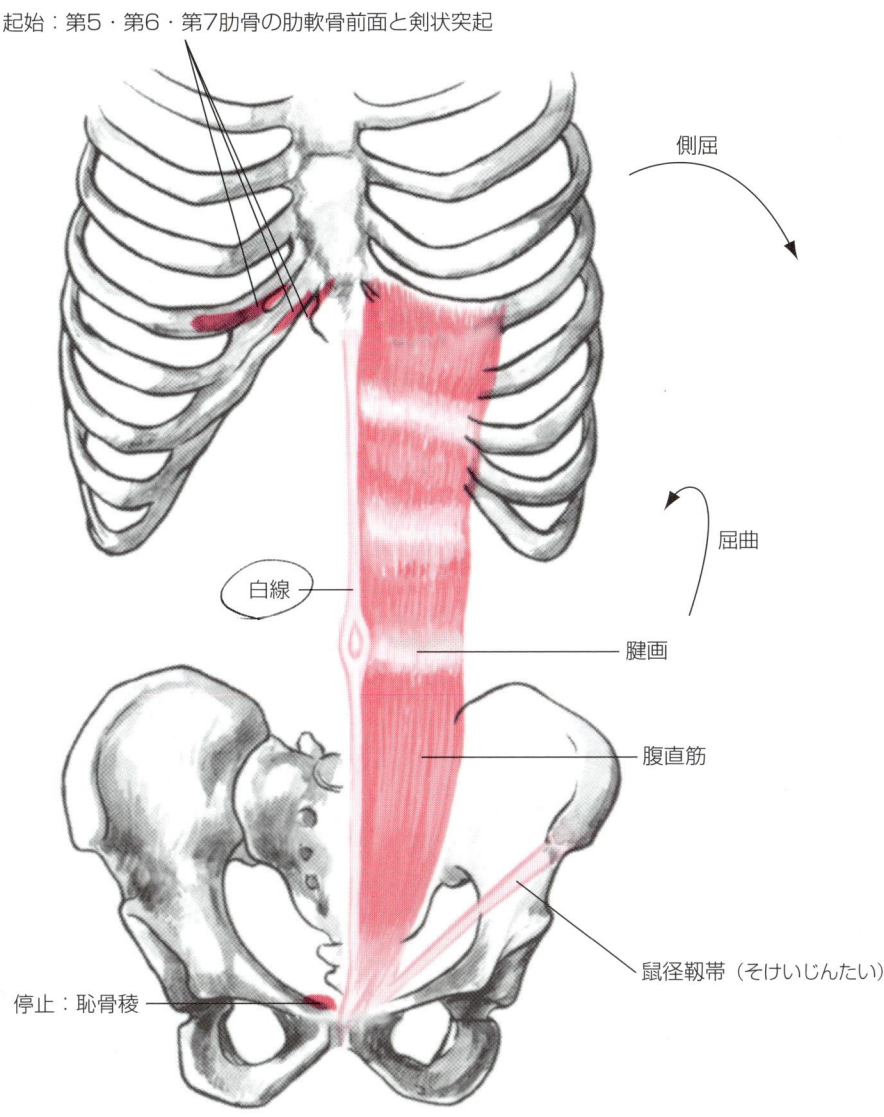

起始：第5・第6・第7肋骨の肋軟骨前面と剣状突起

側屈

屈曲

白線

腱画

腹直筋

鼠径靱帯（そけいじんたい）

停止：恥骨稜

図 10-17　腹直筋（前面）（Rectus abdominis muscle）

外腹斜筋 （がいふくしゃきん）（図 10-18）

起　始

第5〜第12肋骨の外側面（前鋸筋とぴったりと接合している）＊

停　止

腸骨稜の前半分、鼠径靱帯、恥骨稜、下前方では腹直筋鞘

機　能

両側：腰椎の屈曲

右側：腰椎の右への側屈、左への回旋

左側：腰椎の左への側屈、右への回旋

触　診

腹部の両側で触診できます。

神経支配

肋間神経（T8-12）、腸骨下腹神経（T12、L1）、腸骨鼠径神経（L1）

機能解剖、筋力強化、ストレッチング

　左右にある外腹斜筋は腰部の回旋にあたっては別々に働きますが、腰部の屈曲に際しては、左右が同時に収縮して腹直筋の働きを助けます。たとえば、両手を頭の後ろで組んでシット・アップ（上体起こし）をするとき、左肘が右膝にタッチするように腰を右に回旋させ、捻りながらこのエクササイズを行えば、左の外腹斜筋が非常に強く収縮します。逆に、腰を左に回旋させながら行えば、右の外腹斜筋がより鍛えられます。

　外腹斜筋は左右別々にストレッチします。右側の外腹斜筋をストレッチするには大きく左側屈をして伸展するか、あるいは右方向へ大きく回旋して伸展します。これとは反対の動きによって、左側の外腹斜筋をストレッチできます。

＊筋肉の起始と停止は解剖学の本によっては逆に記述されているものもありますが、ここでは特によく動く骨格側の付着部を停止としました

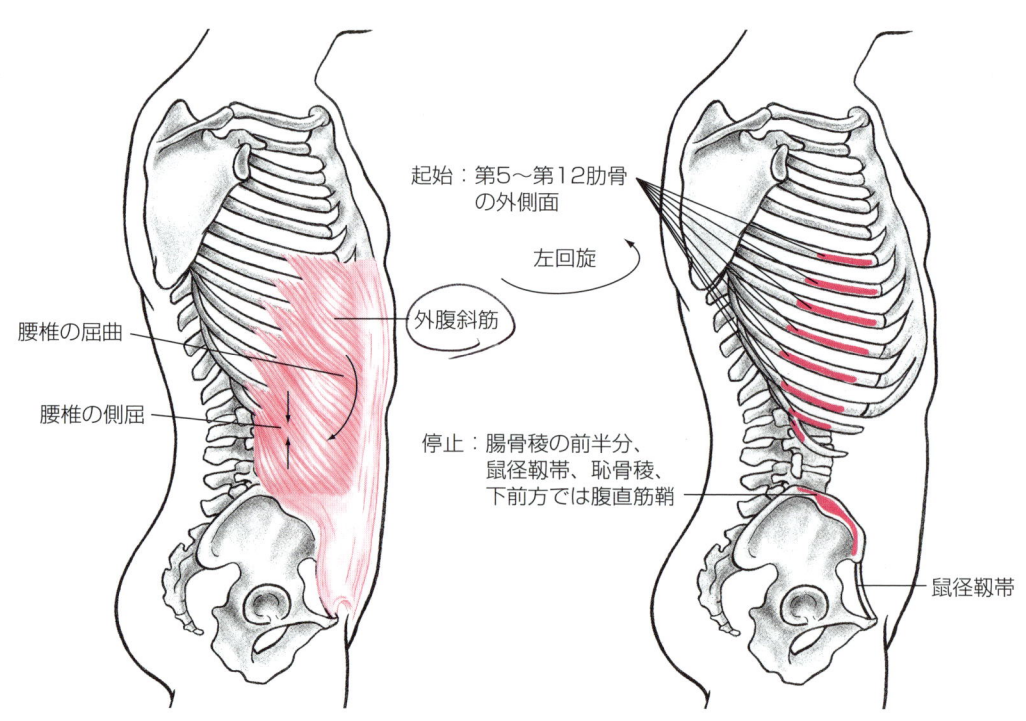

起始：第5〜第12肋骨の外側面

左回旋

外腹斜筋

腰椎の屈曲

腰椎の側屈

停止：腸骨稜の前半分、鼠径靱帯、恥骨稜、下前方では腹直筋鞘

鼠径靱帯

図 10-18　外腹斜筋（External oblique abdominal muscle）

内腹斜筋 （ないふくしゃきん）（図 10-19）

起　　始

鼠径靱帯の上方 1/2、腸骨稜の前面 2/3、腰
筋膜

停　　止

第 8・第 9・第 10 肋骨の肋軟骨と白線

機　　能

両側：腰椎の屈曲

右側：腰椎の右への側屈、右への回旋

左側：腰椎の左への側屈、左への回旋

触　　診

外腹斜筋がリラックスしたときに、腹部外側
で触れられます。

神経支配

肋間神経（T8-12）、腸骨下腹神経（T12、
L1）、腸骨鼠径神経（L1）

機能解剖、筋力強化、ストレッチング

　内腹斜筋は外腹斜筋の深層にあり、筋線維は
外腹斜筋と直行するように反対方向に走ってい
ます。外腹斜筋とは逆に、内腹斜筋は腰部を右
に回旋する際には右側が、左に回旋する場合は
左側の筋線維が収縮して力を出します。体幹を
ひねって左肘を右膝にタッチさせるような運動
（シット・アップなど）のときは、体幹の右回
旋のために右の内腹斜筋と左の外腹斜筋が働き、
これに体幹を屈曲させる腹直筋の働きが加わり
ます。このような体幹の回旋では反対側の外腹
斜筋と内腹斜筋が常に共同して作用します。

　内腹斜筋は外腹斜筋と同様に左右別々にスト
レッチします。右側は大きく左側屈して左回旋
し、さらに伸展することでストレッチされます。
右方向への同じ動きで、左側がストレッチされ
ます。

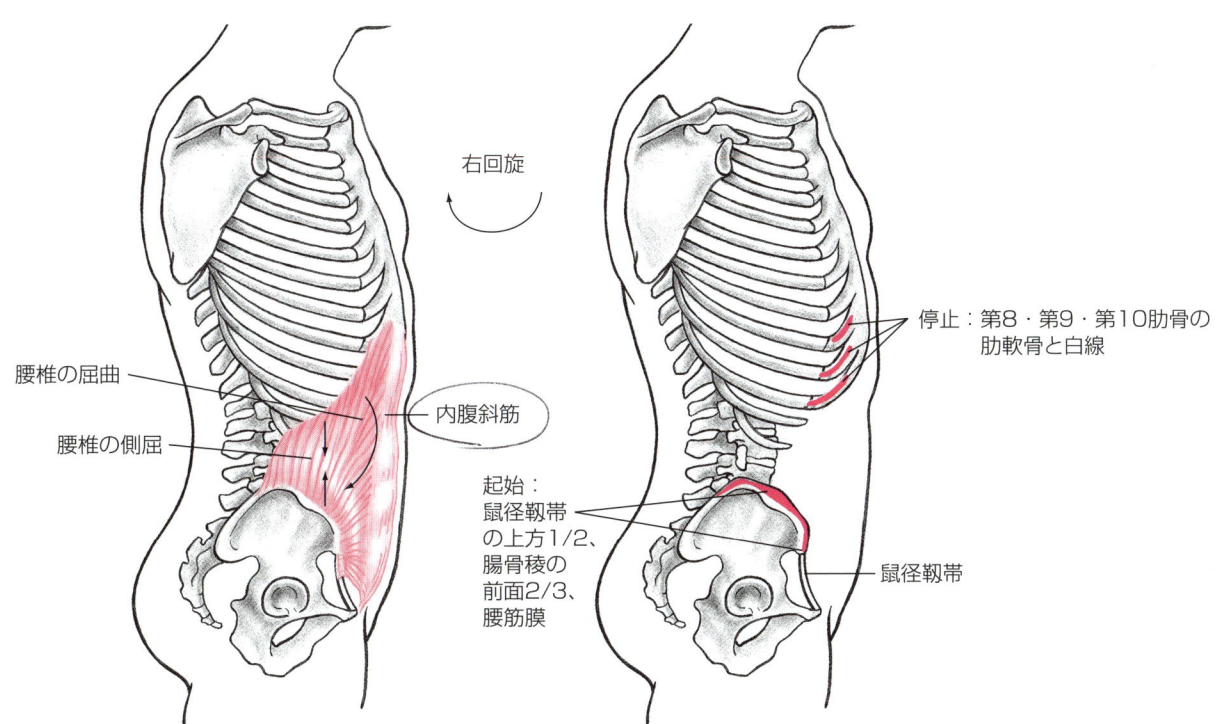

図 10-19　内腹斜筋（Internal oblique abdominal muscle）

腹横筋 （ふくおうきん） （図 10-20）

起　始

鼠径靱帯の外側 1/3、腸骨稜の内縁、下方 6
本の肋骨の肋軟骨内表面、腰筋膜

停　止

恥骨稜と腸恥骨線
腹直筋の腱膜から白線

機　能

腹壁を内側へ押し込むことでの呼気

触　診

触診はできません。

神経支配

肋間神経 （T7-12）、腸骨下腹神経 （T12、
L1）、腸骨鼠径神経 （L1）

機能解剖、筋力強化、ストレッチング

腹横筋は咳 （せき） や激しい運動時の呼気の
ときに主に働く筋肉ですが、腹直筋、外腹斜筋
および内腹斜筋と一緒にお腹が出ないように引っ
込めておく役目もします。腹横筋を鍛えるには、
立位か背臥位で、腹筋をアイソメトリックに収
縮させ、壁か床に腰を力一杯押しつけるような
エクササイズが有効です。

最大限に息を吸って胸郭をふくらませた状態
を維持することで、ストレッチ作用が生じます。

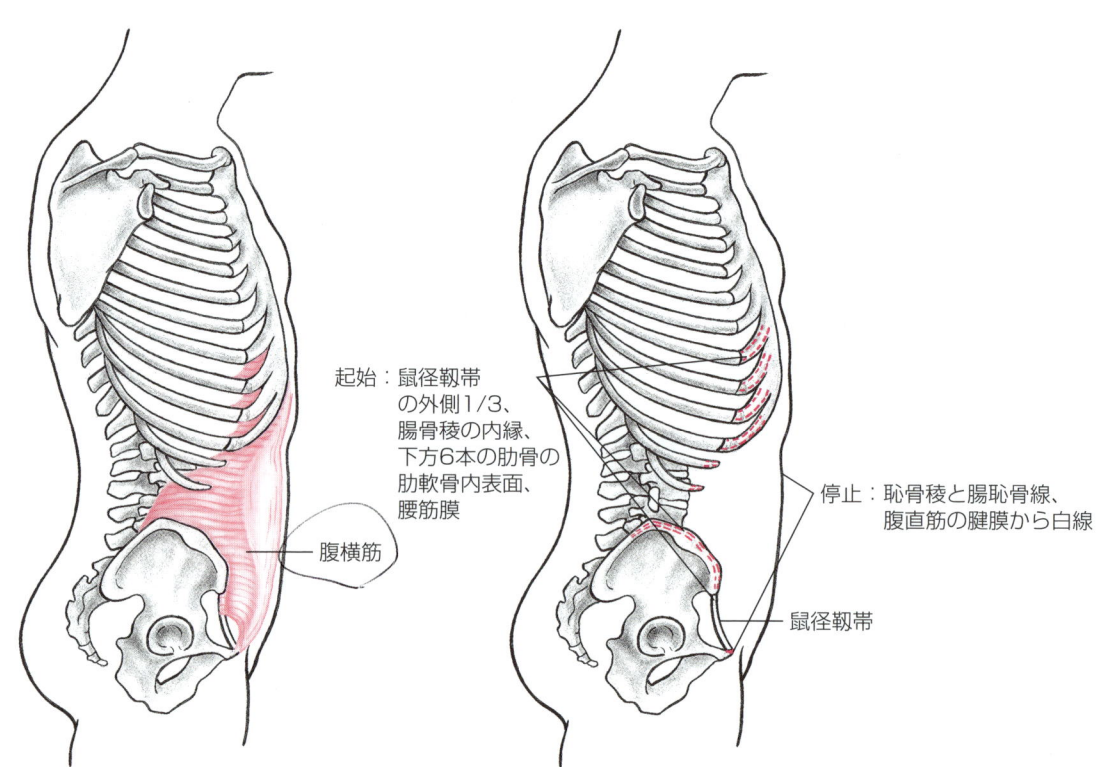

起始：鼠径靱帯
の外側1/3、
腸骨稜の内縁、
下方6本の肋骨の
肋軟骨内表面、
腰筋膜

腹横筋

停止：恥骨稜と腸恥骨線、
　　　腹直筋の腱膜から白線

鼠径靱帯

図 10-20　腹横筋 （Transversus abdominis muscle）

腰方形筋 （ようほうけいきん）（図10-21）

起　　始

腸骨稜の後面内側縁

停　　止

第1〜第4腰椎の横突起と第12肋骨の下縁

機　　能

腰椎の側屈

骨盤と腰椎の安定

触　　診

痩身の人以外では触診は困難です。

神経支配

胸神経の前枝（T12）、腰神経の前枝（L1）

機能解剖、筋力強化、ストレッチング

腰方形筋の働きは体幹の側屈と骨盤の引き上げです。負荷抵抗に逆らって体幹を回旋させたり側屈させるエクササイズで、この筋肉は発達します。ただし、重力負荷に逆らって運動する場合は、身体のポジショニングで負荷が変化します。

腰椎を左側屈すると右側の腰方形筋がストレッチされ、逆の動きで左側がストレッチされます。

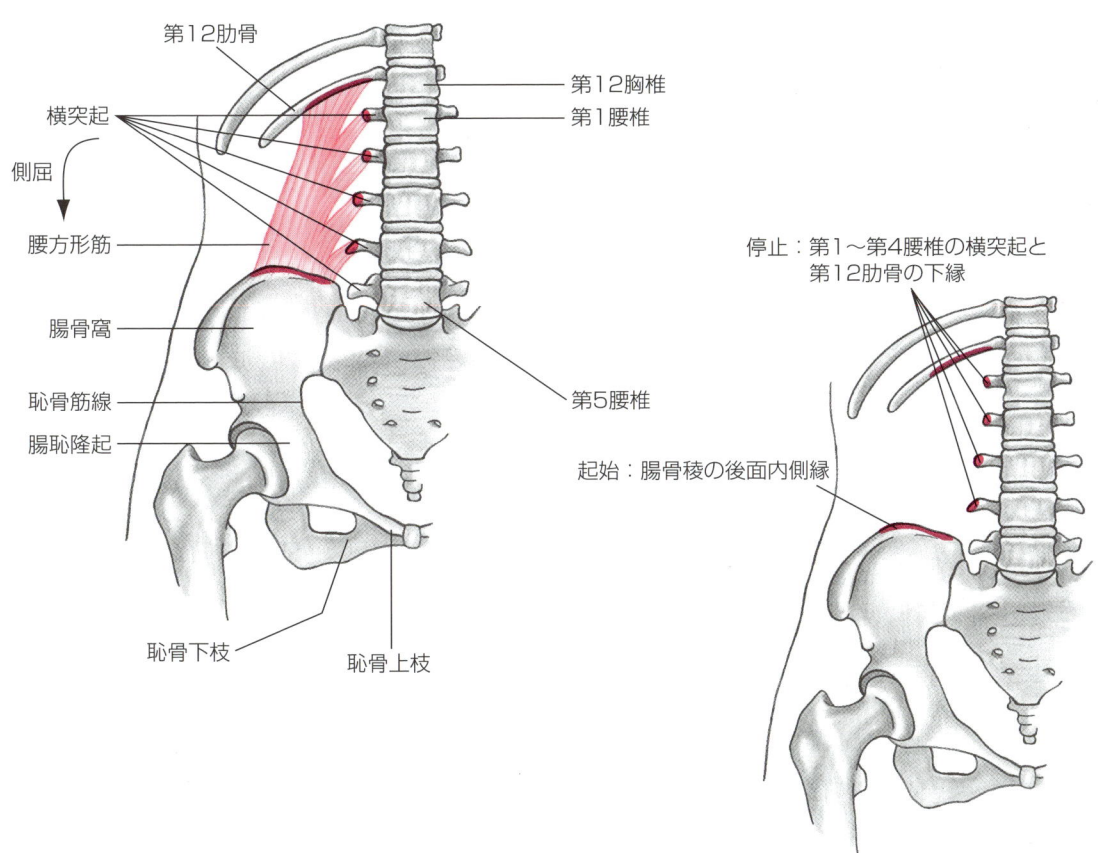

図 10-21　腰方形筋（Quadratus lumborum muscle）

（Anthony CP, Kolthoff NJ : *Textbook of anatomy and physiology*, ed 9, St. Louis, 1975, Mosby. より改変）

ウェブ・サイト

解剖・生理学：

www.gwc.maricopa.edu/class/bio201/index.htm

レントゲン像による解剖：

radlinux1.usuf1.usuhs.mil/rad/iong/index.html

ロヨラ大学付属医学センター・人体の構造：

www.meddean.luc.edu/lumen/MedEd/GrossAnatomy/GA.html

アーカンソー大学医学部生のための一般解剖学：

anatomy.uams.edu/htmlpages/anatomyhtml/gross.html

Wheeless の整形外科学：

www.medmedia.com/

プレミア医学検索エンジン：

www.medsite.com

ヴァーチャル・ホスピタル（仮想病院）：

www.vh.org

ワーク・シート

授業や宿題の課題として、またテストとしても 279 ページと 280 ページのワーク・シートが活用できます。

・骨格のワーク・シート（No.1）

ワーク・シート上に次の筋肉をスケッチしてみましょう（前面の筋肉）。

a．腹直筋

b．外腹斜筋

c．内腹斜筋

・動きのワーク・シート（No.2）

ワーク・シート上に次の筋肉をスケッチしてみましょう（後面の筋肉）。

a．脊柱起立筋

b．腰方形筋

c．板状筋（頚板状筋・頭板状筋）

実習と復習問題

1. 人体の骨格模型やパートナーの身体で次の骨格上のポイントを探ってみましょう。

a．頚椎

b．胸椎

c．腰椎

d．棘突起

e．横突起

f．仙骨

g．胸骨柄

h．剣状突起

i．胸骨

j．胸郭

2. 自分自身やパートナーの身体のどこに次の筋肉を触れることができますか。実際に触れてみましょう。

a．腹直筋

b．外腹斜筋

c．内腹斜筋

d．脊柱起立筋

e．胸鎖乳突筋

3. 以下の動きが生じる動きの基本面を書き出しましょう。また、それぞれの基本面における動きの基本軸も書き出しましょう。

a．頚部の屈曲

b．頚部の伸展

c．頚部の回旋

d．頚部の側屈

e．腰部の屈曲

f．腰部の伸展

g．腰部の回旋

h．腰部の側屈

4. クランチと他の腹筋エクササイズ（シット・アップ・ベント・ニー、ストレート・レッグ・シット・アップ）を比較してみましょ

う。また、ベント・ニーとストレート・レッグのシット・アップでパートナーに足や膝を押さえてもらうとエクササイズはより簡単になりますか。また、どうしてそうなるのでしょうか。

5. 実習パートナーによい姿勢で立ってもらいます。脊柱の各部位に対して、重力はどんな動きを生み出そうとしていますか。またどの筋肉が重力に対して、反作用する動きを生み出しているでしょうか。

6. 実習パートナーにまっすぐな姿勢で座ってもらう場合と、前かがみの姿勢で座ってもらう場合を比較してみましょう。どの筋肉がよい姿勢で座るのに必要でしょうか。

7. レッグ・リフトとシット・アップでは、どちらが腹筋を鍛えるのに適しているでしょ

うか。

8. どうして腹筋を鍛えておくことが重要なのでしょうか。また、どうして腹筋運動はしばしばおろそかにされてしまうのでしょうか。

9. 腹筋が弱いと腰痛になりやすいとよくいわれますが、どうしてでしょうか？

10. 腰痛と腹筋の関係について書いてある文献を探してみましょう。

11. 頚椎および腰椎の動きに関する分析チャートを完成させて下さい。各動きに関与する主な筋肉を記入しましょう。

12. 次のページの拮抗筋の作用チャートに、左欄の筋肉の作用に拮抗する筋肉または筋群の名称を書き込みましょう。

関節の動きの分析チャート・頚椎と腰椎

頚椎（首）	
屈曲	伸展
右側屈	右回旋
左側屈	左回旋
腰椎（腰）	
屈曲	伸展
右側屈	右回旋
左側屈	左回旋

拮抗筋の作用チャート・頚椎と腰椎

主働筋	拮抗筋
頭板状筋	
頚板状筋	
胸鎖乳突筋	
脊柱起立筋	
腹直筋	
外腹斜筋	
内腹斜筋	
腰方形筋	

■参考文献■

Clarkson HM, Gilewich GB : *Musculoskeletal assessment : joint range of motion and manual muscle strength,* Baltimore, 1989, Williams & Wilkins.

Day AL : Observation on the treatment of lumbar disc disease in college football players, *American Journal of Sports Medicine,* 15 : 275, January-February 1987.

Gench BE, Hinson MM, Harvey PT : *Anatomical kinesiology,* Dubuque, IA, 1995, Eddie Bowers.

Hislop HJ, Montgomery J : *Daniels and Worthingham's muscle testing : techniques of manual examination,* ed 6, Philadelphia, 1995, Saunders.

Holden DL, Jackson DW : Stress fractures of ribs in female rowers, *American Journal of Sports Medicine,* 13 : 277, July-August 1987.

Lindsay DT : *Functional human anatomy,* St. Louis, 1996, Mosby.

Luttgens K, Hamilton N : *Kinesiology : scientific basis of human motion,* ed 9, Madison, WI, 1997, Brown & Benchmark.

Martens MA, et al : Adductor tendonitis and muscular abdominis tendopathy, *American Journal of Sports Medicine,* 15 : 353, July-August 1987.

Marymont JV : Exercise-related stress reaction of the sacroiliac joint, an unusual cause of low back pain in athletes, *American Journal of Sports Medicine,* 14 : 320, July-August 1986.

Perry JF, Rohe DA, Garcia AO : *The kinesiology workbook,* Philadelphia, 1992. Davis.

Rasch PJ : *Kinesiology and applied anatomy,* ed 7, Philadelphia, 1989, Lea & Febiger.

Seeley RR, Stephens TD, Tate P : *Anatomy & physiology,* ed 2, St. Louis, 1992, Mosby-Year Book.

Sieg KW, Adams SP : *Illustrated essentials of musculoskeletal anatomy,* ed 2, Gainesville, FL, 1985, Megabooks.

Stone RJ, Stone JA : *Atlas of the skeletal muscles,* 1990, McGraw-Hill Companies, Inc., New York.

Thibodeau GA, Patton KT : *Anatomy & physiology,* ed 9, St. Louis, 1993, Mosby.

Van De Graaff KM : *Human anatomy,* ed 4, 1995, McGraw-Hill Companies, Inc., New York.

11 体幹と下肢の動きの分析

Muscular analysis of trunk and lower extremity exercises

この章を学習することで

● 様々なコンディショニング作りの原則を理解し、それらを主要な筋肉を鍛えるために応用できます。

● 運動系の概念を下肢に応用できます。

● 主要な関節の動きに関与する筋肉の収縮様式を知り、エクササイズの分析ができます。

● 筋力や筋持久力を発達させるために使われる種々のタイプの運動器具について知ることができます。

● 主要な筋肉を鍛えるためのトレーニング・プログラムが作成できます。

エクササイズや身体活動の分析については第6章で紹介しましたが、そこでは上肢に関する筋肉について簡単に説明したにすぎません。それ以降の章で私達は、上肢以外の関節や筋肉について学習してきたので、この章では身体全体のエクササイズやその分析について学習しましょう。

下肢や体幹の筋力や筋持久力、それに柔軟性は身体をよいコンディションに保つだけでなく、スポーツのパフォーマンスにとっても大変重要です。筋収縮の種類はまず筋肉が力を発揮している最中に筋肉が短くなっているか、あるいは引き伸ばされているかに大別されます。しかし、筋肉は収縮しないときでも他の筋肉の収縮や慣性力、さらには重力によって受動的に関節が動く場合には、短くなったり伸ばされたりします。

コンセントリック収縮では、重力や負荷抵抗に逆らって筋肉は短くなりながら力を発揮しま

す。一方、エキセントリック収縮では、筋肉は引き伸ばされながらも力を発揮しています。特に下肢の筋肉では、重力に逆らってのこの収縮が多くみられます。

大腿四頭筋は、重力方向に体重がかかった場合（歩行、ランニング、ジャンプでの着地）、エキセントリックに収縮して力を発揮し、膝が急激に屈曲するのを防いでいます。これは大腿四頭筋を触れながら、ゆっくりとしゃがみ込む動作をするとよくわかります。このタイプの収縮はコンセントリック収縮と同時に、下肢の筋肉ではよく生じます。

このように大腿四頭筋は、しゃがみ込む動作ではエキセントリックに、逆に立ち上がる動作ではコンセントリックに収縮します。もしも、筋肉によるコントロールがなく、しゃがみ込むスピードが重力と同じであれば、大腿四頭筋はただ単に受動的に引き伸ばされているにすぎま

せん。

近年、ストレングス・コーチ達によって、特定の筋肉の発達を目的としたエクササイズが開発されてきました。そして、競技者も一般人も、男性も女性も筋肉の改善を目的としたエクササイズを必要としています。

単にスポーツをしているというだけで、すべての筋肉がバランスよく発達するわけではありません。また、体育やスポーツのコーチにいっそう専門的な機能解剖学の知識が求められるようになってきました。このような要求は大変に望ましいことですが、しかし、知識だけではパフォーマンスの向上はなく、知識を応用して筋肉や筋持久力を改善させることが大切なのです。そして、そのためには十分に準備されたトレーニング・プログラムが必要です。

この章では第6章で学習したように、単純なエクササイズを例にとってその動きを分析しています。そして、その分析方法をマスターすると、スポーツやフィットネスで要求される筋力や筋持久力を改善するためのエクササイズ・プログラムを作成できるようになります。

トレーニングの原則

過負荷の原則

過負荷の原則はトレーニングの基本的な生理学的原則です。筋肉は与えられる負荷に比例して強くなります。主要な筋肉の力や機能を向上させるために、コーチは常にこの原則を念頭に置いておく必要があります。実際には適用される負荷の量は、いくつかの要素に基づいて大いに異なります。たとえば、筋力トレーニングを始めたばかりの初心者は、通常トレーニングの最初の数週間で、挙上できる重量を大幅に増加させることができます。この増加した力のほとんどは筋線維の実質的な肥大というより、むし

ろ神経筋機能の改善によるものです。トレーニング経験者はより長いトレーニング期間を通して、挙上できる重量を比較的ごく少ししか増加させられません。したがって漸増的過負荷の量と割合は非常に不定で、個人のトレーニング目的の特定のニーズに合致するように調節されなければなりません。また負荷は常に漸進的に増加するとは限らないので、コンディショニングのある時期において、負荷はトレーニング・プログラム全体の効果を向上させるために減少、あるいは増加させて処方されるべきです。負荷は運動処方の3つの要素すなわち頻度、強度、期間を変化させることによって加減することができます。スピードや重量、反復回数やセット数を増加させるのはこの原則に当てはまります。

SAID（適応性）の原則

SAID（Specific Adaptation to Imposed Demands：与えられた負荷に応じて肉体は反応する）の原則は、すべてのコンディショニング・プログラムで考えなければなりません。この原則は、身体は与えられる負荷やストレスの〝種類に応じて〟徐々に時間をかけて適応していくもので、筋力トレーニングに関しても同じことがいえます。たとえば、もしも限られた可動域で、ある特定の関節に対して数週間の筋力トレーニングを行った場合、その筋力トレーニングに関与する特定の筋肉は主として、限られた可動域内だけで増加した負荷を挙上できる力を得ます。ほとんどの場合、トレーニングが行われた可動域以外の可動域での筋力増加はごくわずかしか生じません。加えて、他のフィジカル・フィットネスの構成要素、たとえば柔軟性、心肺持久力、筋持久力は、ほとんど改善が期待できません。いいかえれば、特定の効果を得るには、トレーニング・プログラムは望まれる適応（結果）に対して特定（特異的）に作成されな

ければならないということです。

　ここで注意すべきことは、与えられる負荷とストレスによっては、肉体はよい方向へも悪い方向へも適応して変化するということです。あまりにも短期間に不適切な負荷や強すぎる負荷を与えれば、ケガをする結果になります。逆に、長期間にわたって弱すぎる負荷を与えたり、トレーニング頻度が低すぎても、期待したような効果を上げることはできません。したがって、コンディショニングやエクササイズのプログラムを作成するためには、正しくこの原則を理解して応用する必要があります。

特異性の原則

　運動の特異性は SAID の原則に強く関連しています。フィジカル・フィットネスの構成要素、たとえば筋力、筋持久力、柔軟性などは、一般的な身体の特徴ではありません。むしろそれらは身体の各部位や筋群に特有のものです。したがって、トレーニング・プログラムを作成する際、その個人の特定のニーズに取り組まなければなりません。しばしば、その人の特定のニーズに合うようトレーニング・プログラムを作成する前に、その人のトレーニング動作やスポーツの技術の巧拙を分析する必要があります。また、トレーニング・プログラムで使用されるであろう運動種目は、個人の特定のニーズに適切であるかを決めるために分析されなければなりません。トレーニング・プログラムの目標は、特定の身体の部位、体力的ピークをどの期間にもってくるかを筋力、筋持久力、柔軟性、心肺持久力、身体組成などのフィットネスのニーズに関連して決めるべきです。目標を設定した後、頻度、強度、期間の運動処方の3要素による過負荷の原則を、望まれるフィジカル・フィットネスの構成要素の向上がはかられるよう身体全体、または部位のトレーニングに含まれるよう

に処方しましょう。適正な運動技術を適切に行い続けているかを確かめるために、定期的な観察と再度の動作分析（再評価）が必要となります。

筋肉の発達

　スポーツに参加していると筋肉が自動的に発達すると、長年にわたって考えられてきましたが、今日では、スポーツに安全に参加するために筋肉を意識的に鍛えるのだと考えられるようになりました。

　筋肉は一部だけでなく、全体をバランスよく発達させる必要があります。トレーニング・プログラムを作成するにあたっては、このことを念頭に置くべきでしょう。全身の筋肉をバランスよく発達させるような良質のプログラムは比較的早いうちから始め、年間を通して実行するべきでしょう。最近のアメリカ合衆国の少年少女の体力テストの結果には惨憺たるものがあり、特に、懸垂は50％以上もの子供達が1回もできないでいるのです。したがって、懸垂はこの年代の体力テストから外すか変化させるべきです。また、立ち幅跳びや長距離走など他のすべての体力テストでアメリカの少年少女は非常に低い結果を示しています。成人してからも十分な筋力と持久力が仕事や日常生活のためだけでなく、人生を豊かにするレクリエーションのためにも必要です。年齢を問わず適切な体力作りのプログラムを続ければ、多くの腰痛やその他の健康上の問題を避けることが可能なのです。

　この章で取り上げるエクササイズは、すべての世代にとって重要な体幹と下半身の筋肉を鍛える運動なので、分析、さらには処方ができるようになることが大切です。この章でのエクササイズでは筋肉は基本的にはコンセントリックに収縮します。第6章では上半身のエクササイズを例にあげています。

シット・アップ・ベント・ニー

エクササイズの方法

　シット・アップ・ベント・ニー（膝を曲げての上体起こし）は、まず背中を下にして横たわり（背臥位）、両手を頭の後ろで組みます。次に膝を約90°屈曲して立て、両足は腰の幅に広げて床につけます。股関節と膝は、股関節の屈筋群の長さを短くするためこのように曲げます。それによりシット・アップに股関節の屈筋群が寄与することを減少させられます。この体勢は伸身位でのシット・アップに比べて、腹筋をより強調することができます。

　最初の位置から上体を坐位にまで起こし、右肘を左膝につけるために体幹を左側にひねります。再びスタートの位置まで戻し、次の反復では、左の代わりに右方向へひねってバランスのとれた筋肉の発達をうながしましょう。

A
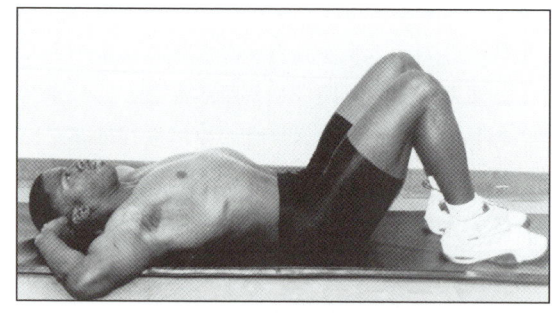

B

図 11-1　シット・アップ・ベント・ニー
　　　　A．スタート時のリラックスした姿勢
　　　　B．収縮時の状態

動作の分析

　このエクササイズは4つの動作に分けて分析できます：（1）体幹を曲げて坐位の位置まで上体を起こす動作　（2）右肘を左膝につけるひねりの動作　（3）ひねりを戻して坐位の位置まで戻す動作　（4）スタートの位置まで上体を戻す動作【注：肩関節と肩甲骨の若干の動きは分析されていません】

（1）上体を起こす動作

体幹と頚椎

　動き：屈曲

　筋肉：腹直筋、外腹斜筋

　　　　内腹斜筋、胸鎖乳突筋

股関節

　動き：屈曲

　筋肉：腸腰筋、大腿直筋、恥骨筋

（2）左側へのひねり動作

体幹と頚椎

　動き：左回旋

　筋肉：左腹直筋、右外腹斜筋

　　　　左内腹斜筋、脊柱起立筋

（3）ひねりを戻す動作

体幹と頚椎

　動き：右回旋

　筋肉：右腹直筋、左外腹斜筋

　　　　右内腹斜筋、右脊柱起立筋

（4）スタートの位置まで上体を戻す動作

体幹と頚椎

　動き：伸展

　筋肉：体幹と頚椎の屈筋群（エキセントリック収縮）

股関節

　動き：伸展

　筋肉：股関節の屈筋群（エキセントリック収縮）

プローン・アーチ（上体反らし）

エクササイズの方法

　腹ばい（腹臥位）で、両腕は体側近くにリラックスさせて置きます（図11-2A）。次に、頭、体幹、そして両腕を同時に床から離し体を反らせます。このとき、脚は伸ばしたままにしておきます（図11-2B）。再びスタートの位置に戻します。

動作の分析

　このエクササイズは分析上、2つの動作に分けられます：（1）頭部、体幹、両脚を床から離す動作　（2）スタート位置に戻す動作

（1）頭部、体幹、両脚を床から離す動作

体幹と頚椎

　動き：伸展

　筋肉：脊柱起立筋、板状筋、腰方形筋

股関節

　動き：伸展

　筋肉：大殿筋、半腱様筋
　　　　半膜様筋、大腿二頭筋

（2）スタート位置に戻す動作

体幹と頚椎

　動き：屈曲

　筋肉：体幹と頚椎の伸筋群（エキセントリック収縮）

股関節

　動き：屈曲

　筋肉：股関節の伸筋群（エキセントリック収縮）

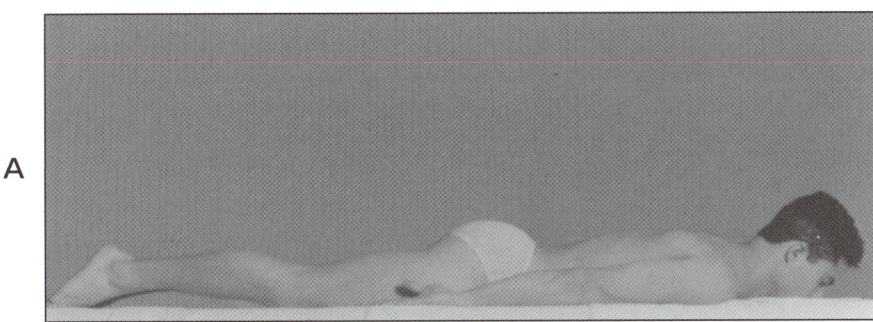

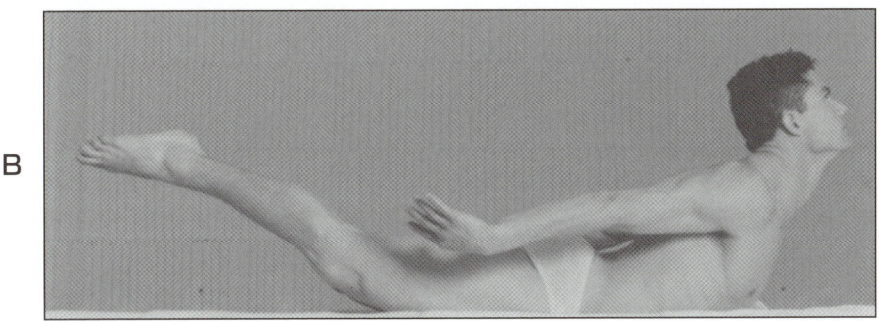

図11-2　プローン・アーチ（上体反らし）　A.腹臥位でリラックスした姿勢　B.身体を伸展させた状態

フリー・ウエイト・トレーニングでのエクササイズ

　筋肉を発達させたり維持するために、すべての人々にとってウエイト・トレーニングはますます重要になってきています。

　ウエイト・トレーニングのプログラムを作成するにあたっては、トレーニングで鍛えられる筋肉のことを全般的に知っておく必要があります。さもなければ一部の筋肉だけをかたよって鍛えてしまうことになりかねません。

　今日ではほとんどの学校にダンベルやバーベル等のフリー・ウエイトがそろえられ、いつでも生徒や学生が利用できるようになっています。また、中学生や高校生では家庭でもウエイトのセットをそろえておくほうがよいと考える指導者もいます。

　次の2ページではフリー・ウエイト・トレーニングでよく用いられるエクササイズについて、その方法と動作を分析しています。そこで紹介するエクササイズはバーベルがあれば誰でもできるものです（紹介するのはウエイト・トレーニングのほんの一例です。みなさんは他の多くのトレーニング種目についても動作分析を試みて下さい）。

スクワット

エクササイズの方法

　バーベルを首の後ろに保持した状態で、足を肩幅に開いて立ちます（図11-3A）。次に、大腿部が床面と平行になるまでゆっくりとしゃがみ込みますが（図11-3B）、このとき、背がまっすぐに維持されるよう注意を払います。しゃがみ込んだ後はゆっくりとスタート位置まで戻ります。

　このエクササイズは、膝を足より前方に出してしまうことによって概して不適当に行われ、けがのリスクを著しく増してしまいがちになります。スクワットの間、下腿は床面に対して垂直に近い状態を維持するよう注意を払うべきです。

　また、両足を平行にして立ち、下腿は若干外旋位にします。膝は足の垂直面に対して内へ入ったり外に行ったりせず、足首と足の延長線上で同じ方向を向いているようにします。

動作の分析

　このエクササイズは分析上、2つの動作に分けられます：（1）しゃがみ込む動作　（2）スタート位置に戻る動作【注：肩関節、肩甲骨、手首、手の指の動きはないものとします】

（1）しゃがみ込む動作

股関節

　動き：屈曲

　筋肉：股関節の伸筋群（エキセントリック収
　　　　縮）

　　　　大殿筋、半膜様筋

　　　　半腱様筋、大腿二頭筋

膝関節

　動き：屈曲

　筋肉：膝関節の伸筋群（エキセントリック収
　　　　縮）

　　　　大腿直筋、外側広筋

　　　　内側広筋、中間広筋

足と足関節

　動き：背屈

　筋肉：足と足関節の底屈筋群（エキセントリッ
　　　　ク収縮）

　　　　腓腹筋、ヒラメ筋

（2）スタート位置に戻る動作

股関節

　動き：伸展

　筋肉：股関節の伸筋群

膝関節

　動き：伸展

　筋肉：膝関節の伸筋群

足と足関節

　動き：底屈

　筋肉：足と足関節の底屈筋群

図11-3　スクワット　A．スタートの姿勢　B．しゃがみ込んだ姿勢

デッド・リフト ‥‥‥‥‥‥‥‥‥‥

エクササイズの方法

　上肢を下に垂らしてバーベルを肩の幅で握り、足を肩の幅よりやや広く開いて立ちます。次に、腕、脚、背をまっすぐにしたまま股関節から前方へゆっくりと曲げていき、バーベルを床につけます（図11-4A）。バーベルがわずかに床についたらゆっくりと元の位置へ上体を起こします（図11-4B）。このエクササイズは、腰部を屈曲させる（背中をまるめる）不適切な方法で行うと、腰痛の原因になってしまいます。このデッド・リフトでは腰椎の伸筋群を腰部の固定筋としてアイソメトリックに働かせ、股関節の伸筋を用いて挙上を行うことが大変重要です。

動作の分析

　このエクササイズは2つの動作に分けられます：（1）スタンディング・ポジション（立位）までの動作　（2）バーベルを床に置きスタート位置に戻る動作【注：肩関節と上肢のわずかな動きは分析されていません】

図11-4　デッド・リフト
　　　A．バーベルを床につけた姿勢
　　　B．スタンディング・ポジション

（1）スタンディング・ポジションまでの動作

手首と手の指
　動き：屈曲
　筋肉：手首と手の指の屈筋群（アイソメトリック収縮）
　　　　　橈側手根屈筋、尺側手根屈筋
　　　　　長掌筋、深指屈筋
　　　　　浅指屈筋、長母指屈筋

体幹
　動き：伸展
　筋肉：体幹の伸筋群（アイソメトリック収縮）
　　　　　脊柱起立筋、腰方形筋

股関節
　動き：伸展
　筋肉：股関節の伸筋群（コンセントリック収縮）
　　　　　大殿筋、半膜様筋
　　　　　半腱様筋、大腿二頭筋

膝関節
　動き：伸展
　筋肉：膝関節の伸筋群（コンセントリック収縮）
　　　　　大腿直筋、外側広筋
　　　　　内側広筋、中間広筋

（2）スタート位置に戻る動作

手首と手の指
　動き：屈曲
　筋肉：手首と手の指の屈筋群（アイソメトリック収縮）

体幹
　動き：屈曲
　筋肉：体幹の伸筋群（エキセントリック収縮）

股関節
　動き：屈曲
　筋肉：股関節の伸筋群（エキセントリック収縮）

膝関節
　動き：屈曲
　筋肉：膝関節の伸筋群（エキセントリック収縮）

アイソメトリック・エクササイズ

　アイソメトリック・エクササイズでは筋肉（群）は収縮して力を発揮しますが、筋肉の長さはほとんど変化しないために関節の動きはありません。これまで多くの書籍でアイソメトリック・エクササイズの有効性が述べられてきました。アイソトニックなタイプのエクササイズほどは広範囲には応用できませんが、アイソメトリック・エクササイズは限られた関節可動域における筋肉の向上や維持には効果的です。

　ここでは2つのアイソメトリック・エクササイズを紹介して、その方法を分析し、どのようにして特定の筋肉を鍛えるかを解説します。アイソメトリックの方法には種々ありますが、最も一般的なのは7秒から10秒間、力を入れ続けるという方法です。

腹筋エクササイズ

エクササイズの方法

　このエクササイズは立位でも坐位でも背臥位でもでき、体幹を屈曲させることなく腹筋をできるだけ力強く収縮させます（力を入れる）。より長時間収縮を続けることである程度効果も向上します。

動作の分析

腹部

　　動き：収縮

　　筋肉：腹直筋

　　　　　外腹斜筋

　　　　　内腹斜筋

　　　　　腹横筋

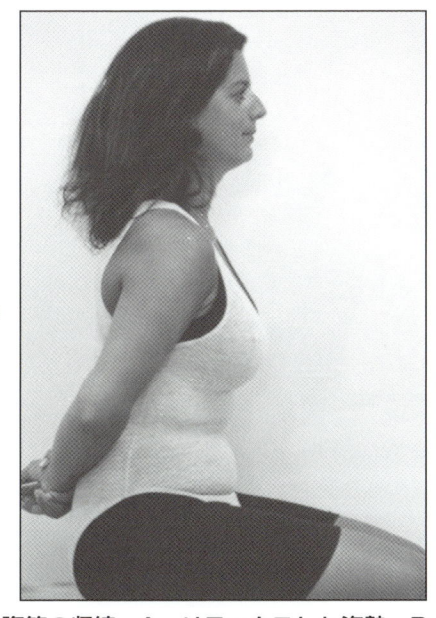

図 11-5　腹筋の収縮　A．リラックスした姿勢　B．収縮時の状態

レッグ・リフター

エクササイズの方法

　股関節と膝を曲げてベンチかイスに座ります。一方の脚（左脚）をもう一方（右脚）の上に乗せ、左脚を下方へ、右脚を上方へと同時に動かそうと努力し、お互いに押し合わせます【注：以下の動作の分析では上下の脚を変えれば、鍛えられる筋肉も入れかわります】

動作の分析

（1）右脚を上方に持ち上げる動作

足と足関節

　　動き：背屈と伸展

　　筋肉：前脛骨筋、長母趾伸筋

　　　　　長趾伸筋、第三腓骨筋

膝関節

　　動き：伸展

　　筋肉：大腿四頭筋

　　　　　（大腿直筋、外側広筋

　　　　　内側広筋、中間広筋）

股関節

　　動き：屈曲

　　筋肉：腸腰筋、大腿直筋

　　　　　恥骨筋、縫工筋

　　　　　大腿筋膜張筋

（2）左脚で右脚を下へ押さえる動作

足と足関節

　　動き：底屈

　　筋肉：腓腹筋、ヒラメ筋

膝関節

　　動き：屈曲

　　筋肉：ハムストリング

　　　　　（大腿二頭筋、半腱様筋、半膜様筋）

股関節

　　動き：伸展

　　筋肉：大殿筋

　　　　　ハムストリング

図 11-6　レッグ・リフター　A．スタート時のリラックスした姿勢　B．収縮時の状態

トータル・ジム・エクササイズ・マシーン

トータル・ジム・エクササイズ・マシーン*（図11-7）や他社製の同様のマシーンは、多くの家庭のみならず、プロチームや大学、高校のアスリートに使われています。フィットネス・クラブやYMCA、YWCAでも会員のためにこれらのマシーンが使われています。多数の同様のタイプのマシーン、たとえばサイベックス、イーグル、ユニバーサル、ノーチラス、ノルディック、フレックス、ウルトラリフト、パラマウント、オリンパスなどが市場に出まわっています。これらのマシーンの多くは、この章ですでに述べたフリー・ウエイトとは違い、滑車やカムなどによっていろいろ負荷を変化させられます。

すべてのエクササイズ・マシーンには種目例のリストがついています。これらのマシーンの利点は、使用者の体力レベルにかかわらず、多くの部位で広範な種類の運動ができる点にあります。図11-7ではトータル・ジムでできる種目のいくつかを紹介しています。

D

A

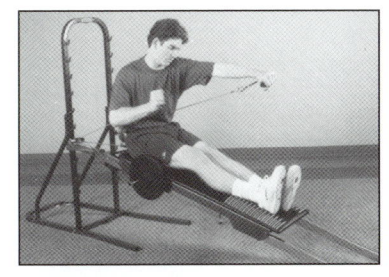

E

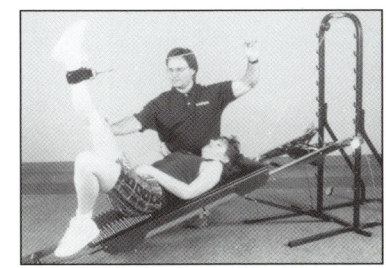

B

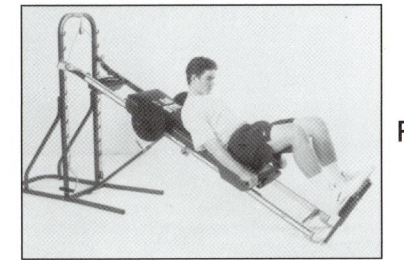

F

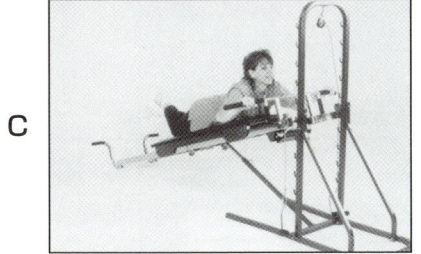

C

G

図 11-7　トータル・ジム・エクササイズ・マシーン＊(Courtesy* Efi medical systems, San Diego, CA.)
A．バイセプス・カール　B．シングル・レッグ・ヒップ・エクステンション　C．プル・アップ
D．インクライン・プレス　E．オルタネイト・ショルダー・パンチ　F．スクワット　G．デップ

レッグ・プレス

エクササイズの方法

　イスに座って膝が完全に伸展するまでペダルを押し込みます。次にゆっくりと膝を屈曲させてスタートの位置まで戻ります。

動きの分析

　レッグ・プレスは2つの動作に分解できます：
(1) 膝を完全に伸展する動作　(2) スタート位置に戻す動作。

(1) 膝を完全に伸展する動作

膝関節

　動き：伸展

　筋肉：膝関節の伸筋群

　　　　　大腿四頭筋

　　　　　（大腿直筋、外側広筋

　　　　　内側広筋、中間広筋）

股関節

　動き：伸展

　筋肉：股関節の伸筋群

　　　　　　大殿筋、大腿二頭筋

　　　　　　半腱様筋、半膜様筋

(2) スタート位置に戻す動作

膝関節

　動き：屈曲

　筋肉：膝関節の伸筋群（エキセントリック収縮）

股関節

　動き：屈曲

　筋肉：股関節の伸筋群（エキセントリック収縮）

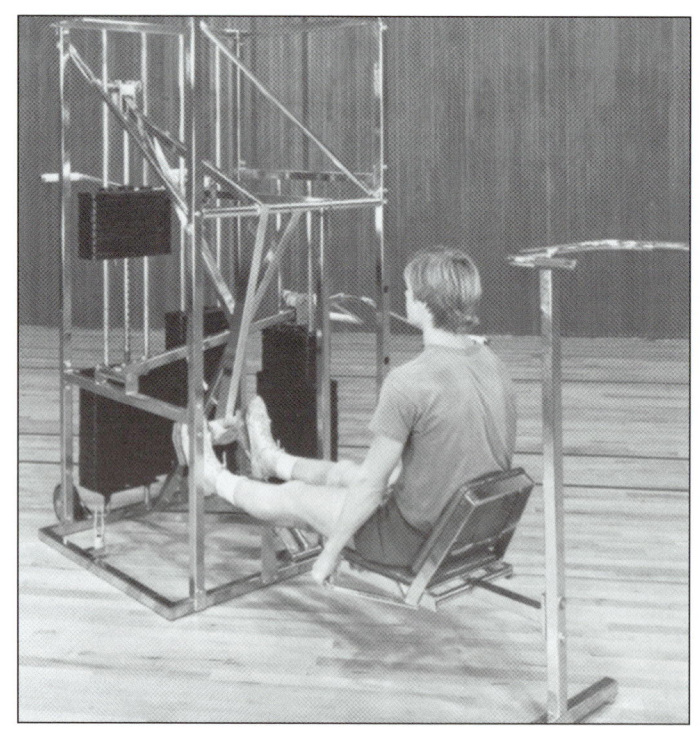

図 11-8　レッグ・プレス

ヒップ・スレッド

エクササイズの方法

　マシンのベンチに膝と股関節を屈曲させた状態で寝ます。このとき、膝は胸に近づいており、足底はマシンの板に置きます（図 11-9A）。次に、膝が完全に伸展するまでマシンの板を押し上げますが、このとき、股関節も伸展します（図 11-9B）。板をスタートの位置へ戻すときには、ゆっくりとコントロールしながら膝と股関節を屈曲させます。

動作の分析

　このエクササイズは 2 つに分解できます：（1）膝が完全に伸展するまで板を押し上げる動作
（2）スタート位置まで板を戻す動作。

（1）膝を完全に伸展させる動作

足と足関節

　動き：底屈

　筋肉：腓腹筋、ヒラメ筋

膝関節

　動き：伸展

　筋肉：膝関節の伸筋群

　　　　大腿四頭筋

　　　（大腿直筋、外側広筋

　　　　内側広筋、中間広筋）

股関節

　動き：伸展

　筋肉：股関節の伸筋群

　　　　　　大腿二頭筋、半腱様筋

　　　　　　半膜様筋、大殿筋

（2）スタート位置まで板を戻す動作

足と足関節

　動き：背屈

　筋肉：足と足関節の底屈筋群（エキセントリック収縮）

膝関節

　動き：屈曲

　筋肉：膝関節の伸筋群（エキセントリック収縮）

股関節

　動き：屈曲

　筋肉：股関節の伸筋群（エキセントリック収縮）

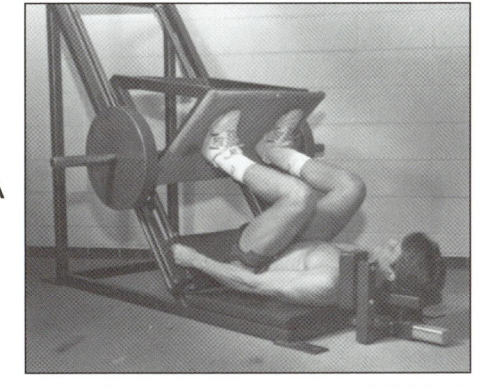
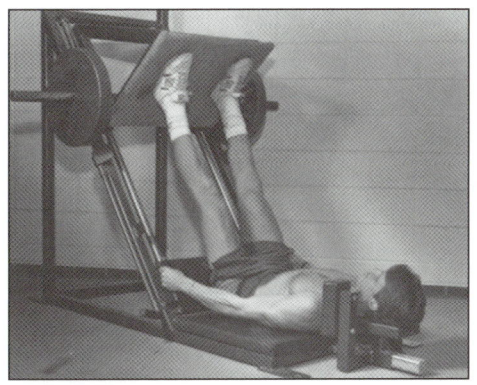

図 11-9　ヒップ・スレッド　A. スタート位置　B. 伸展させた状態

ローイング

エクササイズの方法

　図11-10のように可動性のイスに座って腕を伸ばし、前方のバーを握ります。このとき、膝と股関節は屈曲しており、膝は胸に近づいています（図11-10A）。次に、ペダルを力強く蹴って膝を伸展させると同時に、肘を曲げながらバーを胸の方向へ引き寄せます（図11-10B）。バーを元のスタート位置へ戻すときには膝と股関節を屈曲させながら、同時に肘も伸ばします。

動作の分析

　このエクササイズは2つの動作に分解できます：（1）膝を力強く伸展させながらバーを胸の方に引き寄せる動作　（2）スタートの位置に戻る動作。

（1）膝を伸展させ、バーを胸へ引き寄せる動作

足と足関節
　動き：底屈
　筋肉：腓腹筋、ヒラメ筋

膝関節
　動き：伸展
　筋肉：大腿直筋、中間広筋
　　　　外側広筋、内側広筋

股関節
　動き：伸展
　筋肉：大殿筋、大腿二頭筋
　　　　半腱様筋、半膜様筋

体幹
　動き：伸展
　筋肉：脊柱起立筋

肩甲骨
　動き：内転と下方回旋と下制
　筋肉：僧帽筋（下部）
　　　　菱形筋、小胸筋

肩関節
　動き：伸展
　筋肉：肩関節の伸筋群
　　　　広背筋、大円筋
　　　　三角筋（後部）、小円筋
　　　　棘下筋

肘関節
　動き：屈曲
　筋肉：肘関節の屈筋群
　　　　上腕二頭筋、上腕筋
　　　　腕橈骨筋

手首と手の指
　動き：屈曲
　筋肉：手首と手の指の屈筋群（アイソメトリック収縮）
　　　　橈側手根屈筋、尺側手根屈筋
　　　　長掌筋、深指屈筋
　　　　浅指屈筋、長母指屈筋

（2）スタートの位置に戻る動作

足と足関節
　動き：背屈
　筋肉：前脛骨筋、長母趾伸筋
　　　　長趾伸筋、第三腓骨筋

膝関節
　動き：屈曲
　筋肉：大腿二頭筋、半腱様筋、半膜様筋

股関節
　動き：屈曲
　筋肉：腸腰筋、大腿直筋、恥骨筋

体幹
　動き：屈曲
　筋肉：腹直筋、内腹斜筋、外腹斜筋

肩甲骨
　動き：外転と上方回旋と挙上
　筋肉：内転と下方回旋と下制の筋群（エキセントリック収縮）

肩関節

    動き：屈曲

    筋肉：肩関節の伸筋群（エキセントリック収

            縮）

肘関節

    動き：伸展

    筋肉：肘関節の屈筋群（エキセントリック収

            縮）

手首と手の指

    動き：屈曲

    筋肉：手首と手の指の屈筋群（アイソメトリッ

            ク収縮）

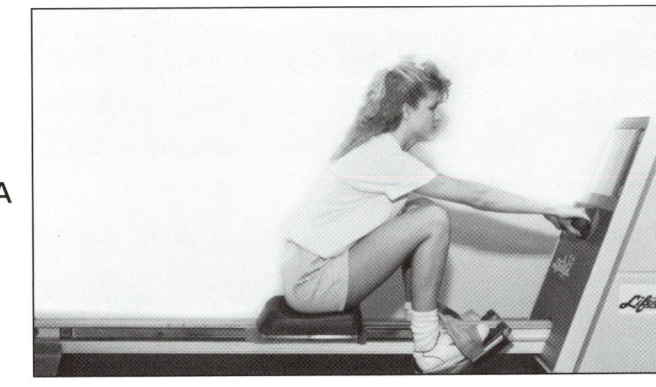

図 11-10　ローイング・マシーン　A. スタートの位置　B. バーを引き寄せた状態

ウェブ・サイト

フィットネス・ワールド：
www.fitnessworld.com

コンセプトⅡ：
www.concept2.com

パンプ・アップ：
www.netspace.org

ワーク・シート

　授業での課題か宿題として281ページのワーク・シートを活用できます。また、この章と第6章で学習した動作の分析手法を用いて、237ページのトータル・ジムでの各エクササイズやスポーツ種目で生じる動きを、関節ごとに分解し、関節の動きとそれに関与する筋肉の名前と収縮様式（コンセントリック、エキセントリック、アイソメトリック）を特定してみましょう。また、関節の可動域や主働筋と拮抗筋も考えましょう。

実習と復習問題

1. 5つの主なエクササイズをリストアップし、動作分析をしましょう。

2. 雑誌、新聞、テレビから得られた様々な人間の動きを分析してみましょう。

3. 人体の主だった大きな筋群を確実に鍛えられるエクササイズをあげなさい。

4. トレーニングの教科書からいくつかのエクササイズを選んで分析しましょう。

5. 自分の選んだエクササイズを他のクラスメイトに分析させましょう。

6. 学校の体育の先生、コーチ、トレーナーから教わったエクササイズを分析しましょう。

7. 児童公園で遊んでいる子供達を観察し、その様々な動きを分析しましょう。

8. フリー・ウエイトやマシンのそろったウエイトルームへ行きます。あるマシンでできるエクササイズを分析し、似たようなマシンやフリー・ウエイトでそれを実施する際の微妙な相違点を見つけましょう。
　【注：各マシンには実行可能なエクササイズが解説されているので、その内容を十分吟味してみましょう】

9. バスケットボールなどの特定のスポーツについて、それらのスポーツで特に鍛えられる大きな筋群がいかにオーバーロードになりえるのかを検討しましょう。

10. はじめにテーブルに仰向け（背臥位）で寝ます。股関節、膝関節、足関節をそれぞれ90°曲げた状態にします。ここから以下の動作を始めますが、各動作に関与する筋肉の名前や収縮様式などを各関節ごとに分析しましょう。
　・股関節を10°伸展
　・膝関節を完全伸展
　・足関節を完全底屈

11. 壁に背中をつけた状態で股関節と膝を90°曲げ、大腿が床に対して平行になるいわゆる〝空気イス〟状態をつくります。ここから徐々に膝が完全に伸びきるまで体を上げます（スクワット）。このときの関節と筋肉の働きを分析しましょう。

12. 問10と問11の運動の違いは何でしょう。問10でやったように問11でも1つ1つの動作を行えますか。

13. 次のページのエクササイズの分析チャートのそれぞれの運動を分析してみましょう。1つの欄を、運動中の実際の動きに関与するそれぞれの関節に使用してください。実際に動きのない関節やアイソメトリック収縮をしている筋肉は含まないで下さい。

エクササイズの分析チャート

エクササイズ	フェイズ（期）	関節と動きの名称	使われる筋肉名（あるいは重力）	動きに抵抗する力（筋肉名あるいは重力）	機能している筋肉の収縮様式
シット・アップ・ベント・ニー	上体を起こす動作				
	元に戻す動作				
プローン・アーチ	身体を起こす動作				
	元に戻す動作				
スクワット	しゃがみ込む動作				
	元に戻す動作				
デッド・リフト	バーベルを床につけるまでの動作				
	元へ戻す動作				
レッグ・プレス	膝を伸展させる動作				
	元に戻す動作				
ヒップ・スレッド	膝を伸展させる動作				
	元に戻す動作				

エクササイズの分析チャート（つづき）

エクササイズ	フェイズ（期）	関節と動きの名称	使われる筋肉名（あるいは重力）	動きに抵抗する力（筋肉名あるいは重力）	機能している筋肉の収縮様式
ローイング	バーを胸に引き寄せる動作				
	元に戻す動作				

■参考文献■

Adrian M : Isokinetic exercise, *Training and Conditioning* 1 : 1, June 1991

Altug Z, Hoffman JL, Martin JL : *Manual of clinical exercise testing, prescription and rehabilitation*, Norwalk, CT, 1993, Appleton＆Lange.

Andrews JR, Harrelson GL : *Physical rehabilitation of the injured athlete*, Philadelphia, 1991, Saunders.

Baitch SP : Aerobic dance injuries, a biomechanical approach, *Journal of Physical Education, Recreation and Dance* 58 : 57, May-June 1987.

Bouche J : Three essential lifts for high school players, *Scholastic Coach* 56 : 42, April 1987.

Brzycki M : Rx for a safe productive strength program, *Scholastic Coach* 57 :70, September 1987.

Epley B：Getting elementary muscles, *Coach and Athlete* 44 : 60, November-December 1981.

Fahey TD : *Athletic training : principles and practices*, Mountain View, CA, 1986, Mayfield.

Logan GA, McKinney WC：*Anatomic kinesiology*, ed 3, 1982, McGraw-Hill Companies, Inc, New York.

Matheson O, et al : Stress fractures in athletes, *American Journal of Sports Medecine* 15 : 46, January-February 1987.

Minton S : Dance dynamics avoiding dance injuries （symposium）, Journal of Physical Education, Recreation and Dance 58 : 29, May-June 1987.

Northrip JW, Logan, GA, McKinney WC : *Analysis of sport motion : anatomic and biomechanic perspectives*, ed 3, 1983, McGraw-Hill Companies, Inc, New York.

Prentice WE：*Rehabilitation techniques in sports medicine*, ed 3, 1999, McGraw-Hill Companies, Inc., New York.

Schlitz J : The athlete's daily dozen stretches, Athletic Journal 66 : 20, November 1985.

Steindler A : *Kinesiology of the human body*, Springfield, IL, 1970, Charles C Thomas.

Todd J : strength training for female athletes, *Journal of Physical Education, Recreation and Dance*, 56 : 38, August 1985.

Torg JS, Vegso JJ, Torg E : *Rehabilitation of athletic injuries : an atlas of therapeutic exercise*, Chicago, 1987, Year Book.

Wirhed R : *Athletic ability and the anatomy of motion*, London, 1984, Wolfe.

12 バイオメカニクスの基本的な要素と概念

Basic biomechanical factors and concepts

この章を学習することで

● てこの原理を理解することがパフォーマンスの改善に役立つことがわかります。

● レバーアームの長さと引っ張りの角度について理解することが、パフォーマンスの向上に役立つことがわかります。

● ニュートンの運動の法則を理解することが、いかにパフォーマンスの向上のために大切かがわかります。

● バランス、平衡、そして安定性について理解することが、パフォーマンスの改善に役立つことがわかります。

● 力とモーメントについて理解することが、いかにパフォーマンスの向上に大切かがわかります。

　ほとんどの学生は高校や大学の物理の授業で、運動の力学的な法則について学んだことと思います。この分野、特にヒトの機能的および解剖学的分析に関連する力学的研究は、バイオメカニクスとして知られています。人体の動きは、その力学的特徴と原理を研究することでより深く理解することができます。

　この章ではその原理や法則を復習しながら、身体の動きに応用していきます。

　力学すなわち力の物理的作用の研究は、静力学（Statics）と動力学（Dynamics）に分けることができます。静力学は動きがなく静止しているか、あるいは加速せず一定の速度で動いているという恒常的な状態や、体に作用するすべての力で釣り合いがとれ、その結果、体が平衡状態にあるときのことを研究します。動力学は加速によって、動いているシステムの研究に関与します。加速されているシステムはその物体に作用している不均等な力によって不均衡な状態にあります。バイオメカニクス研究のその他の構成要素には運動学（Kinematics）と動力学（Kinetics）も含まれます。運動学は運動を描写する学問で、時間、移動、速度、加速度、システム運動の空間的要素がこれに含まれます。また、動力学では物体の運動に関与する力の研究を行ないます。

てこの原理

　身体の動きをてこのモデルとして視覚的にとらえるのは難しいのですが、私達の身体は常にてこの原理を利用して動いています。そして、骨格の構造は複雑にできていますが、動きの簡単な原理を知ることで、その構造を効率よく利用して筋肉の効果を最大限に発揮することがで

きるのです。

てことはレバーにかけられた力によって回転軸を中心に回転運動が生じる状態のことをいいます。身体は外力または体重に対抗して動こうとするとき、無意識のうちにてこの原理を利用しています。私たちの身体では骨、関節、および筋収縮がそれぞれレバー、回転軸、および力の役目をはたし、外力がかかっていないときは、体重や身体の一部分（体節）の重さだけがてこにかけられた抵抗となります。

てこの種類はレバーに対する回転軸、力、および外力（抵抗）のかかる位置関係によって分類され、それによってどのような動作が最適かが決定されます。回転軸、力、および外力（抵抗）のかかる位置はそれぞれ支点、力点（通常、筋肉の付着部）、および作用点（体節の重心または外力のかかる位置）と呼ばれています。てこは、支点が力点と作用点の間に位置している第一種てこ（図 12-1、12-2）と、作用点が支点と力点の間に位置している第二種てこ（図12-1、12-3）、そして力点が支点と作用点の間に位置している第三種てこ（図 12-1、12-4）

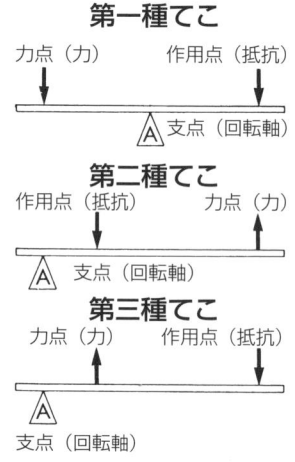

図 12-1　てこの種類
(Hall SJ : *Basic biomechanics*, St. Louis, 1991, Mosby. より改変)

の3種類に分類されます。

第一種てこ

第一種てこは、首の伸展やシーソー、ハサミなどにみられます。たとえば肘の伸展では、上腕三頭筋が尺骨の肘頭（力点）に力を加え、肘関節を支点として前腕（抵抗）に回転運動を与えることでこの動きが生じます。また、関節（支点）の両側で主働筋（力）と拮抗筋（抵抗）が同時に収縮している状態もこの種類のてこになります。第一種てこは支点が力点と作用点の中間に位置した状態では、シーソーのようにバランスをとる働きをしますが、支点が力点に近いときは比較的速いスピードと大きな可動域を生じ、支点が作用点に近いときは大きな力を生じます（図 12-2）。

第一種てこの原理を私たちの身体に応用する際には、その力点は筋腹（きんぷく：筋肉の最も太い場所）ではなく筋肉の付着部であることに注意しましょう。たとえば、肩関節を完全に屈曲させ、上腕を耳の後ろにつけて肘関節の伸展を行う場合（フレンチ・プレス・エクササイズ）、力点（肘頭）にかかる力が前腕にかかる抵抗よりも大きくなると支点を中心に肘関節の伸展が始まるのです。

てこは同じ関節や筋肉が働いている場合でも、体節が地面や壁に触れているかどうかでその種類が変わります。腕が自由に動く状態での肘関節の伸展は第一種てことして作用します。一方、両手を地面につけて腕立て伏せをする場合には、手の位置が支点となり、体重が抵抗になるので第二種てことして作用することになります。

第二種て̇こ̇

第二種て̇こ̇（図 12-3）は、比較的小さな力で大きな抵抗を動かすことができるようになっていて、一輪運搬車が例としてあげられます。腕立て伏せの際の上腕三頭筋による肘関節の伸展や、つま先立ちをした際の足関節の底屈に第二種て̇こ̇がみられます。つま先立ちでは足の母趾球がて̇こ̇の支点となり、足関節の底屈筋が主働筋として踵骨（力点）に力を加え、足関節にかかる体重（抵抗）を持ち上げるのです。この第二種て̇こ̇は私達の身体ではあまりみられません。

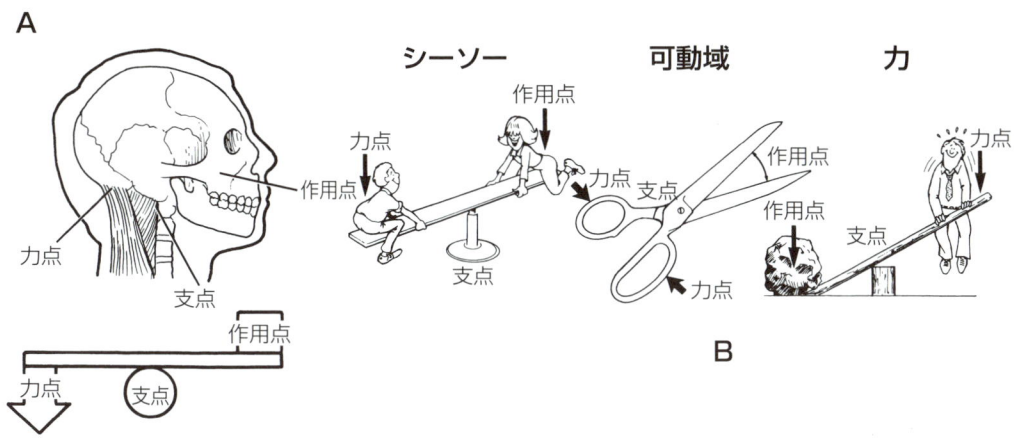

図 12-2　AとB　第一種て̇こ̇
（A Booher JM, Thibodeau GA：*Athletic injury assessment*, et 2, St. Louis, 1989, Mosby. より改変；B Hall SJ：*Basic biomechanics,* St. Louis, 1991, Mosby. より改変）

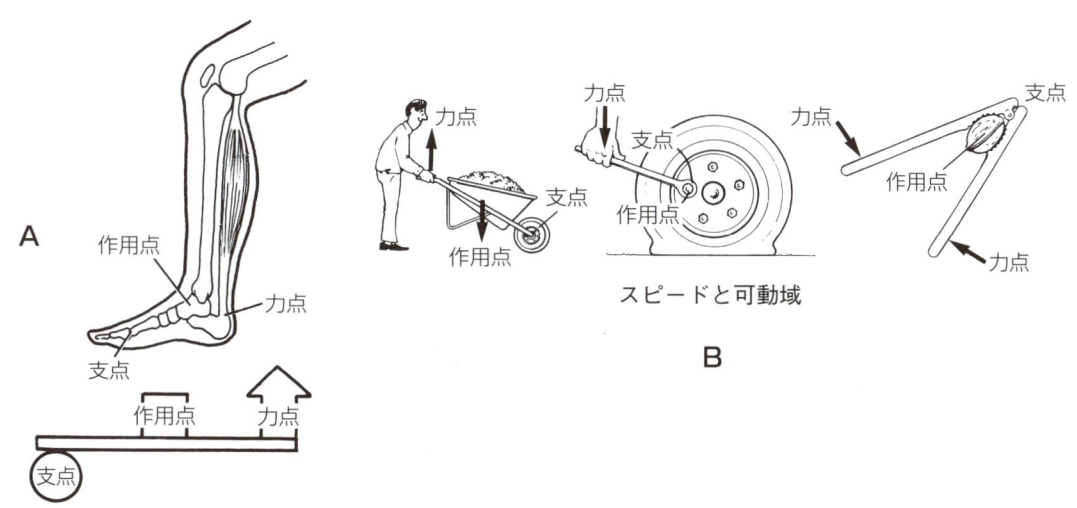

図 12-3　AとB　第二種て̇こ̇
（A Booher JM, Thibodeau GA：*Athletic injury assessment*, et 2, St. Louis, 1989, Mosby. より改変；B Hall SJ：*Basic biomechanics* , St. Louis, 1991, Mosby. より改変）

第三種てこ

　第三種てこでは、力点が支点と作用点の間に位置し、作用点が比較的大きな可動域を速いスピードで動きます。私達の動きの中にはこのタイプの関節運動が多くみられます。このてこでは速いスピードと大きな可動域が得られますが、小さな抵抗に対しても大きな力が必要となる特徴があります。ボート漕ぎはその例です（図12-4）。オールの上部を握っている手を支点として、もう一方の手でオールを漕ぐ（力点）ときの可動域は広いのですが、水の抵抗に対して非常に大きな力を必要とします。

　関節運動の中で、第三種てこの代表的な例は肘関節の屈曲です。バイセプス・カールでは、上腕二頭筋がその停止部である橈骨粗面（力点）に力を加え、肘関節を支点として抵抗（ダンベルまたはバーベルと前腕の重さ）を持ち上げます。この際、腕とダンベルあるいはバーベルの平均重心が抵抗のかかる位置となります。上腕二頭筋は肘関節の屈曲だけでなく前腕の回外にも関与しますが、上腕筋ではその筋肉が停止している尺骨は回旋しないので、加えられた力すべてが肘関節の屈曲に直接役立ちます。他の第三種てこの例としては、立位でハムストリングを収縮させ膝関節を屈曲させる動作や、腸腰筋を使って股関節を屈曲させる動作などがあげられます。

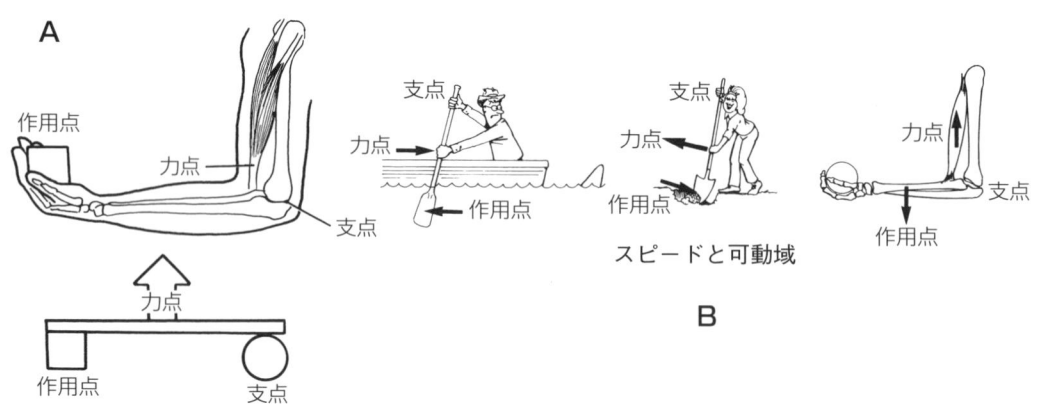

図 12-4　A と B　第三種てこ

（A Booher JM, Thibodeau GA：*Athletic injury assessment*, et 2, St. Louis, 1989, Mosby. より改変；B Hall SJ：*Basic biomechanics*, St. Louis, 1991, Mosby. より改変）

解剖学的てこ

　誰もが持っている解剖学的てこ（骨格構造）には動きの効率を高める力学的利点があり、私達はこの解剖学的てこを無意識のうちに普段の生活の中で応用しています。

トルクとレバー・アームの長さ

　レバー・アームの長さを理解するにはトルクの概念を理解しなければなりません。トルク、すなわちねじりモーメントは、偏心力の回転効果です。偏心力とは、ある物体の回転軸の回転中心線上でない方向にかかる力のことです。固定された軸がない物体では、物体の重心線上にないところにかかる力です。回転が生じるためには偏心力がかけられなければなりません。人体においては、収縮する筋肉が付着している骨に偏心力を加え、関節軸（回転軸）を中心に骨を回転させます。トルクの量は、力の総量とフォース・アームの積によりもとめられます。力がかけられる位置と軸の間の鉛直距離をフォース・アームやモーメント・アーム、あるいはトルク・アームといいます。フォース・アームは、支点から作用点までの最短距離として理解するとわかりやすいでしょう。フォース・アームの距離が増えれば、生み出されるトルクの量も増えます。トルクとてこの実践的な応用として、トルクを増加させるため意図的にフォース・アームの長さを増やし、それによって比較的大きな抵抗負荷をより簡単に動かすことができます。これを普通、挺率を増加させるといいます。

　また、てこの原理を効率よく働かせるためには、2つのレバー・アーム（レジスタンス・アームとフォース・アーム）の長さの関係について理解しておく必要があります。レジスタンス・アームとは支点から作用点までの距離のことで、一方、フォース・アームとは支点から力点までの距離のことをいいます。力の大きさとフォース・アームの長さの積、または抵抗の大きさとレジスタンス・アームの長さの積をモーメントといい、抵抗によって生じたモーメントとそれを動かすのに必要な力のモーメントは比例関係にあります。たとえば、バイセプス・カールで肘関節を90°にしてバーベルを保持している（アイソメトリック）状態では、抵抗のモーメント（バーベルの重さと前腕の長さの積）と力のモーメント（肘の屈筋が発揮している力の大きさと肘関節から筋の付着部までの長さの積）は同じです。これがコンセントリック運動になると力のモーメントが抵抗のそれを上回り、エキセントリック運動ではその逆になります。また、力とフォース・アーム、外力（抵抗）とレジスタンス・アームはそれぞれ反比例の関係にあるので、抵抗の大きさとレジスタンス・アームの長さが一定であれば、フォース・アームが長ければ長いほど抵抗を動かすのに必要な力は小さくてすみます。逆に、短ければより大きな力が必要になるわけです。この関係は簡単な方程式で表せます。

$$\underset{\text{(力)}}{F} \times \underset{\text{(フォース・アーム)}}{FA} = \underset{\text{(抵抗)}}{R} \times \underset{\text{(レジスタンス・アーム)}}{RA}$$

〔基本例〕

$$F \times 5\,cm = 5\,Kg \times 23\,cm$$
$$5\,F = 115\,Kg$$
$$F = 23\,Kg$$

〔例A〕

フォース・アーム（FA）を3cm長くすると

$$F \times 8\,cm = 5\,Kg \times 23\,cm$$
$$8\,F = 115\,Kg$$
$$F = 14\,Kg$$

　フォース・アーム（FA）を3cm長くすると、レバーを動かすために必要なフォース（力）は小さくてすみます。

〔例B〕

レジスタンス・アーム（RA）を3cm短くすると

$$F \times 5\,cm = 5\,Kg \times 20\,cm$$
$$5\,F = 100\,Kg$$
$$F = 20\,Kg$$

　このようにレジスタンス・アーム（RA）が短くても、レバーを動かすために必要なフォース（力）は小さくてすみます。

〔例C〕

抵抗（R）を2Kg軽くすると

$$F \times 5\,cm = 3\,Kg \times 23\,cm$$
$$5\,F = 69\,Kg$$
$$F = 14\,Kg$$

　明らかに抵抗が小さくなれば、レバーを動かすために必要なフォース（力）は小さくてすみます。

　骨格構造からなる解剖学的てこでは、ほとんどの場合フォース・アームは短く、逆に、レジスタンス・アームは長いので、抵抗に対して動きを起こすときは大きな力を必要とします。たとえば、上腕二頭筋の停止部は肘関節の中心から2.5〜5cm遠位にあり、上腕三頭筋では約2.5cm遠位にあります。それに対し、外力（抵抗）は通常手の位置にかかるのでレジスタンス・アームはフォース・アームより長くなり

ます。この例だけでも、スポーツの動きの中ではどれほど強い力が要求されるかが理解できると思います。

　スポーツでは通常いくつかの解剖学的てこが同時に作用して動きを起こしています。たとえば、ボールを投げる動作では肩、肘、手首の関節がその動作を起こすこととして働いています。解剖学的てこのレジスタンス・アーム（骨の長さ）が長いほど、その先端（作用点）に伝わるスピードにより大きな効果が表れます。テニスを例にとると、肘が伸びている状態では曲がっているときよりレバー・アームが長く、したがって、ボールの当たるポイントでの速度が曲げた状態より速いので、ボールを強く打ち返すことができるのです。

　図12-5は、同じ角速度で回転しているてこでは、短いレバー・アームより長いレバー・アームの方が先端の直線速度が速いことを示しています。これは野球のバッティングやゴルフのスイングなどにも応用され、長いレジスタンス・アームではより速い速度でボールを投げたり飛距離を伸ばすことができます。一方、捕手が送球時にボールを耳の横にまで引きつける動作や、スプリンターが下肢を回転させる動作は、できるだけ短距離で行うことが要求されるので、速い回転運動を起こすために腕や脚を軽く曲げ、

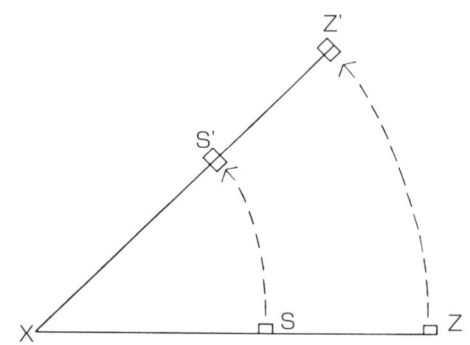

図12-5　レバーアームの長さと直線移動距離

レジスタンス・アームを短くしたほうがより有効になります。

作用の角度

　解剖学的てこの作用に与えるもう1つの重要な要素は作用の角度です。作用の角度とは、筋肉の収縮の方向（筋肉の張力線）とその筋肉が付着している骨のなす角度です。関節角度と作用の角度との関係は各関節の構造によって多少異なりますが、動きの中では関節角度が小さいほど作用の角度も小さくなり、逆に、関節角度が大きくなれば作用の角度も大きくなります（図12-6）。理論的には関節角度が90°（作用の角度も約90°とする）のとき、筋収縮によって発揮された力すべてが関節の回転運動のために使われると考えられます。（図12-6C）。

　作用の角度が90°以上の場合は、筋収縮によって発揮された力は2つの方向に分散されます。その1つは回転性要素で、その力は動く骨に対して垂直に働き、関節を中心に回転運動を生じ

させます。もう1つは安定性または引き離し要素で、その力は動く骨に対して平行に働きます。このように、作用の角度が90°以下か以上かで呼び方と力の方向が変わります。90°以下（図12-6A）の場合には、筋の付着部から遠位方向に骨を引き離すように、一方、90°以上（図12-6B）では近位方向に関節を安定させるように力が働きます。

　このように、関節角度が90°以下であったり以上である場合は、発揮された力は分割されるので、抵抗に対して有効に働けなくなります。小さな子供達がバーからまっすぐにぶら下がった状態から懸垂ができないのは、筋力が弱いこともありますが、この不利な力学的要因のためでもあります。あらかじめ肘を90°屈曲させた状態から懸垂をさせれば力が作用する角度が有利になるので、子供達にも懸垂ができるでしょう。

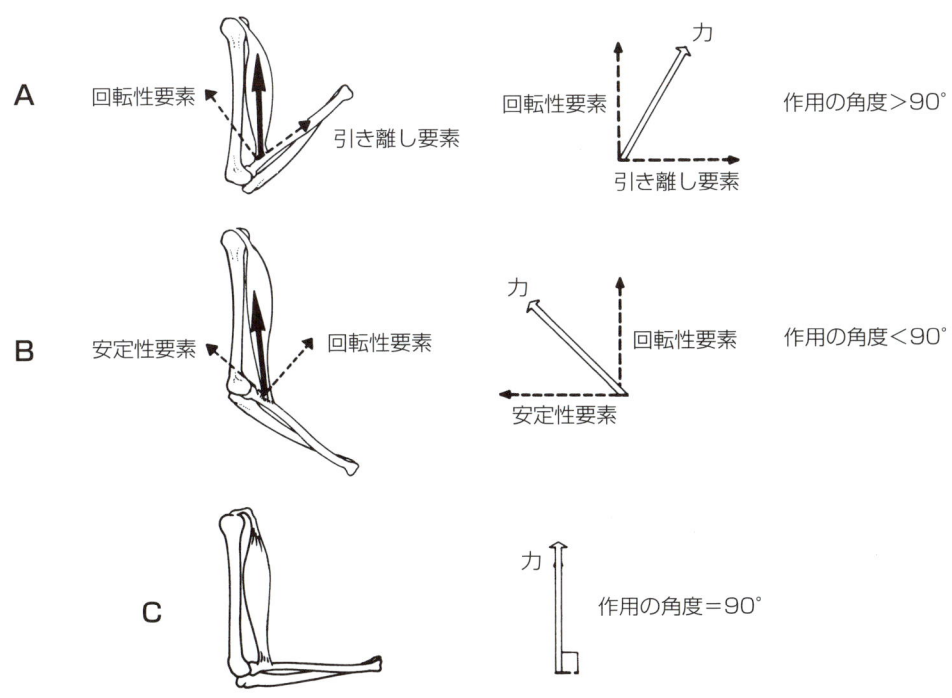

図 12-6　作用の角度と他の要素

(Hall SJ : *Basic biomechanics*, St. Louis, 1991, Mosby. より改変)

運動の法則と身体の動き

物体の運動が力なしでは起こりえないのと同じで、身体の動きは骨格筋によって発揮される力なしでは生じません。動きは基本的に並進運動と角運動の2つの種類に分けられます。並進運動とは物体が2点間を移動する運動で、この運動が直線上で行われればそれは直線運動と呼び、曲線上であれば曲線運動といいます。角運動とは軸を中心にして回転する運動です。通常、身体の動きの中ではこれら2つの運動が同時に行われています。たとえば、歩行運動では筋肉によって各関節は角運動をしますが、それによって身体全体は直線運動をしています。多くのスポーツでは上肢や下肢の関節が順序よく角運動を起こし、物体に直線運動を与えるような動きがよくみられます（投球動作、ゴルフスイング、バッティング）。

移動とは物体が最初の基準点からその位置を変化させることであるのに対し、距離とは実際に移動した長さの合計をいいます。物体は2つまたはそれ以上の方向に直線的に10 m動いたとしても最初の基準点から6 mしか移動していないこともありえます。角移動とは回転体の位置の変化を指し、直線移動とは物体が直線上を動いた距離を指します。

移動が生じるのに要した時間についてはよくいわれているように、スピード（speed）とはどれぐらい速く物体が動いているか、あるいはある時間内に物体が動いた距離のことです。一方、速度（velocity）とは、物体が動く方向も考慮に入れた移動の割合として表されます。

物体の動きを説明しているニュートンの運動の法則は身体の動きを理解する上での基礎となるので、ここではその法則を復習しながらスポーツの動きに応用していきます。

■第1法則（慣性の法則）

一様な運動をする物体は一定の速度でその動きを続け、停止している物体はこれに力が加わらない限り静止状態を続ける。

慣性は運動すなわち変化に対する抵抗として表現されます。人間の動きでは、加速をしたり減速をしようとするときにかかる抵抗です。慣性は物体が動いていようと止まっていようと物体のその状態を維持する力なのです。

筋肉は静止状態からスタートをしたり、加速や減速をしたり、また方向転換をする際に力を発揮しますが、慣性は最初の状態を変えられることを嫌います。また、物体が重ければ重いほど慣性が大きくなるので、慣性に打ち勝って物体に変化をもたらすためにはより大きな力が必要となります。たとえば、静止状態からスタートするためにはスターティング・ブロックに大きな力をかけて静止状態を保っている慣性に打ち勝たなければなりません。また、インドアでのダッシュでは、走り続ける慣性に打ち勝って減速しなければ前方の壁に激突します。投げられたり打たれたりしたボールを止めるためには非常に大きな力が必要になります。このように、スタート、ストップ、方向転換といったごくありふれた身体活動にも典型的な慣性の法則をみることができます。

このように、慣性に打ち勝つためには大きな力が必要なので、一定のスピードと方向を保ち続けられるジョギングに比べ、バスケットボールやハンドボールのように絶えずストップ、ダッシュ、方向転換を強いられるスポーツは非常に疲れやすいのです。

■第2法則（ニュートンの運動方程式）

物体に力が加えられるとその力と同じ方向に加速度を生じ、加速度の大きさは力に比例し、物体の質量に反比例する。

加速度は速度変化の時間に対する割合と定義されます（速度の変化÷変化に要した時間）。物体の質量が大きいほどそれを加速させるにはより大きな力を必要とし、一定の力が与えられたときに起こる物体の速度は、質量が小さいほどその変化（加速度）が大きくなります。この関係は簡単な方程式で表されます。

力＝質量×加速度（加速度＝力÷質量）

たとえば、体重が 100 Kg のフットボール選手と 50 Kg の体操選手が同時に走り始め、一定時間内に同じ速度に達するには前者は後者より大きな力を発揮しなければなりません。物体を投げるときでは、質量の大きい砲丸や円盤はテニスボールやソフトボールを投げるときより大きな力を必要とします。これはみなさんの経験からもおわかりでしょう。また、同じ人が一定時間内にトップスピードに達するのとトップスピードの 50％に達するのとでは、前者でより大きな力が必要です。

■第3法則（作用反作用の法則）

物体 A が物体 B に力を加えた（作用）とき、物体 B はそれと同じ大きさで反対方向に働く力を物体 A に加えている（反作用）。

私達が歩行運動で地面に力を加えているとき、地面は足の裏に対して同じ大きさで反対方向の力（反力）をかけています。垂直ジャンプではいったん身体を沈めた後、主働筋によって股関節、膝関節、足関節に回転運動を起こし（伸展）、地面に対して大きな力をかけます。これによって地面は、足の裏に対して同じ大きさで反対方向の力をかけてきます。そして、この反力が身体にかかる重力を上回ると身体を垂直方向に持ち上げジャンプすることができるのです。

この作用反作用の法則は、身体と物体の間だけでなく身体の体節間にも生じます。何の外力も受けていない宙に浮いた状態では、身体の一部の動き（作用）は身体の他の部分の動き（反作用）を引き起こします。たとえば、摩擦がゼロのターンテーブルの上に立っていると仮定して下さい。この状態で上半身を右へ回そうとすると下半身は左へ回ってしまいます（反作用）。この状態では反力を得ることができる固定された物体（地面や壁）に身体が触れていないので、身体の中で作用反作用が生じるのです。

バランス・平衡・安定性

バランスとは平衡を維持するために必要とされる能力のことです。平衡とは静止している状態、あるいは動いている物体（身体）のスピードとその方向に変化のない加速度ゼロの状態をいいます。平衡は静的と動的に分類され、身体が完全に静止して動きのない状態を静的平衡と呼び、動いている身体が受けているすべての力の合力がゼロでそのスピードと方向に変化のない状態を動的平衡と呼びます。平衡を維持しバランスを保つためには、安定性が最も必要とされます。安定性とは身体に外力が加えられて加速したとき、それに対抗して平衡を維持する能力のことです。安定性は身体の支持基盤に対する重心の位置関係で決められ、身体の動きの変化に応じてうまく重心の位置を変えることでバランスを維持します。重心とは身体の質量がすべての方向に対して均等に分布している点と定義されます。スポーツを行う際の安定性と平衡性を高め、身体のバランスを保つために必要とされる項目を以下にまとめてみました。

1. 重心を常に支持基盤内に維持する。
2. 支持基盤を広くする（スタンスを広くとる）。
3. 体重が重いほどよい。
4. 重心を低く保つ（膝を曲げて腰を落とす）。
5. 重心が支持基盤の中央にあればあるほど安

定性はよくなる。ただし、加わろうとする力の方向にあらかじめ重心を移している場合は、力が実際に加わった際には安定性がよい。

6. 力を受けようとしている側の支持基盤を広げる。

7. 地面とそれが接している部位（足裏）との間の摩擦を大きくする。

8. バランスをとろうとする物体を回転させる。回っている車輪は安定している。

9. 運動に関与する生理学的な機能もバランスには影響する。たとえば、内耳の三半規管、視覚、タッチ（圧力）あるいは固有の感覚受容器からの信号も微妙にパフォーマンスに関与する。

バランスおよびその因子である平衡や安定性はすべての動きにとって重要ですが、常に重力と慣性に強く影響されています。歩行は1歩ごとにバランスを崩し続けることで成立し、慣性の大きいランニングから急にストップや方向転換をするときには重心を低くしてバランスを保ちます。また、ジャンプとはできる限り高く重心を上に上げる動作といえます。

力

スポーツでみられる、走る、飛ぶ、投げるといった動きはすべて骨格筋で発揮される力によって生じ、強い骨格筋を持つ人はより大きな力を発揮できます。力の大きさは物体の質量とその加速度の積（ニュートンの第2の法則）で表されます。垂直ジャンプを例にとると、地面に与えた力の大きさは人の体重と身体の重心の加速度の積になります。またボールを投げたときは、ボールの重さと加速度の積がボールに与えられた力の大きさです。

物体（身体）の動きを説明するのに重要な概念の1つに運動量があります。これは動いている物体の質量とその速度の積で表され、物体のもつ運動量が大きいほどその動きの状態を変化（加速、減速）させるのにより大きな力を要する、というものです。アメリカン・フットボールの例では、身体の大きなラインマンと身体の小さなラインマンがまったく同じ速度で正面からぶつかった場合、大きなラインマンは体重が重い分だけ運動量（体重と速度の積）が大きいので、小さなラインマンはより大きな力で抵抗しなければ勝ち目はありません。しかし、大きなラインマンは自分自身の身体を動かすのに小さなラインマンより大きな力を必要とするので、小さなラインマンの素早い動きの変化にはなかなかついていけないわけです。このように、大きな運動量はタックルなどのぶつかり合いにはとても有利ですが、俊敏な動きを要するときには不利となります。

力の大きさは動きの中でとても重要ですが、最大の力を発揮することがパフォーマンスの向上に必ずしも必要であるとは限りません。というのも、技術的な動きの中ではその目的を達成するのにどれだけの力を発揮したらよいかを判断し、調節しなければならないからです（バッティング、フリースロー、コーナーキック）。多関節運動が含まれる投球動作では下半身の動きから始まり、体幹の回旋、肩、肘、手の動きへと一連の調和のとれた関節運動が行われます。この一連の動きの中で各関節にかかる力を身体の基幹部から先端へと累積的に伝達し、最終的にボールに大きな力を与えることはパフォーマンスを高めるのに不可欠な技術なのです。これはゴルフのスイング、砲丸投げ、円盤投げ、槍投げでも同じようなことがいえます。

投げの動作

　これまでの説明で、てこの原理、運動の法則、平衡、安定性はスポーツで要求される様々な動きに応用されていることがおわかりになったと思います。多くのスポーツにおいて"投げる"という動作がよく使われるので、ここではその動作を力学的に説明しましょう。基本的な力学の法則を投げの動作に応用するための基礎分析は、その技術を向上させるためにとても重要です。通常、投げ出される物体は球型をしていますが、中にはフリスビー、円盤、槍などの別の大きさや形をした物もあります。しかし、どのような形であれ、投げの動作の基本は同じで、解剖学的てこ（体幹、肩、肘、手首）を利用して関節に回転運動を起こし、それによって投げ出される物体に直線運動を与えることです。

　ここでニュートンの第1法則を応用すると、投げの動作は、投げる選手自身と投げ出されるボールがもつ慣性を超える力を発揮しなければなりません。また、ニュートンの第2法則により、腕、肘、手などの身体の各部位を加速させるには大きな力が必要です。加えられた力が大きいほど、腕は速く動き、ボールに伝えられるスピードは速くなります。物を投げる動作の始めに地面を後方に蹴って身体を前方へ移動させるときは、地面から伝わる反力を足を通して利用しているので、作用反作用の法則を応用しているといえます。

　てこの原理は物体を投げるときにも活用され、一般的にはてこが長いほど物体に伝えられるスピードは速くなります。私達の身体は足から手の指の先までを、長い連結した一連のてことして考えられ、いろいろな動きに応用されるので、手足の長い人はそれだけ有利であるともいえます。ソフトボールのウィンドミル投球では腕が長いほど大きな弧を描き先端の速度が速く、ボールは速いスピードで投げ出されます。

　しかし、キャッチャーがベースへ送球するときなど、ボールを投げる距離が短く、投げ出されるまでの時間が制限されている場合では、短いてこの方が有利なこともあります。

　投球動作にはまた、バランスすなわち安定性も応用できます。ワインド・アップ期に片足で安定性を維持した後、コッキング期で重心を前方へ移動させ一時的に安定性を失いバランスを崩します。その後、踏み込みによって安定性を取り戻し、加速期へ移るわけです。フォロースルー期には両足を広げた形で重心を低く保ち守備に備えます。

まとめ

　この章では動きに影響を及ぼすいくつかの力学的な要因について簡単に説明しました。物理の法則に照らして動作を分析しようとすればするほど実際には分析は非常に難しくなります。特に投球や、キック、キャッチといった複合的な動きでは分析が複雑になります。

　しかしながら、日常のサッカーや野球、アメリカン・フットボール、ホッケー、水泳といった運動では複合的な動作が一般的です。したがって、これらの運動に関係する指導者は身体の動きに影響を及ぼす要因をバイオメカニクスの観点から理解し、それを指導に生かしてほしいものです。

　これ以上の分析はこの本の意図するところではないので、興味のある方は参考文献をあたってください。

ウェブ・サイト

バイオメカニクス・ワールド・ワイド：

www.per.ualberta.ca/biomechanics

＊このサイトを使えばスポーツ外傷のメカニズムに関する最近の学術誌からの情報を得られる

バイオメカニクス・身体の動きと医学の雑誌：

www.biomech.com/

アーカンソー大学医学部生のための一般解剖学：

anatomy.uams.edu/htmlpages/anatomyhtml/gross.html

ワーク・シート

1. 以下のスポーツにおける動きを力学的に分析しましょう。
   - a．バスケットボール
   - b．野球
   - c．ダンス
   - d．ダイビング
   - e．アメリカン・フットボール
   - f．フィールド・ホッケー
   - g．ゴルフ
   - h．体操
   - i．サッカー
   - j．水泳
   - k．テニス
   - l．レスリング

2. 以下の動きに影響を及ぼす力学的要因について、例を交えながら説明してみましょう。
   - a．バランス
   - b．力
   - c．重力
   - d．動作
   - e．トルク
   - f．てこ
   - g．反射
   - h．摩擦
   - i．浮力
   - j．空気力学
   - k．流体力学
   - l．復元力
   - m．回転
   - n．角運動
   - o．運動量
   - p．重心
   - q．平衡
   - r．安定性
   - s．支持基盤
   - t．慣性
   - u．引き離しの方向
   - v．引き離しの角度
   - w．スピード（speed）
   - x．速度（velocity）

3. 次の身体活動を、これまで学習してきたすべての内容を統合して説明してみましょう。グループごとの研究課題として挑戦して下さい。
   - a．リフティング
   - b．投球
   - c．立位
   - d．歩行
   - e．ランニング
   - f．ジャンプ
   - g．落下
   - h．坐位
   - i．プッシュとプル
   - j．打撃

■参考文献■

Adrian MJ, Cooper JM : *The biomechanics of human movement*, Indianapolis, IN 1989, Benchmark Press.

American Academy of Orthopaedic Surgeons : *Athletic training and sports medicine*, ed 2, Park Ridge, IL, 1991, American Academy of Orthopaedic Surgeons.

Barham JN : *Mechanical kinesiology*, St. Louis, 1978, Mosby.

Broer MR : *An introduction to kinesiology*, Englewood Gliffs, NJ, 1968, Prentice-Hall.

Broer MR, Zernicke RF : *Efficiency of human movement*, ed 3, Philadelphia, 1979, Saunders.

Bunn JW : *Scientific principles of coaching*, ed 2, Englewood Cliffs, NJ, 1972, Prentice-Hall.

Cooper JM, Adrian M, Glassow RB : *Kinesiology*, ed 5, St. Louis, 1982, Mosby.

Donatelli R, Wolf SL : *The biomechanics of the foot and ankle*, Philadelphia, 1990, Davis.

Hall SJ : *Basic biomechanics*, ed 4, 2000, McGraw-Hill Companies, Inc. New York.

Hinson M : *Kinesiology*, ed 2, 1981, McGraw-Hill Companies, Inc., New York.

Kegerreis S, Jenkins WL, Malone TR : Throwing injuries, *Sports Injury Management* 2 : 4, 1989.

Kelley DL : *Kinesiology : fundamentals of motion description*, Englewood Cliffs, NJ, 1971, Prentice-Hall.

Kreighbaum E, Barthels KM, *Biomechanics : a qualitative approach for studying human movement*, ed 3, New York, 1990, Macmillan.

Logan GA, McKinney WC : *Anatomic kinesiology*, ed 3, 1982, McGraw-Hill Companies, Inc., New York.

Luttgens K, Hamilton N : *Kinesiology : scientific basis of human motion*, ed 9, Madison, WI, 1997, Brown & Benchmark.

Nordin M, Frankel VH : *Basic biomechanics of the musculoskeletal system*, ed 2, Philadelphia, 1989, Lea & Febiger.

Norkin CC, Levangie PK : *Joint structure and function : a comprehensive analysis*, Philadelphia, 1983, Davis.

Northrip JW, Logan GA, McKinney WC : *Analysis of sport motion : anatomic and biomechanic perspectives*, ed 3, 1983, McGraw-Hill Companies, Inc., New York.

Piscopo J, Baley J : *Kinesiology : the science of movement*, New York, 1981, John Wiley & Sone.

Rasch PJ : *Kinesiology and applied anatomy*, ed 7, Philadelphia, 1989, Lea & Febiger.

Scott MG : *Analysis of human motion*, ed 2, New York, 1963, Appleton-Century-Crofts.

Weineck J : *Functional anatomy in sports*, ed 2, St. Louis, 1990, Mosby.

Wirhed R : *Athletic ability and the anatomy of motion*, London, 1984, Wolfe.

Appendix
付 録

付録 1

上肢の可動関節の可動域

関節の名称	関節の種類	動き	可動域
胸鎖関節	平面関節	前出	15°前方移動
		後退	15°後方移動
		挙上	45°上方移動
		下制	5°下方移動
肩鎖関節	平面関節	前出-後退	20°〜30°回旋と滑動
		挙上-下制	20°〜30°回旋と滑動
		上方回旋-下方回旋	20°〜30°回旋と滑動
肩甲胸郭関節	真の滑膜性関節ではない。すべての運動は肩鎖関節と胸鎖関節による	外転-内転	全可動域25°
		上方回旋-下方回旋	全可動域60°
		挙上-下制	全可動域55°
肩甲上腕（肩）関節	球関節	屈曲	90°〜100°
		伸展	40°〜60°
		外転	90°〜95°
		内転	0°（体幹によって妨げられる）75°（体幹の前方で）
		内旋	70°〜90°
		外旋	70°〜90°
		水平伸展	45°
		水平屈曲	135°
肘関節	蝶番関節	伸展	0°
		屈曲	145°〜150°
橈尺関節	車軸関節	回外	80°〜90°
		回内	70°〜90°
手関節	顆状関節	屈曲	70°〜90°
		伸展	65°〜85°
		外転	15°〜25°
		内転	25°〜40°

上肢の可動関節の可動域（つづき）

関節の名称	関節の種類	動き	可動域
母指の手根中手関節	鞍関節	屈曲	15°～45°
		伸展	0°～20°
		内転	0°
		外転	50°～70°
母指の中手指節関節	蝶番関節	伸展	0°
		屈曲	40°～90°
母指の指節間関節	蝶番関節	屈曲	80°～90°
		伸展	0°
第2、第3、第4、第5中手指節関節	顆状関節	伸展	0°～40°
		屈曲	85°～100°
		外転	可変10°～40°
		内転	可変10°～40°
第2、第3、第4、第5近位指節間関節	蝶番関節	屈曲	90°～120°
		伸展	0°
第2、第3、第4、第5遠位指節間関節	蝶番関節	屈曲	80°～90°
		伸展	0°

付録2

脊柱と下肢の可動関節の可動域

関節の名称	関節の種類	動き	可動域
頚椎	平面関節ただし 環軸関節は車軸関節	屈曲	80°
		伸展	20°〜30°
		側屈	35°
		一側性回旋	45°
腰椎	平面関節	屈曲	45°
		伸展	45°
		側屈	45°
		一側性回旋	60°
股関節	球関節	屈曲	130°
		伸展	30°
		外転	35°
		内転	0°〜30°
		外旋	50°
		内旋	45°
膝関節 （内旋、外旋が生じるためには膝が30°以上屈曲する必要がある）	蝶番関節	伸展	0°
		屈曲	140°
		内旋	30°
		外旋	45°
足（距腿）関節	蝶番関節	底屈	50°
		背屈	15°〜20°
横足根と距腿下関節（足）	平面関節	内反	20°〜30°
		外反	5°〜15°
母趾の中足趾節関節	顆状関節	屈曲	45°
		伸展	70°
		外転	可変5°〜25°
		内転	可変5°〜25°
母趾の趾節間関節	蝶番関節	屈曲	90°
		伸展	0°
第2、第3、第4、第5 中足趾節関節	顆状関節	屈曲	40°
		伸展	40°
		外転	可変5°〜25°
		内転	可変5°〜25°
第2、第3、第4、第5 近位趾節間関節	蝶番関節	屈曲	35°
		伸展	0°
第2、第3、第4、第5 遠位趾節間関節	蝶番関節	屈曲	60°
		伸展	30°

WORK SHEET

ワーク・シート

骨格図に骨の名称と重要な骨のポイントを書き出しましょう。

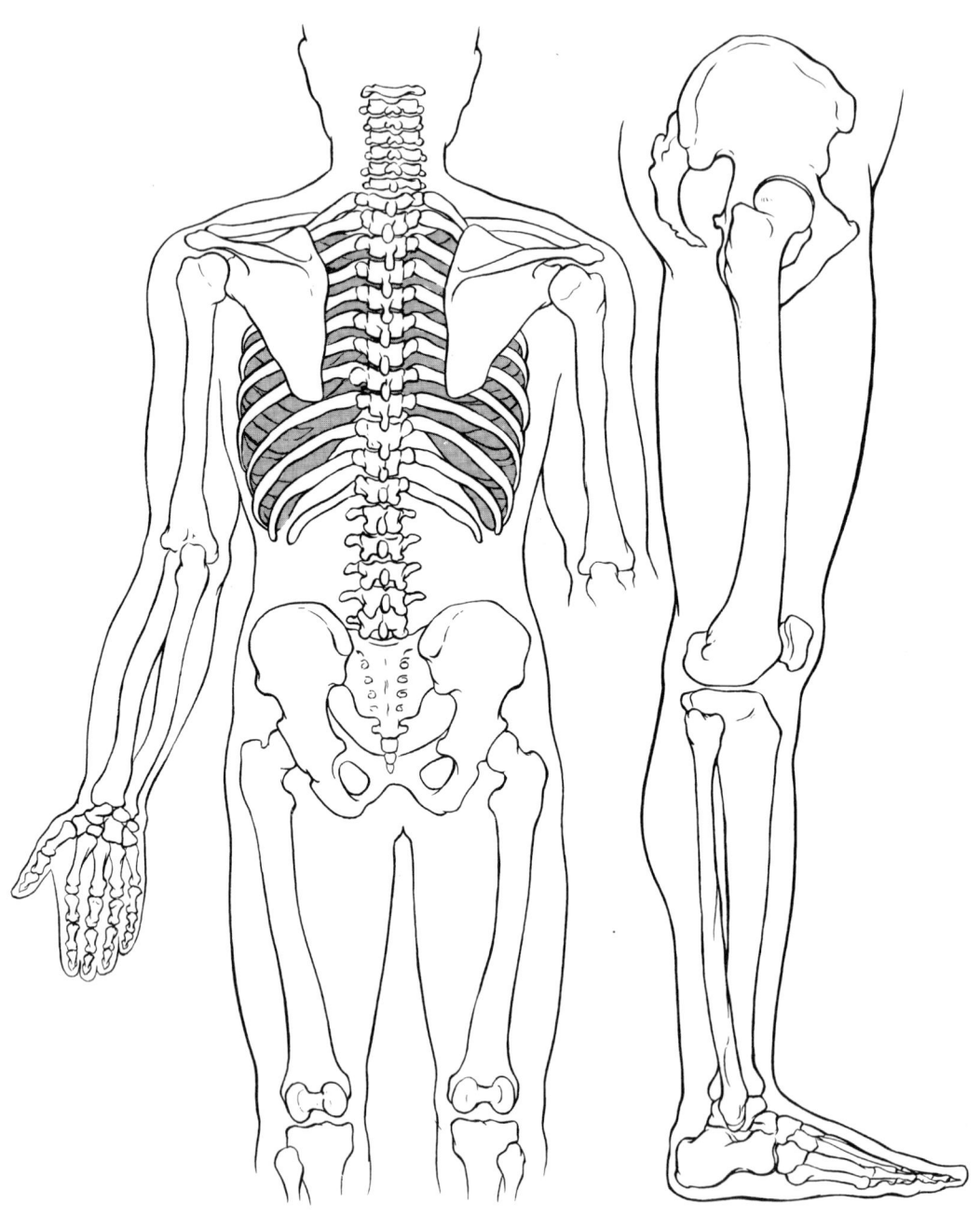

第1章のワーク・シート　No. 2

骨格図に骨の名称と重要な骨のポイントを書き出しましょう。

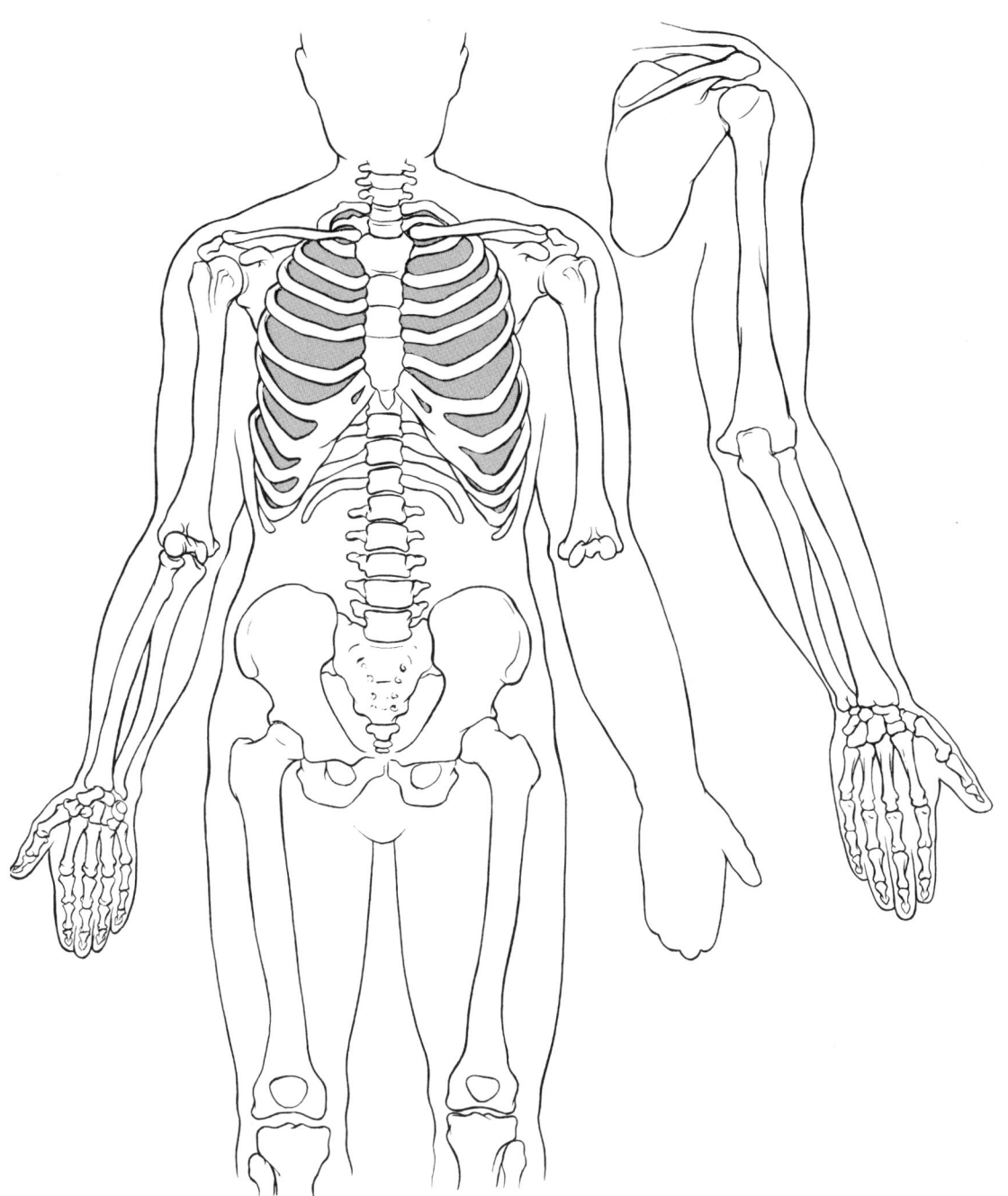

第 2 章のワーク・シート　No. 1

以下の筋肉をスケッチして名称を書き込みましょう。

a．僧帽筋

b．菱形筋

c．前鋸筋

d．肩甲挙筋

e．小胸筋

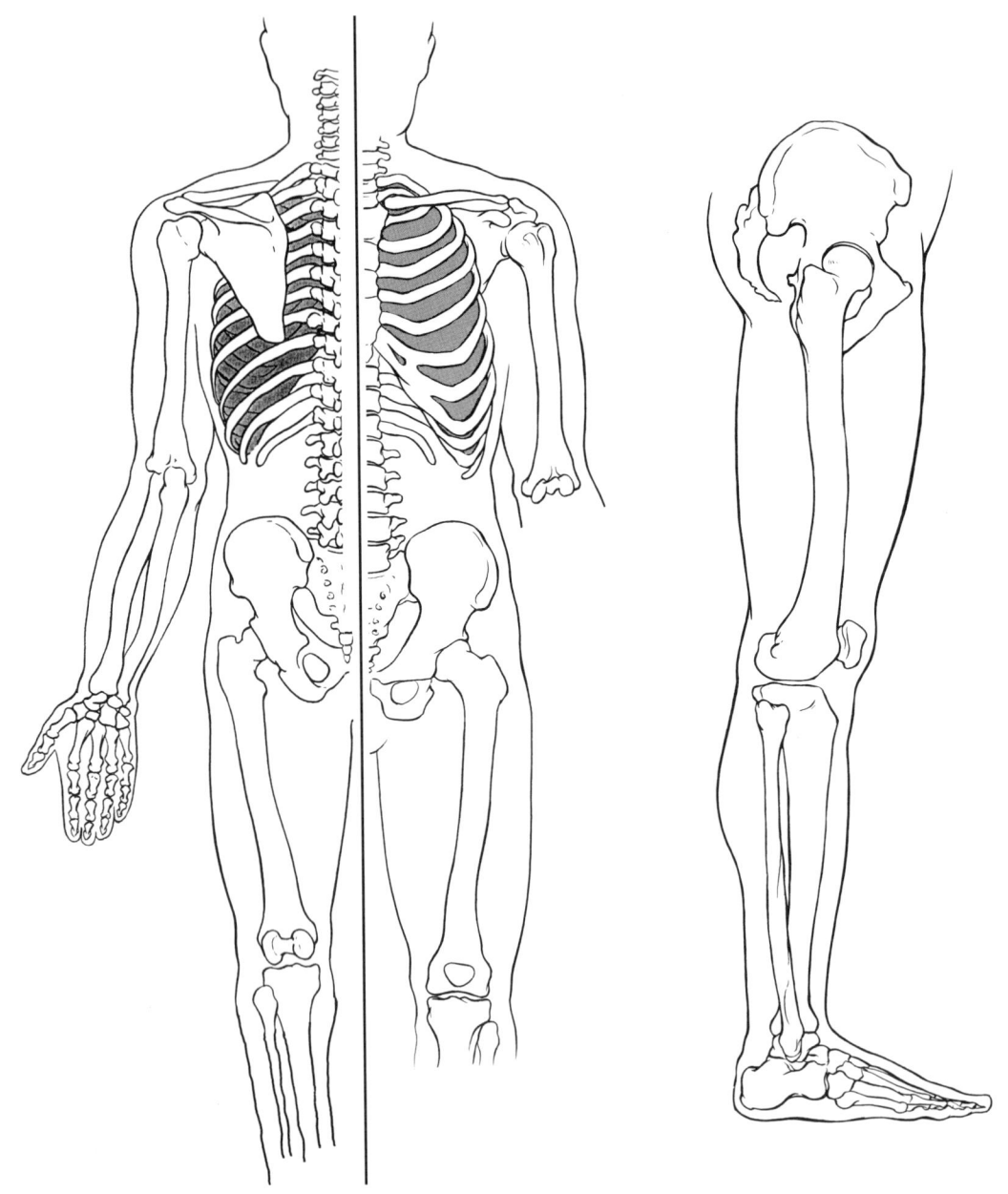

第 2 章のワーク・シート　No. 2

以下の肩甲骨の動きを矢印で示し、名称も入れましょう。

a．内転

b．外転

c．上方回旋

d．下方回旋

e．挙上

f．下制

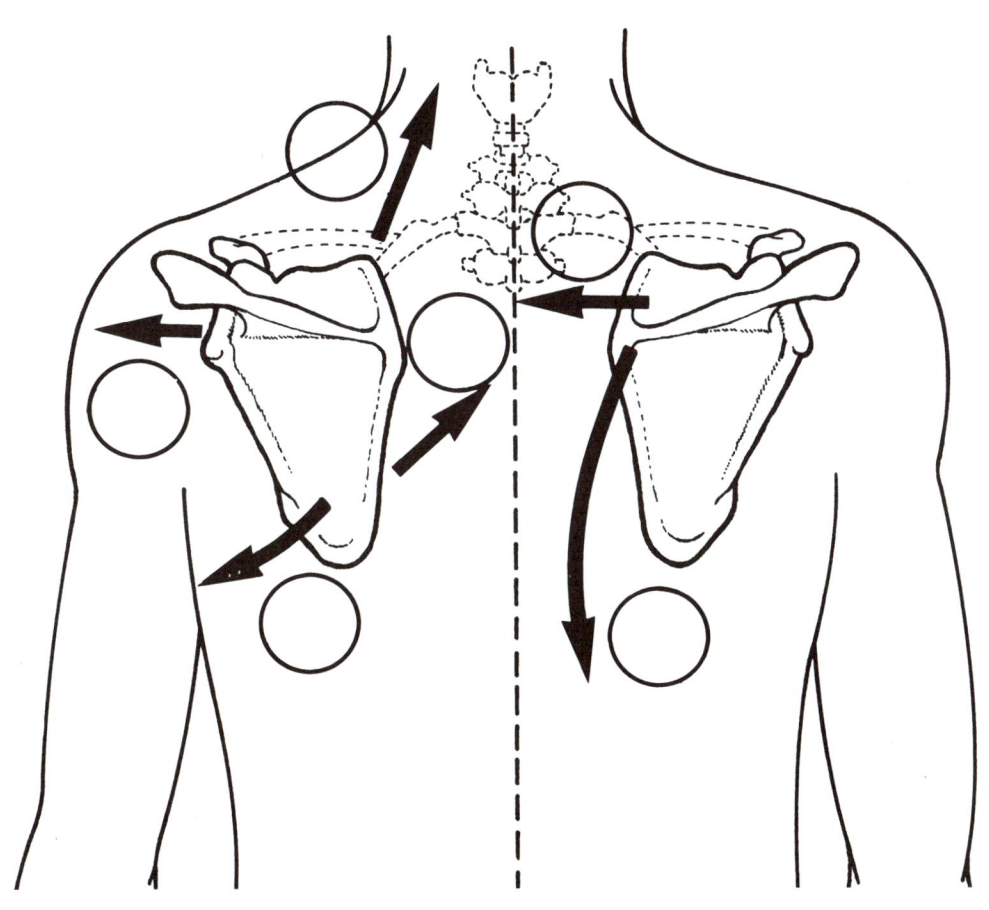

以下の筋肉をスケッチして名称を書き込みましょう。また、各筋肉の起始に〝O〟、停止に〝I〟と入れましょう。

a．三角筋　　　　　f．小円筋

b．棘上筋　　　　　g．広背筋

c．肩甲下筋　　　　h．大胸筋

d．大円筋　　　　　i．烏口腕筋

e．棘下筋

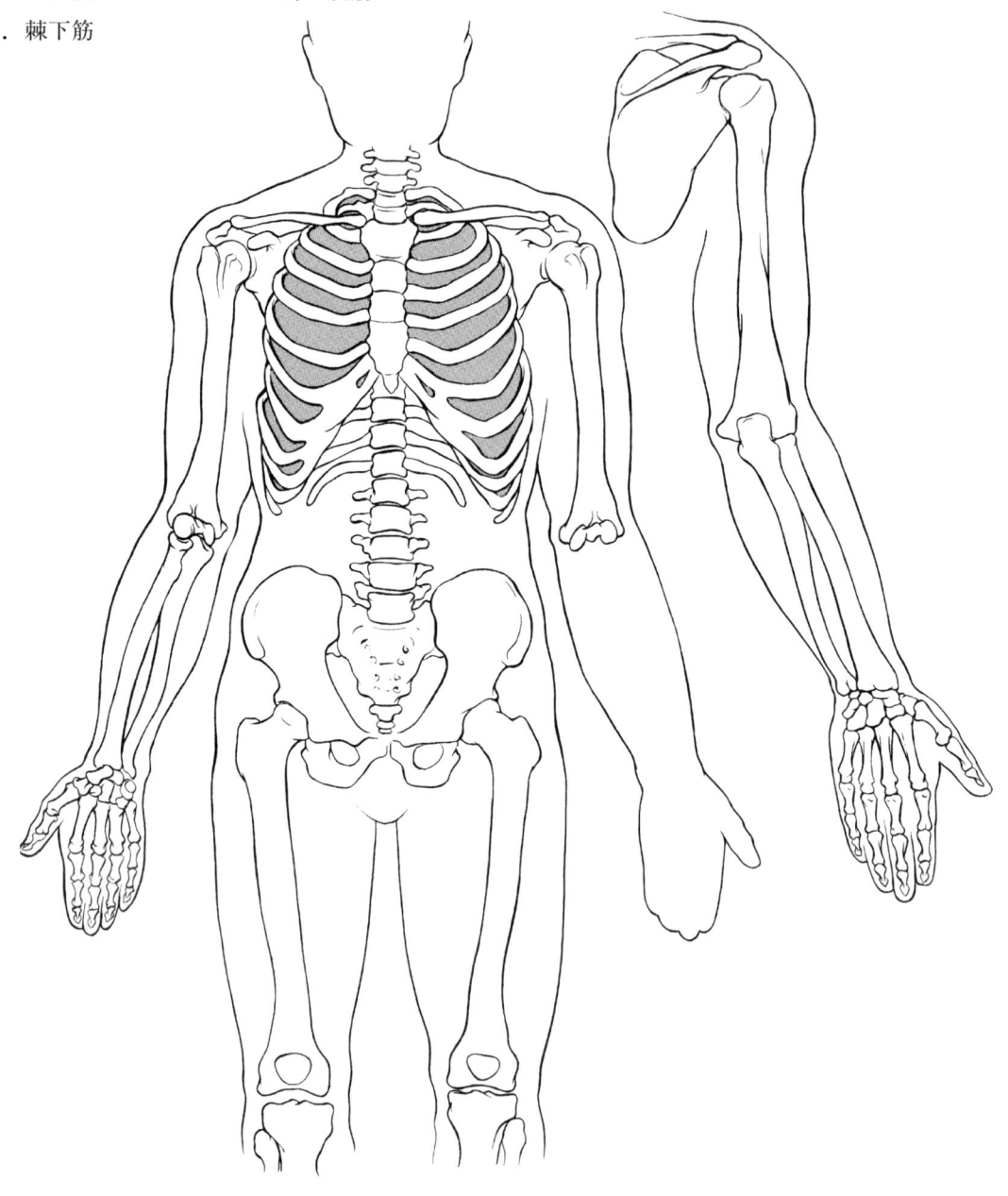

第3章のワーク・シート　No. 2

以下の肩関節の動きを名前をつけて矢印で示しましょう。

a．外転

b．内転

c．屈曲

d．伸展

e．水平屈曲

f．水平伸展

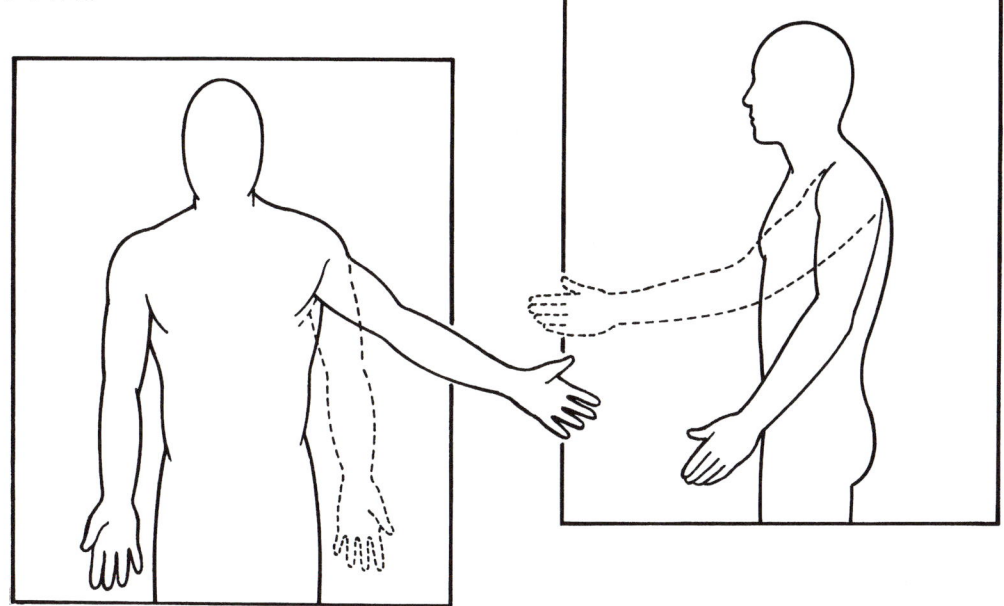

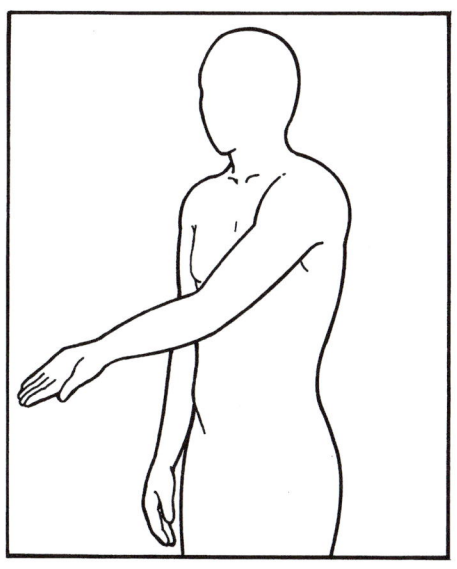

以下の筋肉をスケッチして名称を書き込みましょう。また、各筋肉の起始に〝O〟、停止に〝I〟と入れましょう。

a．上腕二頭筋　　　　e．回外筋

b．腕橈骨筋　　　　　f．上腕三頭筋

c．上腕筋　　　　　　g．肘筋

d．円回内筋　　　　　h．方形回内筋

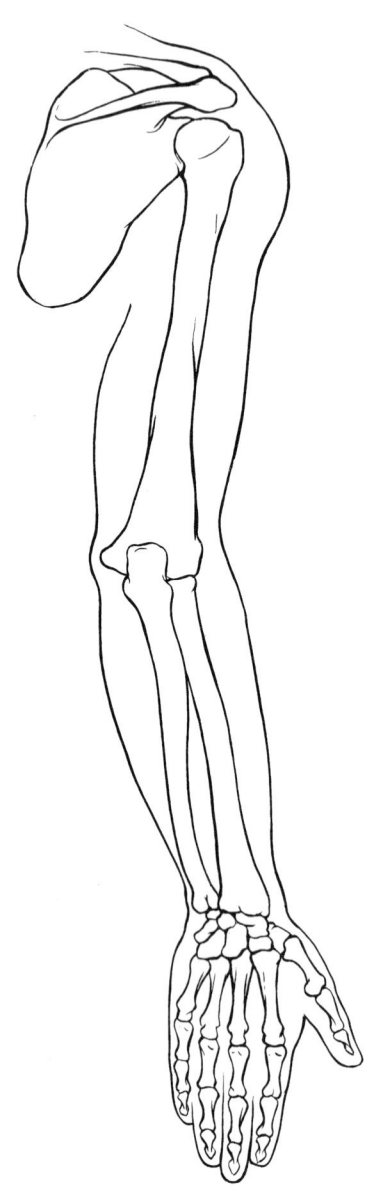
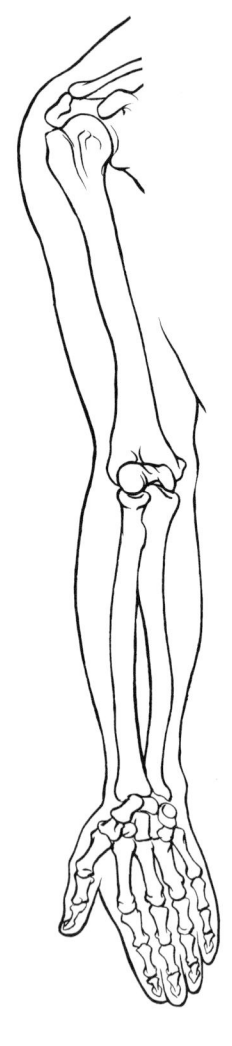

第4章のワーク・シート　No.2

　以下の矢印で示された肘関節と橈尺関節の動きに名称をつけましょう。それぞれの動きがどの基本面で起こるのか、また動きの基本軸はどこかを書き出しましょう。

肘関節

　　屈曲

　　伸展

橈尺関節

　　回内

　　回外

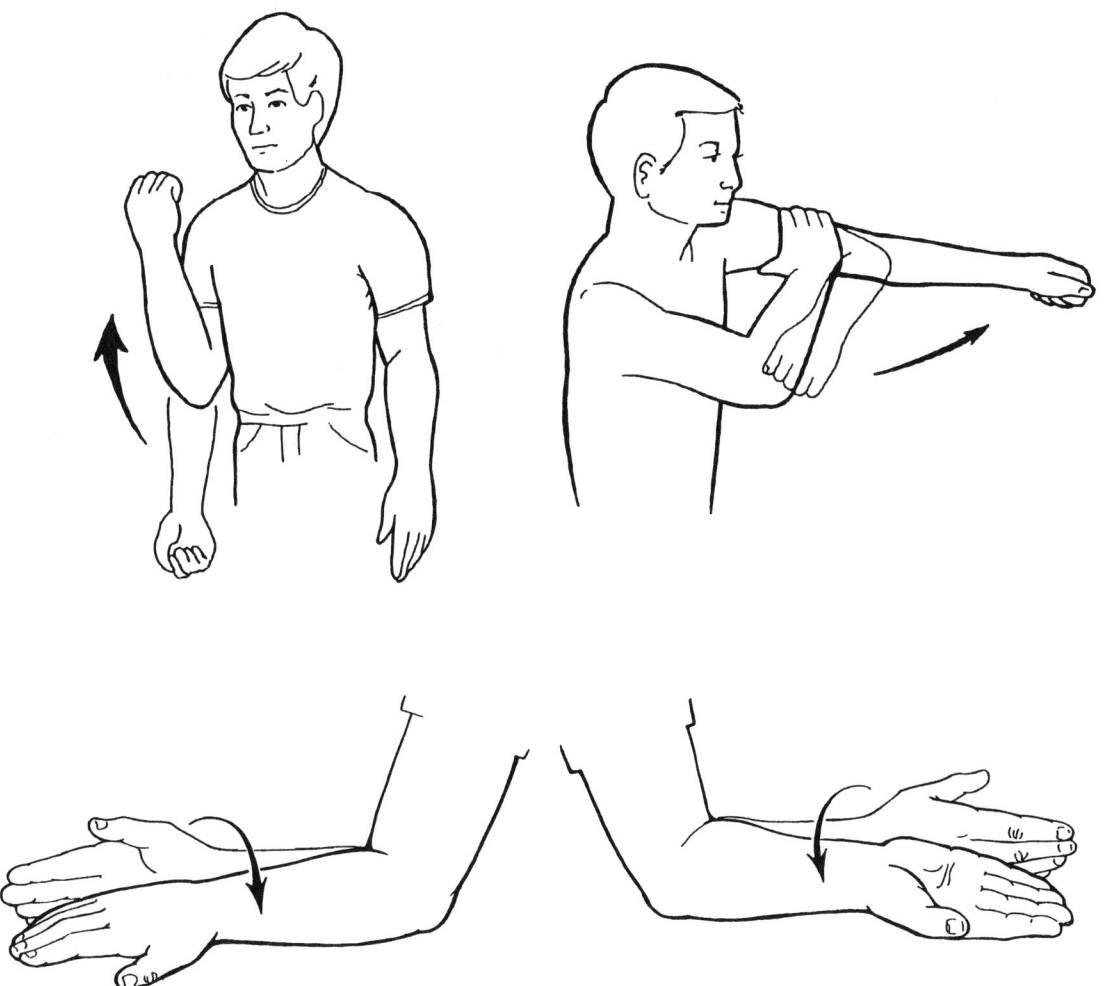

第5章のワーク・シート　No.1

以下の筋肉をスケッチして名称を書き込みましょう。また、各筋肉の起始に〝O〟、停止に〝I〟と入れましょう。

a．長母指屈筋	f．短母指伸筋	k．小指伸筋
b．橈側手根屈筋	g．尺側手根伸筋	l．示指伸筋
c．尺側手根屈筋	h．長掌筋	m．浅指屈筋
d．(総)指伸筋	i．長橈側手根伸筋	n．深指屈筋
e．長母指伸筋	j．短橈側手根伸筋	o．短母指外転筋

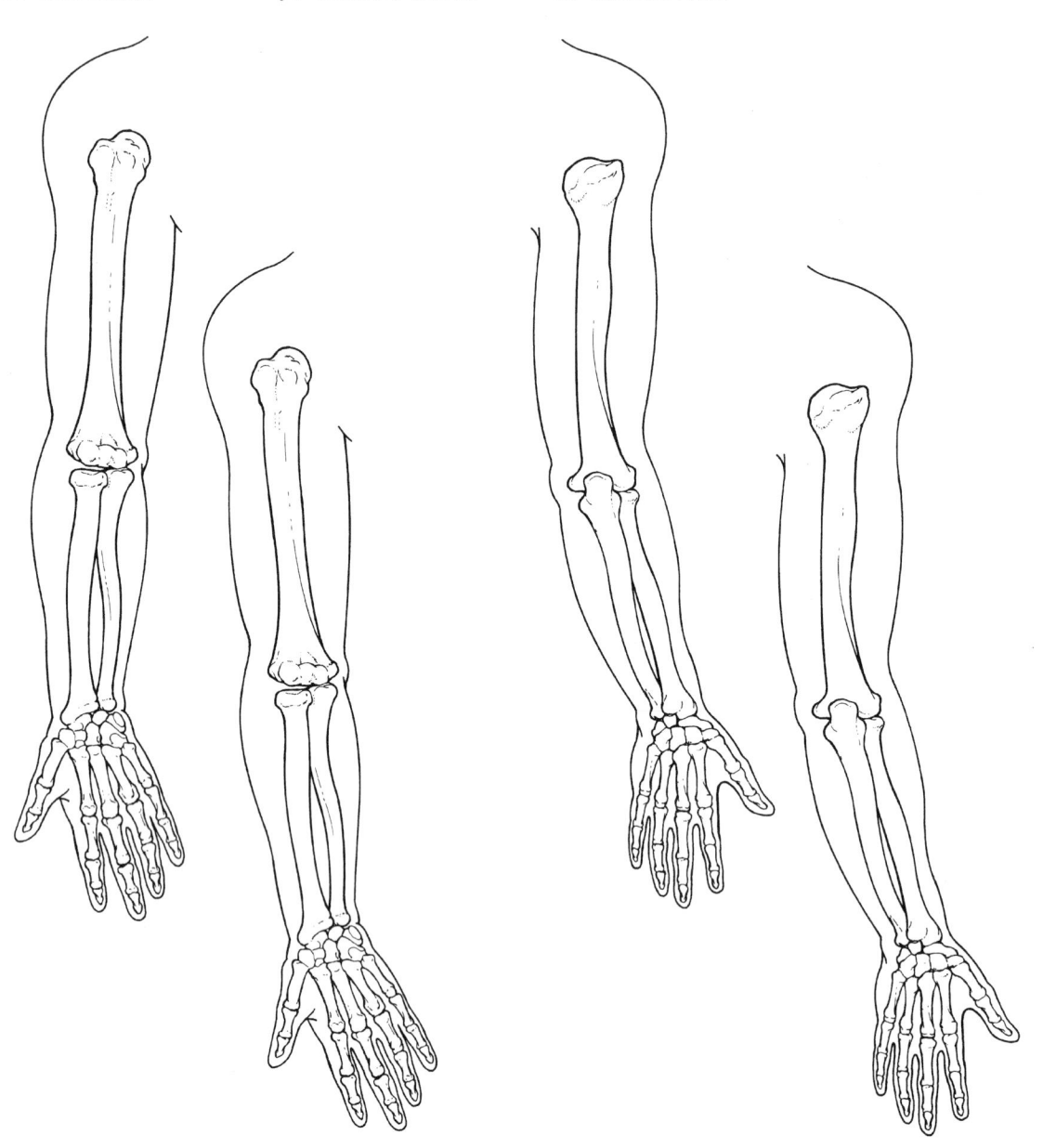

第 5 章のワーク・シート　No. 2

手関節および手の指の動きを矢印で示しましょう。また、それぞれの動きの基本面と基本軸を記入しましょう。

手関節と手の指

　伸展

　屈曲

　外転（橈屈）

　内転（尺屈）

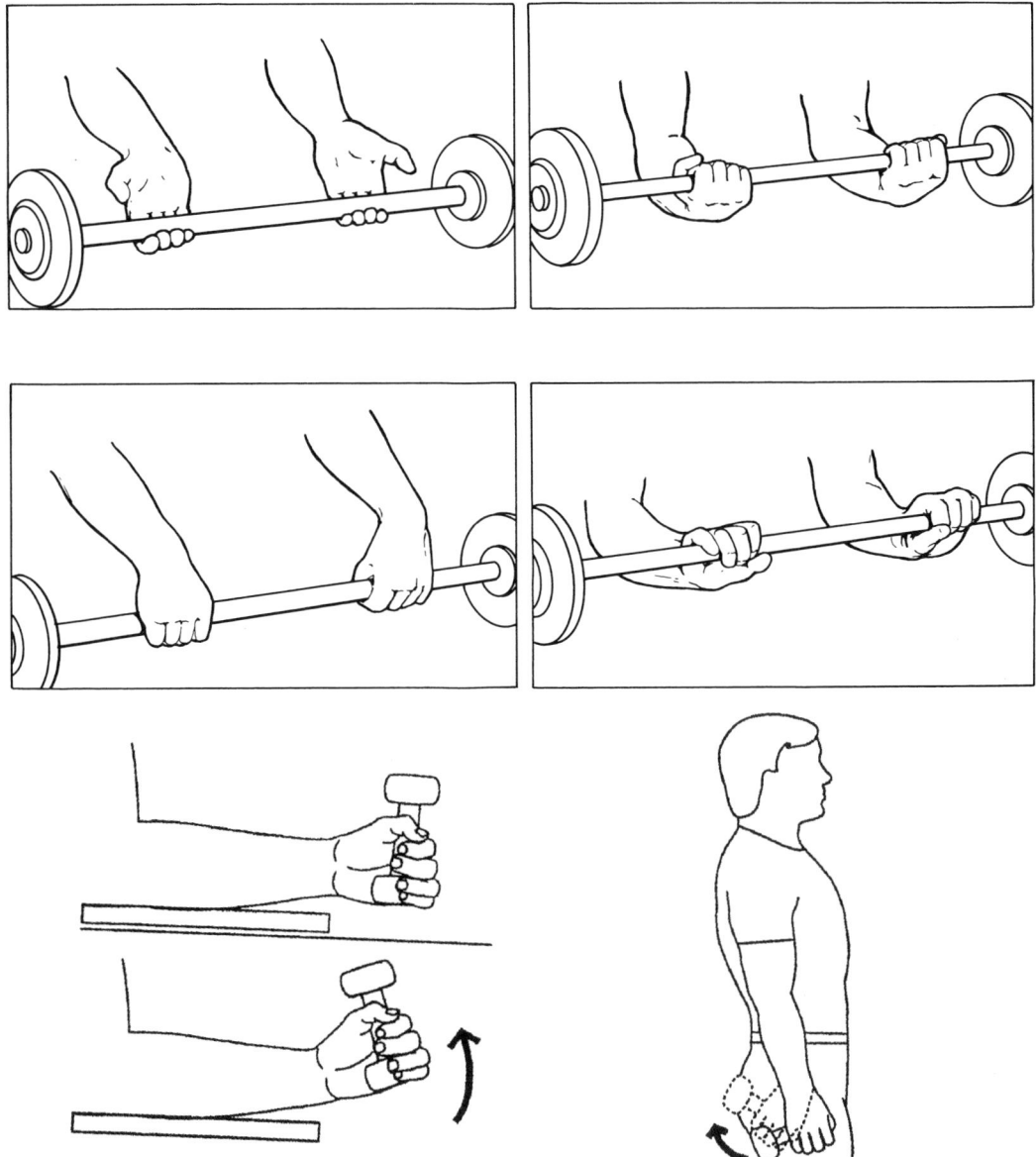

第6章のワーク・シート　No. 1

　この章で解説されている手順に従って、関節運動とその動きを生みだす筋肉を考慮し、以下の運動種目を分析しましょう。

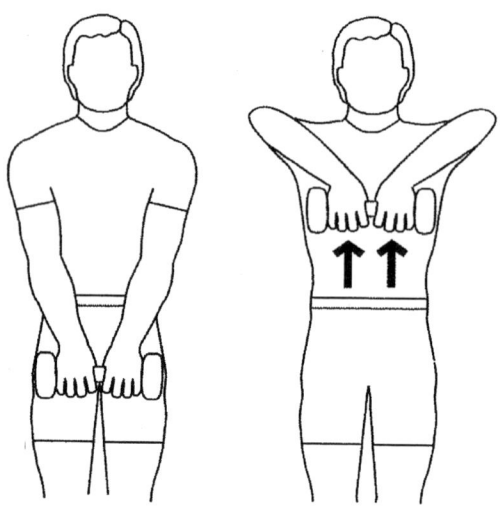

第6章のワーク・シート　No. 2

　この章で解説されている手順に従って、関節運動とその動きを生みだす筋肉を考慮し、以下の運動種目を分析しましょう。

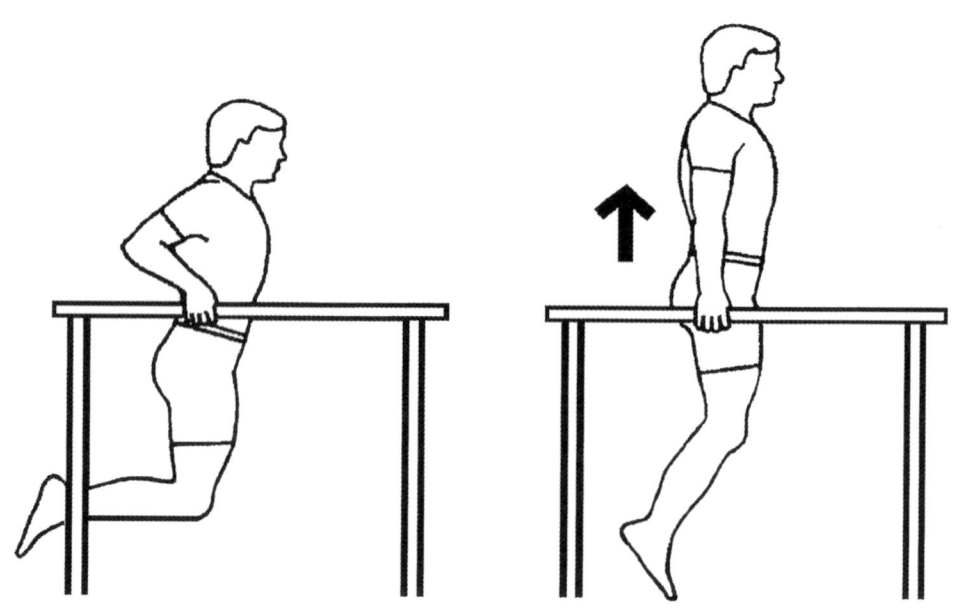

第7章のワーク・シート　No.1

股関節と骨盤帯の前面の筋肉を骨格図に描き、名称をつけましょう。また、各筋肉の起始に〝O〟、停止に〝I〟と入れましょう。

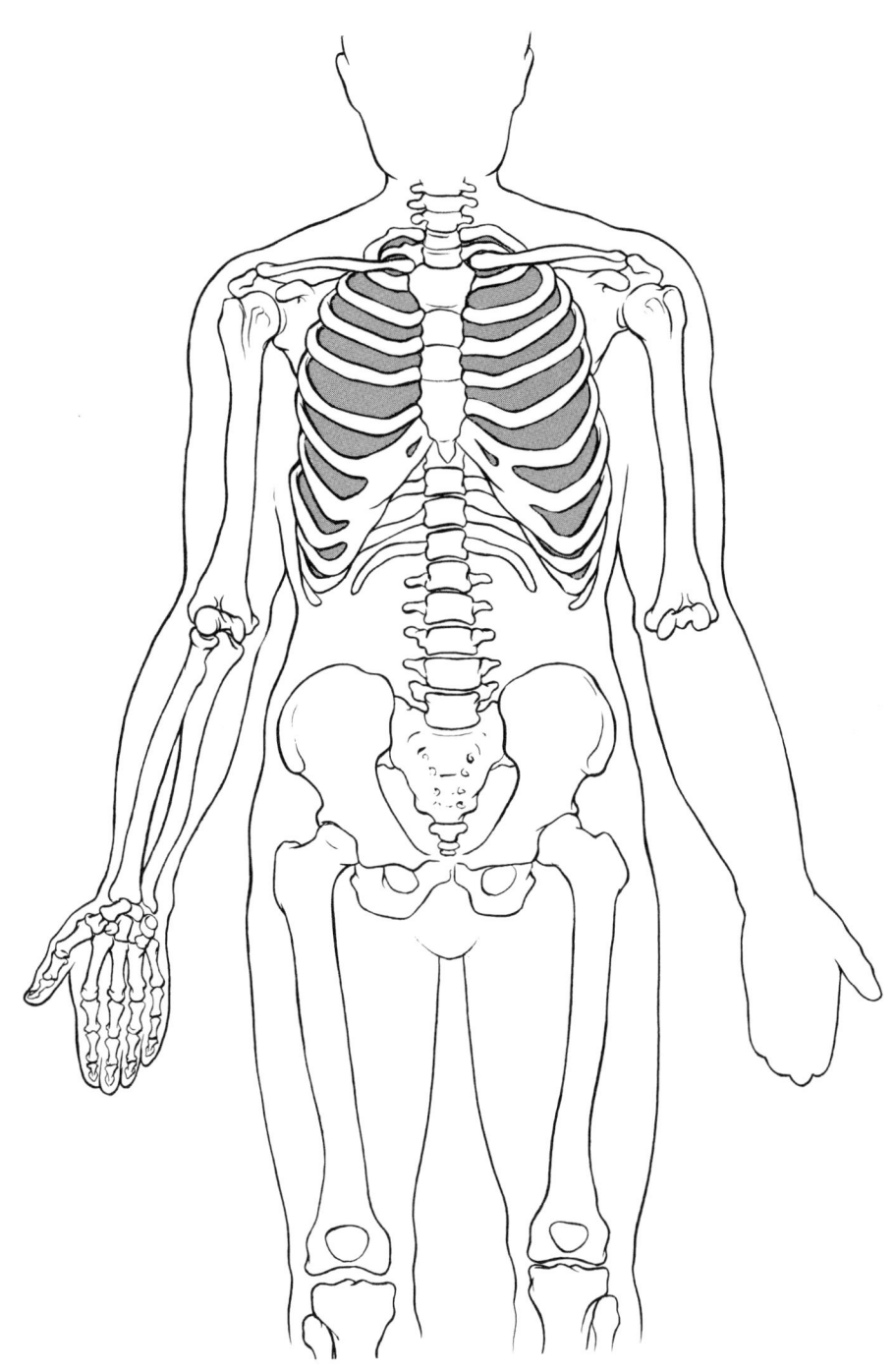

股関節と骨盤帯の後面の筋肉を骨格図に描き、名称をつけましょう。また、各筋肉の起始に〝O〟、停止に〝I〟と入れましょう。

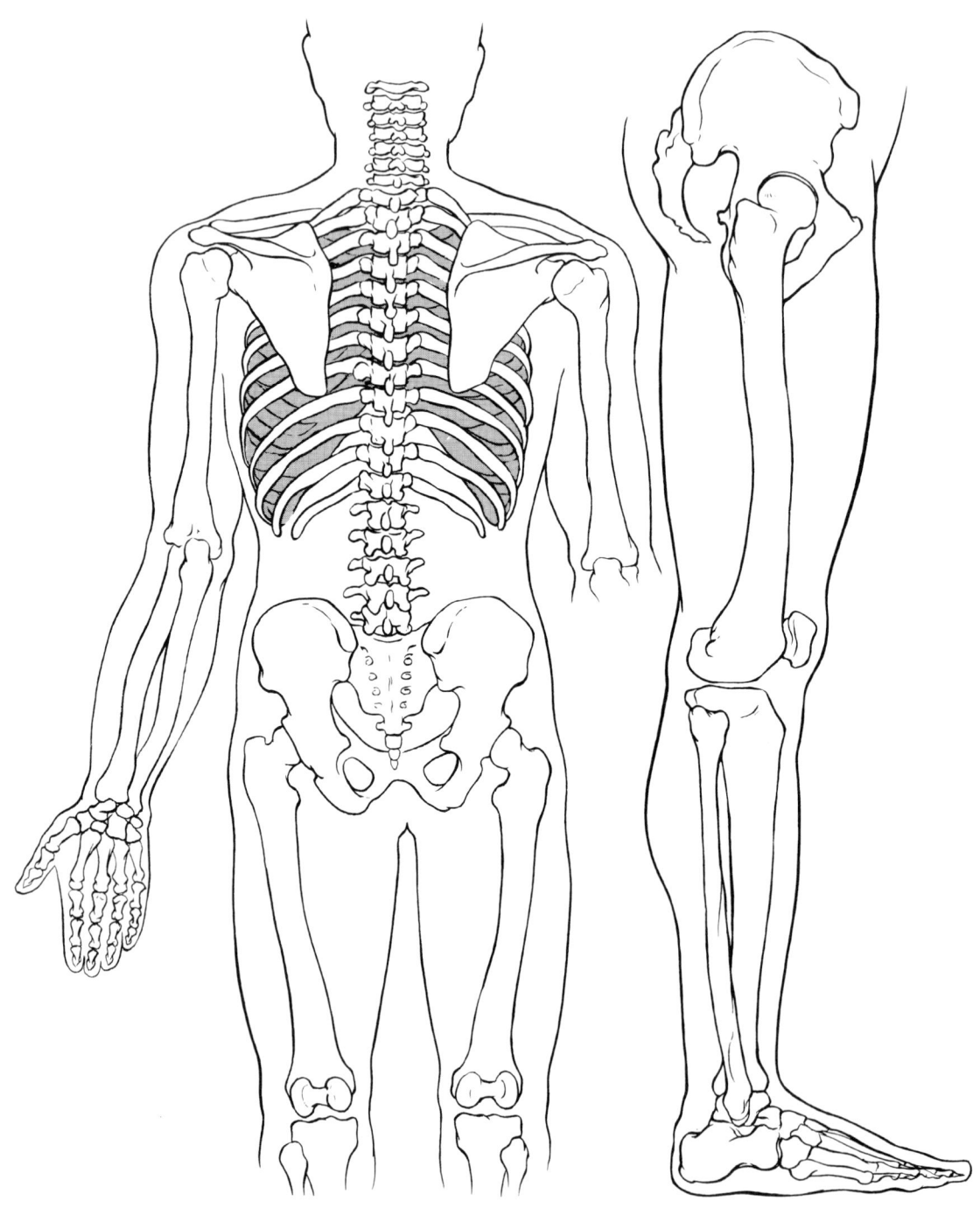

第8章のワーク・シート　No.1

膝関節の筋肉を骨格図に描き、名称をつけましょう。また、各筋肉の起始に〝O〟、停止に〝I〟と入れましょう。

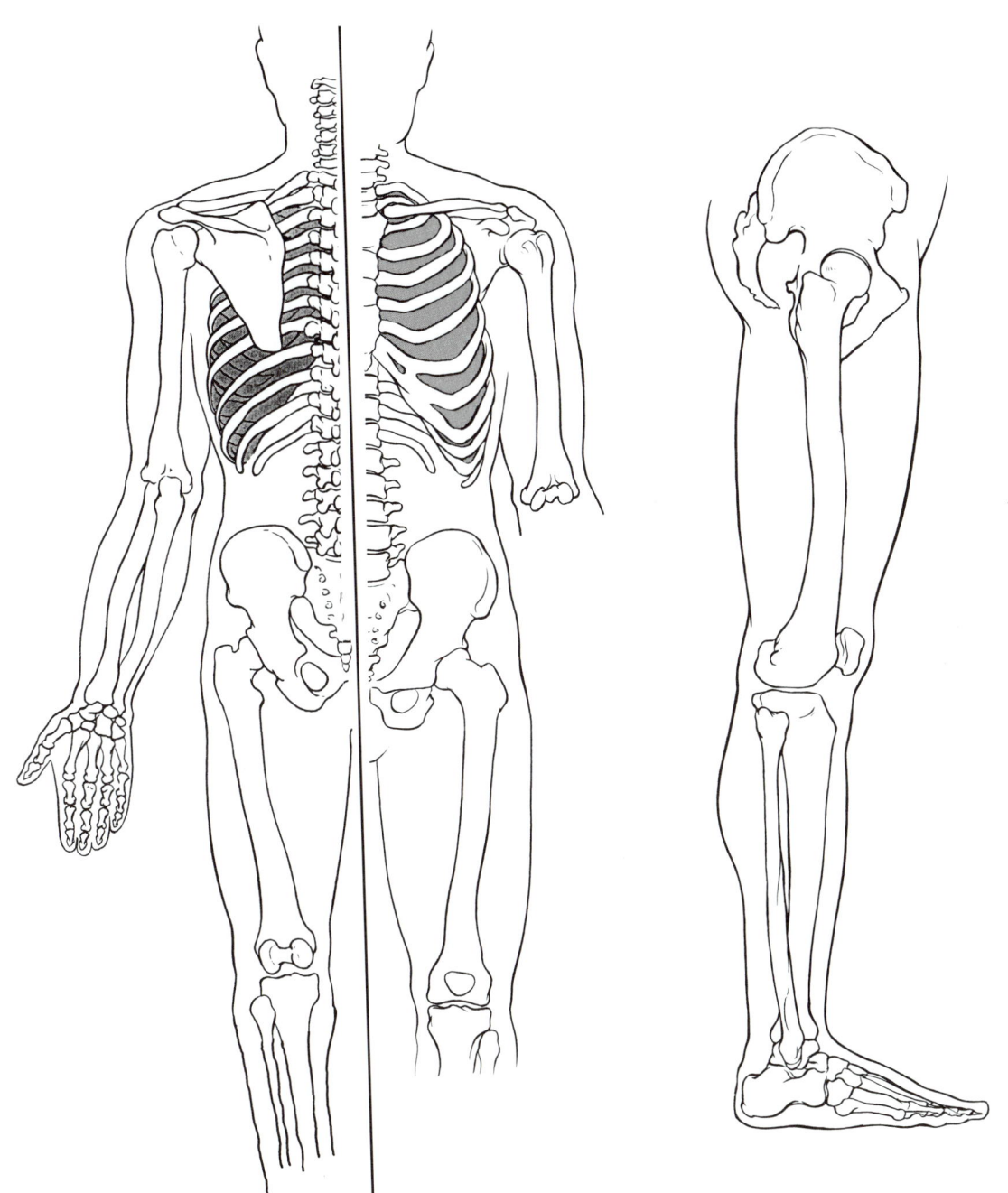

第9章のワーク・シート　No. 1

以下の足関節と足の筋肉をスケッチして名称を書き込みましょう。また、各筋肉の起始に〝O〟、停止に〝I〟と入れましょう。

a．前脛骨筋

b．長趾伸筋

c．長腓骨筋

d．短腓骨筋

e．ヒラメ筋

f．第三腓骨筋

g．腓腹筋

h．長母趾伸筋

i．後脛骨筋

j．長趾屈筋

k．長母趾屈筋

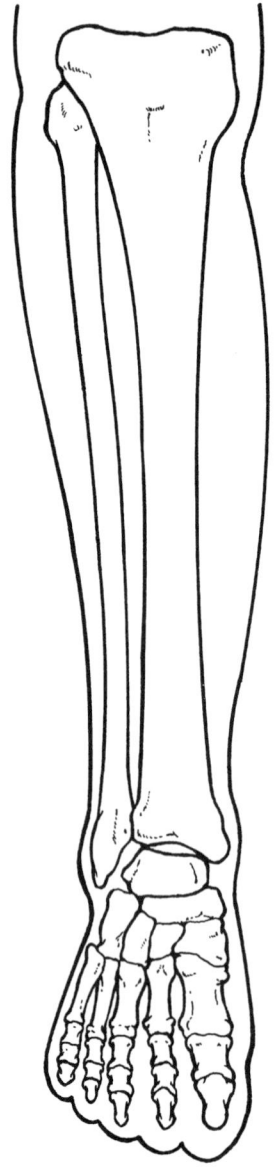

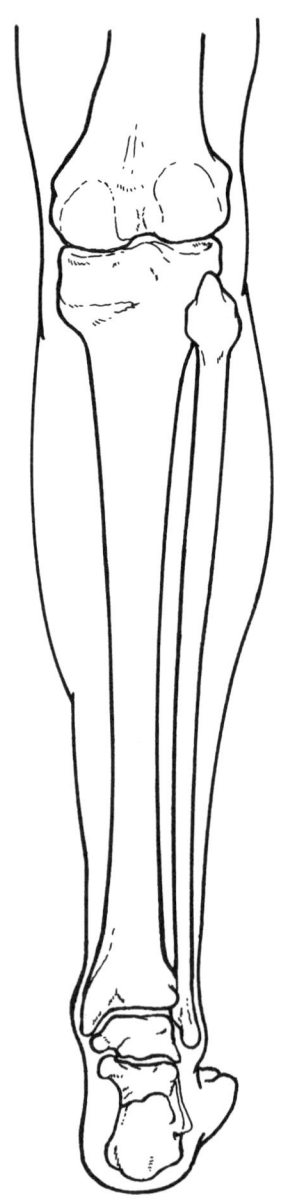

第10章のワーク・シート　No. 1

以下の筋肉をスケッチして名称を書き込みましょう。また、各筋肉の起始に〝O〟、停止に〝I〟と入れましょう。

a．腹直筋

b．外腹斜筋

c．内腹斜筋

d．胸鎖乳突筋

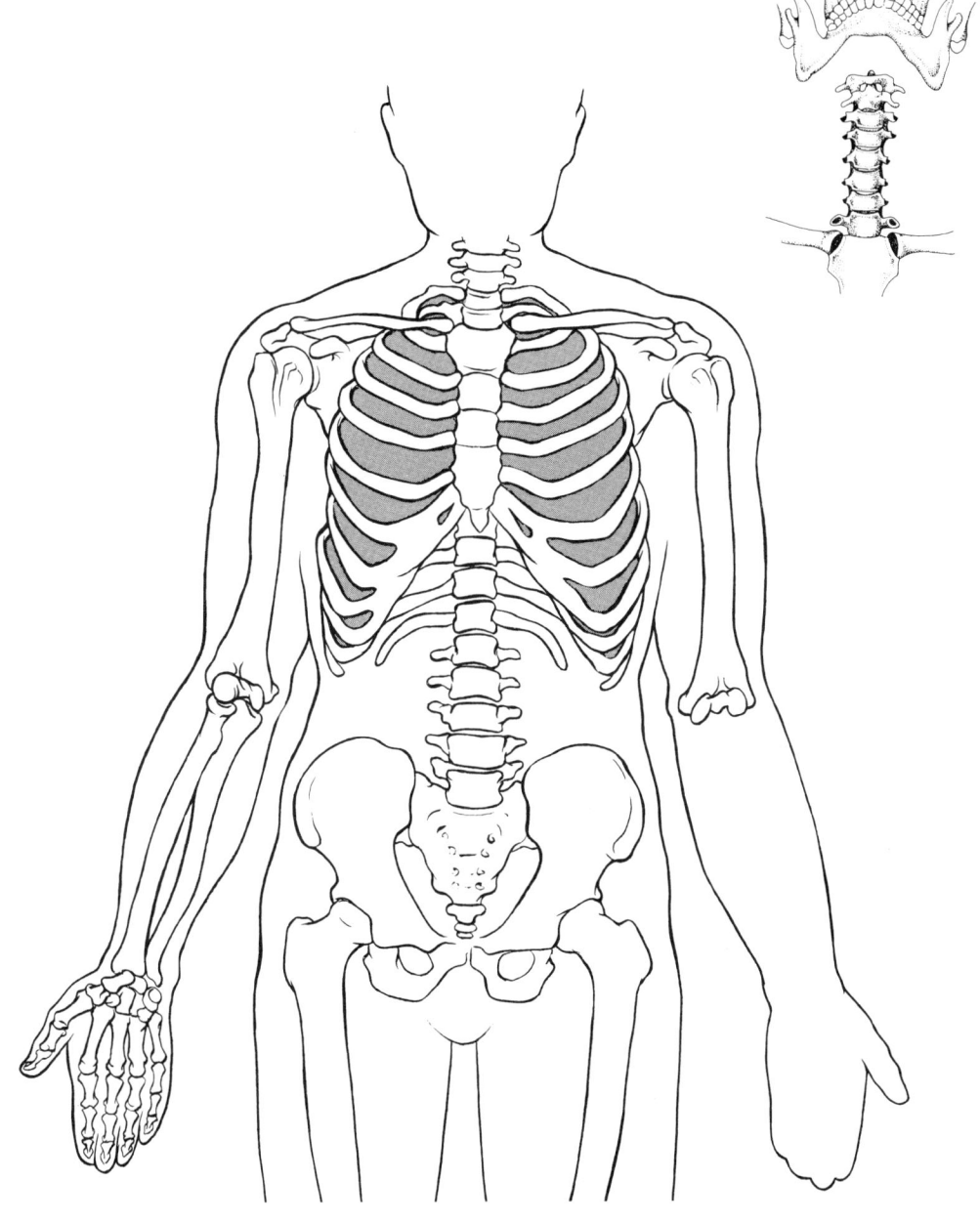

以下の筋肉をスケッチして名称を書き込みましょう。また、各筋肉の起始に〝O〟、停止に〝I〟と入れましょう。

a．脊柱起立筋
b．腰方形筋
c．頚板状筋と頭板状筋

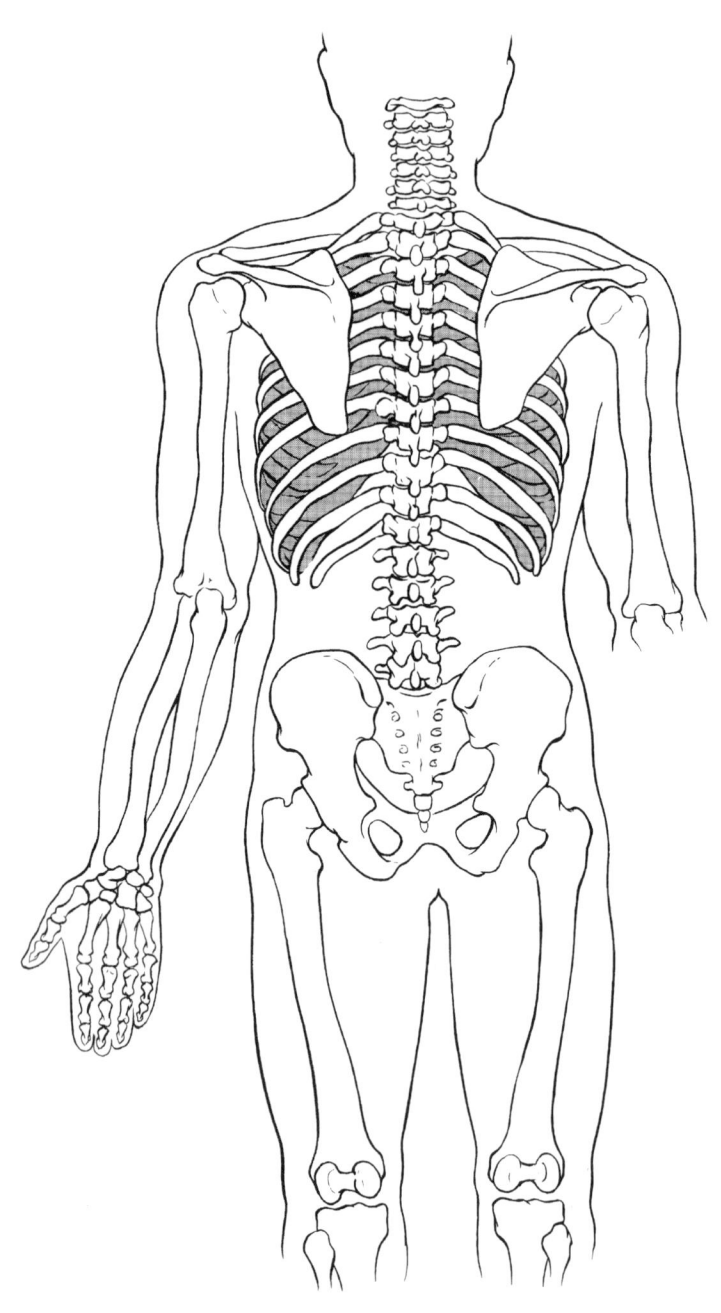

第11章のワーク・シート No.1

動作分析表

期（相）		足趾の関節	横足根 距骨下関節	足関節 （足首）	膝関節	股関節	腰椎	頚椎	肩甲骨	肩甲上腕関節	肘関節	手関節 （手首）	指の関節
	ポジション												
	可動域												
	主働筋/ 収縮様式												
	ポジション												
	可動域												
	主働筋/ 収縮様式												
	ポジション												
	可動域												
	主働筋/ 収縮様式												
	ポジション												
	可動域												
	主働筋/ 収縮様式												
	ポジション												
	可動域												
	主働筋/ 収縮様式												

アイソキネティック（等速性）収縮（isokinetic contraction）：関節の動く速度が一定であるような筋収縮でさらに、エキセントリックとコンセントリックに分類される

アイソトニック（等張性）収縮（isotonic contraction）：筋肉の収縮に伴う関節の動きにおいて、関節角度には無関係で常に等しい張力がかかるような種類の収縮。動的収縮で、エキセントリックとコンセントリックの2つに分類される

アイソメトリック（等尺性）収縮（isometric contraction）：筋肉が力を発揮しているにもかかわらず、関節に動きのない種類の筋収縮

鞍関節（sellar joints）：母指の手根中手関節にだけみられ、非常によく動くが回旋できない関節

安定性（stability）：身体に外力が加えられ加速されたとき、それに対抗して平衡を維持する能力

動きの基本面（plane of motion）：四肢や体幹の関節が動くときの基本面

運動学（kinematics）：力や質量を考えない物体運動に関する学問

運動期（movement phase）：加速期、アクション期、モーション期、コンタクト期とも呼ばれる。大きな力が直接ボール、器具、相手にかけられる局面。通常この局面で最大に近いコンセントリック収縮の活動が起こるのが特徴である

運動力学（kinetics）：力が作用した場合の物体の運動に関する力学

運動量（momentum）：質量と速度の積

エキセントリック（伸張性）収縮（eccentric contraction）：筋肉が引き伸ばされながらも力を発揮するタイプの筋収縮

遠位（distal）：四肢において体幹や起始からより遠い位置

遠心力（eccentric force）：固定された軸を中心に回転する物体にかかる、回転軸の中心からはずれようとする力

オープン・キネティック・チェーン（open kinetic chain）：四肢の遠位部が固定されておらず、関節の動きが自由である状態

回外（supination）：前腕の長軸を中心にして、前腕が外側へ回る動き。また、足が矢状軸を中心に外側へ回る動き

回旋（rotation）：骨の長軸を中心にした回転運動

外旋（external rotation）：長軸を中心にしてその骨が外側に向かって回る動き

外側上顆炎（lateral epicondylitis）：外側上顆炎は一般的にテニス肘としてよく知られる上腕骨外側上顆の炎症で、グリップやリフティング（挙上）が必要なスポーツで多発する。外側上顆に起始する手首や指の伸筋が関与する

外転（abduction）：すでに内転位にある腕または脚が、前額面上で正中線から外側へ遠ざかる動き

回転軸（axis of rotation）：関節が回転運動を起こす際の中心軸

回内（pronation）：前腕の長軸を中心にして、前腕が内側へ回る動き。また、足が矢状軸を中

心に内側へ回る動き

外反(eversion)：つま先と足の底が外側に向かい、同時に足部の内縁で立つような動き

解剖学的肢位(解剖学的基本姿勢)(anatomical position)：足をそろえ、手のひらを前方へ向けた立位の姿勢。この姿勢を基本に解剖学の用語は規定される

角移動(angular displacement)：回転している物体の位置変化

角運動(angular motion)：軸を中心に回転する運動

顆状関節(condyloid joint)：軸を中心とした回旋はできないが、2つの基本面での動きは可能な関節

下制(depression)：肩甲帯(肩甲骨)の下方への動き

加速度(acceleration)：速度変化の割合

滑走関節(arthrodial joints)：骨の平たんな面で構成され、わずかな動きが可能な関節。手根間関節や足根中足関節

慣性(inertia)：静止している点から動かそうとしたり、または等速運動を変えさせようとする力に対して抵抗する物体の性質

起始(origin)：筋肉の一方の付着部で、近くの関節がまったく動かないか非常に動きの少ない方の付着部

拮抗筋(antagonist)：一方の筋あるいは筋群が収縮を起こしたときの反対側の筋肉

キネシオロジー(kinesiology)：解剖学的な観点から生体の動きを力学的に明らかにする学問

基本的肢位(fundamental position)：解剖学的肢位と同じであるが、唯一前腕が中間位にあるため手のひらが前方ではなく内側すなわち身体方向へ向く

球関節(enarthrodial joint)：肩関節や股関節のようにすべての面での動きが可能な関節

共働筋(syhergist)：主働筋とともに働く筋肉。洗練された動きを補助し、望ましくない動きを除外する。協動筋とも呼ぶ

曲線運動(curvilinear motion)：曲線上の動き

挙上(elevation)：肩甲帯(肩甲骨)が上方へ上がる動き。肩をすくめるような動き

距離(distance)：物体が移動した長さを表す数量

筋膜(fascia)：筋肉を覆い、筋肉を支援して結合し、そしてグループに分ける線維性の膜

屈曲(flexion)：肘や膝などで起こる関節角度が小さくなる動き

クランチ(crunches)：床に仰向け(背臥位)になり、両下腿を台にのせ、両手を耳の横に軽く置く。肩を床から離して顎を引き、へそを覗き込んだ状態から背中を丸めるようにして起き上がろうとする。このとき、腰を床面に押しつけると同時に、胸骨と恥骨の距離を縮めるように意識する。ゆっくりと元に戻し、これを繰り返す運動

クローズド・キネティック・チェーン(closed kinetic chain)：四肢の遠位部が固定され、関節の動きが制限されている状態

腱(tendon)：筋肉と骨を結んでいる線維性の結合組織

肩甲骨の外転(protraction, abduction)：肩甲骨が外側へ向かって脊柱から離れる動き。肩甲帯の外転ともいう

肩甲骨の内転(retraction, adduction)：肩甲骨が内側へ向かって脊柱へ近づく動き。肩甲帯の内転ともいう

固定筋(stabilizers)：この関節は関節や身体の一部を取り囲んで固定し、その先にある関節がスムーズに動くための土台をつくる。スタビライザー、安定化筋とも呼ばれる。基本的にはより遠位の関節がうまく動くために近位

部で働く

コンセントリック（短縮性）収縮（concentric contraction）：筋肉がその長さを短くしながら力を発揮するタイプの筋収縮

サイド・アーム・ダンベル・レイズ（ラテラル・レイズ）（Side-arm dumbell raises）：膝を軽く曲げ両足を肩幅に開き、体側でダンベルを持つ。その状態から腕を肩の高さまで真横に上げていく。手のひらを下に向けたままで、手首はしっかりと固定する。そして、ゆっくりと元に戻す運動

作用の角度（angle of pull）：筋肉の収縮の方向とその筋肉が付着している骨のなす角度

矢状軸（anteroposterior axis）：身体を前後に貫く軸で、前額面に対して直交する。前後軸とも呼ぶ。この軸を中心とした代表的な回転運動は内転、外転である

矢状面（sagittal plane）：身体を前後に貫き、左右に分断する面

質量（mass）：物体の重さを表す単位

自動機能不全（active insufficiency）：筋肉がそれ以上自動的に力を起こし緊張を維持することができない状態

車軸関節（trochoidal joint）：首の環軸関節のように、軸を中心とした回旋が可能な関節

尺屈（ulnar flexion）：手首や手の指が尺側へ曲がる動き

重心（center of gravity）：物体の質量や体重がすべての方向に対して均等に分布している点

主働筋（agonist）：ある関節の動きに対して大きな力を発揮する主要な筋肉

準備期（preparatory phase）：ワインド・アップ期、コッキング期とも呼ばれ、次の局面で大きな力、運動量を引き起こすために筋肉を伸長させ、コンセントリック収縮に備える局面

靭帯（ligament）：骨と骨に付着して関節に安定

性を与える強靭な結合組織

伸展（extension）：関節を構成する骨のなす角度がより大きくなる動き

静的平衡（static equilibrium）：物体に作用する力がゼロで完全に静止している状態

静力学（statics）：静止しているか、あるいは一定の速度で動いている平衡状態にある物体に作用する力に関する学問

垂直軸（vertical axis）：身体を上下に貫き水平面に直交する軸。この軸を中心とする回転運動は〝旋〟と呼ばれる

水平屈曲（horizontal adduction）：上腕が水平面上で前方へ向かう肩関節の動き

水平伸展（horizontal abduction）：上腕が水平面上で後方へ向かう肩関節の動き

水平面（transverse plane）：身体を水平に貫き、身体を上下に分断する面

スタンス期（stance phase）：動きを起こし始める段階で、関節の角度、体のバランスなどを最適なポジションに移動させる局面

スピード（speed）：物体の移動する速さを表す単位。方向が特定されていない

脊椎後弯症（kyphosis）：胸椎の後弯が異常に大きくなったために腰椎の前弯が小さくなり、結果的に平たんな腰部となる。腰椎後弯症とも呼ばれる

脊椎前弯症（lordosis）：頚椎あるいは腰椎における異常な前弯

脊椎側弯症（scoliosis）：脊椎の横方向への異常なカーブ

線維結合の関節（syndesmosis joint）：靭帯状の組織によって骨と骨が強く結合し、動きがほとんどないタイプの関節

線運動（linear motion）：ある線にそった動き

前額軸（lateral axis）：身体を左右に貫く軸で、動きの基本面である矢状面を直交する。左右

軸と同意語。この軸を中心とする代表的な回転運動は屈曲、伸展である

前額面(frontal plane)：身体を左右に貫き、前後に分断する面

相反性神経抑制（reciprocal inhibition）：主働筋活動の増加は拮抗筋活動を抑制し、二次的に拮抗筋にかかる張力を減少させる。相反性神経支配とも呼ばれる

側屈(lateral flexion)：腰や首が身体の中心から左右いずれかの方向へ曲がる動き

速度(velocity)：ある方向へ時間単位で移動した距離、あるいは変化した量

第一種てこ(first-class lever)：回転軸が力と抵抗の間に存在するてこ

対角線上での外転(diagonal abduction)：四肢が対角線上で正中線から離れる動き

対角線上での内転(diagonal adduction)：四肢が対角線上で正中線へ向かう動き

対角面(diagonal plane)：2つ以上の基本面の組み合わせ。いずれの基本面とも直交しない面。斜面とも呼ばれる

第三種てこ(third-class lever)：力が回転軸と抵抗の間にあるタイプのてこ

大腿四頭筋(quadriceps)：大腿部前面の筋肉の総称で、大腿直筋、内側広筋、外側広筋、中間広筋の4つの筋肉で構成される

第二種てこ(second-class lever)：抵抗が回転軸と力の間にあるタイプのてこ

対立(opposition)：手の母指が掌側で他の4本の指とそれぞれ触れる動き

他動機能不全(passive insufficiency)：相対する筋肉が最大限に伸長され、それ以上の動きが起こせない状態

力(force)：質量と加速度の積

中立筋(neutralizers)：望ましくない運動を防ぐため、他の筋肉の作用に反作用したり、ある

いは中立化する筋肉

蝶番関節(ginglymus joint)：肘や足首のように同一方向のみ動き、広い可動域をもっている種類の関節

直線移動(linear displacement)：物体が直線的に移動した距離

直線運動（rectilinear motion）：直線上の動き

底屈(plantar flexion)：足のつま先が脛骨の前面から離れるような足首の動き

停止(insertion)：主に作用点として働く方の筋肉の骨への付着部。通常は筋肉の遠位端

てこ(lever)：レバーにかけられた力によって回転軸を中心に回転運動が生じる状態

橈屈(radial flexion)：手首や手指が橈側へ曲がる動き

動的平衡(dynamic equilibrium)：物体にかかる力が変化せず一定の速度で一定の方向に移動している状態

動力学(dynamics)：力に応答する運動を取り扱う学問

トルク(torque)：ねじりモーメント

内在筋(intrinsic muscles)：ある部位の小さな場所に含まれている筋肉。小さくて深層にある筋肉。固有筋とも呼ばれる

内旋(internal rotation)：長軸を中心にしてその骨が内側に向かって回る動き

内側上顆炎(medial epicondylitis)：ゴルファー肘としても知られる上腕骨内側上顆の炎症。内側上顆は手首の屈筋や回内筋の起始でもあるため、これらの筋収縮が関与している

内転(adduction)：すでに外転位にある腕または脚が前額面上で正中線の方へ近づく動き

内反(inversion)：つま先と足の底が内側に向かい、同時に足部の外縁で立つような動き

軟骨結合の関節(synchondrosis joint)：線維軟骨によって結合している関節で、わずかな動

きが可能である

ニー・エクステンション（レッグ・エクステンション）(knee extensions)：テーブル等の台の上に座り、両下腿を下へたらす。そこから膝をゆっくりと伸展していき、完全に伸ばした状態で数秒間止める運動。このとき、つま先を立てておくとより効果的である。膝を屈曲位に戻すときもゆっくりと行う。通常はマシーンを使用するが、チューブやダンベルでも代用できる

二関節筋(biarticular muscles)：起始と停止の間に、2つの関節を含む筋肉。この筋肉の収縮によって関節に動きが生じる

バーベル（ダンベル）・カール("curling" with a barbell)：膝を軽く曲げ両足を肩幅に開き、バーベルかダンベルをアンダー・グリップで握る。肘をしっかりと体側に固定し、その状態から肘をゆっくりと曲げていく運動。このとき、反動をつけてカールしないようにし、また、肘を後ろに引かないように注意する。元に戻すときもゆっくりとバーベルを下ろす

バイオメカニクス(biomechanics)：生態系組織、特に人間の機能解剖学的分析に関連した物理的学問

背屈(dorsal flexion)：足のつま先が脛骨前方に向かって動く足首の動き

ハムストリング(hamstring)：大腿後面にある筋群の名称で、大腿二頭筋、半膜様筋、半腱様筋がそれに含まれる

バランス(balance)：平衡状態を維持するために必要な能力

ヒール・レイズ（カーフ・レイズ）(heel-raising)：踵を床につけて立った状態からスタートし、しっかりと踵を引き上げてつま先立ちになる。そしてゆっくりと元に戻し、これを繰り返す運動。段の上で行うとより効果的である。つま先だけを段の上に残し、踵をできるだけ下ろした状態からスタートする。また、ダンベルなどを持って行うと負荷がより大きくなる

フォース・アーム(force arm)：回転軸と発揮された力がかかる部位との距離

フォロースルー期(follow through phase)：動きが最頂点に達した直後から始まり、四肢あるいは体節を減速させる局面。減速期とも呼ばれ、広い可動域で漸進的に体節の速度を減少させる

復元(reduction)：首や腰が側屈の状態から解剖学的な基本姿勢へ戻る動き

フレンチ・カール（フレンチ・プレス）(french curls)：膝を軽く曲げ両足を肩幅に開き、腕を頭上に上げてバーベルを握る。肘だけをゆっくりと後方へ曲げていき、その後再びバーベルを頭上へ上げる運動。この時、肘が前方へ出てこないように注意する

分回し運動(circumduction)：股関節や肩関節における動きで、外転、内転、屈曲、伸展が複合された動き

平衡(equilibrim)：静的もしくは動的な力の均衡状態で、スピードと方向に変化のない状態

変位(displacement)：位置変化。物体が元の位置から移動すること

ベント・オーバー・サイド（ラテラル）・レイズ(semiprone position and side arm shoulder joint abduction exercises)：膝を軽く曲げ両足を肩幅に開き、上体が床と平行になるように前に倒す。このとき、背中を丸めないことが大切。腕をたらしてダンベルを持ち、そこから肩の高さまで真横にゆっくりとダンベルを上げていく運動。手のひらを下に向けたままで、胸を突き出すようにする。また、腕ではなく、背中に意識を集中させるとより効果的である。戻すときもゆっくりと行う。姿勢がしっかり

と保てないときは重量が重すぎるので軽くする

リカバリー期(recovery phase)：フォロースルー期の直後から始まる局面。バランス、ポジションを取り戻し次の動きを準備する局面

力学(mechanics)：力の作用に関する学問。静力学と動力学に分けられる

レジスタンス・アーム(resistance arm)：回転軸と抵抗がかかる部位との距離

ローテーター・カフ(rotator cuff)：ローテーター・カフは回旋筋腱板とも呼ばれ、肩関節の健全な動的安定性のために必要な棘上筋、棘下筋、小円筋および肩甲下筋の４つの筋肉によって構成される

索　引

■翻訳者略歴

中村　千秋

1981年	順天堂大学体育学部健康学科卒業
1983年	順天堂大学大学院体育学研究科修了
1984年	順天堂大学体育学部助手（スポーツ医学教室）
1991年	アリゾナ州立大学教養学部卒業。NATA公認アスレティック・トレーナー資格取得
1992年	日本航空ラグビー部ヘッド・トレーナー。日本社会体育専門学校非常勤講師
1994年	東京衛生学園理学療法学科非常勤講師
1996年	（有）トライ・ワークス設立
2003年	早稲田大学スポーツ科学部客員講師
2004年	早稲田大学スポーツ科学部専任講師
2006年	早稲田大学スポーツ科学学術院准教授
2008年	日本体育協会公認アスレティック・トレーナー
2019年	駿河台大学現代文化学部非常勤講師

竹内　真希

1987年	長野県立西高等学校卒業　オレゴン州パシフィック大学入学
1989年	オレゴン州立大学編入
1992年	同校卒業　（有）クレーマープロダクツジャパン入社
1994年	同社退社。渡米後、NATA公認アスレティック・トレーナー資格取得
1995年	富士通（株）女子バスケットボール部専属トレーナー就任。
2000年	同バスケットボール部退任。（株）クレーマージャパン再入社
2004年	同社退社

訳　書　『動きでわかる解剖と機能』（医道の日本社）
　　　　　『CKC エクササイズ―傷害予防とリコンディショニングのための多関節運動の理論と応用』（ナップ）
　　　　　『ストレングス・ボールトレーニング』（医道の日本社）
　　　　　『写真でわかるファンクショナルトレーニング』（大修館）
　　　　　『スポーツコンディショニング』（大修館）
　　　　　『アスレティック・トレーニング入門』（大修館）
　　　　　『学習と臨床に役立つ　マッサージのための機能解剖学』（医道の日本社）

身体運動の機能解剖　改訂版

1997年 3 月25日　初版発行
2002年 4 月10日　改訂版 1 刷
2021年 4 月 5 日　改訂版22刷

著　　　者　Clem W. Thompson, R.T. Floyd
翻 訳 者　中村　千秋，竹内　真希
発 行 者　戸部慎一郎
発 行 所　株式会社 **医道の日本社**
　　　　　〒237-0068 横須賀市追浜本町1-105
　　　　　電話（046）865-2161
　　　　　FAX（046）865-2707

2002 ©IDO-NO-NIPPON-SHA, Inc.
印刷　横山印刷株式会社
ISBN 978-4-7529-3063-1 C3047